경험주의 생명윤리학

이론과 실천

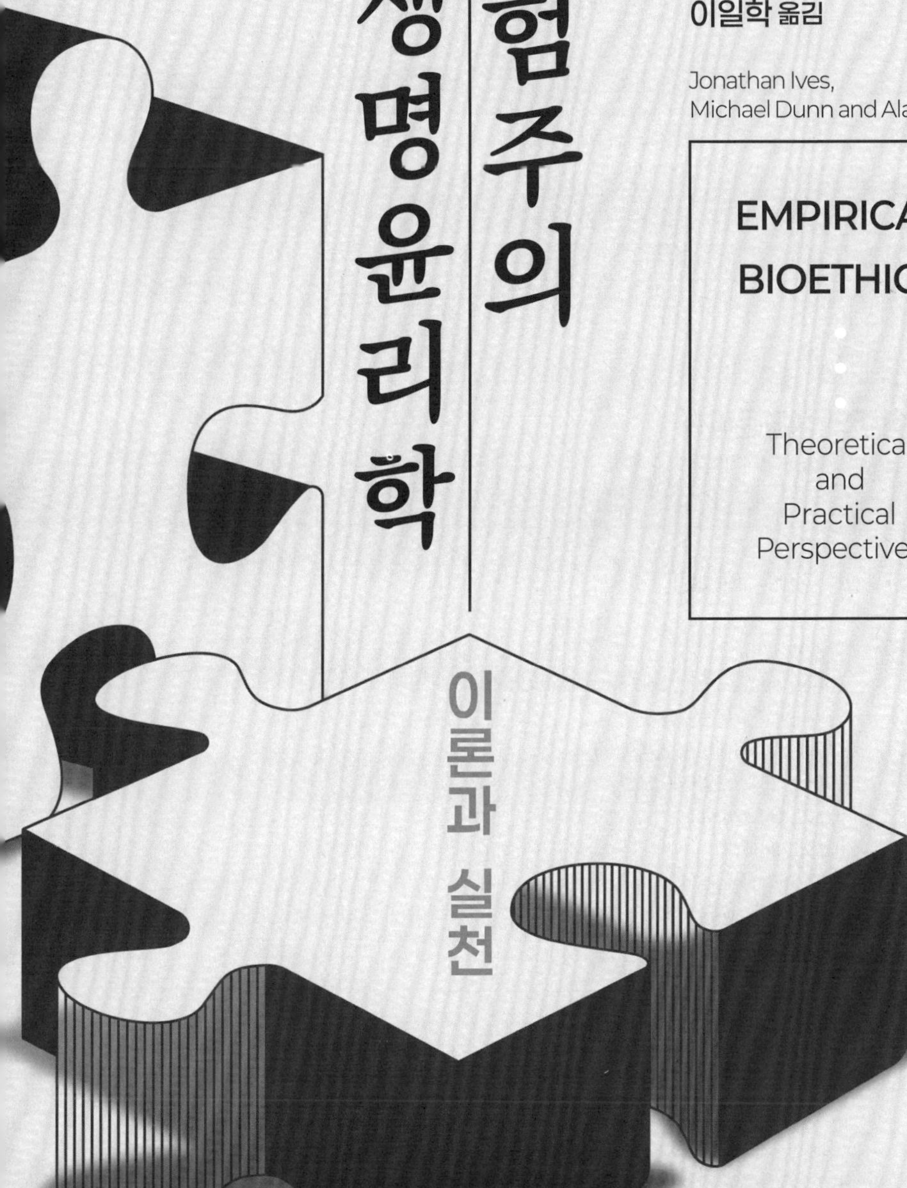

이일학 옮김

Jonathan Ives,
Michael Dunn and Alan Cribb

EMPIRICAL BIOETHICS

Theoretical and Practical Perspectives

연세대학교 출판문화원

경험주의 생명윤리학

이론과 실천

초판 1쇄 발행 2026년 1월 26일

역자 이일학
저자 Jonathan Ives, Michael Dunn, Alan Cribb
펴낸곳 연세대학교 출판문화원
주소 서울특별시 서대문구 연세로 50
등록 1955년 10월 13일(제9-60호)
전화 02) 2123-3378~80
팩스 02) 2123-8673
전자우편 ysup@yonsei.ac.kr
홈페이지 http://press.yonsei.ac.kr
인쇄 (주)화신문화

ISBN 978-89-6850-920-9 (93510)

값 35,000원

경험주의 생명윤리학: 이론과 실천
(EMPIRICAL BIOETHICS: Theoretical and Practical Perspectives)

생명윤리학은 오래전부터 학제 간 연구 분야(interdisciplinary field)로 간주되어 왔다. 하지만 최근 이 분야에 등장한 '경험주의 전환'은 단순히 학문 분야 사이 협력을 넘어서는 도전적 과제를 제기하고 있다. 연구자들은 규범적 연구와 경험적 연구의 통합이라는 방법론적, 경험적, 메타 윤리적 문제들을 넘어 전통적인 학문적 경계를 넘어서는 시도에 따르는 어려움도 함께 해결해야 한다. 『경험주의 생명윤리학: 이론과 실천』은 이러한 도전을 이해하고 극복할 수 있는 통찰과 제안을 제공하려는 목적으로 선도적인 전문가들의 글을 모았다. 이 책은 메타 윤리학적 과제를 논의하고, 경험적 연구와 규범적 연구를 통합하는 다양한 방법론을 사례를 통해 검토할 뿐 아니라 출판 과정의 어려움을 성찰한다. 이를 통해 입문자에게는 길잡이가 되고, 전문가에게는 새로운 과제를 던진다.

조너선 아이브스(Jonathan Ives)는 경험주의 생명윤리학 교수이며, 브리스톨 의과대학의 인구 건강 과학부장(Head of Population Health Sciences)장 및 의과대학 부학장(Deputy Head of Bristol Medical School)이다. 경험주의 생명 윤리 방법론을 포함하여 다양한 주제에 걸쳐 폭넓게 연구 성과를 발표해 왔다.

마이클 던(Michael Dunn)은 싱가포르 국립 대학교(NUS) 생명의료윤리센터(Centre for Biomedical Ethics)의 부교수이며, 20년간 경험주의 생명 윤리 방법론을 정의하고, 정립하며, 옹호하는 데에 주력해 온 생명윤리학자이다.

앨런 크립(Alan Cribb)은 킹스칼리지 런던 공공 정책연구센터(Centre for Public Policy Research)의 생명윤리학 교수이다. 그는 응용 철학자로서, 경험주의 생명 윤리, 보건 및 교육 정책, 전문직 교육에 관심을 두고 연구하고 있다.

역자 이일학은 연세대학교 의과대학 인문사회의학교실 의료법윤리학과장으로 임상의학, 보건 의료 정책과 생명 윤리를 통합하는 생명윤리학 연구 방법론에 관심을 가지고 있다.

케임브리지 생명 윤리와 법

이 시리즈는 2003년 알렉산더 맥콜 스미스(Alexander McCall Smith)를 초대 편집자로 케임브리지 대학교 출판부에서 창립하였다. 이 시리즈는 의학의 발전 정도와 무관하게 모든 국가에서 발생하는 법과 의료의 복잡하고도 불안정한 관계에 초점을 맞추고 있다. 1990년대 초반부터 여러 나라에서 환자들은 자신들의 불만을 해소하기 위해, 그리고 많은 이해 당사자들이 해결하기 어려운 윤리적 딜레마를 해결하기 위해 법의 판단을 구하고 있다. 한편 각국의 입법 기관들은 현대 의학의 성공뿐 아니라 실패로 야기된 문제들을 다루느라 고심하고 있으며, 세계 보건 기구와 유네스코 같은 국제기구들도 이제는 의료법에 관련된 문제를 정기적으로 논의하고 있다.

따라서 이 시리즈에서 논의되는 법적 문제의 분석 과정에 윤리 및 정책적 질문이 필연적으로 포함될 것임을 짐작할 수 있다. 이 시리즈는 대학, 법률 및 의료 실무, 공공 및 정치적 영역에서 의료법의 중요성을 반영하고자 한다. 우리는 영국, 유럽 및 국제 사회의 주요 보건 정책에 관련된 논쟁에 의료법의 측면이 강하게 작용하고 있다는 증거를 반영하려 한다. 이런 측면을 염두에 둔다면 이 시리즈가 다루는 법적 분석이 초국가적이며 국제적 관계 안에서 갖는 의미를 이해할 수 있을 것이다. 장기 구득, 배아 줄기세포 연구, 의사 조력 자살이나 의료 자원 분배는 그 일부에 불과하다. 따라서 이 시리즈는 공적 관심사 및 실제로 중요한 문제들에 초점을 맞추고 있다. 우리는 본 저가 의료법학 발전에 기여하는 동시에 정책 논의 과정에서 의학적-법학적 접근이 기여할 수 있는 바를 심화시킬 수 있는 책이기를 바란다. 이는 이론적 측면에 무관심하다는 것이 아니라, 이론적 논의는 법이 의학 연구 및 보건 의료와 실제로 어떻게 상호 작용을 일으키고 있으며, 어떻게 상호 작용해야 하는지 살피는 데에서 출발해야 한다는 점을 분명히 하려는 것이다.

시리즈 편집자

마거릿 브레이저 교수, 맨체스터 대학교

그레이엄 로리 교수, 에든버러 대학교

리처드 애쉬크로프트 교수, 런던 퀸 메리 대학교

에릭 M. 메슬린 교수, 인디애나 대학교

차례

한국어판 서문 Ⅷ

서문 Ⅹ

1부 이론

1장 이론적 관점: 서론 03
조너선 아이브스, 마이클 던, 앨런 크립
(Jonathan Ives, Michael Dunn, Alan Cribb)

2장 경험주의 생명윤리학과 사실/가치 구분 21
존 맥밀란(John McMillan)

3장 메타 윤리학, 상대주의와 경험주의 생명윤리학 42
마크 시한(Mark Sheehan)

4장 정책 형성 과정에서 경험주의 생명윤리학과 윤리 전문가의 역할:
정치, 권위와 전문성 64
카일 T. 에드워즈, 주자너 딘즈(Kyle T. Edwards, Zuzana Deans)

5장 증거, 인식론과 경험주의 윤리학 84
일리나 싱(Ilina Singh)

6장 친구, 원수, 동거인: 법학과 (경험주의) 생명윤리학의 관계에 관해서 106
리처드 헉스터블(Richard Huxtable)

7장 경험주의 생명윤리학과 다양성의 포용 132
앨런 크립, 존 오웬스(Alan Cribb, John Owens)

2부 실천

8장 실천적 관점: 서문 159
조너선 아이브스, 마이클 던, 앨런 크립
(Jonarhan Ives, Michael Dunn, Alan Cribb)

9장 상호 작용을 허용하는 연구를 통한 도덕적 개선: 대화적 경험주의 생명윤리학의 실천 사례 175
엘레케 란트베르, 베르트 몰러베이크, 기 비더르스호번
(Elleke Landweer, Bert Molewijk, Guy Widdershoven)

10장 규범적 경험주의 모델로서 반성적 평형: 애슐리 X (Ashley X)의 사례 198
힐슬레인 J. M. W. 판 틸, 요하네스 판 델덴
(Ghilslaine J. M. W. van Thiel, Johannes J. M. van Delden)

11장 생명윤리학 연구에서 숙의 민주주의 이론과 그 실천 219
스코트 킴(Scott Kim)

12장 페미니스트 경험주의 윤리학 241
재키 리치 스컬리(Jackie Leach Scully)

13장 경험과 교훈: 혼합 연구 방법론을 활용한 학제 간 생명윤리학 연구 275
바비 파사이드, 클레어 윌리엄스(Bobbie Farsides, Clare Williams)

14장 경험주의 생명 윤리 연구의 출판: 질적 수준, 분과 학문과 전문성 291
루시 프리트, 헤더 드레이퍼(Lucy Frith, Heather Draper)

한글 해제. 한국에서 경험주의 생명윤리학의 현황과 전망 317
감사의 말 326
색인 327

한국어판 서문

우리는 『경험주의 생명윤리학: 이론과 실천』이 한국 독자들을 위해 번역된다는 소식을 듣고 매우 기뻤으며, 한국어판 서문을 써 달라는 요청을 큰 영광으로 생각한다.

조너선과 마이클은 2006년경 이 책을 처음 구상했다. 그 당시 우리는 박사 과정생으로 학문 여정을 갓 시작했고, 대학원생이 겪을 만한 어려움을 겪고 있었다. 우리는 보건의료 윤리를 주제로 연구를 시작했는데, 지원받은 연구비에는 윤리적 분석 과정에 경험적 데이터를 수집하라는 조건이 붙어 있었다.

20년 전만 해도 경험주의 생명윤리학을 다룬 문헌이 매우 드물었고, 혹시 있어도 그 논의는 상당히 일반적인 수준에 그쳤다. '제대로 된' 방법론 문헌은 거의 없었고, 우리는 그 시점에 이미 이런 연구가 매우 복잡하고 어려운 과제임을 깨닫고 있었기 때문에, 핵심 개념, 아이디어, 연구 방법과 연구 진행 과정의 어려움을 헤쳐 나갈 길을 체계적으로 안내해 줄 지침서가 있으면 좋겠다고 생각했다. 이 책을 구상할 때 우리는 사실 과거의 자신들을 위해 책을 만들고 있었던 셈이었다.

이런 종류의 책을 집필할지 고민하는 동안 몇 년, 그리고 더 긴 시간이 흘러갔다. 2013년 즈음에 이르러서야 이제 궁리는 그만하고 실제로 시작해야 할 때라고 결심했다. 동시에, 우리보다 이 주제에 관한 경험이 더 많은 현명한 협력자가 필요하다는 사실도 깨달았다. 이에 따라 같은 문제를 독립적으로 고민하던 앨런에게 함께하자고 청했는데 다행히 그가 우리의 제안을 수락해 주었다.

책의 구상과 집필이 진행되는 수년 동안, 경험주의 생명윤리학의 필요성을 인정하고 그 방법론을 구체화하는 문헌들도 진보했다. 이 문헌들은 주로 유럽에서 집중적으로 발전했으며, 구체적으로는 경험적 분석과 규범적 윤리 이론의 통합이라는 문제에 집중하고 있었다. 다른 지역에서도 윤리적 문제 탐구를 위해 경험적 방법을 사용하는 데 관심이 있었지만, 유럽학계와 이 책의 논의는 '통합'에 방점을 두었다.

이 기간 동안 우리는 아시아의 동료들과도 연을 맺기 시작했는데, 이들 역시 이 방법론에 큰 관심을 보였다. 한국에 강의차 방문했을 때 처음 이일학 교수를 만났고, 이후 여러 차례 방문과 학문적 교류, 공동 연구를 통해 생명윤리학 연구 방법론에 대해 서로에게서 배울 수 있었다. 이러한 협력은 궁극적으로 이 교수가 이 책을 번역하기로 결정하는 중요한 계기가 되었을 것이다.

우리의 학문 여정을 통해 깨달은 또 한 가지는 영어 이외의 언어로 이 책에 담긴 기본 개념을 깊이 있게 전달하거나 토론하기가 쉽지 않다는 점이었다. 경험주의 생명윤리학은 정교하게 선택된 어휘를 요구하는 복잡한 작업이다. 따라서 이를 효과적으로 전달하기가 어려웠다.

이에 지금 이일학 교수의 번역본에 서문을 쓰게 되어 매우 기쁘다. 이 번역본 작업은 분명히 복잡하고 고된 과정이었을 것이다. 우리는 그의 세심한 배려와 방법론을 두고 나누었던 대화에 깊이 감사한다. 이 번역본이 더 넓은 독자들이 이 방법론에 접근하는 것을 가능하게 할 뿐만 아니라, 경험주의 생명윤리학에 대한 방법론 논의를 넘어 학문 분야의 확장과 발전에도 기여하기를 바란다.

서문

이 책은 결국 희열과 좌절의 혼합물이 되었다. 희열이란 우리가 큰 기대감을 갖게 하는 '경험주의 생명윤리학(empirical bioethics)'의 발전에 참여하게 되었기 때문이고, 좌절이란 이 새로운 학문 분야가 가장 노련한 연구자도 이해하기 어려울 정도로 다양하고 불명확한 방식으로 진행되고 있음을 깨닫게 되었기 때문이다.

물론 이 책은 경험주의 생명윤리학를 떠받치는 단순한 전제에서 출발하고 있으며, 그것을 전반적으로 받아들인다. 그 전제란 생명윤리학 논의가 이론 철학(a theoretical philosophy)의 접근 방식에 따른 결과 생명윤리학에 기대되었던 책무, 즉 복잡한 윤리적 딜레마에 개입하여 해결책을 제시하는 일을 제대로 수행하지 못하게 되었다는 평가다. 생명윤리학에서 이론적 접근은 논증과 이론적 일관성에 집중하는 관점이다. 그러나 오직 일관성과 논증에만 집중하게 되면 인적 요인(human element)을 무시하게 되어 본질적으로 매우 혼란스러운 사회적, 인간적 현상을 세탁시킬 위험이 있다. 좋은 윤리의 실천[응용 윤리]이란 (단순히) 이론화된 현실이 아니라 현실에서 도덕적인 삶을 실천하는 데 도움이 되어야 한다. 왜냐하면 좋은 응용 윤리는 반드시 현실 세계에서 도출된 문제를 다뤄야 하기 때문이다. 응용 윤리는 학문 세계에 속한 연구자가 아니라 세계 안의 도덕적 행위자와 조응해야 한다.

실질적 영향력은 솔깃한 말이지만 대체 정확히 무엇이 '실질적 영향력'인지 말한 사람은 없다. 우리는 이 책에서 경험주의 생명윤리학을 다음 세 가지 조건의 하나 또는 그 이상을 충족하기 위해 경험적 연구를 포함시키는 연구로 이해한다.

> **진실성 조건(the Veridical Condition)**
>
> 연구 대상이 되는 윤리적 문제가 도덕 이론가에 의해 추상적으로 구성되지 않은 진정성 있고 실제적(genuine and authentic)인 것이다. 그 연구 과정은 도덕 행위자가 실천 과정에서 경험하는 문제와 그 해결책을 조율하는 방식에 따라 구성될 수 있도록 노력한다.

현실성 조건(the Realist Condition)

연구 분석이 도덕 행위자가 놓인 환경에 관심을 기울이고, 그들에게 허용된 선택이나 그들 행위를 제약하거나 한정할 수 있는 요인을 정당하게 고려하도록 노력한다.

실천성 조건(the Pragmatic Condition)

연구 과정은 규범적 문제에 대해 제시되는 결론-해결책이 수용되고 실천될 수 있도록 관련된 이해 당사자들의 우려와 문제들을 충분히 진지하게 다루고 존중하도록 노력한다.

이 조건은 다양한 방식으로 충족될 수 있다. 아울러 성취의 정도 역시 방법에 따라 다를 것이다. 경험주의 생명윤리학이 모든 접근 방식에 직접적, 일차적으로 포함되지 않을 수도 있다. 그러나 경험주의 생명윤리학이 취하는 전략은 윤리적 탐구의 수행 과정에서 분과 학문 자체, 또는 분과 학문의 요소들을 조합하여 규범과 경험적 연구의 통합을 이룰 수 있는, 일종의 방법론을 개발하는 것이다. 그 '통합'의 결과물은 연구자마다 상당히 다른 형태를 가질 수 있지만, 일반적으로는 연구 과정에서 규범과 경험이 구별되는 별개의 탐구 영역으로 간주되지 않는 것을 의미한다. 즉 한 영역의 결론이 다른 영역에 활용될 수 있도록 '이식되는(imported)' 것이 아니라, 다른 영역의 판단 근거를 제공하고 심지어 일종의 공생 관계에 있는 것을 의미한다고 생각할 수 있다.

통합이라는 개념에 집중할 필요가 있는데, 여기에서 경험주의 생명윤리학에 대한 우리의 관점과 흔히 통합이라는 어휘에 포섭되는 다른 연구 전략이 구별되기 때문이다. 생명윤리학에서 경험적 연구 방법을 활용할 수 있는 다양한 방법을 생각할 수 있지만, 모두가 위에 언급된 세 가지 조건을 다 충족시키지는 않는다. 경험적인 방법을 활용하여 실천 과정에서 발생하는 윤리 문제를 확인하고, 실천 가능한 도덕 논변을 실체화하고 윤리적 논변/해결 방안의 실천 결과를 평가하는 것은 '보다 광범위한 경험주의 윤리학의 범주'에 속한다. 이런 경험적 연구를 설계하는 일은 그 자체의 문제와 더불어 불확실성을 가진다. 광범위한 범주에 속하는 연구들은 우리와 경험적인 문제를 해결하려는 지향점은 공유하지만, 우리가 구축하는 경험주의 생명윤리학과 다르다. 이들은 규범적 문제에 대한 해결책이나 결론을 (최소한 경험적으로) 생산하려는 목표를 가지고 있지 않다. 우리가 [이런 방법론들을] 언급하지 않는 것은 그 중요성을 부정하는 것이 아니라, 이런 연구 활동이 윤리의 실천에 대한 이해와 연구 활동을 발전시키는 데 있어 우리 방법론과 같은 수준의 적절성을 가지고 있거나, 보완될 가능성이 있는 활동으로 간주하지 않기 때문이다.

현시점에서 대부분은 출판된 문헌의 경험주의 생명윤리학 연구의 통합 절차 수행을 위한 방법론을 개발하고 설명하는 내용인데, 최근 수행되었던 통합적 경험적 생명윤리학에 관한 체계적 문헌 분석(systematic review)에서는 32가지 상이한 접근법을 찾아낼 수 있었다. 이것은 이 분야가 활발하게 발전하고 있음을 보여 준다. 그러나 우리는 바로 지금이 경고를 발할 시점이라고 생각한다. 언뜻보면 방법론을 다루겠다는 책의 서문에 이런 경고를 하는 일은 반직관적이기는 하다.

이런 식으로 방법론 개발에만 지나치게 집중하면 이 분야는 종국에 가서는 실천이 아니라 과정에 집착하게 될 위험이 있다. 즉 개별 연구들을 구체적인 목표와 목적에 따른 그 자체의 장점이 아니라 규정된 방법론에 지시된 과정을 준수했는지 여부로 평가하게 될 우려가 있다. 물론 시행, 검증된 방법론의 절차를 따르는 것은 나쁜 것이 아니다. 그렇지만 성찰의 과정없이 절차를 따르고 그 절차를 효과적으로 잘 기술하는 데에서 멈추게 되면, 최선의 경우에는 심각한 성찰을 거친 방법론 선택으로 대체하고 마는, 최악의 경우에는 허다한 과오를 덮는, 방법론 절차주의(proceduarlism)로 전락할 위험이 있다.

따라서 이 책에서 우리는 생명윤리학 분야에서 방법론을 이론화하고 그 방법론을 활용한 연구를 적극적으로 수행하고 있는 활동적인 연구자들의 관점을 모았다. 우리는 기고자들에게, 특히 방법론을 기술하는 경우 해당 접근법에 제기되었던 비판을 다루며 자신의 입장을 명료화하고, 새로운 내용을 기술하도록 요청했다. 이 책의 각 장을 통해서 독자들은 무엇보다 방법론적 선택을 주의 깊게 생각하고, 각 연구의 인식론/방법론적 관점의 함의점을 숙고하게 될 것이다.

그런 의미에서 이 책은 반-절차주의적이다. 우리의 목표는 교과서가 아니라 원저(a soure book)를 제공하는 것이다. 이 책은 독자들이 이를 성찰하고 독자적으로 사유할 수 있도록 이 분야의 핵심 과제를 기술하고, 지금까지 시도되고 평가받은 방법론을 설명하는 자료 제공을 목표로 한다. 경험주의 생명윤리학 연구가 제시하는 다양한 과제를 해결할 수 있을까라는 질문에 답할 수 있도록 사례를 제공하지만, 궁극적으로는 답을 제시하기보다는 사유를 촉진하려 했다.

이 책은 크게 2부로 구성되어 있다. 1부의 각 장은 이론적 문제를, 2부에서는 경험주의 생명윤리학을 수행하는 구체적인 방법을 개관하고, 이와 관련된 좀 더 실제적인 문제들을 다루었다. 이 구분은 명확한 구분이라기보다는 강조점의 차이를 의도적으로 반영한 것이다. 이는 책을 어떻게 구성할지 궁리한 결과물이지 질문에 접근하는 방법이나 우선시해야 하는 관점을 제시하는 선언도 아니다. 사실 편집자로서 우리의 입장은 이 책에 개관된 다양한 이론적 고려점과 실천적 고려점을 분리할 수 없다는 것이다. 다양한 형태의 분과 학문에 부합하는 연구의 엄격성과 이런 엄격성의 근거가 되는 이론적, 철학적 논쟁들을 진지하게 다루는 동시에, 실천해야 하는 행위자에게 문제가 되었던 도덕적 질문들에 실체적으로 접근하는 것, 이것이 이 분야의 희열과 도전이다. 이 책이 다른 연구자들이 이 도전에 직면하고 탐험에 참여하는 데 도움이 되기를 바란다.

우리 편집자들 모두 모든 기고자들께 진심으로 감사한 마음을 보낸다. 또한 2013~2014년에 개최되었던 학제 간-경험주의 윤리학 네트워크(the Interdisciplinary and Empirical Ethics Network)에 참석하여 발제했던 많은 분들도 감사하다. 이들의 토론이 이 책의 편집 방향을 잡는 데 도움이 되었다. 캠브리지 대학 출판부의 피놀라 오설리반(Finola O'Sullivan)은 이 기획의 진행 기간 내내 인내하며 우리와 함께해 주었고, 리처드 애쉬크로프트(Richard Ashcroft)는 우리가 처음 이 생각을 했을 때부터 지지해 주었다.

J.I.는 헤더 드레이퍼(Heather Draper), 클레어 윌리엄즈(Clare Williams)와 헬렌 패티슨(Helen Pattison)에게 감사 인사를 전한다. 그들을 통해 경험주의 생명 윤리로 처음 방향을 잡게 되었다. 또한 지난 5년간 함께한 학생들, 특히 버밍엄 대학 보건 의료 윤리와 법 연구소(Health Care Ethics and Law at Birmingham)에서 함께한 이들 모두 감사하다. 이들은은 이 방법론을 주제로 삼고 끊임없이 그를 자극했다.

M.D.는 수년 동안 경험주의 생명 윤리의 주제에 관하여 생각을 이끌어 낸 수많은 대화, 토론, 심도 깊은 토론에 옥스포드 대학 이톡스 센터(the Ethox Centre)의 친구들과 동료들에게 감사한다.

A.C.는 죄렌 홈(Søren Holm)이 유럽 연합의 지원을 받은 'EMPIRE' 연구(2000~2004)에 공동 연구자로 참여할 수 있게 해 준 것에 대해 감사의 마음을 전한다. 이를 통해 경험주의 생명윤리학에 대한 관심이 확고해졌다. 또한 런던 킹스 컬리지의 공공 정책연구센터(the Centre for Public Policy Research)의 동료들, 특히 샤론 게비르츠(Sharon Gewirtz)와 존 오웬즈(John Owens)에게, 이 문제 및 관련 주제를 두고 지지를 받으며 대화하고 협력할 수 있었던 것에 감사한다.

1부

이론

1장

이론적 관점: 서론

—

조너선 아이브스, 마이클 던, 앨런 크립
(Jonathan Ives, Michael Dunn, Alan Cribb)

일반적으로 말하자면 연구는 복잡하다. 일견, 연구를 세계를 관찰하고 이 관찰에 근거한 결론을 기록하는 단순한 절차라고 가정할 수 있다. 그러나 곧 우리는 이런 단순한 연구 방법으로 답할 수 있는 질문은 한정되어 있음을 깨닫게 된다. 질문이 복잡해질수록 세계를 관찰하는 데 사용하는 관점과 이론이 중요하다는 사실, 그리고 세상에는 다양한 관찰법이 있고 때로는 관찰만으로 충분하지 않을 때도 있음을 알게 된다. 예를 들면 변수를 통제하고 가설을 검증하는 것 같은 다양한 연구 설계가 필요하며, 관찰이나 실험만으로는 답변을 구할 수 없는 질문도 있다. 어떤 종류의 질문에는 통찰과 사유가 필요할 때도 있기 때문이다. 더 나아가 세계에 관한 지식을 얻는 방법과 관련해 근본적인 불일치도 존재함을 발견하게 된다.

어떤 학파는 관찰을 통해 지식을 획득할 수 있다고 주장하고(경험주의), 다른 학파는 추론을 통해 지식을 획득할 수 있다고 한다(합리주의). 그 과정을 통해 우리는 지식을 습득하는 방식과 그 시도가 세계와 지식의 본질에 관한 다양한 가정과 신념, 바로 우리 모두가 나름대로 가지고 있는 가정과 믿음에 근본적으로 영향을 받게 된다는 것을 깨닫게 된다. 그러나 이러한 가정과 신념이 항상 인식되거나 명시화 또는 정당화되지는 않는다. 그럼에도 세계(또는 세계가 어떠한지)와 지식을 어떻게 얻을 것인가에 대한 우리의 가정과 믿음이 곧 인식론(epistemology 즉 '지식의 이론')을 구성한다. 그리고 인식론을 주의 깊게 사용하여 특정한 연구 방법을 사용하는 방식을 지도하고 정당화함으로써 우리는 연구 방법론(research methololodology)을 얻게 된다. 방법론이란 세계에 대한 지식을 획득하는 과정으로, 다양한 연구 방법들이 알지 못하는 상태에서 아는 상태로 변화되고, 알고 있음을 정당화할 수 있도록 (증명)하는 일관된 철학적 기반 위에서 체계화된 것이다.

그렇기에 연구는 **정말** 복잡하고, 경험주의 생명윤리학은 그중에서도 가장 복잡한 형태의 이론일지 모른다. 이 복잡성은 규범과 경험이라는 두가지 매우 다른 탐구 방식을 통합하려는 시도의 결과이다. 전통적으로 이 둘은 별개이며 상당 부분 양립 불가능한 것처럼 간주되었다. 하지만 이런 주장은 별로 설득력이 없다고 본다. 어떤 두 가지가 전통적으로 구별되었을 뿐 아니라 양립 불가능한 것으로 간주되었다고 해서 그 둘을 결합하는 과정이 반드시 복잡하거나, 어떤 문제를 내포하는 것은 아니기 때문이다(부엌에서 '이것저것을 섞는' 실험에 몰두하고 있는 유치원생에게 물어보라). 오히려 규범적인 연구와 경험적인 연구를 결합하려는 시도의 복잡성이야말로 두가지 별개의 문제로 나누어 이해할 수 있다. 하나는 이론적인 차원의 문제이고 다른 하나는, 적절한 용어가 아닐 수 있지만, 영역의 문제이다.

서로 매우 다른 성질의 연구 활동을 '조합하는' 시도에 따르는 첫 번째 문제는 연구 방법의 근간이 되는 인식론의 조율과 그 결과 맞춰진 방법론의 개발과 적용이다. 그리고 인식론적으로 조율된 후에도 이 방법이 (분과) 학문 체제 내에 말끔하게 들어맞지 않거나, (분과) 학문이 새롭거나 독창적으로 배합된 관점을 수용할지 보장되지 않는다는 두 번째 문제가 있다. 경험주의 생명윤리학은 연구자들에게 분과 학문의 격납고를 벗어나 초-분과(trans-disciplinarity)라는 새로운 세계로 들어설 것을 요청한다. 이 두 가지 문제를 각각 살펴본 후 이 책의 '1부'가 이 문제를 어떻게 조망할지 설명할 것이다.

인식론과 이론적 틀의 조율

도덕적 지식을 얻기 위한 모든 시도는 우리가 어떤 행위를 할 때 무슨 생각을 하며 행동해야 하는지, 또는 어떻게 행동해야 하는지에 대한 물음에 답하려는 목적을 가진 연구를 통해 이루어진다. 이것은, 연구의 질문이 일종의 가정에서 출발한다는 사실에 비추어 보면 지식을 목적으로 하는 여타 시도와 다르지 않다. 규범적인 - **어떻게 행위해야 마땅한가** - 질문을 던질 때 우리는 최소한 다음 세 가지 가정을 할 수 있다.

(ⅰ) 우리는 해당 질문이 합리적이라고 생각한다(즉 이런 질문을 하는 것에 의미가 있다).

(ⅱ) 우리는 답변이 어떤 형태를 가질 것인지 가정한다(그렇게 해야 답변을 알아 볼 수 있다).

(ⅲ) 우리는 답변이 어떻게 정당화될 수 있는지 가정한다(그렇게 해야 답변을 받아들일지 여부를 알 수 있다).

지금껏 다양한 철학 전통과 학파들이 서로 다른 가정과 주장을 펼쳐 왔다. 따라서 어떤 행위를 어떻게 해야 마땅한지에 관한 지식 습득을 목적으로 하는 연구는 그 과정의 일부가 어떤 철학 유파(구체적으로는 어떤 도덕 인식론)에 부합하는지 의식한다.

이와 비슷하게 경험적 지식을 얻으려는 시도 - 즉 우리가 실제로 행하고 생각하는 것, 그리고 행동하는 방식을 기술하기 위한 질문에 응답하는 연구 수행 - 역시 세상과 우리가 그것에 대해 이해하는 방법에 관해 일련의 가정을 가진다. 여기에는 세상의 근간이 되는 현실과 함께 연구 과정과 독립적으로 현실을 이해할 수 있는가라는 가정이 포함된다. 그리고 우리는 관행이나 문화를 어떻게 해석하고 이해하는 것이 가능한지, 이를 위해 어떤 방법을 활용해야 할지에 대해서도 가정한다(이는 또한 반드시 해야 하는 것이기도 하다). 이론 사회학의 학파들은 각기 서로 다른 가정 위에서 주장을 전개한다. 따라서 사람들이 행동하고/생각하고/경험하는 것에 관한 지식을 획득하기 위해 연구를 수행하는 과정 안에는 자신이 가지고 있는 경험적 인식론을 의식하는 일이 포함된다.

서론에서 개관한 것처럼 경험주의 생명윤리학은 앞선 정의에 밝힌 것처럼 통합을 지향한다는 점에서 독특하다. 규범적, 경험적 연구의 관행을 결합한다는 것은 그저 별개의 두 가지 연구를 병행하고 있는 것에 불과한 것이 아니다. 즉 규범적 인식론과 경험적 인식론 양측을 신중하게 수용하여 통합해야 한다. 경험적인 것과 규범적인 것을 종합하여 일관성 있는 이론적인 논지를 만들고, 경험적으로 획득된 지식으로 합당하게 정당화될 수 있는 유용한 규범적 결론을 얻을 방법론을 제시할 수 있기까지는 상당한 지적인 노력이 필요하다.

최근 문헌을 살펴본 결과 현재 경험주의 생명윤리학이 직면한 가장 심각한 도전은 세계에 관한 마땅한 결론을 어떻게 이끌어 낼 것인가라는 ('당위' 주장) 과제를, 세계가 어떠한지 관찰하고 이해하여 의미있는 정보를 얻는 (경험론적) 방식으로 달성할 수 있는지 설명하는 일이라고 말할 수 있다. 그중 가장 널리 이해되는 방식은 다음과 같이 정리할 수 있다.

> 윤리학은 사람들이 (실제로) 어떻게 행동하고 있는지와 무관하게 마땅히 행동해야 하는 방식을 주장한다는 점에서, 근본적으로 규범적이다.
>
> 그런데 최근 들어 전통적인 접근법에 대한 도전 중 철학적 생명윤리학이 너무 추상적인데다가 사람들이 생활해 온 도덕 경험에서 유리되어 세계에 관한 '당위적' 주장을 할 수 없게 되었다는 주장이 나타났다(Hedgecoe, 2004; Hoffmaster, 2001; DeVries *et al.*, 2006; Borry *et al.*, 2005, Ives, 2008). 진지하게 받아들일 만한 '당위' 주장을 할 수 있으려면 생명윤리학이 맥락 그리고 사람들이 실제로 행하고 생각하는 것(그리고 그 이유)에 관심을 기울여야 하며, 이를 위해 경험적 (전형적으로는 사회 과학적인) 연구 결과를 꼼꼼하게 살펴보아야 한다는 것이다.
>
> 철학적 생명윤리학은 이에 대응하여 다음과 같이 답할 것이다. 좋은 응용 윤리학이 되려면 경험적 세계에 관심을 기울여야 마땅하며, (실제로도) 경험적

연구에 관심을 기울여 왔을 뿐 아니라 경험적 연구를 활용해 왔기 때문에 철학적 생명윤리학에 대한 문제 제기는 허수아비 때리기에 불과하다는 것이다 (Herrera, 2008).

비판자들은 바로 이런 태도가 문제라고 지적할 것이다. 이들이 보기에 철학적 생명윤리학은 경험적 연구를 여왕이 시녀를 활용하는 방식으로 활용하고 있는 것이다(Haimes, 2002). 필요하면 불러내고 그것이 충족되고 나면 돌려보낸다. 경험적 세계에 관심을 기울인다는 것은 단순히 논변을 지지하기 위해 사실을 활용하는 것 - 애쉬크로프트(Ashcorft)는 이런 태도를 '가언명령의 완수', 즉 특정한 사실의 확정을 요구하는 철학적 논변에 맞추어 경험적 연구가 그 사실을 확립하도록 시도하는 것이라고 불렀다(2003) - 을 넘어선다. 경험적 세계에 관심을 기울인다는 것은 경험적 세계에서 배우고, 경험적인 사실에서 가치 있는 것과 중요하게 여기는 내용에 대한 정보 중 얻어 마땅한 것을 발견하는 것이다. 달리 말하면, 경험적인 것은 규범이라는 (철학적) 왕족의 시녀가 아니라 동반자가 되어야 한다. 경험적 지식은 철학적 논변이 사실을 필요로 할 때 참조하는 수준에 머무를 것이 아니라, 우리의 가치가 어떠해야 하는지 찾아내는 과정에 통합되어야 한다.

이런 기본적인 생각이 우리에게 어려움을 야기한다. 이와 관련하여 현대 분석 철학은 윤리적 주장과 사실 주장은 근본적으로 구분된다고 주장한다. 이들에 따르면 전자는 규범적이고, 후자는 기술적이라는 것이다. 맥밀란과 호프(McMillan & Hope)가 언급한 것처럼 많은 사람들은 '윤리의 규범성 때문에 윤리적 탐구가 사실에 근거하거나 경험적인 방식으로 이루어질 가능성이 배제되는 것으로 여기며'(2008:14). 그리고 이들의 문제의식은 다음과 같은 다양한 철학적 수사를 통해 설명된다.

1) '사실(is)'에 관한 주장에서 '당위(ought)'의 주장을 이끌어 낼 수 없다. 모든 '사실' 주장은 단지 우연한 사태의 사정에 관한 서술에 불과하며, 어떤 '사실'에서 그 사실의 '당위'를 확립하려면 추가적인 추론이 (이 둘을 연결하는 가치 판단의 전제 형식으로)

요구된다. 그렇다면 경험주의 생명윤리학은 근원적 차원에서 문제점이 있는데, 그것은 바로 무엇이 '사실'인지 (경험적인 연구에 의해 기술되는)에 관한 이해로부터 무엇이 마땅한지에 관한 주장으로의 비약을 피할 수 없다는 점이다. '사실'에서 '당위'로의 이동은 정당화될 수 없다.

2) 윤리는 '가치'에 관한 것이고, 경험적 연구는 '사실'에 관한 것이다. 사실은 가치와 무관한데, 이는 사실이 단지 가치와 무관한 기술(description)이기 때문이다. 도덕적 가치는 사실에 의존하지 않는 동시에 사실로 환원될 수도 없다. 무어(Moore)의 열린 질문 논변(Open Question Argument)이 이를 드러내려는 시도이다. 이 논변에 따르면 '도덕적으로 좋은' 것을 '즐거움을 주는 것'으로 환원될 수 있다고 간주하면 가치가 사실로 환원될 수 있다. 그러나 그 이후에도 '즐거운 것이 좋은 것인가?'라는 유의미한 질문이 남는다. 이 질문이 유의미할 뿐 아니라 항상 제기될 수 있다는 점에서 가치는 자연적인 특성만으로 이해될 수 없음을 알 수 있다.

따라서 경험주의 생명윤리학의 옹호자에게 주어진 어려운 도전은, 사실과 가치를 혼합하지 않는 방식, 즉 '당위'가 '사실'의 파생물이 되지 않는 방식으로, 경험적 '사실' 주장과 규범적 '당위' 주장의 관계를 설명는 일이다. 아이브스와 드레이퍼(Ives & Draper)는 상식을 가진 경험주의 생명윤리학 옹호자라면 도덕적으로 마땅한 일을 결정하는 데 경험적 자료를 무반성적으로 활용하자고 말하지 않을 것(p.254)이라고 한 바 있다(2009). 그들은 실제로도 다음과 같이 주장한다.

> 진짜 도전은, 사실과 가치가 실제에서는 명확히 구분되지 않는다는 경험적 통찰을 존중하면서도, 철학적으로 정의된 '당위/존재 문제(is/ought problem)'에 빠지지 않도록 조심하며 …(중략)… 경험적 데이터가 윤리적 규범 추론 안에서 어떤 역할을 할 수 있으며, 어떻게 통합될 수 있는지를 결정하는 데 있다.
>
> (p.254)

이 도전을 근본적이거나 극복할 수 없다고 간주하는 것은 모든 '철학'이 사실과 가치의 관계를 이해하는 방식에 있어서 동일한 견해를 가진다는 잘못된 가정이다. 이 책에서 맥밀란이 언급한 것처럼(2016) 사실과 가치를 이분하는 인식론은 보편적으로 수용된 것이 아니다.

> 경험주의 윤리학에 대한 반론이 18세기 영국 경험론에 기반하고 있다는 점에 주의해야 할 이유가 충분한데, 이는 이 경험론이 과격하며 논란의 여지가 있는 인식론이기 때문이다.
>
> (McMillan, 2016:23)

헤지코(Hedgcoe)처럼 사실/가치나 사실/당위 문제는 "철학적 상상을 채색하는 물감에 불과하다."라는 주장을 지지하는 사람도 소수 있을 수 있다. 하지만 또 다른 이들은 서로 다른 철학 전통이 다른 방식으로 사실과 당위, 서로 다른 방식의 사실과 가치의 관계를 설명하고 있음에 주목할 것이다. 시야를 넓혀 다른 철학 전통의 답변도 고찰해 보면, 경험적인 것과 규범적인 것을 통합한다는 인식을 쉽게 포기하지 않아야 할 이유, 또는 그런 인식의 근거를 발견할 수 있을 것이다. 예를 들어 에임즈와 윌리엄즈(Haimes & Williams)는 윤리적 특수주의(moral particularism)와 아리스토텔레스적 실천지(*phronesis*)를 포착하는 방법론이 윤리를 맥락 속에서 발전하는 행위로 이해하는 관점을 뒷받침한다는 의견을 제시한 바 있다(2007). 파커(Parker)는 윤리적 자연주의의 형태를 취하는 "목적론적 표현주의(Teleological Expressivism)"을 제안했는데, 감정이 경험적 자료가 규범적 판단에 이르는 과정을 이끈다고 하여, 감정이 실천적 합리성 내부에서 가지는 역할을 설명했다(2009). 아이브스는 '준-도덕 근본주의(*quasi*-moral foundationalism)'를 제안했는데, 그는 철학적 실용주의와 중간 수준(mid-level)의 실용주의적 자연주의(pragmatic naturalism)에 근거하여 사실/가치의 고착을 기술한 후 생명 윤리의 기능과 타협의 필요성에 대한 특정한 이해를 바탕으로 경험주의 생명윤리학의 접근법을 정당화했다(2014). 란트베르(Landweer) 등은 가다머

(Gadamer)의 해석학을 바탕으로 이해 당사자들의 다양한 경험과 관점이 대화와 해석의 과정을 거쳐, 규범적 결론을 발전시키는 근간이 된다고 설명했다(2016). 이러한 접근 방식들은 사실/당위, 사실/가치의 문제를 인식하고 진지하게 다루었지만 18세기 영국 경험주의에 절대적인 권위를 부여하지 않고, 내적으로 일관성 있는 인식론을 제공하여 경험과 규범의 관계를 설명할 이론적 틀을 제공하려했다는 중요한 특징을 가진다.

상당수의 생명윤리학 분야 문헌이 사실/당위의 문제를 정당화 가능한 규범적 주장의 근거가 될 수 있도록 다루는 방법론에 집중하고 있음에도, 이런 야망에 관해서는 조심스럽지만 회의적인 시각이 여전히 존재한다는 점은 유의해야 할 것이다. 넓은 의미의 베버주의 전통에서 활동하는 이들, 예컨대 해머슬리(Hamersley) 같은 일부 비판자들은 경험적인 학문을 규범적인 학문 형태에 통합할 때 규범적 고려를 '논의에서 제외시키려는' 시도는 경험적 연구가 엄격하게 수행될 가능성과 충돌할 확률이 높으므로 특별히 주의해야 한다고 주장한다(2000). 그럼에도 해머슬리는 경험적 연구가 가능한 최대치의 '가치 중립성'을 목표로 해도 이런 시도가 경험주의 생명윤리학이나 경험적 정보를 근거로 규범적 판단을 내리려는 시도에 반대하는 것은 아니라는 점을 지적한다. 이에 허비츠와 크립(Gerwirtz & Cribb)은 다음과 같이 말한다(2006).

> **[해머슬리는]** 연구자들의 가정에 반대하는 것이다. 그 가정이란 매일 내려야 하는 도덕적 결정에 관해 (자신들이) 그 연구 대상보다 더 나은 위치에서 결정할 수 있다는 것이다. 그는 실현 가능성이 낮거나, 개선보다는 오히려 사태를 악화시킬 위험이 있는 행동 지침을 연구자들이 제안하는 경향에도 반대한다. 무엇보다 해머슬리는 연구자들이 자신의 정치적이거나 윤리적 신념에서 나온 것을 연구 결과에서 얻은 것으로 간주하고 일련의 행위를 지시하는 행태에 반대한다. (p. 145)

이런 우려는 경험주의 생명윤리학의 옹호자들도 공유한다. 독자들은 우리가 이를 해결할 방법론을 찾고 있음을 이 책에서 발견하게 될 것이다. 물론 해머슬리 역시 사회학 연구자들도 자신의 가치관을 연구 사실에서 분리하기 위해 최선의 노력을 다하고 있는지 우려하며, 다음과 같이 주장한다.

> (가치-중립성에) 근접할수록 우리의 정치관이나 실천적 가치관이 우리의 결과를 왜곡할 위험성이 줄어든다.
>
> (Hammersley. 2000:33)

가치 중립적인 연구의 실현이 가능한지 즉각적으로 답변하기는 곤란하지만, 경험주의 생명윤리학 문헌의 저자 중에는 그것이 가능하며 큰 문제가 아니라고 생각하는 이들도 눈에 띄고(예를 들어 Kon, 2009), 명백하게 비판적인 이들도 있다(예를 들어 Dunn and Ives, 2009). 경험주의 생명윤리학을 수용한다는 것은 분명히 사실과 가치의 관계를 경험적 지식에 근거한 규범적 판단에 도달하는 과정과 동시에 경험적 연구 과정에서도 고려한다는 것을 의미한다.

한편 이것을, 규범적인 것이 무엇인지 설명하는 데 집중하느라 경험적인 것을 철저히 설명할 필요를 간과하고, 엄격하게 경험적 자료를 수집해야 한다는 사실을 놓칠 수 있다는 우려로 이해할 수도 있다. 경험주의 생명윤리학 연구자들이 받아 온 비판이 있다. 바로 생명윤리학 분야에서 경험적인 자료 수집 방법론을 단순하고 철학적으로는 문제가 없는 도구인 양 생각하거나(Dunn and Ives, 2009), 그 수행이나 비판적 평가 양면에서 경험적 연구의 수준을 충족하지 못하는(Hurst, 2010, Strech 2010, Provoost, 2015) 질 낮은 연구를 내고 있다는 점에서 경험주의 윤리학이 경험론적 엄격함에 충분히 주의를 기울이지 않았다는 정당한 지적이다. 이 책에서 싱(Singh)이(2016) 주장한 바와 같이 경험적 작업의 수준에 충분히 주의하지 않으면 경험주의 생명윤리학의 모든 시도가 위험에 처하게 될 것이다.

분과 학문의 조율 문제

위의 문제를 '영역 분쟁'으로 표현하는 일은 부적절하지는 않아도 (다른 표현할 방법이 없기에), 충분한 표현도 될 수 없다. 경험주의 생명윤리학자들이 분과 학문을 넘나들며 작업할 때 대면하게 되는 문제를 분과 학문들이 (전)장을 주도하려고 다투는 세력 다툼으로 그려 내는 경우가 있다(예를 들어 Molewijk and Frith, 2009; Ives, 2008). 물론 앞의 비유, 즉 사회 과학자들을 생명 윤리의 철학자 왕족의 시녀로 묘사한 것도(Haimes, 2002) 근본적으로 규범이나 타당한 규범적 정당화가 무엇인지 규정하는 학문적 권력에 관련된 것이다. 이런 비유들은 생명윤리학의 권력이 어디 있는지 드러내기 위해 사용된다. 예를 들어, 이들은 생명윤리학의 주장이나 정당화 가능성의 평가가 철학, 특히 (서구의 분석적) 철학 관점에 의해 주도되어서는 안 된다고 주장하고 있는 것이다. 생명윤리학에서 '권력'이 어디에 위치하는지는 논쟁의 소지가 있지만 중요한 문제로 연구비, 출판, 그리고 궁극적으로 연구와 교육 기관의 구조와 관계된다(이 책에서 프리스와 드레이퍼(Frith & Draper, 2016) 의 챕터를 보라). 그러나 분과 학문들 사이에서 벌어지는 학문 영역의 주도권 행사와 같은 요란한 투쟁을 넘어서는 더 중요한 것이 있다. 사실 우리가 의지가 있다면 협력을 통해 - 이런 종류의 뛰어난 예로 파사이드와 윌리엄즈(Farisades & Williams)의 오랫동안 지속된 학제 간 협력의 예가 이 책에 실려 있다. - 문제를 관리할 수 있다(2016).

분과 학문 사이의 관계 조율을 둘러싼 실질적인 과제는 충분한 공통의 기반, 공통의 언어를 찾아내고 전통적인 분과 학문 경계를 넘어섬으로써 특정 '모(母)' 학문의 영향을 극복하고 독립하는 일이다. 이를 위해서 우리는 이론적인 관점을 조율해서 일관된 인식론을 갖는 단순한 과제를 넘어서야 한다. 즉 다른 학문이 제기하는 도전과 요구를 '우리가 하는 방식이 아니'라고 거부하지 않고 진지하게 살피고 이해할 필요가 있다. 예컨대 개별 분과 학문의 가정들을 진심을 가지고 유보하는 일, 드 워처(De Watcher, 1982)가 말한 '판단 중지'가 필요하다. 이를 위해서는 성찰적이며 창조적인 접근과 새로운 발견 방법에 대한 진정한 갈증이 있어야 한다.

이론적이고 영역적인 고려

1부의 각 장은 이론적이고 영역적인 문제들을 탐색하고 있다. 생명윤리학 탐구를 시작한 독자들에게는 핵심 쟁점와 논쟁의 이해 기반을 제공할 것이고, 좀 더 경험이 많은 연구자들에게는 이 문제들을 실제로 다루는 실증적 설명과 논증 전략을 제공할 것이다.

2장에서 존 맥밀란(John McMillan)은 '규범성'이라는 복잡한 개념을 탐색한다. 이를 위해 그는 수많은 경험주의 생명윤리학 논쟁의 핵심에 자리하고 있는 사실/가치 구분을 논의함으로써 어떤 특정한 관점을 취하는 것이 경험주의의 생명윤리학적 접근에 영향을 미치는지 통찰한다. 또한 분과 학문마다 '규범성' 개념을 어떻게 다른 방식으로 이해하고 활용하는지를 탐색한다. 맥밀란은 사실/가치 구분, 존재/당위 문제, 자연주의적 오류라는 세 가지 독특한 메타 윤리적 쟁점을 분석하고 구분하며, 이들이 경험주의 생명 윤리에 대해 갖는 각각의 함의를 탐색한다. 이어 각 문제들이 경험주의 생명 윤리에 대해 어떤 의미를 갖는지도 탐색한다. 맥밀란의 표준적인 철학은 경험주의 생명윤리학을 거부하는 근거로 삼아 온 사실과 가치가 전적으로 구별된다는 생각에 도전하는 데 집중한다. 그의 주장은 다음과 같다.

> 사실과 가치가 이분법적으로 존재한다는 전통적 경험주의 관점을 유지할 수 없음에도 …(중략)… 경험주의 생명윤리학의 접근을 구성해 왔다. 심지어 경험주의 생명윤리학 전체가 유지될 수 없는 기획이라는 주장에 활용될 때도 있다. 가치의 다양한 종류에 관한 추가적인 숙고는 생명 윤리에 대한 그 다양한 접근법들이 규범적이며, 단지 다른 방식을 취한다는 점을 드러낸다.
>
> (p.36)

마크 시한(Mark Sheehan)의 3장은 도덕 상대주의 '문제'를 상세히 다루고, 이 문제가 경험주의 생명윤리학에 미치는 영향과 문제를 해결할 방법을 설명한다. 그다지 놀랍지 않을 수도 있으나, 경험주의 생명윤리학 논쟁에서 이 메타 윤리학적 문제가 가진 핵심적 위치를 생각하면, 이 장은 맥밀란의 장에서 다루어진 사실/가치 논의에 연결되고, 이어진 장들에서 상세하게 다뤄질 많은 주제의 기초가 된다. 여기에는 전문성이라는 통념, 건전한 경험적 정보의 위상, 도덕 판단에서 권위와 정당성의 문제가 포함된다. 중요한 것은, 시한이 도덕 상대주의를 둘러싼 철학적 논쟁을 경험주의 생명윤리학 방법론에 관한 논쟁으로 옮겨 와 그 적절성과 중요성을 강력하게 묘사해 낸다는 것이다. 이 장은 '온건한 객관주의자' 입장을 언급하면서 마친다. 이것은 데이비드 위긴스(David Wiggins)의 견해로, 시한은 이를 다음과 같은 메타 윤리학적입장이라고 주장한다.

> 이 온건한 객관주의 입장은 맥락, 실천, 관점의 윤리적 중요성을 인정하려는 진지한 시도인 동시에, 상대주의자의 회의를 극복하고 일정한 권위를 주장할 수 있는 윤리적 및 개념적 논증의 방법론을 견고하게 설명할 수 있다.
>
> (p.55)

그렇기에 이 장은 도덕 상대주의가 경험주의 생명윤리학에 제기할 수 있는 도전을 해결하고, 동시에 다양한 형태의 경험주의 생명윤리학 방법론의 이론적 근거를 제공할 수 있다.

카일 T. 에드워즈와 주자너 딘스(Kyle T. Edwards and Zuzana Deans)는 4장에서 전문 직업성, 전문성과 권위의 문제를 탐색한다. 이 문제는 각기 경험주의 생명윤리학에서 중요한 것으로 언급되지만 이들의 관계는 직접적으로 검토된 바가 거의 없다. 에드워즈와 딘스는 경험주의 생명윤리학의 배후에 있는 주요한 동력은 정책 결정의 장에서 '생명윤리학에 정당한 위치를 부여할 수 있는 실천 방법을 개발하는 일'이라고 주장한다. 이 주장은 경험주의 생명 윤리는 철학적 생명 윤리에 비해 보다 더 현실 세계에 기반한 생명 윤리학 연구를 수행할 수 있게 한다는 관념을 전제로 한다. 그러나 저자들은 반대 방향에서 이 문제에 접근한다. 그들은 먼저 정책 결정의 현장에서 윤리학자의 참여를 정당화하는 직업 윤리학자의 정체성은 무엇인지 탐색한다. 그리고 윤리학자들이 누리는 권위와 전문성 및 그 정당성이 무엇인지 탐색한다. 에드워즈와 딘스는 정책 결정 과정에서 윤리학자의 윤리적 입장은 이 문제에 대한 답변 위에서 제시되고 발전되어야 한다고 주장한다. 본질적으로 **정당성의 범위**를 그려 내는 과정을 통해, 윤리학자는 공공 정책의 논의 과정에서 자신의 존재와 역할에 대한 정치적 정당화와 양립할 수 있는 규범적 문제에 대한 입장을 개발해야 한다. 그리고 이를 정당화하기 위한 방법론을 선택해야 한다는 것을 인식해야 한다.

5장에서 일리나 싱(Ilina Singh)은 경험적 연구의 이론적 관점을 분과학문의 엄격성과 통일성에 연결하는 가교를 제공한다. 이 장의 핵심 메시지는 경험주의 생명윤리학이 경험적 사실을 발견하려는 과정에 수반되는 이론적인 동시에 실천적인 도전을 진지하게 받아들이고, 그 해결책을 모색해야 한다는 것이다. 우리는 경험주의 생명윤리학의 옹호자들 중 몇몇이 받아들인 것처럼 이런 태도를(경험주의 생명윤리학을) 경험적 데이터 수집을 위한 단순 '도구 상자'로 인식하고 접근하는 것을 거부하는 것으로 볼 수 있다(앞의 내용 참조).

이 장에는 많은 논점이 담겨 있다. 특히 '경험적 데이터'를 균일하고 상호 교환 가능한 범주로 간주하여 사용하는 방식에 의문을 제기하고, 다양한 종류의 데이터가 경험주의 생명윤리학 연구자들에게 제공할 수 있는 정보가 무엇인지 정교하게 이해함으로써 통합적인 경험주의 생명 윤리 분석에 적합한지 여부를 주의 깊게 고려할 것을 제안한다.

싱은 질문을 구성하는 방식이 답을 구하는 데 활용할 수 있는 경험적 방법과 방법론에 영향을 미친다는 점을 강조함으로써 경험주의 생명윤리학 연구 과정에서 경험적 질문의 구성에 주의를 기울여야 하는 근본적 이유를 설명한다. 경험적 연구 방법론은 우리가 얻을 수 있는 답변과 이 답변을 이해할 방법에 결과적으로 영향을 미친다. 그리고 그를 통해 우리가 얻은 답변과 답변을 이해하는 방식은 그 답변의 종류와 (답변이) 규범적 분석에 통합되는 방식에 영향을 미친다. 마찬가지로 논의가 시작된 특정한 윤리학 이론의 관점이 우리가 유도하고 활용하는 경험론적 방법론에 영향을 끼치고, 마침내 우리가 수집하는 경험적 데이터의 종류에 영향을 미친다는 것이다. 결국 핵심은 경험주의 생명윤리학 연구는 경험적 요소와 규범적 요소의 일관성에 주의를 기울이지 않으면 심각한 문제를 직면하게 되는 통합적 과업으로 이해되어야 한다는 것이다.

마지막으로 이 장은 접근법들의 서열을 재연(또는 창조)하는 식의 방법론을 발전시키는 것이 위험함을 경고한다. 이런 서열화는 별개의 집단(또는 사람들)이 수행하는 다른 종류의 분석과 발견을 생산 라인의 부속처럼 만들 위험이 있다. 이 문제는 이론적이라기보다 영역적 문제에 관한 것이지만 방법론적 성찰에서 급부상했다. '경험적 자료의 통합성'은 "목적을 위한 수단으로 기능할 때 사라진다."(p.79)라고 싱은 주장한다.

1부 6장에서 리처드 헉스터블(Richard Huxtable)은 생명 윤리와 법의 관계를 '동무, 대적과 동거인(friend, foe, or flatmate)' 비유를 사용해서 기술한다. 헉스터블은 특히 근본적으로 실천적이며 경험에 기반하여 '현실에 설득력을 가진' 법학이라는 작업이 현실 세계의 근거를 둔 연구 영역을 개발하기 위한 시도인 경험주의 생명윤리학에 던지는 교훈을 살핀다. 보다 일반적으로, 이 장은 분과 학문들 사이의 관점을 주제로 한 대화가 진정으로 배우고 이해하는 것을 목표로 한다면, 생산적이며 유용할 수 있다는 점을 좀 더 정교하게 제시하는 것을 목표로 한다. "우리는 법과 생명 윤리의 관계가 '우연한' 시작에서 출발했어도 계속 발전할 수 있도록 계속 검토하고 재설정해야 한다."(p.120)라는 헉스터블의 결론은 더 큰 울림을 갖는다. 경험주의 생명윤리학은 참여하는 모든 분과 학문과의 관계를 지속적으로 설정함으로써 주도권 경쟁을 하는 한 무리의 사상들 사이에 안정되고 행복한, 그러나 통속적이지 않은 결합으로 발전해 나가야 한다.

1부의 마지막 장(7장)에서 크립과 오웬스(Cribb and Owens)는 헉스터블의 법과 생명 윤리의 관계를 구체적 검토하는 데에서 출발하여 더 일반적인 관점에서 다양성의 가치를 숙고한다. 그들은 '철학과 사회 과학'의 통약 불가능성을 주장하는 전형적인 '철학자'와 '사회 과학자'의 갈등을 상세하게 묘사한다. 이어서 분과 학문 내부에도 그 자체의 혼종성이 있음을 살핀 후 이 발견을 바탕으로 철학이 사회 과학에 관해 던지는 일반적인 비판은 다수의 철학자들에게도 적용될 뿐 아니라 사회 과학에도 적용된다고 한다. 그들은 경험주의 생명윤리학 내부의 논쟁이 반드시 분과 학문의 경계에 따라 구성되는 것이 아니며, 그런 구분은 사실에 부합하지 않음에도 분과 학문이 균질하다고 가정하여 매우 도움이 안 되는 방식으로 분과 학문의 종족주의를 유도한다고 주장한다. 정작 중요한 것은 연구의 목적이 무엇인지 묻는 것이며, 이것을 크립과 오웬은 공학 혹은 계몽주의적 목표를 한 축에 두고 다른 한 축에는 기술적이며 규범적인 목표를 두는 것으로 묘사한다. 그들은 어떤 연구 목표가 그 분과 학문에 의해 결정된다는 관념에 문제를 제기하고 여기에서 출발하는 관점은 생명 윤리도 포함하여 분과 학문의 관점 안에도 목적과 방법의 다양성이 있음을 인정하고 포용하는 것이 경험주의 생명윤리학의 초-분과 학문적(trans-disciplinary) 작업을 효과적으로 만드는 열쇠가 될 수 있다는 점을 교훈으로 제시한다.

덧붙이는 말

1부는 다양성을 포용하자는 요청으로 끝이 나지만, 이 주장에는 건전한 경고도 더해져야 마땅하다. 크립과 오웬스가 지적한 것처럼 다양성을 포용한다는 것이 "아무것이나 허용된다."라는 뜻은 아니다. 이 책이 전달하려는 중심 메시지는 모든 방법론의 결정은 일관성 있는 건전한 이론적 틀 위에서 충분히 숙고되고 논증되어야 한다는 것이다. 다양성을 포섭하자는 요청은 경험주의 생명 윤리가 다양한 사고방식에 개방되고 접근에 창조적일 필요가 있다는 의미이지만 그 접근이 또한 엄격해야 한다는 뜻이다. 최근 경험주의 생명윤리학에 관한 체계적 문헌 분석 논문에서 인용한 다음 문장으로 '덧붙이는 말'을 마치고자 한다. 이 문장은 앞으로 보게 될 각 장의 모습을 잘 그려 내고 있다.

> 현재, 이 분야에서 활동하는 모든 사람들은 상당한 정도의 불확실성을 감수해야 하고, 그들이 하고 있는 일이 무엇이고, 그것을 왜 진지하게 받아들

여야 하는지 설명하는 데 노력을 기울여야 한다. 새로운 종류의 방법론을 활용하여 새로운 종류의 윤리학을 시도하는 것이라면, 우리가 그 새 접근법을 명확하게 기술하고 정당화하라는 압력을 받는 것은 당연하다. 경험주의 생명윤리학를 개발하는 이 단계에서, 이것은 경험주의 생명윤리학이 경험주의 생명윤리학자들이 제시할 수 있게 되기를 바라는 도덕적 주장의 종류가 무엇인지에 관한 질문에 명시적이며 의미있게 답하려는 시도를 의미한다. 이 시도에는 규범적 정당화와 방법론의 절차, 그리고 그 작업들을 구성하는 다른 요소들 사이에 일관성을 제공할 수 있어야 한다. 이 과제를 달성한다면, 눈에 띄는 혼종성이 문제가 되지 않을 것이며, 도리어 환영받아 마땅하게 될 것이다.

(Davies *et al*. 2015:12)

참고 문헌

Ashcroft, R. 2003. Constructing Empirical Bioethics: Foucauldian Reflections on the Empirical Turn in Bioethics Research. *Heath Care Analysis*. 11(1):3-13.

Borry, P., Schotsmans, P., Dierickx, K. 2005. The Birth of the Empirical Turn in Bioethics. *Bioethics*. 19(1):49-71.

Braddock, C. 2010. Empirical Methods in Bioethics: A Cautionary Tale. *Annals of Internal Medicine*. 152(6):396-397.

Davies, R., Ives, J., Dunn, M. 2015. A Systematic Review of Empirical Bioethics Methodologies. *BMC Medical Ethics*. 16.

Dunn, M., Ives, J. 2009. Methodology and Epistemology in Bioethics Research: A Constructive/ist Commentary. *American Journal of Bioethics*. 9(6-7):93-95.

Frith, L., Draper, H. 2016. Publishing Research in Empirical Ethics: Quality, Disciplines and Expertise. This volume.

Gewirtz, S., Cribb, A. 2006. What to Do about Values in Social Research: The Case for Ethical Reflexivity in the Sociology of Education. *British Journal of Sociology of Education*. 27(2):141-155.

Haimes, E. 2002. What Can Sociology Contribute to the Study of Ethics? Theoretical, Empirical and Substantive Considerations. *Bioethics*. 16(2):89-113.

Haimes, E., Williams, R. 2007. Sociology, Ethics and the Priority of the Particular: Learning from a Case Study of Genetic Deliberations. *British Journal of Sociology*. 58(3):457-476.

Hammersley, M. 2000. *Taking Sides in Social Research: Essays on Partisanship and Bias*. London: Routledge.

Hedgecoe, A. 2004. Critical Bioethics: Beyond the Social Science Critique. *Bieothics*.18(2):120-143.

Herrera, C. 2008. Is It Time for Bioethics to Go Empirical? *Bioethics*. 22(3):137-146.

Hoffmaster, B. 2001. Introduction. In B. Hoffmaster (ed.), *Bioethics in Social Context*. Philadelphia: Temple University Press. 2.

Hurst, S. 2010. What 'Empirical Turn' in Bioethics? *Bioethics*. 24(8):439-444.

Ives, J. 2008. Encounters with Experience: Empirical Bioethics and the Future, *Health Care Analysis*. 16:1-6.

Ives, J. 2014. A Method of Reflexive Balancing in a Pragmatic, Interdisciplinary and Reflexive Bioethics. *Bioethics*. 28(6):302-312.

Ives, J., Draper, H. 2009. Appropriate Methods for Empirical Bioethics: It's All Relative. *Bioethics*. 23(4):249–258.

Kon, A. 2009. The Role of Empirical Research in Bioethics. *American Journal of Bioethics*. 9(6–7):59–65.

Landeweer, E, Molewijk, B, Widdershoven, G. 2016. Moral Improvement through Interactive Research: A Practical Example of Dialogical Empirical Ethics. This volume.

McMillan, J. 2016. Empirical Bioethics and the Fact/Value Distinction. This volume.

McMillan, J., Hope, T. 2008. The possibility of empirical psychiatric ethics. In G. Widdershoven, J. McMillan, T. Hope, L. van der Scheer (eds.), *Empirical Ethics in Psychiatry*. Oxford: Oxford University Press.

Molewijk, B., Frith, L. 2009. Empirical Ethics: Who Is the Don Quixote? *Bioethics*. 23(4), 2–4.

Parker, M. 2009. Two Concepts of Empirical Ethics. *Bioethics*. 24(4):202–213.

Provoost, V. 2015. Secondary Use of Empirical Research Data in Medical Ethics Papers on Gamete Donation: Forms of Use and Pitfalls. *Monash Bioethics Review*. 33(1):64–77.

Singh, I. 2016. Evidence, Epistemology and Empirical Bioethics. This volume.

Strech, D. 2010. How Factual Do We Want the Facts? Criteria for a Critical Appraisal of Empirical Research for Use in Ethics. *Journal of Medical Ethics*. 36:222–225.

De Vries, R., Turner, L., Orfali, K., Bosk, C. 2006. Social Science and Bioethics: The Way Forward. *Sociology of Health and Illness*. 28(6):665–677.

De Wachter, M. 1982. Interdisciplinary Bioethics: But Where Do We Start? A Reflection on Epoche as Method. *Journal of Medicine and Philosophy*. 7:275–287, 286.

2장

경험주의 생명윤리학과 사실/가치 구분

존 맥밀란(John McMillan)

서론

사실과 가치 사이에 근본적인 차이가 있다는 생각은 상당히 설득력이 있다. 사실은 과학에 속하고 객관성을 함의하며, 참(과 거짓)이 해당되는 영역이다. 반면 가치는 본질적으로 주관적이고 수정될 수 있으며, 참이나 거짓의 판단이 적용되지 않는 것처럼 보인다. 가치를 주된 대상으로 다루는 윤리가 경험의 대상이 될 수 있다는 생각에 혹자는 거부감을 갖는데, 이는 윤리학이 감당할 수 있는 것보다 더 큰 인식론적 부담을 지게 될 것처럼 들리기 때문이다. 이런 불편함은 사람들이 **실제로** 가치를 부여하는 것이 무엇인지 경험적 방법을 통해 알 수 있다는 것을 부정하는 것은 아니다. 그보다는 그것이 무슨 종류의 경험적 연구이든, 경험적 탐구를 통해서 우리가 **마땅히** 가치를 부여하거나 실천해야 할 대상을 더 깊이 이해할 수 있다는 생각이 착각이라는 일종의 단언이다.

지난 20년간 이런 직관의 철학적 기반은 무엇이고, 윤리 문제에 경험적 접근을 어떻게 이해할 것인지에 대한 논의가 상당히 진행되었다. 철학적 관점에서 생명윤리학을 바라보는 이들 사이에서도 경험적 윤리의 접근이 일정한 역할을 할 수 있다는 점은 - 비록 마지못해 받아들이는 경우가 있지만 - 어느 정도 수용된 것처럼 보인다.

경험주의 윤리학은 더 광범위하게 인정받고 있다. 일례로 윤리학 학술지 중 가장 높은 영향력 지수(impact factor)를 가진 **『미국 생명윤리학회지**

(American Journal of Bioethics)』가 최근 자매지로 경험주의 윤리 연구를 출판하기 시작했고, 경험주의 윤리학을 옹호하는 다수의 논문, 특집호와 단행본이 출판되기에 이르렀다.

그럼에도 불구하고, 철학 전통 안에 깊이 자리 잡은 사실/가치 구분은 윤리학에 경험적으로 접근하려는 시도에 큰 영향을 미쳤다. 가장 두드러진 예로 풀포드(Fulford)의 '가치 기반 의학(value-based medicine)'을 들 수 있는데, 이것은 가치와 사실의 선명한 이분법과 가치의 위상에 대한 인식론적 회의주의에 근거한 이론이다(2004). 이런 종류의 관점이 길을 잃었는지 여부를 확인하려면 사실/가치 이분법이 기반하고 있는 가정을 재검토할 필요가 있다. 이 장에서 나는 이 가정을 당연한 것으로 받아들이면 안 되는 이유와 이 논의가 경험주의 생명윤리학을 공정하게 이해하는 방식에 어떤 함의점을 갖는지 살펴볼 것이다.

사실과 가치의 선명한 이분법을 유지할 수 없게 만드는 다양한 종류의 가치(또는 규범성)를 주의 깊게 검토하면 생명 윤리 문제에 대한 사회학적, 철학적 접근 모두가 규범적이며, 그 차이점은 방식에 있을 뿐이라는 것을 설명할 수 있을 것이다. '사회학에서 인식론적 가치(sociological epistemic values)'는 의료 사회학 분야의 인식론적 규범으로, 생명윤리학 내부의 문제를 비판적인 관점에서 살펴볼 것을 요청한다. 이런 가치들은 의료 사회학이 규범적인 학문이라고 말할 수 있는 이유인 동시에, 경험주의 생명윤리학이 어떻게 전형적인 의료 사회학과 구별되는 새로운 인식을 제공할 수 있는지도 설명한다.

사실/가치 구분

매키(Mackie)가 주목한 바와 같이, 철학에서 가치는 객관성의 결여를 의미하는 것으로 받아들여지지 않는다(1990). 플라톤에게 정의와 아름다움은 형식적이고 객관적이며, '지식'의 영역 내에서 합당하게 숙고될 수 있는 것이었다. 그럼에도 흄(Hume)을 위시한 일련의 영국 경험주의자들이 등장한 이후 가치는 감정에 불과하며, 지식을 목표로 할 때에는 유보되어야 할 것이라는 신념이 일반화되었다. 이것은 진정한 가치는 인식될 수 없다는 일반적인 회의주의이지만 윤리학 분야에 더 깊은 영향을 미쳤다.

흄의 저작물 중 『논고(the Treaise)』의 다음 내용을 많은 사람들이 사실/가치 구분과 동일시하여 널리 인용한다. 그는 여기서 사실적 전제만을 사용해서 규범적 결론을 이끌어 내는 것이 논리적으로 어렵다는 것을 기술하고 있다.

> 내가 지금까지 살펴보았던 모든 도덕의 체계에서 항상 주목했던 것은 다음과 같다. 저자들이 한참 동안 통상적인 추론 과정을 따르며 신의 존재를 논증하거나, 인간사를 관찰하다가 갑자기 일반적인 명제의 계사인 '이다, 아니다' 대신 아무런 명제도 연결되지 않은 '해야 한다' 또는 '해서는 안 된다'를 사용하고 있음을 발견하고는 놀라게 된다는 점이다. 거의 인식되지 않고 않지만, 그럼에도 이런 것들이 최종적으로 제시되는 결론이다. '해야 한다' 또는 '해서는 안 된다'라는 말을 통해 새로운 관계나 확언을 표현하기 때문이다.
>
> (Hume, 1956:177-178)

위 구절은 다양하게 해석할 수 있다. 예컨대 퍼트넘(Putnam) 같은 학자들은 이를 규범적 주장에 근거를 마련하는 것이 절대 불가능하다는 근본적 회의를 함의하는 것으로 받아들인다(2002). 그러나 흄의 진술은 사물의 어떠함이나 인간 본성과 인간사를 논의하다가 사물이 어떻게 되어야 마땅한가에 대한 주장으로 성급히 옮겨 가는 문제를 논리적으로 지적하는 것이라고 이해될 수도 있다(Pigden, 1989). 만약 사실/가치 구분이 이런 결론에 한정적으로 적용된다면 경험주의적 윤리학의 방법론에 심각한 위협이 되지 않을 것이다. 해야 할 일이란 경험주의 생명윤리학 활동에 참여할 때 규범적 결론을 도출하기 위해 활용하고 있는 자신의 윤리적 전제에 관심을 기울이는 것이다. 생명윤리학 내부에서 규범적 전제를 먼저 진술하지 않고 경험적 연구에서 성급하게 규범적 주장을 도출하는 경우도 있을 수 있다.

예를 들어, 신생아 치료 결정에 관한 경험적 연구를 통해 부모들이 아기들의 변화하는 예후에 관한 완전한 정보를 얻기 바라며, 심각하게 아픈 동의 경우 치료 결정에 적극적 역할을 하고 싶어 한다는 사실을 관찰을 통해 알게 되었다고 하자(McHaffie 등의 2001년 연구가 예가 될 것이다). 만약 이 연구자들이 이 사실만 가지고 부모들은 항상 정보를 제공받아야 하고 의사 결정에 적극적인 역할을 행사해야 한다는 결론을 내린다면, 앞서 제시한 종류의 논리적 오류를 저지르는 것이 된다. 일부 집단이 어떤 것에 가치를 부여하고 어떤 선호를 가지고 있다는 사실이 그 선호를 반드시 실현해야 한다는 결론으로 이어져야 하는 것은 아니다. 연구의 해석을 위해서는 이런 주장에 이어 "부모의 결정권(자율성)은 중요한 원칙이므로 부모에게 결정할 권한을 더 주어야 한다."라는 규범적 전제를 추가함으로써 결론에 이를 수 있다. 이런 경우, 이것은 의무론적 주장이 참인지 확인하는 것이 중요하다는 점을 강조할 필요가 있다는 언급으로 마치게 된다. 이것이 경험적 탐색과 규범적 탐색을 결합하려는 사람이 염두에 두어야 할 것이고, 맥밀란과 호프(2008)가 『The Possiblity of Empirical Psychiatric Ethics』에서 탐색했던 것이다.

그러나 논고의 다른 부분에서 흄은 가치 인식론에 관해 좀 더 심각한 문제를 지적하는데, 이것이 참이라면 윤리학과 미학의 학적 탐구에 있어 심각한 도전이라 할 수 있다. 흄에게 모든 지식은 감각 인상을 통해 지각을 경유하여 도출된다(영국 경험주의와 이 전통 내에서의 흄의 위치는 Mackie, 1980; Raphael, 1969 참고). 모든 지식이 구축되는 바탕이 되는 단순한 개념(simple idea)은 감각 인상의 희미한 복제품이다. 그러므로 예를 들어, 내가 가진 '청색'이라는 개념은 내가 구름 없는 하늘을 보았을 때 가진 감각 인식의 희미한 복제물이다.

단순한 개념은 다른 사상과 연계됨으로써 복잡한 개념을 형성하는데, 모든 지식은 이런 방식으로 구성된다. 예컨대 나는 공을 보며 '구체'라는 개념을 형성할 수 있고, 이 사상은 '청색'의 개념과 연계된다. 그리고 이를 통해 나는 파란 공을 인지하고 생각할 수 있게 된다.

사실적 지식의 근거로서 감각의 증언에 의존하는 정도라면 그럭저럭 괜찮다. 그러나 가치는 그리 쉽게 경험적 근거를 얻지 못한다. 폴 그리피스(Paul Griffiths)가 관찰한 대로 흄은 정념의 근거를 찾는 것이 불가능하다는 논변을 통해서 가치/사실 구분선을 매우 선명하게 그려 놓았다(1997). 다음 인용문에서, 흄은 가치에 관한 일종의 인식 불가능론을 논증하고 있는데, 이 맥락에서 가치는 참/거짓에 해당하지 않으며 단지 감정에 불과하다.

> 어떤 정념이 그 자체로 잘못된 전제에 기반하지 않고, 목적을 달성하기에 명백히 불충분한 수단을 선택하지 않는다면, 그 이성(이해력)은 그것을 정당화할 수도, 비난할 수도 없다. 내 손가락 하나에 긁힌 상처가 생기느니 온 세상의 파괴를 더 선호하는 것이 이성에 반하는 것은 아니다. 내가 전혀 알지 못하는 인도인의 사소한 불편을 방지하기 위해 나 자신의 완전한 파멸을 선택하는 것도 이성에 반한다고 할 수는 없다.

흄에게 정념은 감정, 가치, 미적, 도덕적 판단을 포함할 수 있도록 확장되어 이해되어야만 하고, 실제로 우리에게 행위의 동기를 부여하거나 규범이 되어야 한다. 그에게는 잘못된 신념을 전제로 하는 정념을 품게 되는 경우가 있고, 그런 경우는 이성에 반한다는 점이 분명했다. 예를 들어 내가 반 고흐 작품의 아름다움에 감동받았는데 그 감동이 제작 당시 그의 인생에 펼쳐지고 있던 비극을 염두에 두고 있었기 때문이라면, 그런데 그 그림이 사실 같은 유파의 그림이지 고흐의 그림이 아니었다면, 이 정념은 그림의 성질에 대한 잘못된 믿음에 근거한 것이고, 따라서 이성에 반한다고 볼 수 있다. 유사한 예로, 만약 내가 살을 뺄 수 있는 유일한 음식만 먹겠다고 결심했기 때문에 아이스크림을 먹으려는 욕망을 가지고 아이스크림을 먹는다면, 그 욕망은 살을 뺀다는 목적에 불충분하다는 의미에서 이성에 반한다.

윤리적 가치 판단은 잘못된 관찰을 전제로 한다면 이성에 반한다고 할 수 있다. 만약에 지나던 행인이 어떤 여성이 남성에게 붙잡혀 어려움을 겪는 것을 보고 개입해서 "이렇게 대하면 안 되니 보내요."라고 말한다고 가정해 보자. 그러나 이 남녀가 실제로는 행위 예술에 참여하고 있었고 현장이 거리 극장이었다면, 이 둘은 역할을 잠시 중단하고 사실 아무도 해를 입지 않았고 그저 공연 중이었다고 설명할 것이다. 흄의 요점은 이 두 경우에 있어, 사실을 오해하여 잘못된 정념이 생겨났지만, 정념은 그 자체로 오류가 없다는 것이다.

정념 그 자체는, 앞서 언급한 사실적 오류의 경우를 제외하면, 참이나 거짓을 가릴 수 없다. 이런 입장은 기본적으로 흄이 특히 엄격한 형태의 18세기 경험주의를 고수했기 때문이다. 흄에게 모든 지식은 감각 인상에서 도출되지만, 정념은 직접 인식되지 않는다. 그러므로 사상의 연합을 통해 형성되는 것이 아니므로 사물이나 사실이 아니다, 그러므로 정념은 참과 거짓의 대상이 아니다.

잠시 멈추고 흄의 제안이 얼마나 전복적인지, 그리고 윤리학이나 미학과 같은 분야에 어떤 의미를 갖는지 숙고하는 일은 가치가 있을 것이다. 이것을 도덕적 주장은 어떤 주장을 형성할 수 없으며 따라서 단지 감정의 표현에 불과하다는 의미로 받아들인 이들이 있다(『Language, Truth and Logic』(Ayer, 1946)이 그 예다). 또 정념의 근거를 부정하는 대신 다른 가능성들을 생각해 보는 것도 의미가 있을 것이다. 윤리학적 합리주의자들은 규범성이 세계에 대한 판단이 아니라, 우리의 이성 구조에 근거할 수 있다고 본다. 이러한 시각은 오랜 역사를 가지고 있으며, 규범성이 선의지의 성질에서 비롯한다는 칸트 이론의 뼈대이다. 따라서 우리가 18세기 영국 경험주의에 경험주의 윤리학의 근거를 두지 않도록 주의할 이유는 충분하다. 경험주의는 전복적이고 논란의 여지가 있는 인식론이다.

정념은 합리성을 결여하고 있다는 흄의 관점과 자연주의 오류에 관한 G.E. 무어(G.E. Moore)의 주장은 관련성이 있지만, 메타 윤리적으로 구별되는 관점임을 명심해야 한다. 무어는 자연주의적 오류가 발생하는 경우를 다음과 같이 썼다.

> 어떤 자연적 사물을 다른 것과 혼동하여, 어떤 하나로 다른 것을 규정할 때 '오류가 발생'한다. 예를 들어 어떤 사람이 자연적 대상인 자신을, 다른 대상

인 '기쁜' 또는 '기쁨'과 혼동한다면, 이것을 자연적인 오류라고 부를 이유는 없다. 그러나 만약 그가 '좋음(good)'을 - 그 자체로는 동일한 의미에서 자연적 대상이 아님에도 불구하고 - 어떠한 자연적 대상과 동일시한다면, 그것을 자연주의적 오류(naturalistic fallacy)라고 부를 이유가 생긴다. 이 판단이 '좋음(good)'이라는 개념과 관련하여 이루어졌다는 점에서, 그것은 매우 특정한 오류이며, 흔히 발생하는 오류이기에 이름 붙일 필요가 있다.

(Moore, 1903:s12)

흄과 무어의 관점 사이에는 공통점도 있다. 그러나 같은 계열일 수도 있겠지만, 이 둘은 사실 다르다. 흄이 윤리적 주장을 순전히 사실의 전제로부터 구성하는 작업의 논리적 문제점과 정념의 기반이 되는 감각 인상을 찾는 일의 불가능성에 관심을 두고 있다면, 무어는 그보다 정념에 대한 주장, 또는 그의 용어에 따르면 '비-자연적'인 특성을 사실 혹은 자연적 특성으로 환원시키려는 시도에 관심을 갖고 있다. 가장 중요한 예는 '선'을 '쾌락'으로 환원, 또는 규정하려는 시도일 것이다. 무어에 따르면 선을 이런 식으로 규정하면 자연주의 오류의 악덕에 빠지게 되고, 결국 '열린 질문'의 어려움에 직면하게 된다. '좋다'와 같은 특성이 쾌락과 등치가 되면 "그러나 쾌락이 좋은가?"와 같은 질문을 제기하는 것이 언제나 가능해진다. 자연적인 용어로 규정되는 것보다 더 많은 비-자연적인 특성이 있다는 아이디어이다. 이런 특성은 근본적으로 환원이 불가능하다.

무어는 흄과 같은 경험주의자지만, 이 둘은 '정념' 혹은 '비-자연적' 특성이 사실적 또는 자연적인 것에서 독립되어 있다는 비슷한 관점에서 사뭇 다른 인식론적 함의를 도출해 낸다. 최소한 초기 흄에게, 사실적인 것과 정념의 독립성은 도덕과 미학이 학적인 탐구 분야로서 일종의 착각에서 출발하고 있다는 의미를 갖는다. 반면 무어는 선이나 아름다움을 그 자체로 보호하는 일의 중요성에 이끌린 듯하다. 비합리성을 의미하기보다 비자연적인 특성이 환원 불가능하다는 주장은 우리가 고양해야 할 어떤 것으로서 지위를 유지시키는 것이기 때문이다. 플라톤은 '정의' 또는 '아름다움'의 인식에 형식을 이해하는 활동이 포함되기 때문에 이러한 인식이 참, 거짓 판단의 대상이 된다고 생각했다. 이와 유사하게 무어 역시 비자연적인 것이 환원 불가능성 때문에 그것들을 세계에서 인지할 수 없거나 참/거짓의 범주에 속하지 않는 것으로 생각하지 않았던 것 같다. 무어의 요지는, 우리가 그런 인식을 자연적 속성에 대한 인식과 혼동해서는 안 된다는 데 있다.

흄과 무어의 차이점은 우리가 경험주의 윤리학을 어떻게 개념화할 것인지와 관련하여 흥미로운 함의를 갖는다. 그러나 무어의 관점에서 어떤 결론이 도출될지 생각하기 전에 현재 영향력 있는 경험주의 윤리학의 한 가지 접근법이 어떻게 흄의 가정에 근거해서 구성되었는지 살펴볼 필요가 있다.

가치 기반 의학의 열 가지 원칙

빌 풀포드(Bill Fulford)는 『Ten principles of values-based medicine(2004)』에서 정신과 진료 과정에서 가치를 다룰 수 있는 방법을 하나 고안했는데, 이것은 경험주의 윤리학의 한 형태일 수 있다. 가치 기반 의학(VBM)은 근거 기반 의학(evidence-based medicine, EBM)의 대응물로 기능하도록 고안되었다. VBM은, 옹호자들의 주장에 의하면, EBM을 대체하기 위한 것이 아니다. VBM은 EBM이 합리적인 결정을 이끄는 증거를 비판적으로 검토하는 활동이지만 가치 문제에 관한 결정을 내리는 일의 중요성을 간과하고 있다는 데에서 착안한다. 즉 VBM은 EBM이 놓친 그림의 조각을 채우는 것이다. VBM은 임상 결정을 보다 구조화하고, 연구에 기반한 증거에 민감하게 반응하도록 임상 실천을 변화시키려 한다는 점에서 EBM과 유사한 목적을 지니고 있다. 따라서 우리는 VBM을 경험주의 윤리학의 한 예로 간주해야 할 것이다. VBM은 가치에 관한 주장을 형성할 수 있는 방법론에 기반하여, 가치 기반(a value base)을 제공하는 목표를 가진다. 이런 가치 기반은 임상 의료에 반영될 수 있으며 진료 행위가 가치에 민감하게 반응할 수 있게 돕는다. EBM과 VBM은 둘 다 임상 의학과 촘촘하게 연결된 연구로서 가치 있는 목표를 가진다. 따라서 VBM은 EBM

과 마찬가지로 특정 종류의 연구 활동을 강조하는 것이며, 일종의 경험주의 윤리학으로 간주되어야 한다. 두 번째로 VBM이 경험주의 윤리학으로 이해될 수 있는 이유는 방법론으로서 활용되었기 때문이다(Petrova *et al.* 2006; Fulford 2011).

풀포드는 VBM이 EBM을 보완하는 정도를 넘어서 생명윤리학 방법론이라고 생각했던 것이 분명하다. 그가 보기에 VBM은 생명윤리학이 결여하고 있다고 판단한 문제를 해결할 수 있는데, 특히 '오늘날 주도적인 유사-법률적인 임상 생명 윤리 형태를 극복할 수 있는 대응적인 임상술기'라고 주장한다(2004:205). 그는 이를 다음과 같이 설명한다.

> 따라서 VBM은 가치의 차이를 해결하기 위해 합의(consensus)가 아니라, 내가 다른 곳에서 '비합의(dissensus)'라고 부른 방식, 즉, 서로 정당하게 다른 가치 관점을 균형 있게 조율함으로써 효과적인 실천을 가능하게 하는 과정을 활용하려 한다. 이 비합의 개념은 VBM 실천의 핵심에 해당하므로, 여기서 조금 더 자세히 살펴볼 만하다. 전통적인 준-법적(quasi-legal) 생명 윤리 모델에서는, 가치의 차이를 미리 마련된 규칙(윤리 강령이나 지침의 형태로 존재하며 종종 법적 근거를 갖는)을 참조함으로써 해결하는 원칙을 가지고 있다. 이때 규칙은 사전에 합의를 통해 설정된 것으로, 해석의 차이가 당연히 발생할 수 있다. 그러나 이런 차이는 원칙적으로 의사 결정 권한을 행사하는 규제 조직에 의존하여 해소된다.
>
> (Fulford 2004:216)

이 주장에 각주를 달면서 풀포드는 영국의 인간수정및배아연구기관(Human Fertilisation and Embryology Agency, HEFA)을 언급한다. 의회 입법을 통해 필수화되었다는 점에서 이 기관은 유사-법률적 방식으로 기능한다. 그렇다고 HFEA가 '비합의'를 부정한다고 비판하는 것은 부당한 것 같다. 사실 HFEA는, 성별 선택에 대한 보고서의 경우와 같이(Harris 2005) 대중의 관점을 너무 중시한다고 비판받아 왔다.

어쨌든, 풀포드의 견해에는 더 본질적인 문제가 있다. 그가 실제 문제라기보다는 허수아비 논제(straw man)에 대한 해결책을 제시하고 있는 것처럼 보이기 때문이다. 생명 윤리의 문제를 다루는 사람들이 규칙에 의존해서 가치의 불일치를 해소하려 한다는 명시적 문헌이 없다는 데에서 기인한다. 보다 일반적인 인식은 조너선 글로버(Jonathan Glover)가 『Causing Death and Saving Lives』(1977)의 한 장에서 도덕적 논증의 범위와 한계에 관해 쓴 내용에서 특히 설득력 있게 제시된다. 가치는 그 적용 범위, 일관성과 결과를 통해 검토될 수 있다는 것이다. 이미 받아들여진 규칙을 기준으로 서로 다른 가치들을 판단하여 합의에 도달하는 방식을 활용한 논증은, 공적으로 발표된 수준 높은 생명 윤리 문헌에서는 떠올리기 어렵다.

풀포드의 주장과 달리, 모든 가치가 정당하지는 않기 때문에 가치들의 범위와 일관성, 그리고 그 결과에 관한 주의 깊은 논증은 생명윤리학에 있어서 결정적 중요성을 가진다. 풀포드는 "인간의 가치들은 단지 다를 뿐만 아니라 정당하게 다르다."(Fulford, 2004:215)라고 주장한다. 가치들의 본성을 탐색하고, 가치의 근거를 만들어 내려는 시도들이 근본적으로 착오라는 관점이 풀포드의 신념의 배경이 되는 전제이자, VBM을 생명윤리학와 구별하려는 또 다른 이유가 될 수 있을 것이다. 이것은 이 주장에 딸린 미주에 분명히 드러나는데, 풀포드는 '가치들'로 무엇을 의미하는지 더 깊이 있게 기술한다. 그는 다음과 같이 말한다.

> 가치들이 다른 것을 넘어 정당하게 다르다는 것은 철학적 가치 이론의 '비기술주의(nondiscriptivism)'가 주장하는 바와 같이 사실과 가치(또는 좀 더 정확히는 기술과 평가)의 논리적 분석에 따라오는 결론이다. 18세기 영국 경험주의 철학자 데이비드 흄은 세계 내의 상황에 대한 어떤 진술도 그 자체로는 그 상황에 대한 가치 평가에 덧붙일 것이 없다는 주장을 처음으로 명확하게 설명했다고 인정받는다. "그렇다는 것에서 그래야 마땅하다는 것은 절대 따르지 않는다."라는 말은 종종 흄의 '법칙'으로 요약되는 방식이다.
>
> (Fulford, 2004:229)

정신 건강의 맥락에서(혹은 가치라는 문제에서라면 어느 맥락에서든) 모든 가치들을 정당하다고 보는 것은 실천적으로도 우려스럽다. 정신법의학자들은 폭력성이 있거나 성폭력 성향이 있는 환자를 도와 달라는 요청을 받는다. 많은 경우 아동이나 여성을 학대하는 자들은 자신들의 범죄 행위를 다른 가치들의 조합을 통해 합리화하려 한다. 어떤 환자들은 자신들의 행동을 여성의 상대적 가치와 역할에 관한 다른 종류의 가치들을 조합하여 정당화하려고 할 수도 있다. 아동과의 성적 관계를 금지하는 도덕이 단지 사회적 구성물이나 사회적으로 인정받는 가치들을 반영하는 것에 불과하며 그들이 조합한 가치도 그만큼 타당하다고 생각하는 환자들도 있다. 정신법의학자들에게는 아동 성애자들이 이룬 가치들의 타당성을 미리 알고 자기 행위들을 정당화할 목적으로 악용하지 못하게 제한하는 것이 치료의 과제가 된다. 모든 가치들을 동일하게 평가하고, 단지 다를 뿐 아니라 '정당하게 다르다'라고 보는 관점은 어떤 가치들은 정당하지도 않을 뿐더러 가치들을 이런 식으로 보는 데 실천적으로는 치료적 (그리고 단지 윤리적이지 않은) 문제가 있다는 점에서 틀렸다. 그러나 사실/가치 구분이, 만일 그런 구분이 가능하다면, 우리의 이론에 어떤 영향을 미칠 것인지에 관련된, 더 일반적인 문제가 있다.

'사실과 가치의 얽힘'에 관한 퍼트넘의 논의

흄이 제기한 사실/가치 구분을 바탕으로 경험주의 생명윤리학을 이론으로 구성하려는 이들에게는 '이 둘 사이에' 분명한 구별점이 없다는, 강력한 논변이 있다는 점은 철학적으로 심각한 난제다. 『The Collapse of the Fact/Value Dichotomy』(2002)에서 힐러리 퍼트넘(Hilary Putnam)은 종합/분석의 이분법에 관한 철학적 논쟁이 최종적으로 도달한 구분의 포기가 어떻게 사실/가치 구분에도 귀결되는지 입증했다. 경험주의 생명윤리학을 이론화하려는 이들은 윤리학에서 사실과 가치의 얽힘이 갖는 중요성을 간과한 바 없다. 조너선 아이브스는 에릭 라신(Eric Racine)의 온건한 실용주의적 자연주의(2008)의 기반 위에서 윤리의 진보나 경험주의 윤리학의 정식화를 위해서 사실/가치 문제를 해결할 필요가 없다고 주장했다(2014). 아이브스는 사실과 가치의 관계를 살펴본 후 '이 둘을 분리해서 인식론적인 의미를 만들기'는 어렵다고 주장한다(Ives, 2014:303). 이 주장이 올바른 것이겠지만, 가치의 다른 형식들과 그 정당화 방식도 살펴보는 것도 중요하다. 그렇게 해야 경험주의 윤리학에 대한 균형 잡힌 관점을 갖출 뿐 아니라 의료 사회학과 구분할 수 있게 된다.

앞서 언급한 바와 같이 흄은 18세기 경험주의에 대한 신념에서 출발해서 뚜렷한 이분법을 연역해 냈다. 실제로 그는 자신의 인식론을 통해 사실에 대한 참된 설명을 얻을 수 있었다. 그 인식론이 기능하는 방식에 의하면 가치들이 도출되는지 파악하기는 어렵다. 그러하기에 흄에게 사실/가치 구분은 자명했다.

인식론과 과학 철학 분야에서 등장한 일련의 문제들로 인해 철학자들은 가치들을 포함하지 않고 지식, 과학적 지식을 설명하는 것이 불가능하다는 것을 깨닫게 되었다.

> 일관성, 단순성(그 자체로 전혀 다른 종류의 가치이며 하나의 '척도'에 불과한 것은 아니다), 아름다움, 자연스러움 등등에 대한 판단은 자연 과학에 전제되어 있으며, 이것은 가치들이 순수히 '주관적'이고 과학은 '객관적'이라고 말하는 많은 이들이 계속해서 눈을 감고 있는 것과 동일한 사실이다. 그러나 일관성과 단순성 등도 가치들이다.
>
> (Putnam, 2002:31)

퍼트넘은 자신이 인식론적 가치와 도덕적 또는 종교적 가치들을 동등하게 여기지 않는다는 점을 주의 깊게 지적한다. 이 세 종류의 가치는 인식론적 정당화 방식이 다르고 다른 방식으로 근거를 갖추거나/갖출 수 없다고 합리적으로 가정할 수 있다. 동시에 그는 어떤 것을 흄의 파란 공이 존재하는 방식과 같이 직접 관찰할 수 없다고 해서 그것이 객관적이지 않거나 우리 지식의 영역에 포함될 수 없음을 의미하는 것이 아니라는 점을 강조한다. 뉴튼 역학의 일관성과 단순성은 물리학의 법칙의 측면이고 자연 과학에 요구되는 수준의 객관적 기술을 달성하는 것처럼 보인다. 반면 도덕적 가치는 다른 종류의 근거 형성을 필요로 하며, 우리가 그 객관성에 관해 확신이 적기 때문에 도덕적 가치에 관해서는 좀 더 말할 것이 많다.

존 맥도웰(John McDowell), 필리파 푸트(Philippa Foot), 데이비드 위긴스(David Wiggins) 등의 메타 윤리학자들은 사실에 관한, 또는 객관적인 것처럼 보이는 '두꺼운(thick) 윤리적 개념'의 성질을 논의했다. 이것은 분명 평가적 성격을 지닌 개념들이다. 하지만 그것들을 진리 적합(truth apt)한 것으로 여기는 것이 어떤 오류를 범하는 것처럼 보이지는 않는다.

> 만약 누군가 내 아이의 선생님이 어떤 사람이냐고 물었는데 내가 "그는 잔인해요!"라고 대답한다면, 나는 그 사람을 교사로서 그리고 인간으로서 비판하는 것이다. "좋은 선생님이 아니에요." 또는 "좋은 사람이 아니에요."와 같은 말을 덧붙일 필요가 없다. …(중략)… '잔인하다'는 말은 사실/가치 이분법이라는 전제를 무시하고 규범적인 목적으로, 또한 기술적인 용어로도 기꺼이 사용할 수 있다.
>
> (Putnam, 2002:34-35)

여기서 핵심은, 도덕적 가치 판단 가운데는 전형적인 사실 판단과 많은 특성을 공유하는 것들이 있음에도 우리가 그러한 주장들이 인식론적으로 정당한지 여부에 대해 별다른 의문을 제기하지 않는다는 점이다. 생명윤리학 맥락에서는 우리가 인식론적 실수를 저지르는 것이 아닌지 염려할 필요 없이 사용할 수 있는 두터운 윤리적 개념들이 존재한다. 예를 들어, 우리가, 정신과 의사가 환자를 진정시키기 위해 사실이 아니지만 환자를 안정시킬 어떤 말을 하는 것을 보게 된다면, 우리는 그 의사에 대해 '진실하지 않은' 동시에 '온정적'이라고 말해도 될 것이다. 이런 개념들은 생명윤리학과 경험주의 윤리학의 기반이다. 이는 사실에 관한 것이면서 평가적인 개념처럼 보인다. 즉 이는 정신과 의사가 취한 행위의 사실적 측면으로, 참 또는 거짓을 적절하게 평가할 수 있는 동시에, (가치) 평가적이며 윤리적인 개념이다.

사실에 관한 의미로 사용될 때에는 명확하게 규범적이지 않으며, 규범적인 의미로 사용될 때에는 직접적으로 사실에 관한 것이 아니라는 점에서 두터운 윤리적 개념들을 모호하다고 반대하는 이들도 있을 것이다. 이런 우려도 의미가 있다. 하지만 사실/가치 구분이 이분법 형태로 제시되는 경향이 있다는 점 때문에 두꺼운 윤리적 개념이 사실과 가치 사이에 상당한 개념적 회색 지대를 형성하는 것처럼 보일 것이다. 더 나아가, 어떤 사람이 '강요'을 기술적인 의미(즉 위협 때문에 어떤 일을 했다)로 사용한다고 해도, 이것은 발생해서는 안 된다는 점에서 규범적인 의미는 아니라도 도덕적으로 중립적인 의미를 갖는 것도 아니다.[1]

VBM은 일종의 경험주의 윤리학이지만 우리들이 수용하지 않는 방식으로 사실/가치의 구분을 가정한다. VBM이 실질적인 설득력을 가지려면 사실과 가치 사이의 이분법을 필요로 하는데, 이런 이분법은 객관적인 가치들이 있고(예를 들어 자연 과학의 인식론적 가치), 사실에 관한 것으로 간주될 수 있는 두터운 윤리적 개념들이 있다는 점에서 존재하지 않는다.

다른 종류의 가치들이 존재하고, 각각은 다른 방식의 정당화를 요구한다는 점에서 퍼트넘이 옳다. 동기를 부여한다는 점은 모든 가치들을 규정하는 특징이며, 흄이 그 가치들을 '정념'의 범주에 포함시킨 이유다. 흄에게 정념이 동기를 부여하지 않는다면 이성은 공허하고 무력하다. 흄의 인식론적 설명에 동의하지는 않겠지만, 정념(그리고 가치들)의 한 가지 결정적인 특징은 규범적이고, 행위할 이유를 준다는 점이다.

과학자가 설명의 일관성과 단순성을 언급한다면, 그는 설명이 좋다고 생각할 이유를 가진 것이다. 음악 평론가가 오케스트라 연주의 음역, 정확성과 작곡자의 의도에 대해 감수성을 갖는다면, 그 연주가 훌륭한지 판단할 수 있다. 아이가 피해를 입을 수 있는 가정 내 갈등에 개입하는 이웃은 나쁜 일을 예방하는 일의 중요성을 근거가 되는 도덕적 이유로 가진다. 이 세 가지 경우 모두에 '규범적' 요소가 있다고 주장할 수 있다. 그러나 각 사례의 규범성은 다른 종류들이다. 첫 번째 것은 과학적 또는 인식론적 규범이고,

두 번째는 미적 규범이며, 마지막은 도덕적 규범이다. 다음 절에서 보건 의료에 대한 경험적 접근을 통해 두드러지게 되는, 서로 종류가 다른 규범성의 존재를 증명할 것이다.

애덤 헤지코의 경험주의 윤리에 대한 문제 제기

경험주의 윤리학은 다양한 형식과 수많은 목표를 가질 수 있다. 그러나 많은 연구자들은 생명윤리학이 지나치게 철학적이고 실제-세계 문제에 충분히 근거하지 않았다는 불만에서 출발한다. 경험주의 윤리학은 생명윤리학의 학문적 탐색이 보건 의료인이 직면하는 개념, 문제, 도전에 기반하게 함으로써 도움이 된다(McMillan and Hope, 2008; McMillan, 2012). 지금까지 다양한 경험주의 생명 윤리 접근법이 제안되었다. 그러나 광범위한 질적 연구 방법론이 임상적 현실과 상호 작용하는 데 효과적이기 때문에 사용되고 있다고 보는 것이 옳을 것이다.

아담 헤지코(Adam Hedgecoe)는 사실과 가치의 구분이 갖는 문제적 성격에 대해 신중하게 성찰해 왔으며, 이것이 생명윤리학에서 탐구의 사실적 요소를 규범적 요소와 분리하려는 시도가 무용하다는 인식에 갖는 함의도 민감하게 포착했다. 그가 염두에 두고 있는 것은 사회 과학자들은 보건 의료에 관해 경험적인 데이터를 만들고 있을 뿐이며, 이것이 철학적 방향성을 가진 생명윤리학자들에 의해 규범적 분석의 비판 대상이 된다는 생각이지만, 이는 사실에 부합하지 않는다(Hedgecoe, 2007). 그는, 그의 판단이 정확한 것 같은데 의료 사회학자들이 규범성에 관심이 없다는 주장에 반대한다. 그리고 그들도 분명히 '관심이 있을 뿐만 아니라' 사회학 분야에 그런 관심을 보이는 광범위한 문헌이 있음을 지적한다.

> 의료 사회학은 철저한 방식으로 보건 의료인의 가치들과 행위에 관한 사회적, 문화적, 그리고 정치적 맥락의 설명을 만들어 낸다. 따라서 의료 윤리학자들이 현대 의학의 사회적 세계 내에서 체험된 경험에 관심을 갖는다면 의료 사회학 문헌을 더 많이 읽으면 되지, 새로운 학문 분야를 고안하려고 고

심할 필요가 없을 것이다.

(Hedgecoe, 2007)

헤지코의 주장은 대부분 옳다. 의료 사회학을 통해 보건 의료인의 활동에 대한 사회-역사적으로 균형 잡힌 설명을 찾을 수 있고, 그 배후의 가치들을 이해할 수 있다. 생명윤리학 분야에서 활동하는 사람들이 의료 사회학의 고전적 연구를 숙지하고, 그렇게 함으로써 사회학의 맞추어야 시각에 맞춰져야 한다는 제안은 유용하다(Hedgecoe, 2004). 생명윤리학자들은 철학 교육을 통해 논쟁과 비판적인 사유 능력을 증진시킬 뿐 아니라, 도덕 이론과 개념에 대한 지식을 갖출 수 있다. 하지만 이것이 생명윤리학과 그 논쟁이 위치한 더 넓은 사회적, 역사적, 경제적 맥락에 조율될 가능성은 높지 않다. 생명윤리학이 더 정교해지고 그 문제들이 관심을 둘 가치를 갖는 논쟁 거리로 간주되려면 헤지코의 지시를 따라야 할 것이다. 그의 생각의 상당 부분이 옳게 보이기 때문이다.

헤지코가 놓친 부분은 경험주의 윤리학이 의료 사회학과는 구분되는 새로운 무엇을 제공하지 않는다는 주장이다. 사회학은 가치들과 가치들의 등장에 관심을 가지고 있다. 아울러 종종 특정한 가치관(예를 들어 사회 정의)에 대한 헌신에 기인하여 사회-역사적 규범 구조로 인해 이 가치들이 좌절되기 때문에, 윤리학이 가지는 좀 더 철학적인 논쟁의 맥락 내에서는 위협받는 가치들에 천착하는 경향이 있다. 나는 헤지코, 또는 예를 들어 폭스와 스웨이지(Fox and Swazey)(1992)의 작업이 생명윤리학의 핵심 저작 목록에 오르는 데 요구되는 종류의 규범성이 결여된 것으로 간주해야 한다고 주장하는 것이 아니다. 그보다 사회학자들이 다른 방식으로 논증하는 경향이 있고, 다른 종류의 규범성에 관심이 있다는 이야기를 하고 있는 것이다. 예를 들어 조너선 글로버, 댄 브록(Dan Brock), 존 해리스(John Harris)와 줄리안 사블레스쿠(Julian Savulescu) 같은 이들은 생명윤리학의 도덕 문제에 대한 해결책을 찾는 작업을 철학적 규범의 관점에서 수행한다. 이런 저자들은 논쟁이 치열한 문제에 대한 도덕적 입장에 관해 최대한 설득력 있는 논변을 펼친다. 물론 치열한 논쟁의 대상이 되는 도덕적 문제에 대한 답변은 잠정적이며, 개정이 가능하거나 논쟁의 대상으로 계속 남아 있을 수 있다. 사회학자들이 가치들, 부정의의 교정에 관심이 있는 것은 사실이지만, 보통 그들은 이런 종류의 논쟁에는 관여하지 않는다. 물론 예외는 있다. 무엇보다 철학적 배경을 가지고 이런 종류의 분석를 수행하는 사회학자들-헤지코 자신이 좋은 예가 된다-도 있다. 그러나 이런 경우도 그들의 논변을 '조금 더 철학적', 또는 '좀 더 분석적'으로, 또는 '조금 덜 사회학적'인 것이라고 묘사할 수 있을 것이다. 이것들 중 어떤 묘사도 이런 종류의 논변의 상대적인 가치를 암시하는 데 선택될 수도 없다. 아울러 '생명윤리학'으로 간주될 수도 없다. 대신 다른 종류의 학술적 탐색으로, 여기서는 규범성을 다른 방식으로 활용한다.

스트로스(Strauss)와 글레이저(Glaser)의 고전적 사회학 연구는 북미 병원에서 관찰한 임종 과정에서 발생하는 문제의 현장 조사와 인터뷰를 다룬 것이다. 좀 더 일반적인 관점에서 그들은 자신들의 연구를 다음 질문에 집중하도록 다듬었다.

> 죽어 가는 환자와 병원 종사자 사이에서는 어떤 종류의 상호 관계가 반복되는가? 환자를 대하는 사람들은 어떤 종류의 전략을 사용하는가? 어떤 병원 조직 환경에서 이런 상호 작용과 전략이 발생하며, 죽음을 둘러싼 상황에 관여된 모든 사람, 즉 환자, 가족, 의료진과 병원에 영향을 미치는가? 이 질문에 대한 답변을 찾는 과정에서 우리는 대부분의 변수들이 죽음의 상황에 관여된 각 당사자들이 환자의 운명을 어떻게 인지하고 있는가에 따라 설명된다는 점을 발견했다.
>
> (Glaser and Strauss, 1965:8)

생애 말기를 둘러싸고 있는 죽음의 방식이나 권리 문제들은 생명윤리학의 근본 주제이며, 글레이저와 스트로스가 생명윤리학 정립 이전의 사람이었다 해도, 이들의 연구가 '생명윤리학적'이라고 말하는 데 망설일 사람은 거의 없을 것이다. 더 나아가 연구 방법은 매우 친숙한 것으로, 그렇게 그들은 이 영역에 '경험주의 윤리학' 기획을 수행하는 것과 매우 비슷하게 접근했다. 그러니 의료 사회학과 경험주의 윤리학 사이에 공통점이 많다는 헤지코의 관찰과 이런 전통에 대한 생명윤리학자들의 무관심을 두고 그가 표현한 실망감에는 확실히 근거가 있다. 그러나 글레이저와 스트로스가 연구를 수행할 동기가 되었던 것과 그를 따르는 설명과 분석은 생명윤리학의 그것들과 다르다. 그들은 죽음에 관해 알고 있어야 하는 것은 도덕적 문제로서, 환자들이 그것이 중요한 것임을 알아야 한다는 점을 잘 인식하고 있었다. 그들은 이것을 주장하는 과정에서 발생하는 일에 대한 풍성한 맥락적 설명을 제공한다. 그들의 설명 모델은 기관의 규범, 역할과 다른 사회적 구조가 사람들이 상호 작용하는 방식에 갖는 중요성을 강조하는 것이다. 그러나 그들은 면접과 관찰을 통해 제시하는 윤리적 문제를 분석하고, 죽음을 맞이하는 방식이 어떠해야 하는가에 대한 윤리적 입장에 도달하려는 시도는 하지 않았다.

글레이저와 스트로스가 규범적인 연구 활동을 하였음은 분명하다. 그들은 병원에서 죽어 가는 일의 본질을 드러냈으며, 이 작업을 부분적으로 명확히 하고, 정보를 제공하며, 혹시라도 역량을 제공할 수 있으리라는 기대도 가지고 있었다. 이것은 의료 사회학에서는 상당히 전형적인 것으로, 이 학문은 비판적이고 회의적인 측면을 지니고 있다. 이 학문은 독자들에게 어떤 문제를 더 복잡하면서도 덜 직설적이며 더 풍성하게 보도록 이끈다. 이것은 '인식론적' 가치로 간주할 수 있는 규범성의 종류이다. 사회학적 인식론적 가치는 독자들에게 어떤 현상을 그 사회, 정치적 맥락에서 살펴보도록 요청한다. 예컨대 이것은 장기 기증이나 유전 상담 같은 현상을 규정하는 맥락을 살피도록 간청하는 지적 규범이다

사회학적 인식론적 가치들은 무엇이 도덕적으로 옳고 그른가를 다루는 규범과는 다르다. 무엇이 옳고 그른지 주장하면서 해당하는 사회-역사적 맥락에 무지한 것은 옳고 그름에 관한 말을 거짓된 것으로 만드는 처방이다. 이런 점에서 이 둘 사이에 관련성이 있음은 명백하다. 사회학적

분석이 정당화되는 이유는, 종종 어떤 영역이 윤리적으로 복잡하거나 문제가 있는데, 이런 종류의 탐구가 앞으로 나아가게 하는 방법이라는 인식에 있다. 그러나 이 두 관점과는 구분되지만, 동등한 정도로 중요한 규범성의 형식이 존재한다. 생명 윤리와 경험주의 윤리에 철학적 관점을 가지고 접근하는 사람들은 윤리 규범에 관해 튼튼한 주장을 갖춘 분석을 제공하고, 사회학적 인신론적 가치 접근은 조직적이고 맥락적인 방식의 분석과 설명을 제공한다.

결론

사실/가치 구분은 경험주의 생명 윤리의 이론적 배경을 주의 깊게 다루려 한다면 중요한 논쟁 주제가 된다. 사실과 가치가 이분법적으로 존재한다는 전통적 경험주의 관점을 유지할 수 없음에도 VBM과 같은 경험주의 생명윤리학의 접근 방식을 구성해 왔다. 심지어 경험주의 생명윤리학 전체가 유지될 수 없는 기획이라는 주장에 활용될 때도 있다. 가치의 다양한 종류에 관한 추가적인 숙고는 생명 윤리에 대한 그 다양한 접근법들이 규범적이며, 단지 방법론적 측면에서 다른 방식을 취한다는 점을 드러낸다.

탄탄한 경험적 조사에서 비롯된 맥락에 대한 민감성과 실제성에 윤리적으로 정교한 논증이 결합되어야 하기 때문에 좋은 경험주의 생명윤리학은 의료 사회학과는 구별된다. 이 책은 그런 접근법들을 담고 있다. 의료 사회학 역시 규범적이라는 것은 참이지만, 건실한 윤리적 논증은 의료 사회학의 전형으로 간주되는 종류의 논변과는 구분된다. 그 논증이 경험주의 윤리의 요건이라고 말할 수 있을 것이다.

미주

1. 이런 개념들이 활용되는 방식에 관해서는 Szmukler and Appelbaum (2008)의 예 참조.

참고 문헌

Ayer, A.J. 1946. *Language, Truth and Logic*. London: Gollancz.

Fox, R., Swazey, J. 1992. *Spare Parts: Organ Replacement in American Society*. New York: Oxford University Press.

Fulford, K.W.M. 2011. Bringing Together Values-Based and Evidence-Based Medicine: UK Department of Health Initiatives in the 'Personalization' of Care. *Journal of Evaluation in Clinical Practice*. 17(2):341–343.

Fulford, K.W.M. 2004. Ten Principles of Values Based Medicine. In Radden (ed.), *The Philosophy of Psychiatry: A Companion*. Oxford: Oxford University Press.

Glaser, B., Strauss, A. [1965] 2005. *Awareness of Dying*. New Jersey: ldineTransaction.

Glover, J. 1977. *Causing Death and Saving Lives*. Penguin, London.

Griffiths, P. 1997. *What Emotions Really Are*. Chicago: University of Chicago Press.

Harris, J. 2005. No Sex Selection Please, We're British. *Journal of Medical Ethics*. 31:286–288.

Hedgecoe, A. 2007. Medical Sociology and the Redundancy of Empirical Ethics. in R. Ashcroft, A. Dawson, H. Draper, J. McMillan (eds.), *Principles of Health Care Ethics*. Chichester, Hoboken: John Wiley & Sons.

Hedgecoe, A. 2004. Critical Bioethics: Beyond the Social Science Critique of Applied Ethics. *Bioethics*. 18(2):120–143.

Hume, D. [1738] 1956. *A Treatise Concerning Human Nature*. Lindsay (ed.). New York: J. M. Dent and Sons.

Ives, J. 2014. A Method of Reflexive Balancing in a Pragmatic, Interdisciplinary and Reflexive Bioethics. *Bioethics*. 28(6):302–312.

Mackie, J. 1990. *Ethics: Inventing Right and Wrong*. New York: Penguin.

Mackie, J. 1980. *Hume's Moral Theory*. London: Routledge Kegan Paul.

McHaffie, H., Laing, I., Parker, M., McMillan, J. 2001. Deciding for Imperilled Newborns: Medical Authority or Parental Autonomy? *Journal of Medical Ethics*. 27:104-109.

McMillan, J. 2012. Psychiatric Ethics and the Methodological Virtues of Bioethics. *Journal of Medical Ethics*. 28:194.

McMillan, J., Hope, T. 2008. The Possibility of Empirical Psychiatric Ethics. In G. Widdershoven, J. McMillan, T. Hope, L. Van der Scheer (eds.), *Empirical Ethics and Psychiatry*. Oxford: Oxford University Press.

Moore, G.E. [1903] 1993. *Principia Ethica*. Baldwin (ed.). Cambridge University Press.

Petrova, M., Dale, J., Fulford, K.W.M. 2006. Values-Based Practice in Primary Care: Easing the Tensions between Individual Values, Ethical Principles and Best Evidence. *British Journal of General Practice*. 56(530):703-709.

Pigden, C. 1989. Logic and the Autonomy of Ethics. *Australasian Journal of Philosophy*. 67:127-151.

Putnam, H. 2002. *The Collapse of the Fact/Value Dichotomy and Other Essays*. Cambridge, MA: Harvard University Press.

Racine, E. 2008. Which Naturalism for Bioethics: A Defense of Moderate (Pragmatic) Naturalism. *Bioethics*. 22(2):92-100.

Raphael, D.D. 1969. *British Moralists*, 1650-1800. Oxford: Clarendon Press.

Szmukler, G., Appelbaum, P. 2008. Treatment pressures, coercion and compulsion in mental health care. *Journal of Mental Health*. 17(3):233-244.

3장

메타 윤리학, 상대주의와 경험주의 생명윤리학

—

마크 시한(Mark Sheehan)

메타 윤리학은 윤리학의 본질에 관한 학문으로 그 탐구의 대상은 도덕적 참/거짓의 존재나 본질에 관한 숙고, 도덕 심리학, 그리고 '의무'나 '규범성' 같은 도덕적 개념의 성격 등이다. 도덕적 개념의 성격과 경험주의 윤리학과의 관계는 이 책의 다른 장에서 다룰 것이기에 이 장에서는 주로 경험주의 윤리학과 그 연구 방법론이 직면한 핵심 문제인 윤리-상대주의를 주로 다룰 것이다.

사람들 사이에 분명히 존재하고 있는 차이점을 깊이 생각하는 사람들이 윤리 상대주의의 매력을 먼저 발견할 것이다. 사람들은 달리 행동하고, 다르게 살고, 서로 다른 문제를 중요하게 여긴다. 무엇보다 사람들은 다른 견해 위에서 어떤 것이 옳고 그른지 혹은 허용될 수 있거나 금지되어야 하는지 설명한다. 대부분의 윤리 상대주의자들은 이 차이를 깊게 새기고 있다. 그들은 사람들이 어떤 가치를 주장할 때 그들이 생활하거나 양육받는 문화에 의존하기 때문에 윤리에 사실상 옳은 답이 없다고 생각한다. 이런 입장을 사상의 '반-제국주의'라고 볼 수도 있을 것이다. 우리가 누구라고 판단하려는가? 다른 사람이나 다른 문화보다 옳고 그름에 대해 더 잘 안다고 생각할 이유가 있는가? 그들에게 잘못 본 것이라고 말할 수 있는 이유가 있는가? 따라서 윤리 상대주의는 권위, 윤리적 진실에 관한 질문, 혹은 윤리 문제를 '바로잡으려는' 시도이다(Sheehan, 2007). 우리 주변을 살펴보고 우리가 깊이 견지하는 관점을 우리와 다른 사람들의 관점과 비교하여 그 위치를 성찰한다면 우리와 우리가 반대하는 이들의 관점을 구분할 근거가 사실상 없는 것처럼 보인다. 이 생각은 두 가지에 영향을 미친다. 첫 번째는 이 (도덕적) 영역에서 우리가 가진 신념을 불편하게 느낄 수 있게 된다. 다른 것보다 낫다는 명백한 이유가 없다면 왜 그것들에 구속되는가? 두 번째로, 이런 까닭 때문에 우리와 다른 생각을 가진 사람을 판단해서는 안 된다고 생각할 수 있다. 결국 그들의 가치도 우리 가치만큼 좋은 것이다.

이 문제들, 그리고 이 문제들과 경험주의 생명윤리학, 방법론과의 관련성을 본격적으로 다루기 전에 몇 가지를 구분해 두는 것이 좋을 것 같다. 첫째, 이 장은 메타 윤리적인 상대주의에 관한 것이며 윤리의 본질, 특히 참과 윤리적 정당화에 관한 질문을 다룬다. 메타 윤리적 상대주의자들은 윤리학에서 절대적인 참은 없으며, 옳고 그름에 대한 상이한 관점만이 존재한다고 생각한다. 이 상대주의는 기술(記述) 윤리학의 상대주의와는 구별되어야 하는 관점이다. 이것은 각각의 사회와 문화권에 존재하는 도덕적 관점의 실질적 차이와 관련된다. 이 관점은 동시대 그리고 서로 다른 시대에 걸쳐 도덕적 가치관과 판단에 있어 광범위한 불일치가 실제로 존재한다고 주장한다(Blackburn, 2001; Levy, 2002). 이 둘을 구분한 상태에서 메타 윤리적 상대주의를 강조하는 것은 다음 사항들 때문이다. 기술 윤리학적 도덕 상대주의의 중요한 논점들 중 어떤 것은 우리 질문들과 밀접하게 관계되어 있지만, 그 핵심 논변은 이 장의 목표에 잘 부합하지는 않는다. 앞으로 우리가 탐색할 (상대주의와 경험주의 생명윤리학의) 관련성은 경험주의 윤리학에서 윤리적 논변의 역할과 위상을 더 명확히 이해할 수 있게 한다는 점에서 중요하다. 따라서 메타 윤리학적상대주의의 위상을 분명하게 함으로써 윤리학에서 어떤 논변의 규범적 주장, 정당화와 경험적 증거의 관련성을 더 잘 이해할 수 있게 될 것이다.

둘째, 상대주의에 반대하는 주장은 다양한 형태와 정도로 제기되는데, 그럼에도 모든 반대 주장은 확실히 가치 판단은 상대적이지 않다고 생각한다. 메타 윤리적 상대주의를 반대하는 이들 중에는 윤리적 참은 존재하며 당신이 누구든, 어디 살든 견지해야 하는 가치가 존재한다고 생각하는 이들이 있다. 그들은 어떤 행위는 옳고 다른 행위는 그르다고 생각하며, 이런 옳고 그름을 결정할 설명이 있다고 생각한다. 앞으로 나는 이런 관점에서 상대주의에 반대하는 사람들을 객관주의자라고 칭할 것이다. 위긴스(Wiggins)에 따르면 윤리적 문제가 객관적이려면 분명히 참인 답변을 허용하는 단일한 질문이 존재하고, 오직 존재해야만(if and only if) 한다(1995).

이 장은 세 절로 구성되어 있다. 첫 번째 절에서는 메타 윤리적 상대주의가 논의되는 맥락을 제시할 것이다. 규범성을 품은 개념들을 다루는 질문을 경험적 질문과 규범적인 질문으로 구분할 것인데, 이 개념들은 생명윤리학의 문제들과 깊은 관련성을 가지고 있다. 아울러 경험주의 생명윤리학과 관련해서는 핵심적인 문제이다. 우리가 규범적 질문에 어떻게 답하느냐는, 경험주의 생명 윤리라는 학문이 어떻게 이해되어야 하는지, 그리고 그 안에서 윤리적 논증과 개념 분석이 어떤 역할을 해야 하는지 규정하는 데 중요한 영향을 미친다. 메타 윤리적 상대주의는 이러한 규범적 질문에 대해 단 하나의 권위 있는 정답을 제시하는 것이 불가능하다는 회의주의로부터 비롯된 것으로 간주되며, 그로 인해 방법론에도 상당한 함의를 갖게 된다. 두 번째 절에서 우리는 메타 윤리적 상대주의의 위상을 살펴볼 것인데, 무엇이 이를 옹호할 수 있는지 탐색해 볼 것이다. 이어서 상대주의자들의 주요한 직관을 흡수하는 동시에 윤리적 참을 발견하려는 시도를 정당화하고 진척시킬 타당한 전략을 검토하기 위해 온건한 객관주의를 조망할 것이다. 이 장의 마지막 절은 이 논의들을 발전시켜 다시 경험주의 윤리학, 그리고 좀 더 일반적인 생명윤리학이 갖는 논리적 함의점이 무엇인지에 대한 질문으로 돌아오게 될 것이다.

생명 윤리에 있어서 경험적 질문과 (메타 윤리적) 상대주의의 적합성

경험주의 윤리학과 생명윤리학(의 관계에 관한)의 논의의 핵심은 경험적인 것과 윤리적인 것 사이의 관계를 설명하는 방식에 있다고 주장할 수 있다(Sheehan and Dunn, 2013; Dunn *et al*., 2012). 경험주의 윤리학을 윤리 연구가 뒤따르는 경험적인 연구, 혹은 그 반대 방향으로 수행되는 연구라는 양자택일이 아닌 방식으로 이해할 수 없을까? 이 완고한 구별은 이 책에서 맥밀란(2016)이 상세하게 논의한 사실과 가치, 혹은 '이다'와 '마땅하다'의 구분에 기인한 것이 분명하다.

이 문제를 논증하는 한 가지 방식은 경험적인 것과 윤리적인 것을 구별 가능한 질문, 혹은 입장으로 주조하는 것이다. 이렇게 하면 두 가지 질문이 각각 탐색하고 있는 일차적인 대상을 정할 수 있다. 전자는 세계의 존재를, 그리고 후자는 세계의 당위를 방향으로 삼게 된다. 이 두 가지 질문은 거의 즉각적으로 우리가 '규범성을 품은 개념(normatively invested concepts)'이라고 부를 수 있는 두 가지 접근법을 생성한다.

뷰캐넌과 커헤인(Buchanan and Keohane)은 규범성과 사회적 정당성(legitimacy)을 구분함으로써 좋은 예가 된다.

> '정당성'은 규범적인 의미와 사회적 의미를 모두 지닌다. 어떤 제도가 규범적인 의미에서 정당하다고 말하는 것은, 규율이 - 규칙을 선언하고 이에 불응하면 댓가를 치르거나, 순응에 혜택이 따르도록 하여 순응을 보장하려는 시도가 - 옳다는 주장이다. 어떤 제도는 규율하는 것이 옳다는 믿음을 광범위하게 얻을 때 사회적으로 정당해진다.
>
> (2006; 405)

이 의미들은 그 경험적인 동시에 규범적인 근거를 지시하는 질문의 형태로 포착된다. 경험적 (또는 사회학적) 측면의 질문은 "제도는 언제 정당하다고 **받아들여지는가?**"이고, 규범적인 측면은 "제도는 언제 정당하다고 받아들여져야 **마땅한가?**"이다.

'정당성'은 내가 규범성을 품은 개념이라고 부른 것이다. 이 개념은 명확히, 또 분명하게 가치와 의미에 관한 질문에 연결된다. 이 개념들은 윤리에 밀접하게 연결되어 있는 동시에 상당히 맥락적인 내용도 지니고 있다고 말할 수 있다. 제도가 정당하다고 받아들여지는 방식은 제도 자체의 성격만큼 상세한 맥락에 의존한다. 이런 종류의 다른 개념들로 '권위', '전문가', '권력' 그리고 '가치' 가 있다. 각각의 경우에 우리는, 위의 구분에 따라, 경험적이며 규범적인 질문을 만들어 낼 수 있다([표3.1] 참조).

[표3.1] 경험적이며 규범적인 질문

경험적 (사회학적) 질문	규범적 질문
누구 또는 무엇이 A의 맥락에서 정당하게 받아들여지는가?	누구 또는 무엇이 A의 맥락에서 정당하게 받아들여져야 하는가?
누가 권한을 실제로 행사하거나 부여받았는가?	누가 권한을 실제로 행사하거나 부여받아야 하는가?
B의 맥락에서 권한은 어떻게 기능하는가?	B의 맥락에서 권한은 어떻게 기능해야 하는가?
C의 영역에서 전문가로 간주되는 사람은 누구인가?	C의 영역에서 전문가로 간주되어야 하는 사람은 누구인가?
D의 맥락에서 구현되는 권력관계는 어떠한가?	D의 맥락에서 권력관계는 어떻게 구현되어야 하는가?
사람들은 무엇을 가치있게 여기는가?	사람들은 무엇을 가치있게 여겨야 하는가?

경험주의 윤리학/생명윤리학에 대한 설명은, 그것이 무엇이든 규범적인 질문과 경험적인 질문을 반드시 다루게 된다(명시적이거나 암묵적인 방식으로). 어떤 접근은 경험적 요소에 더 큰 비중을 두고, 다른 접근은 규범적 요소를 우선시한다. 또 다른 경우에는 이 둘을 어떻게 결합하거나 연결할 수 있을지를 모색하려 한다. 이어지는 글에서 우리는 이 두 질문 조합의 관계를 탐색할 것이다.

경험적인 질문들

사회 과학의 방법론은, 물론 전부는 아니라도, 세상에 관해 타당성을 가진 경험적 데이터를 생산하려는 목적으로 고안되었다(물론 단순한 일은 아니다 - 이 책 싱(2016)의 글 참조). 우리는 사회 과학과 그 방법론을 통해 사회의 제도, 구조, 그 관계에 관해 상세하게 알 수 있다. 종종 이 관계는 다양한 형태와 범위의 규범성에 관련된다. 따라서 사회 과학 분석을 통해 권한, 전문성, 정당성 또는 권력 등의 주장이 서로 다른 범주의 맥락들 내에서 어떻게 만들어지고 받아들여지는지 확인할 수 있다.

예를 들어 우리는 전문성에 관한 주장이 다양한 맥락에서 형성, 수용되고 있음을 알 수 있다(Angell *et al*., 2008). 여기서 개인들로 구성된 집단(과학자, 의사, 로비 집단, 윤리학자 등)이 특정한 영역에서 전문가임을 주장하고 있음과 다소 일반적이라 할 수 있는 사람들이(미디어, 대중, 환자, 연구 참여자 등) 실제로 어떻게 이들의 주장을 수용하거나 포용하는지 발견한다. 우리가 알게 되는 것은 전문성을 주장하는 주장의 정치성(政治性)이다. 즉 개인, 혹은 집단이 어떤 주장을 통해 '전문가'에게 적합한 역할을 유지하는가 하는 문제다. 이 작업은 전문가로 받아들여지는 것의 의미와 전문가가 되는 것, 그리고 전문성을 주장하는 것 사이의 관계를 설명한다(생명윤리학에서 '전문성'의 의미가 어떤 것인지 자세한 내용은 이 책에 실린 에드워드와 딘스(2016) 참조).

한편, 우리는 연구 윤리 위원회(research ethics committees, RECs)가 결정을 내리는 맥락과, 더 구체적으로, 이 결정을 내리는 방식을 통해 자신들의 지위와 권한을 확립하는 방식을 알 수 있다. 이런 종류의 분석을 통해 우리는 권한이 행사되고 재확인되는 과정을 명확히 파악할 수 있게 된다. 절차에 문제가 제기되거나 논쟁이 발생할 때, 우리는 또한 관계된 다양한 이해 당사자들이 그 권한을 이해하는 방식을 조금이나마 파악할 수 있다. 이런 연구는 연구 윤리 위원회가 부여받은 권한과 이 권한이 협상되는 정치적 과정을 이해하는 데 도움이 된다. 그러나 어떤 규범적 전제나 가정이 없다면 이런 연구는 누가 전문가로 간주되어야 하는지에 관해서는 일러 주는 것이 없다. 그 자체로 규범적인 질문에 답하지 않는다.

일반적으로 말하자면 사회 과학은 사회적이며 문화적인 실천과 규범들을 살펴보고 이해하는 경험적인 연구라는 점에서 경험주의 윤리학, 그리고 생명윤리학에 가장 가깝다고 할 수 있을 것이다. 그러나 각각의 연구에서 경험적인 질문에 답변할 수 있는 능력과 규범적인 질문에 밀접하게 관련된 질문에 답변할 능력을 구분해 내는 것은 필수적으로 요구된다. 우리는 누가, 혹은 무엇이 주어진 맥락 내에서 정당한 것으로 간주되는지 물을 수 있지만, 그 맥락에서 누가 혹은 무엇이 정당한 것으로 간주되어야 마땅한지도 역시 물을 수 있다.

규범적 질문들

다른 지면에서 나는 생명윤리학은 실천에 관련된 '당위(ought)'의 질문에 답변을 시도하는 분야로 이해되어야 한다는 주장을 펼친 적이 있다. 당위의 질문이란 위에 언급된 규범적인 질문들이지만, '이 질문은' 구체적 실천의 맥락을 함의한다(Sheehan and Dunn, 2013). 이 관점에 따르면 생명윤리학은 규범적인 기획이다. 이 과정에서 실천적 '당위'에 관한 질문에 답하려면 권고, 또는 지시를 제공해야 하는데, 이것은 곧 무엇이 마땅하다고 주장하는 것이다. 이런 주장의 타당성은, 그 주장의 명시적 정당화나 논증의 수준뿐 아니라, 다른 논증이나 정당화에 관계되어 있다는 점이 또한 중요하다. 나는 이런 실천적 '당위' 질문이 이 분야의 일차적인 질문들이 아닐까 생각한다. 부차적인 질문들은 일차적인 실천적인 '당위' 질문에 만족스러운 답변을 제공하기 위해 생산된 것들이다. 일차적인 질문과 부차적인 질문들 사이에 명시적인 연결 고리가 존재한다는 것이 지금까지의 논의에서 강조한 점이다. 부차적인 질문이 될 후보들이 일차적인, 실천적 '당위' 질문에 적절하게 연결되기 위해서는 실질적인 조건이 충족되어야 한다.

i . 부차적인 질문에 대한 답변이 어떻게 일차적인 질문에 대한 답변에 도움이 되는지 보여 주는 명시적인 연결 고리가 존재해야 한다.

ii . 이 연결 고리는 제안된 전략을 옹호하거나 반대 전략을 논박하는 논변을 제공함으로써 해당 질문에 답할 수 있는 다른 전략에 연계된다.

이 설명에 따르면 생명윤리학의 경험적인 질문은 실천적 '당위' 질문에 답변하는 기능을 한다. 전적으로 규범적이거나 개념적인 질문 역시 일차적인 실천적 '당위' 질문에 부가된 것이다. 경험적 맥락에 관한 분명한 지식은, 마땅히 발생해야 하는 것을 두고 오가는 논의 과정에 큰 차이를 가져올 것이 분명하다. 일련의 규범적인 기준들, 또는 논증 전략(규범적인 질문에 답할 전략)이 있다면 관련성 있는 상세한 경험적 정보를 활용해서 답변을 얻을 것이라 기대할 수 있는 위치에 있게 될 것이다.

상대주의는 우리가 규범적 질문에 원칙 또는 실천의 차원에서 답변할 수 없다고 생각하게 될 때 문제가 된다. 즉, 우리가 '누가 권한을 가져야 하는가,' '누구를 정당하다고 간주할 것인가', '사람이 가치를 부여할 것은 무엇인가' 같은 질문에 대해서 한 가지 명확한 답이 없다고 생각할 수도 있다. 원칙적으로 이런 질문에 대한 답변은 근본적으로 상대적일 수 밖에 없다 생각할 수도 있다. 이와 관련해서는 다음의 예가 유용할 것이다(해당 예시는 Sheehan 2008에서 가져옴).

윤리적 난점이 있는 정책 문제를 결정할 때 일반 대중의 태도는 어떻게 반영되어야 하는가? 정책 형성 과정에서 여러 가지 방식으로 대중을 참여시켜야 하는 것은 분명하지만, 참여가 정당하다는 이 직관이 정당화된다면 더 유용할 것이다. 메타 윤리적 상대주의자들은 윤리에 관한 것이라면 한 사람의 의견이 다른 사람의 의견보다 낫거나 정확할 것이라고 믿을 이유가 없다고 생각한다. 따라서 정책 형성을 그저 정치적 문제라고 결론 내릴 수 있다. 대중의 태도를 조사하는 것은 이런 정치적 맥락에서는 실용적인 전략이다. "우리는 문제를 해결해야 하고, 그렇게 하기 위한 유일한 방식은 모두를 참여시키는 것이다."와 같은 종류의 실용주의는 메타 윤리적 상대주의와 상당히 비슷해 보인다.

경제학에서 '가치'는 사람이 특정한 사물 X에 부여한 비중이나 중요성으로 이해되고는 한다. 가치는 사람들의 선호로 표현되고 드러난다 (Louviere *et al*. 2000). X의 가치를 판정하는 방법 중에는 사람들이 그것을 위해 비용을 지불할 의사가 있는지 시험해 보거나, 다른 관련 있는 것들 사이에서 X의 순위를 어떻게 정하는지 보는 것이다. 그런 다음 개인적 가치의 수준을 다양한 방식으로 병합시키면 이 선호를 사회 전반에 적용될 정책 결정에 활용할 수 있다. 이것을 대중의 태도가 정책 형성에 연계되는 방식으로 볼 수도 있다. 즉 가치를 존중받아야 할 것이 무엇이고, 어떻게 가치를 인정받아야 하는지 규정하는 것이다.

여기에는 두 가지 규범적 가정이 암묵적으로 존재한다. 우선 '가치'를 '선호'와 등가로 간주한다는 것이다. 가치에 대한 이러한 관점은 분명히 그 자체로 상대주의적(또한 주관적인 것)이다. 개인의 선호에 가치가 드러나거나 반영된다는 이해는 '그저' 선호하는 것과 '가장 중요하게 여기'는 것을 구분할 수 있도록 하는 뉘앙스를 제거하는 것 같다. 가장 중요한 것은 '가치관'이라는 개념에 담겨 있다. 두 번째 규범적인 가정은 '민주주의' 전제인데, 집단에 관한 일반적 데이터와 취해야 할 행위에 관한 관점을 중개한다 (Garrard and Wilkinson, 2005). 이러한 입장들의 구체적 형태는 다양할 수 있는데, 그 범위가 윤리적 원칙에 가까운 강한 민주주의적 헌신에서부터, 독립적인 권위를 갖지 못한 채 정치 현실에 수긍하는 실용주의적 접근에 이른다.[1]

물론 이러한 상대주의의 수용과 그것에 상응하는 중개 원칙(bridging principle)은 전략적인 방법론적 가정일 수도 있고, 아니면 메타 윤리적 신념의 표현일 수도 있다. 전자라면 그것은 경험적 데이터에 접근하는 가장 용이하고 접근 가능성이 높으며, 신뢰도가 높은 방식이 될 것이다. 그러나 '민주적' 연결 원칙은 추가적인 가치의 근원을 제공하지 않고, 그 자체로서 정당화를 요구한다. 만약 이렇게 생각한다면, 우리는 상대주의 입장으로

후퇴하는 것이다. 이것이 정당하거나 최상의 원칙(혹은 우리가 받아들여야 할 바로 그것)이라면, 이 주장은 비-상대주의적 주장이라는 곤경에 처하게 될 것이다.

윤리학에서 상대주의와 비상대주의 입장의 구분

메타 윤리적 상대주의자와 객관주의자의 논쟁은 무엇에 관한 것일까? 앞에서 살펴본 바와 같이 상대주의자의 관점이 옳거나 객관주의자의 관점이 유지되지 않는다면, 생명윤리학과 경험주의 윤리학의 근간에 위치한 규범적인 문제에 관한 논의가 진전될 수 있을지 의심하는 것도 타당하다. 그 회의감은 첫 번째 절에 소개된 내용에 직접적으로 암시되었다. 왜냐하면 메타 윤리적 상대주의는 도덕적 진리와 정당화에 대한 주장을 포함하고 있기 때문이다. 즉, 메타 윤리적 상대주의자들은 정당성의 '마땅'함에 관해서 어떠한 답변도 주어지지 않았다고 주장한다. 또한 누구를 정당하다고 할 것인가라는 질문에 대한 답변은 가치들을 대변하지만, 아무런 특별한 위상도 없고 심지어 가질 수 없는 답변이라고 주장하는 것이다. 그렇다면 우리에게는 사회 과학에서 경험적인 방법론적 전략을 취하되, 동시에 그 내부의 암묵적인 규범적 전제에 주의하고 그 전제들을 고지하는 방법밖에 없는 것 같다.

이 절에서 우리는 메타 윤리적 상대주의자의 관점이나 '유사한' 입장의 관련성에 집중할 것이다. 특히 우리가, 좀 더 상세히 말하면, 메타 윤리적 상대주의를 택한다면 어떤 종류의 주장에 이르게 될지 고찰해 볼 것이다. 이 절에서는 또한 온건한 객관주의를 살펴볼 것인데, 이것은 앞선 논의에서 배운 교훈에 따라 객관주의적 입장을 온건화하려는 시도를 대변한다.

이 장의 초반에서 언급한 대로 메타 윤리적 상대주의자는 윤리에 절대적인 참은 없으며 그 대신 옳고 그름에 대해 다른 관점만이 존재한다고 생각한다. 구체적으로, 메타 윤리적 상대주의자들에게는 우리가 어떻게 '진정으로' 옳고 그른 것이 존재한다고 생각하게 되었는지를 설명하는 이야기가 있다. 상대주의자들의 관점에서 보면 우리가 옳거나 그르다고 간주하는 것은, 주로 우리가 속해 있거나 양육받은 문화에 관련되어 있거나 문화적으로 규정된다(즉 문화적 상대주의). 또 윤리에 절대적인 참이 없으며, 우리의 윤리적 관점에 도달하게 된 과정에 대해 다른 설명이 있을 수 있다고 생각하는 메타 윤리적 상대주의자들도 있다. 따라서 주관주의자들은 흔히 상대주의자로 간주된다. 그들은 윤리에는 (절대적) 참이 없다고 생각하는데, 왜냐하면 이런 판단들은 참이나 거짓이 될 수 있는 종류가 아니기 때문이다(Blackburn, 1998). 이런 경우 윤리학은 문화별로 상대적이라기보다 개별 주체별로 상대적인 것이 된다(물론 개인들이 그 무엇보다 문화에 영향을 받을 가능성이 있다).

메타 윤리적 상대주의

위에서 살펴본 대로 기술적 윤리 상대주의는 사회와 문화 전반에 걸친 윤리 체계의 변화에 대한 경험적 논제이다. 다양한 도덕 체계를 대충 훑어보기만 해도 '문화와 사회 시스템들 사이에' 존재하는 상당한 차이를 알 수 있다. 이 다양성이 건전한가에 대한 질문은 윤리학에서 진리의 존재에 회의를 갖게 되는 이유이며, 메타 윤리적 상대주의의 근거를 제공할 수 있다는 점에서 중요하다.

명백한 윤리적 판단의 차이 중 일부는 판단의 맥락을 면밀히 조사하면 설명할 수 있다. 때로는 판단의 차이가 다른 가치관으로 인한 것이 아닌 경우가 있다. 이 경우는 '가치의 차이라기보다' 자신들이 처한 환경을 확인한 것이 체계적 절차를 거쳐 다른 판단으로 이어진 것이다. 예를 들어, 물에 관한 윤리 규범은 사막이라는 환경과 온대 기후 지역에서 다를 것이다. 물론 모든 차이점을 이렇게 설명할 수 있는 것은 아니다. 문화마다 세상의 작동 방식에 대한 다른 믿음을 가질 수 있다. 우리가 동물로 환생한다고 믿는다면 동물을 대하는 방법에 훨씬 더 큰 제약이 있을 터인데, 이것은 현재 우리가 죽은 자를 존중하는 것과 같은 동일한 가치라고 할 수 있다. 그러나 이러한 설명이 가능하다고 모든 차이들이 해결될 수 있다고 생각하면 안 된다. 가치관이 완전히 다른 경우도 분명히 많이 남아 있다(Levy, 2002; Midegly, 1981).

지금까지는 문화를 고정된 것으로 간주하고 문화적 다양성을 이야기했지만, 문화와 문화적 가치는 유동적, 즉 고정적이지 않은 것이 분명하다. 물론 상대주의자에게는 이것이 심각한 문제일 수 있다. 만약 '문화'와 '문화적 가치'가 너무 모호하거나 쉽게 변할 수 있다면 우리가 어떤 윤리적 판단이 "그 문화에서 참되다."라는 것이나 개인이 문화의 가치를 반영하기 위해 내리는 판단을 이해할 수 없게 되기 때문이다(Levy, 2002). 그러나 우리의 논의에서 상대주의자들이 꼭 윤리의 문화적 기반을 확신할 필요는 없다. 근본적으로 메타 윤리적 상대주의가 윤리의 절대적 참과 정당화라는 이념을 '나에게 참', '우리에게 참', '그 문화 안에서 참'과 같은 방식으로 훼손함으로써 명백한 '참'을 훼손한다는 점이 중요하다.

데이비드 웡(David Wong)은 지금까지 고려했던 것보다 조금 온건한 상대주의에 대한 논의를 전개했다(1984; 1993). 그는 전형적인 상대주의자의 입장인 것처럼 가정된 것은 너무 가혹하게 묘사된 것이라고 주장하며 다음과 같이 말한다.

> 자신의 도덕적 확신, 자신의 가치에 따라 행동하겠다는 결심은 자신의 도덕이 유일한 참이며, 가장 잘 정당화된 것이라는 신념을 얼마나 유지하는지에 달려 있다.
>
> (Wong, 1993:449)

이 가정은 도덕적 주장의 참 또는 도덕적 주장의 정당화 가능성에 관한 메타 윤리적 주장과 우리가 수용할 준비가 되어 있는 규범적 판단의 확신 사이에 밀접한 관계가 존재함을 암시한다. 이것은 권위 또는 진리의 근원이 없다는 메타 윤리적 상대주의자들이 제기하는 주장을 철저하게 유지하기 위해서 필요로 하는 '가정의' 범위를 완화시킨다는 점에서 중요한 관찰이다. 웡의 주장의 요점은 우리가 옳은 것으로 알고 있는 대로 행동해야 한다는 신념은 그 판단이 진리라는 확신에서 비롯되었을 수 있지만, 반드시 그래야만 하는 것은 아니라는 것이다. 상대주의자들이 진리가 분명한 근거가 없다는 가치관을 가지고 있다고 해도, 그들을 확신이 없고 헌신도 하지 않는 사람처럼 묘사하는 것은 지나치게 가혹해 보인다. 이 점에서 메타 윤리적 상대주의는 실용주의 또는 불가지론적 전략일 수도 있다.

이렇게 조정해도 메타 윤리적 상대주의의 핵심은 유지된다. 시간과 공간의 차이로 생겨난 윤리적 입장의 다양성 안에서 절대적인 윤리적 참이 존재하지 않는다고 생각할 이유를 발견할 수 있기 때문이다. 그리고 옳고 그름에 관해서 권위를 가진 기준은 없지만 만약 존재한다면 어떤 종류의 수렴을 기대할 수 있다는 것도 그 한 이유이다. 그러나 앞선 성찰에 따르면 이런 추론은 아마도 작동하기 어려울 것이다. 더 심각한 문제는 경험적 질문과 규범적 질문 사이에 격차가 아직 남아 있다는 것이다. 물론 윤리적 변화에 대한 경험적 세부 사항의 다양성이 정답이 없다는 의미는 아니다. 또한 차이를 증명한다고 해서 어떤 실재적 기준이 없다는 뜻도 아니다. 사람들이 생각하고 있지 않아도 생각해야만 하는 것들이 있을 수 있기 때문이다.

객관주의와 온건한 객관주의

경계선 반대편에 있는 객관주의자들은 전형적으로 이 세상에 도덕적 진리가 존재하며, 이 진리가 자신들이 선호하는 설명에 부합하는 방식으로, '도덕적' 판단에 확신을 갖도록 하는 적합한 권위(또는 정당화)를 제공한다고 믿는다. 여기서 문제는 다른 사람의 가치와 관행을 평가할 수 있는 특별한 지위, 또는 특권적인 위치를 부여하는 것이 무엇인가인데, 이것은 우리가 처음 살펴보았던 윤리적 상대주의자의 충동 - 대체 우리가 누구라서 평가하는가?-으로 연결된다. 도덕 철학의 역사를 이 질문에 만족스러운 답변을 찾으려는 시도로 이해할 수 있으며(Sheehan, 2007), 이 모든 시도는 판단의 근거가 되는 관점을 찾는 바로 그 과제에 대한 답변이다. 이와 같이 이해할 때, 이러한 객관주의적 시도들은 상대주의적 입장에 대한 응답으로 볼 수 있다. 즉, 만약 "우리가 누구이기에 판단할 수 있는가?"라는 질문에 만족스러운 답변을 제시할 수 있다면, 갈등 상황에서 우리는 보다 나은 (또는 적어도 보다 정당화된) 입장에 서게 될 수 있다는 것이다. 반면 이런 접근을 비판하려면 윤리에 대한 적절한 설명을 제공하는 동시에, 보다 구체적으로는 요청되는 '권위'를 달성하는 이론의 능력을 약화시킬 수 있어야 한다.

데이비드 위긴스는 상대주의자가 제기하는 문제의식을 수용하고, 다양성과 맥락의 중요성을 인정하는 방향으로 '완화된' 형태의 온건한 객관주의 입장을 발전시켰다. 경험주의 윤리학의 관심과 지금까지의 관찰을 고려하면 이 입장은 탐색해 볼 만한 가치가 있다. 이와 관련된 위긴스의 입장에는 두 가지 주요한 흐름이 있다.

(i) 상대주의자의 일부 관점에 대해 온건한 태도를 갖는 방법
(ii) 이 입장이 객관주의로 간주될 수 있는 방법

이 두 흐름을 각각 차례로 살펴보자. 우선 위긴스의 접근 방식에서 아마도 온건화의 요점은 권위 개념에 관련되어 있을 것이다(Sheehan 2007). 상대주의가 어떻게 객관주의자의 윤리적 확신의 권위를 약화시키는지 드러내는 일은 상대주의의 도전을 이해하는 한 가지 방법이다. 신념의 권위를 유지하려면 객관주의자는 윤리 판단이 전형적인 사실 판단과 동일함을 증명해야 할 것이다. 모든 사람을 확신시킬 능력을 회복해야 신념의 권위를 되찾는 일이 가능할 것처럼 보인다. 마땅히 행해야 할 것에 관해 '우리'와 '그들' 사이에서 강렬한 문화적 불일치를 마주하게 되었다면, 그럴 경우에는 '그들'도 확신시킬 수 있는 것만이 충분히 좋은 이유이다.

위긴스는 이 기대는 합리적인 것이 아니라고 주장한다(Wiggins, 1993). 대신 그는 세 가지 선택지를 제시하는데, 통약 불가능, 인내 그리고 불확정성이다. 맨 처음 것은 '우리'와 '그들'은 매우 다른 '삶의 양식(문명, 또는 문화)'에서 왔기에 '마땅한 것 또는 좋은 것에 관한 질문에서 외형상의 합의

는 단지 외형적인 것'일 수도 있다는 설명이다(Wiggins, 1990:75). 여기서 상대방에 대해 가진 이해가 너무 달라서 어떤 진전이 이루어질 공동의 근거 혹은 공통의 언어가 충분하지 않다.

두 번째로 우리가 공유하고 있지만 우리의 불합치가 사소하지 않은 진정한 질문이 있을 수 있다. 여기에서 위긴스는 인내를 요청한다. 개념과 반응의 측면에서 '깊이 자리 잡은' 차이들을 밝혀냄으로써 한편, 또는 양측 모두 다른 편의 관점을 깨닫거나 이해할 수 있다는 생각이다. 이런 이해는 공유된다고 볼 수 있는데, - '다른 입장'에서 그것이 어떤 것인지 (갑자기) 깨닫거나 느끼게 되는 자신을 발견하는 것이다. 이 아이디어는 직접 갈등을 합의로 이끌거나, 해결책을 가져와 갈등 해소를 이룰 수 있게 한다. 이 전략이 효과가 있는지 여부는 관련된 개인과 그들이 참여하는 환경에 달려 있다. 서로를 이해하는 과업에서는 자아, 기질, 권위에 대한 주장, 우월성에 대한 태도가 방해가 될 수 있다.[2]

마지막으로, 무엇을 해야 마땅한가라는 실제적 질문이 있지만, 결정하거나 정당화될 수 있는 위치에 있는 당사자가 누구인지 불분명한 상황이 있다. - '일련의 고려 사항들을 모아도 어느 한편이 우위에 있을 가능성이 확인되지 않는다.'(Wiggins, 1990:77)

윤리적 불일치의 해소라는 맥락 안에서 두 번째 선택지만이 일말의 해결 전망을 제시한다. 객관주의자가 주장할 수 있는 유일한 권위는 인내의 과정을 거친 결과로, 자아와 성격 같은 장애물을 정리한 후에 가능한 것이다. 이런 맥락에서 윤리학에서의 진리의 가능성이 등장한다. 위긴스에게 이런 해결은 우리가 "더 생각해 볼 것 없지?"라는 지점에 이르렀을 때 발생한다. 우리의 논쟁적, 개념적 그리고 감정적 자원을 완전히 활용하고 난 후, 그래서 "X가 틀렸다." 외에는 다른 것이 없다는 것을 깨달았을 때 'X는 틀렸다'는 참이 된다.[3]

위긴스는 노예제를 예로 들어 설명한다(1990). 노예 제도가 부정의하며 지지할 수 없음을 증명하는 다수의 고려 사항이 있는데, 이 고려 사항은 노예 제도가 부정의하며 정당화될 수 없다는 것 외에 다른 가능성이 없음을 증명한다. 레이몬드 게이타(Raimond Gaita)는 요점을 강조하는 방식으로 이 문제를 다룬다. 그는 다음과 같이 설명한다.

> 노예주는 노예가 자신과 같은 종류의 개별성을 지닌 존재임을 부정한다. 이를테면, 이름이 아닌 번호로 불릴 때 우리가 느끼는 혐오감에서 드러나는 그런 종류의 개별성, 부당한 일을 당했을 때 가해자를 죄책감 속에 오래도록 따라다니게 만드는 인간 특유의 존재감. 만약 노예주가 자신이 강간한 노예 소녀에게 '사로잡히는 경험'을 한다면, 그녀의 노예 생활은 끝이 나게 될 것이다.
>
> (Gaita, 2004:156-157)

이 구절, 그리고 이어지는 게이타의 논의는 '개별성', '인류' 그리고 '사람'이라는 개념들이 지니고 있는, 분리될 수 없는 감정과 반응의 힘을 증명한다. 이런 종류의 감정과 반응은 다른 사람을 개인으로 진지하게 대한다는 생각에 달려 있다. 이 감정과 반응은 누군가를 인간으로 **대우하는** 것이 아니라, '나의 족속과 다른' 것으로 인식하는 것이 무엇인지 강력하게 그려낸다. 이런 관찰을 통해 노예 제도에 대한 소유주들의 심리는 '완전히 인간'인 사람들을 개념화하는 수준에는 도달하지 못했음을 드러낸다고 말할 수 있겠다. 우리는 평가적이며 감정적인 자원을 활용하여 완전한 이해를 시도하고, 이 자원들이 일관성이 있다는 것을 증명하려고 노력한다. 이런 이해, 그리고 소유주에 대한 진단을 받아들게 되면 우리는 더 생각해 볼 것이 없음을 깨닫게 된다. 노예 주인은 명백히 그리고 참으로, 잘못되었다.

중요한 것은, 이런 종류의 고려들이 증명하는 것이 **우리에게** 이제 더 생각해 볼 것이 더이상 남아 있지 않다는 것을 뜻하는 것이 아니라, 더 생각할 것이 떠오르지 않을 정도로 **충분히** 살펴보았다는 사실이다. 주장들(그리고 넘치는 고려 사항들)은 구체적이지 않은 관점 수준에서 축적되어, 즉 '**우리에게**'에서 출발하여 하나씩 관점이 쌓여 가면서, 추상화되어 간다. 이 논변이 증명하는 것은 노예 제도가 부정의하고 지지할 수 없는 것이라고 생각하지 않는 것이 결과적으로는 보편적인 사람의 관점에서 벗어난 것임을 의미한다. 이 공통된 관점은 문화적, 혹은 사회적으로 표현될 수는 있을지언정, 특정한 것이 아니다.

여기서 언급한 대로 위긴스의 입장은, 기대할 수 있는 성공의 종류에 본질적인 한계가 있다는 점을 인정함으로써 객관주의적 시도의 목표 자체를 먼저 조정한다. 인내가 요구되는 경우라면, 우리가 가진 모든 윤리적 레퍼토리를 고려한 후 더 고려해 볼 것이 더이상 없다는 관점을 갖게 되었을 때 일종의 윤리적 진리에 도달하게 된다. 이 온건한 객관주의 입장은 맥락, 실천, 관점의 윤리적 중요성을 인정하려는 진지한 시도인 동시에, 상대주의자의 회의를 극복하고 일정한 권위를 주장할 수 있는 윤리적, 개념적 논증의 방법론을 견고하게 설명할 수 있다.

경험주의 윤리학와 생명윤리학에 이 구별들이 갖는 결과

이 장에서는 경험주의 윤리학 및 생명윤리학과 특정한 메타 윤리적 입장인 윤리적 상대주의의 관계를 다루었다. 상대주의자의 관점이 옳거나 또는 객관주의자의 관점을 유지할 수 없다면, 생명윤리학과 경험주의 생명윤리학의 핵심이 되는 규범적 질문들에 대해 실질적인 진전을 이루는 데 회의적인 태도를 가질 수 밖에 없음을 확인하게 되었다.

그렇기 때문에 상대주의의 도전이 문제가 된다. 경험주의 윤리학과 생명윤리학이 윤리를 실천하고, 규범적인 질문에 명백한 답변을 제공하려 한다면 무엇을 수행해야 마땅한지, 사물을 어떻게 생각할지 또는 무엇이 옳은 절차인지에 관한 주장에 답해야 한다. 요컨대 규범적인 질문에 답하려면 규범적인 답변을 제공해야 한다. 그러나 이런 식으로 답하면 즉시 상대주의자들이 제기하는 권위에 대한 회의적 질문의 표적이 된다. '무엇이 네 답변에 권위를 부여하는가?'

앞의 절은 위긴스의 온건한 객관주의적 입장에 대한 광범위한 설명으로 마쳤다. 나는 이러한 입장이 상대주의자의 도전에 답할 수 있는 종류의 권위 수립을 목표로 하는 윤리적, 개념적 논증의 기획을 설명할 수 있다고 생각한다. 이어서 나는 이 설명을 함께 모아서 상대주의자들의 회의적 도전에 대응할 수 있는 방법론을 간략하게 그려볼 것이다.

일반적으로 윤리적 또는 개념적 논변은 어떤 주장을 정당화하는 도구를 제공한다. 주장이 규범적 질문에 만족스럽게 답할 수 있는지 여부는 일반적으로 논변에 적용되는 추론에 대한 평가 기준에 의거해야 한다. 이런 기준은 상황과 독립적이며, 추론 능력을 소유한 모든 행위자의 이성에 호소하는 설득력에서 비롯된다. 즉 행위자의 일반적 특성에 호소함으로써 기능하게 된다. 그 특성이란 다음과 같다.

> 합리적 능력이란 그 또는 그녀가 논리 또는 추론 능력을 갖춘 존재들과 공통으로 지닌 특성이다. 이것은 만일 'p이면 q이다'에서 q가 도출되었다는 것을 받아들여야 하는 이유인 동시에, p가 그 또는 그녀에게 논리적 또는 일반적인 합리적 능력을 통해 적용되는 이유임을 누구라도 받아들여야 될 이유이다.
>
> (Dunn *et al.*, 2012: 469)

이와 같은 윤리적 또는 개념적 논증에 참여할 때, 우리는 행위자에 관하여 일반적이거나 추상화된 특성에 근거하여 일련의 전제들이나 고려 사항들을 구성하게 된다. 이들은 표준적인 방식으로 결론적 주장을 이끌어 내는 과정에서 결합된다.

정당화 도구인 윤리적 또는 개념적 주장은 위긴스가 제안한 대화와 인내의 맥락에 내재되어 있다. 인내가 실패하거나 맥락이 결정되지 않았거나, 혹은 통약 불가능한 경우, 각각의 경우는 관련된 개인 사이의 복잡한 상호 작용과 참여 상황 또는 논쟁의 맥락에 관련된다. 그래서 우리의 주장과 고려가 '먹히지' 않는 사람도 있을 것이고, 어떤 사람들은 이를 살펴보거나 '논의에' 참여하기를 거부할 수도 있다. 어떤 이들은 그들 자신이나 그들 문화의 세상을 보는 방식에 묻혀 있을 거라는 점도 중요하다. 그들은 사람들 사이에 있는 공통된 관점으로 사람과 맥락을 생각할 수 없거나 생각하려하지 않을 것이다. 물론 우리도 윤리적 진리에 대한 주장이 우리에게만 진리의 주장이 되지 않도록 너무 편협해지거나 '내재화'되지 않도록 유의해야 한다. 부분적으로 위긴스의 인내 상황에 함의된 개방성과 비판적 입장이 도움이 된다.

무엇을 해야 마땅한가에 관한 대화가 실패하거나 해체되는 방식을 이해하고 그것들을 논쟁과 분석의 기준에 환류시키는 것, 그래서 그 논변이 출발 기준에 이르지 못했음을 증명하는 것이 중요하다. 이것이 종종 간과되는 단계다. 내가 제시한 논변(또는 주장이나 몇 가지 이유들)은, 그것이 나의 관점 또는 나 자신의 견해에 의해 제한되거나 그 안에 제한되어 있는 만큼, 그것이 이루려는 종류의 윤리적, 개념적 논증으로서 실패하게 된다. 주장(논쟁자가 아니라)이 어떤 중요한 방식으로 특정한 계급이나 인종 또는 역사적 시기를 전제로 하고 있다면, 또는 경험적이거나 개념적 오류에 의존하고 있음을 지적하는 것은 또다시 요구되는 기준을 충족하는 데 실패했음을 지적하는 것이다.

지금까지 살펴본 것과 같이 이런 논변과 고려들은 특정되지 않은 '우리에게'에서, 한 사람과 다른 사람을 포함시키는 추상을 목표로 하는 수준으로 축적하는 것이 중요하다. 특히 여기에서는 특정한 맥락과 특정한 개인으로부터의 추상화 과정에 유의해야 한다. 논변의 전제가 좁게 적용되는 상황의 측면에 호소한다면, 그 논변의 수용 가능성 또한 그와 유사하게 좁을 것처럼 인식된다. 전략으로서의 추상화는 유용한 것처럼 보인다. 그러나 나의 주장이 최대한 넓게 적용되기를 바란다면 최대한 광범위한 측면에 의존하도록 주의해야 할 것이다.

게이타와 위긴스는 이 추론이나 대화 과정을 추상화의 형태에 따라 비인격화하거나 비맥락화하려 하지 않았다. 그들 모두는 윤리적 대화가 발생하는 방식에 관해 매우 정치적이며 맥락화된 설명에 의존한다. 위긴스는 다른 편에서 그것을 이해하거나 느끼게 되는 것에 대해 이야기한다. 또한 그는 대화에 참여하는 사람들의 개별적인 허약함(자아, 기질 등) 역시 관리되어야 함을 분명히 한다. 게이타는 누군가를 개인으로 진지하게 받아들이는 데 있어 밀접한 감정적 반응적인 능력을 상세하게 다룬다. 이런 설명에 암시되고 또한 여기서 받아들인 추상화는 맥락이나 인간의 조건이 제거되거나 분리된 것이 아니라, 결정적으로 그 안에서 인지되는 것이다.

이렇게 설명된 윤리학과 생명윤리학 분야에서 등장하는 윤리적, 개념적 논변은 특정 종류의 (규범적) 질문에 답하려는 시도 혹은 방법론을 제시한다. 이는 특정한 맥락 안에서 작용하는 개념을 명확화하고, 그 맥락 내에서 행위자와 행동에 대하여 가능한 (또는 활용 가능한) 이유와 정당화의 특징과 구조를 통해 작업하는 전략이다. 따라서 이것은 규범적 주장의 본질적인 초점인 인간의 교류와 행동에 내재된 실질적이며 맥락 지향적인 추상화와 주장의 한 형태이다. 이 접근 방식과 함께 제공되는 기법과 기준은 신비로운 것도 새로운 것도 아니다. 추론과 형식적, 비형식적 논리와 논변은 이미 잘 알려져 있다. 그리고 불일치가 발생한 것을 쉽게 찾을 수 있는데, 공교롭게도 이 불일치는 다른 어딘가에서 '협상을 통해' 합의에 도달한다.

위긴스의 온건한 객관주의 내용 중 경험주의 윤리학과 생명윤리학의 관점에서 흥미로운 것은, 이것이 회의적인 주장 자체에 도전하는 방식이라는 점이다. 상대주의자는 윤리적 혹은 개념적 논증(또는 그 어떤 전략도)이 단순한 물리적 사실이 갖는 것으로 여겨지는 종류의 권위 - 즉, 모든 사람을 설득할 수 있는 진리로서의 권위 - 를 가질 수 있다는 점을 이해하지 못한다. 이에 대해 위긴스는 우리가 그렇게 거창한 것을 추구할 필요는 없다고 말한다. 그는 우리가 진리를 추구할 수 있으며, 때로는 그런 기대 없이도 그것을 달성할 수 있다고 본다.

미주

1. 방법론에 민주주의에 대한 헌신이 얼마나 강력하게 작용할 수 있는지는 이 책 'Kim(2016) 장'을 참조하기 바란다.
2. 이런 아이디어는 Landeweer 등(2016)이 이 책에 제기한 것과 흥미롭게 비교된다.
3. 아이브스는 이 입장에 대조되는 흥미로운 예가 된다(Ives, 2014). 그는 이 지점에서 탐구가 (잠정적으로) 중단되어야 하며, 실용주의가 정당화된다고 생각한다. 그의 설명에 따르면 생명윤리학은 '고귀한 실패'의 과정이자 진리의 지점에 도달했는지 알 수 없다는 회의주의로 규정된다. 이런 회의주의에 맞서 메타 윤리적 상대주의 입장으로 돌아서게 된다.

참고 문헌

Angell, E.L., Bryman, A., Ashcroft, R.E. and Dixon-Woods, M. 2008. An Analysis of Decision Letters by Research Ethics Committees: The Ethics/Scientific Quality Boundary Examined. *Quality and Safety in Health Care*. 17:131-136.

Blackburn, S. 2001. Relativism. in Hugh LaFollette (ed.), *The Blackwell Guide to Ethical Theory*. Oxford: Blackwell. 38-52.

Blackburn, S. 1998. *Ruling Passions*. Oxford: Clarendon Press.

Buchanan, A., Keohane, R.O. 2006. The Legitimacy of Global Governance Institutions. *Ethics & International Affairs*. 2006(20):405-437.

Dunn, M., Sheehan, M., Hope, T., Parker, M. 2012. Towards Methodological Innovation in Empirical Ethics Research. *Cambridge Quarterly of Healthcare Ethics*. 21(4):466-480.

Edwards K, Deans Z. 2016. Empirical Bioethics and the Role of the Professional Ethicist in Policy Making: Politics, Authority and Expertise. This volume.

Gaita, R. 2004. *Good and Evil: An Absolute Conception* (2nd ed.). Oxford: Routledge.

Garrard, E., Wilkinson, S. 2005. Mind the Gap: The Use of Empirical Evidence in Bioethics. in M. Häyri, T. Takala, P. Herissone-Kelly (eds.), *Bioethics and Social Reality*. Amsterdam: Rodopi Publishers. 77-92.

Ives, J. 2014. A Method of Reflexive Balancing in a Pragmatic, Interdisciplinary and Reflexive Bioethics. *Bioethics*. 28(6):302-312.

Kim, S. 2016. Theory and Practice of Democratic Deliberation in Bioethics Research. This volume.

Landeweer, E., Molewijk, B., Widdershoven, G. 2016. Moral Improvement through Interactive Research: A Practice Example of Dialogical Empirical Ethics. This volume.

Levy, N. 2002.*Moral Relativism: A Short Introduction*. Oxford: Oneworld Publications.

Louviere, J., Hensher, D.A., Swait, J.D. 2000. *Stated Choice Methods: Analysis and Application*. Cambridge: Cambridge University Press.

McMillan, J. 2016. Empirical Bioethics and the Fact/Value Distinction. This volume.

Midgely, M. 1981. *On Trying Out One's New Sword. In Her Heart and Mind: The Varieties of Moral Experience*. New York: Harvester Press.

Sheehan, M. 2008. Ethics and Policy: Dealing with Public Attitudes. *Radiation Protection Dosimetry*. 129:295-298.

Sheehan, M. 2007. Moral Relativism. In R. Ashcroft, A. Dawson, H. Draper and J. McMillan (eds.), *The Principles of Biomedical Ethics* (2nd ed.). Chichester: John Wiley and Sons.

Sheehan, M., Dunn, M. 2013. On the Nature and Sociology of Bioethics. *Health Care Analysis*. 21:54-69.

Singh, I. 2016. Evidence, Epistemology and Empirical Bioethics. This volume.

Wiggins, D. 1995. Objective and Subjective in Ethics, with Two Postscripts about Truth. *Ratio (New Series*). 8:243-58.

Wiggins, D. 1993. Cognitivism, Naturalism, and Normativity: A Reply to Peter Railton. in J. Haldane and C. Wright (eds.), *Reality, Representation and Projection*. Oxford: Oxford University Press.

Wiggins, D. 1990. Moral Cognitivism, Moral Relativism and Motivating Moral Beliefs. *Proceedings of the Aristotelian Society*. 91:61-85.

Wong, D.B. 1993. Relativism. in Peter Singer (ed.), *A Companion to Ethics*. Oxford: Blackwell. 442-450.

Wong, D.B. 1984. *Moral Relativity*. Berkeley, CA: University of California Press.

4장

정책 형성 과정에서 경험주의 생명윤리학과 윤리 전문가의 역할: 정치, 권위와 전문성

—

카일 T. 에드워즈, 주자너 딘즈(Kyle T. Edwards, Zuzana Deans)

올바른 방법론에 관한 논쟁의 결과, 경험주의 생명윤리학이 도덕적 질문에 대한 실천적 답변에 도달하는 데 있어 적합한 방법이라는 데에 의견이 모아지고 있다. 경험주의 생명윤리학에 기여하는 다양한 분야와 활동가들을 연합시키는 방법에 관한 논의는 연구 차원에서 활발하다. 구체적으로 살펴보면 사회 과학의 경험적 '어떠하다'를 철학적이고 규범적인 '마땅하다'에 조화시키는 방법, 그리고 생활 경험이 어떻게 도덕 원칙을 이해하도록 만드는지 탐구하고 있다.[1] 이런 작업의 주요한 목적 중에는 공공 정책의 효과성과 정당성을 어떻게 달성할지에 관한, 고려 중인 실제 상황에 기초한 논증의 구성이 포함된다.

상당수의 경험주의 생명윤리학 문헌이 생명 윤리의 실천이 정책 결정 과정에 정당하게 참여할 수 있는 방법을 개발하기 위한 분투이다. 이렇게 보면 최근 경험주의 생명윤리학의 '발흥'은 공공 정책에 관련된 정당성과 전문성에 관해 제기되는 의구심에 대한 반응으로 이해할 수 있다. 경험주의 생명윤리학의 발흥과 유사한 것으로 보건 의료 연구 전반에서 환자와 대중의 참여 운동(the Patient and Public Involvement, PPI)이 있는데, 이 운동은 "연구로 영향을 받게 될 사람들은 연구가 시작되는 시점에 무엇을, 어떻게 연구할 것인지 발언할 권리가 있다는 관념에 근거한다."(Ives *et al.*, 2012:181). PPI는 의학 연구에서 연구자의 전문가적 능력만으로는 연구의 적합성이나 유용성 그리고 정당성이 충분히 입증될 수 없음을 암시한다. 서비스 이용자로서 '일반'인은 관련성뿐 아니라 '사용자'라는 전문성에 근거하여 연구에 기여할 것으로 기대된다. 마찬가지로 경험주의 생명윤리학은 모든 경우에 정당성을 주장할 수 없는 생명윤리학계 내부의 전통적 권력 관계에 저항한다. 이는 생명 윤리 전문가가 합리적으로 사고하고 발언하는, 정밀하게 조정된 자신의 능력을 활용하여 올바른 행위 과정에 관해 '특별한 방식으로 집요하게'(Hedgecoe, 2004:138) 생각하기 위한 것으로 볼 수 있다. 이 책에 소개된 방법론들은, 최소한 부분적으로라도, 이러한 방식으로 이해되는 철학적 윤리학에 대한 암묵적 비판에 기반을 두고 있다.

윤리학자가 정책 논의의 장에 어떻게든 기여할 수 있다고 주장하려면 먼저 생명윤리학의 입장이 정당한지 확인해야 한다. 이 장에서 정책 위원회에 윤리학자를 임명하는 것이 타당한지 평가할 것이다. 이를 위해 먼저 그들의 역할이 어떻게 정당화되는지 논증하고, 이어 경험주의 생명윤리학 연구가 이 역할 수행을 개선시킬 방법을 제안할 것이다. 우리는 위원회 내에서 윤리학자의 위상이 (정말로) 그 또는 그녀의 전문 지식에 의해 정당화되는지 살펴본 후, 이들 윤리학자들이 정책 결정 과정에 참여하는 것을 정당화하는 정치 철학의 입장을 진술할 것이다. 윤리학자들은 자신들이 다른 구성원보다 우월한 권한(예를 들어 비토권)을 부여받지 않기 때문에 도덕적 권위자로 간주되는 것이 아니라고 말하지만, (윤리학자를 포함한) 위원회의 구성원들은 국가를 대표하여 구속력 있는 규정을 결정한다는 점에서 상당한 정치적 권한을 행사한다. 우리는 특히 윤리학자와 (그들이 포함된) 임명직 위원회에 이런 결정을 위임할 수 있는 이유를 설명하는 일이 제도가 답해야 하는 아직 만족스러운 답변이 주어진 바 없는 심각한 도전으로 간주한다. 우리는 정치 철학적 입장의 다수 관점에서 경험주의 윤리학 연구에 대한 이해와 활용이 윤리학자가 정책 결정에 미치는 영향력을 정당화하는 논거를 강화시키는 데 유용할 수 있음을 증명할 것이다.

전문적인 윤리학자의 역할과 역할의 적절한 수행 - 이것은 정책의 형성 과정과 그 내용에 윤리학자들이 어떤 영향을 행사해야 할 것인가의 문제로 이해할 수 있다 - 에 대한 다양한 설명은 조금 멀리 살펴보면 윤리학자들이 지닌 권위에 관한 이해에 달렸다. 윤리학자들이 일반인들에게 당연히 요구했던 권위는 그들이 소유한 전문성의 종류에서 비롯한다는 합의가 있었기에, 역시 우리 논의의 시작은 윤리학적 전문성에 대한 주장의 비판적 검토가 될 것이다. 그러나 윤리학자의 전문성을 둘러싼 고질적인 의견 불일치를 해결한다 해도 정책 형성의 맥락에서 그들(윤리학자)이 어떤 권위를 사용해야 할 것인가에 관련된 질문은 해결될 수 없다는 점을 증명할 것이다.

대신 우리는 공공 대표로 지명받아 정책 관련 위원회에서 활동하는 윤리학자들이 실제로는 정치적인 권위를 행사하고 있음에 주목한다. 즉, 정책 위원회가 국가 권력 행사의 일부로서 모든 시민들을 규율하는 법과 규제를 제정하는 활동을 수행한다. 그 과정에서 위원회는 특정한 행위를 의무화할 것인지 개인 재량으로 맡길지 결정할 책임을 진다. 그렇다면 정책 위원회의 결정 과정에서 윤리학자의 역할은 정치적 권위의 정당성에 대한 설명에 달려 있지, 윤리학자들의 전문성에 대한 설명에 근거해서 규정되는 것이 아니다. 이 글에서는 이 문제를 충분히 다룰 공간이 없을 것이다. 하지만 윤리학자의 역할의 정당성을 설명할 수 있는 다양한 설명과 각각의 설명에 수반되는 결과는 개관할 수 있을 것이다.

마지막으로 우리는 어떻게 경험주의 윤리학을 통해 윤리학자의 역할이 어떻게 견고한 정당성을 얻을 수 있을지 상세하게 살펴볼 것이다. 결국 경험주의 윤리학에 특정한 위상을 부여하는 작업 이전에, 규제를 결정하는 과정의 정치적 정당성을 설명하는 특정한 입장을 수용해야 한다. 결과적으로 우리는 이런 설명 중 몇 가지에 의거해서 경험주의 윤리학이 정책 형성에 미치는 윤리학자들의 실질적 영향이 정당함을 증명하게 될 것이다.

맥락과 용어에 관해 세 가지를 미리 정리해 두면 유용할 것이다. 우선, 우리는 '경험주의 윤리학'을 절대 일반인을 대상으로 하는 설문 결과나 의료인과 환자의 실제 행위를 관찰 조사한 결과를 바탕으로 규범적인 결론을 도출하는 활동을 의미하는 것으로 사용하지 않는다. 물론 여기서 논의할 정책 결정 기구 대부분이 (주로 PPI를 통해 수집된) 이런 종류의 경험적인 증거에 의존하기는 하지만 말이다. 대신 '경험주의 윤리학'은 실천에 밀접히 연결된 규범적인 논변을 개발, 수용, 평가하는 행위를 의미할 것인데, 다양한 방식으로 다양한 목적 달성을 위해 수행될 수 있다. 경험주의 윤리학을 이렇게 설명함으로써 우리는 윤리적 주장이 작용하도록 의도된 실천적 맥락에 대한 체계적 연구가 어떻게 정당화된 도덕적 실천과 우리의 살아있는 현실을 일치시키려는 전반적인 목표에 기여할 수 있는지 집중한다.

두 번째로 '전문 윤리학자(professional ethicist)'는 위원회에 개인의 자격으로 고용되었거나 자발적으로 참여하고 있는 윤리학자로서, 다른 위원들이 제기하는 우려의 수준을 넘어서 윤리적 문제의 실질적인 영향과 의미를 보다 깊이 있게 설명할 책임을 맡은 사람들을 의미한다. 우리는 윤리학자들이 도덕성의 규범적 요구를 다루는 학자로 동료들(전형적으로는 대학 소속 연구자들)에 의해 이 분야의 전문가로 인정받은 사람들이라 간주한다. 이들 개인의 학문적 배경은 상당히 다양한데, 예를 들자면 도덕 철학, 신학, 법률가와 사회 과학자 등이 포함된다.

마지막으로, 우리의 탐색은 특정한 정치적 공동체를 대표하여 구체적인 정책 문제에 관련된 규율 제정의 책임을 진 숙의 기구, 예를 들면 「영국 인간 수정 및. 배아 연구청(UK Human Fertilisation and Embryology Authority, HFEA)」이나 「영국 보건 의료 개선 기구(National Institute for Health and Care Excellence, NICE)」 등의 기구에서 공식적으로 임명받은 윤리학자에 집중될 것이다. 이런 법정 기구 외에, 정부가 운영하지만 그 권고 사항은 개별적인 행정 정책 결정권자가 승인, 혹은 거부할 수 있는 자문 기구나 특별 위원회도 고려 대상에 포함된다. 결론적으로 우리는 '정책 위원회'라는 용어를 앞서 언급한 모든 경우를 포함해서 사용할 것이다. 이어진 2절에서 행정 조직과 자문 조직을 나란히 고려하는 이유를 설명할 것이다.

윤리학자는 어떤 전문성을 가지고 있는가?

보통 논의는 윤리학자의 역할 정립을 위해서 윤리 전문가의 존재, 정확히 어떤 영역의 전문가가 존재할 수 있는지에 집중되었다. 논의 과정에서 윤리학자들이 비전문가를 능가하는 어떤 정보를 제공하거나 기술을 활용함으로써 기여해야 자신의 전문성을 주장할 수 있다는 점에 관해서는 대부분 동의했지만 정확하게 무엇이 전문성을 구성하는지에 대해서는 상당한 이견이 있었다. 윤리학자의 전문성과 관련하여 제기되는 가장 근본적이고도 중대한 의견 불일치는, 윤리학자들이 과연 도덕적 진리에 접근할 수 있는 특권을 지니고 있는지, 또는 무엇이 마땅한 행위인지를 비윤리학자들보다 더 잘 알고 있는지를 둘러싼 의문에서 비롯된다. 이러한 의구심은 오래전부터 제기되어 온 지속적인 쟁점이기도 하다. 달리 말해 좋은 윤리학자에게서 기대할 수 있는 기술이나 능력에 관해서는 광범위한 합의가 존재하지만 이러한 기술들을 활용하면 도덕적 진리에 더 잘 도달할 수 있는가 하는 의문에 관해서는 의견 불일치가 극심하다. 결국 이 문제는 윤리 전문성에 근거한 도덕적 권위를, 무엇이 마땅히 행해져야 하는지 결정하는 과정에서 행사할 것인지 하는 데로 이어진다.[2]

이런 논쟁은 다음과 같은 함의를 갖는다. 만약 윤리학자가 도덕적 진리에 더 잘 접근할 수 있는 전문 지식이나 기술을 정말 가지고 있다면 일반인들은 자신의 판단을 '윤리학자들'에게 위탁해야 할지도 모른다는 것이다. 예를 들어 피터 싱어(Peter Singer)는 도덕 전문가인 도덕 철학자 개념을 옹호했다. 그에 따르면 윤리학자들은 다른 이들보다 '더 올바르거나, 최소한 건전한 결정'에 도달할 수 있어야 하는데(Singer, 1972:116) 이는 훈련받은 철학자의 신중한 논변을 통해 올바른 행위가 무엇인지 객관적으로 알 수 있다는 그의 신념을 암시한다.

반면 리사 라스무센(Lisa Rasmussen)은 싱어와 비슷한 방식으로 전문성을 정의하지만 강한 의미를 가진 '도덕 전문성(moral expertise)'과 약한 의미를 가진 '윤리학적 전문성(ethics expertise)'을 구분하여 도덕적 진리에 대한 접근법의 불일치를 그려 낸다. 물론 이때 '도덕'과 '윤리'는 그저 구분의 목적으로 사용된 것이다. 그녀는 도덕 전문성을 '도덕적 문제에 대한 논쟁을 해결할 수 있는 결정적인 의견을 제시하는 능력'으로 규정한다(Rasmussen, 2011:651). 이 능력이 도덕 전문가에게 특정한 지위나 위상를 부여한다. 라스무센은 가톨릭 신자들은 로마 가톨릭 교황이 하느님의 의지에 연결됨으로써 도덕적 진리에 특별히 접근할 수 있다는 믿음을 바탕으로 교황을 도덕 전문가로 받아들인다는 사실을 지적한다. 그러나 신자들은 윤리학자들이 도덕적 전문성을 가질 수 있다는 가능성은 부정한다. 그녀는 윤리 전문성을, 구속력을 갖지 않는 권고의 형태로 - 그러나 특정한 맥락 속에 널리 퍼져 있는 태도나 실천을 기반으로 - 제공하는 능력으로 묘사하고 이를 옹호한다(Rasmussen, 2011:650). 예를 들면 윤리 전문가들은 특정한 입장을 지지하거나 반대하는 논변이나 원칙, 관련된 법이나 규제의 논거, 그리고 관련된 학문적 논쟁을 이해하도록 돕는 데서 전문성을 갖는다는 것이다.

스콧 요더(Scot Yoder)는 전문성이 어떤 주장에 대한 정당화를 제공하는 능력의 보유 여부에 달려 있으며, 이때 그 정당화와 주장의 진리 여부 확인 가능성이 전문성과는 관련이 없다고 주장한다. 즉 '윤리적 전문성은 일관성이 있는 판단을 제공할 수 있는 능력에 달려 있지 판단의 참/거짓에 근거하지 않는다'는 것이다(Yoder, 1998: 13). 달리 말하면 윤리학자의 전문성은 정립된 정당화의 기준을 따라 논변을 제시할 수 있는가에 달려 있다는 뜻이다. 이 주장은 라스무센의 설명과 병립 가능한데, 그녀의 설명에 따르면 전문성은 맥락에 특화된 잘 정립된 근거에 의해 지침을 실천가에게 제공할 수 있도록 하는 것이다. 라스무센의 전문성에 관한 이 설명은 지침들이 객관적인 도덕적 진리에 따르고 있다거나 따라야 한다는 점을 부정할 수도 있다.

윤리학적 전문성의 성격에 관한 이 논쟁은 다음의 암묵적 전제를 근거로 한다. 윤리학자가 주장할 수 있는 전문성의 종류를 분류할 수 있다면 공적 영역에서 그들의 권위와 역할이 정당한지 여부와 '정당한 권위와 역할'

의 범위를 결정할 수 있다는 것이다. 그러나 우리는 조심스럽게 이 가정이 틀렸다고 주장한다. 윤리학자의 전문성에 대한 설명만으로 정책 형성 과정에서의 윤리학자의 권위와 역할이 충분히 정당화할 수 없다. 실제로도 정책 위원회에서 윤리학자들은 (비록 그들이 윤리학에서 **일종의** 권위자일 수도 있으나) 윤리학자의 권위에 따른 지위를 부여받지 못하고 있다.[3] 전문성 문제에 답할 수 있어야 어느 정도 권위 문제에 결정적인 답변을 제공할 수 있음은 분명하다.

윤리학자가 위에서 언급된 전문성의 요건 중 어떤 것도 보유하지 못했다고 생각한다면 윤리학자로서 부여받은 권위도 주장하지 않을 것이다. 윤리학자에게 도덕적 진리에 접근할 수 있는 특권(도덕적 전문성)이 없을 뿐 아니라 유연한 형태로 도덕적 문제를 다룰 수 있는 전문성(윤리적 전문성)도 갖추지 못했다면 자신들의 직업을 근거로 윤리학자들이 권위 있는 판단을 내릴 수 있거나, 내려야 한다고 생각할 이유가 없다. 윤리학자가 이러한 두 번째 유형의 전문성을 가지고 있다고 가정한다면, 예컨대 선출된 대표자나 일반인 대신에 전문성을 바탕으로 정책 위원회에 그 또는 그녀가 참여하는 일을 어느 정도 정당화할 수 있을 것이다. 중요한 것은 윤리학자가 보유한 실질적인 기술을 부정하는 사람이 거의 없다는 것이다. 사실 윤리학자들이, 자신들이 무엇을 해야 하는지에 관련된 실천적인 지식(hard expertise)을 갖추고 있는지에 관해서는 선명한 의견 불일치가 존재한다. 그러나 좋은 윤리학자들이 보유하는 도덕 이론에 관련된 전문적 기술과 태도 및 특성에 관해서는 광범위한 합의가 이미 이루어져 있다. 싱어는 철학자들이 관련된 경험적 증거를 더 잘 찾고, 이해하고, 분리해 낼 수 있으며, 도덕적 개념과 논증의 논리에 더 친숙하고, 편견을 더 잘 인식하며 아울러 도덕적 문제에 대해 숙고할 시간이 더 많을 것이라고 주장한다(1972). 라스무센은 싱어의 요점을 반영하여 윤리학자는 창의적인 해결책을 더 잘 제공할 수 있을 것이라고 덧붙인다(2011). 마지막으로 데이비드 아카드(David Archard)는, 비록 싱어의 주장을 직접적으로 논박하고는 있지만 철학자들이 '체계화하고, 명확화하며, 불명확성을 제거하는 데에 그리고 필요한 경우 공통된 도덕적인 도덕을 조정하'는 데에 숙련되어 있다고 주장한다(Archard, 2011:125). 우리는 마지막 절에서 경험주의 윤리학이 윤리학자의 역할 수행을 향상시킬 수 있음을 피력하고, 더불어 전문성이 활용되는 방식의 문제를 다시 다룰 것이다.

윤리학적 전문성의 존재를 수긍할 수 있게 되었다 해도, 윤리학자가 어떤 행위를 타인에게 의무화하거나 금지하는 권한을 행사하는 정책 위원회에 참여하는 일을 정당화하려면 설명을 추가해야 한다. 전문성과 정치적 권위를 직접 연결하는 것은 실수다. 데이비드 이스틀룬트(David Estlund)는 전문성에서 권위를 입증하지 않고 연결하는 논리적 비약을 '전문가/보스 오류'라고 부른다(Estlund, 2008:3). 이 말이 할 일을 더 잘 아는 사람이 반드시 비전문가의 선택과 행위를 규제하는 '보스'가 되어야 한다는 것을 뜻하는 것은 아니다. 더 잘 아는 사람이 마땅히 지배해야 한다고 주장하려면 그 개인이 보유한 전문성을 정립하고 해명하는 것을 넘어서는 추가적인 정당화가 요구되는데, 그것이 바로 정치적 권위의 정당성 증명이다.[4]

정치적 권위의 정당성 증명을 둘러싼 논쟁에서 윤리학자의 역할 도출

앞서 증명한 대로 전문성은 윤리학자가 정책 위원회에서 수행하는 역할을 일정 부분 정당화해 준다. 예를 들어 그 또는 그녀는 특정한 문제의 기저에 깔린 도덕 원칙을 바탕으로 해서 지침을 제공하거나, 가장 관련성 있는 논변들을 제시하고 평가할 수 있다. 그러나 정책 위원회 내부에서 윤리학자(물론 다른 위원들도 해당된다.)에게 부여된 의사 결정은 충분히 정당화되지 않았다. 이 절에서 우리는 전문성에서 윤리학자의 권위를 이끌어 내려 하지 않을 것이다. 대신 정책 위원회가 부여받은 실질적 권위를 먼저 검토한 후 그 권위의 정당한 행사에 대한 설명이 윤리학자의 특정한 역할 행사를 어떻게 논증하는지 설명할 것이다.

이런 실질적인 정치적 권위가 가지는 성격을 이해하려면 윤리학자들이 흔히 참여하는 영국 HFEA나 NICE의 「고도화 특별 기술 평가 위원회」 같은 정책 결정 환경을 더 깊이 숙고하는 것이 유용할 것이다. 이들 기구는 영국 내각의 장관과 다양한 수준의 관계를 맺고 있으며, 숙의 위원회의 핵심으로 특정 영역에 적용되는 규제를 결정할 책무를 진다. 또한 위원회는 규정을 위반한 개인이나 기관에 부과할 제재를 결정한다. 예를 들어, HFEA는 규정 및 법적 요건을 충족하지 못하는 체외 수정(IVF) 클리닉의 허가를 취소할 수 있으며, (두 가지 보건 의료 규제자인) 「의료 질 감독 위원회(the Care Quality Commission and Monitor)」와 「의약품 및 의료 제품 규제 기관(Medicine and Healthcafe Product Regulatory Agency, MHRA)」은 각각 품질, 안전 및 비용 효율 조건을 충족하지 못하는 의료 제공자에게 과징금을 부과하거나, 규정을 위반한 의약품 및 의료 기기 제조업체를 기소할 수 있다.

특별 위원회뿐 아니라 의회나 정부 부처가 특정한 정책 문제 해결을 위해 설치한 상설 자문 위원회에도 앞선 논의가 적용될 수 있다. 이들 위원회의 권고는 각각의 행정 결정권자가 수용 또는 거부할 수 있는 제안의 성격을 갖지만, 그럼에도 각 위원회는 국가의 부서로서 정책이 결론에 도달하도록 구성된다. 그리고 전국의 개인이나 기관에 특정한 행동을 요구하거나 금지시키는 결론을 도출한다. 따라서 권고에 도달하는 과정에서 이들 위원회의 심의 활동은 최종 의사 결정 및 집행 권한을 가진 기관의 업무와 매우 유사하다. 우리가 정책 결정 과정에서 윤리학자들의 정당한 영향에 관심을 갖고 살펴본 결과 이들 자문 조직이 그들의 조언이 제정되는 범위 내에서는 HEFA와 같은 행정 기관과 비슷하다는 것을 알 수 있었다.

이러한 숙의 기구의 구성원은 보통 직업 정치가가 지명한다. 과학, 기술 및 의학에 관련된 정책 문제를 고심해서 다루는 조직(예를 들어 HEFA, NICE, MHRA)에 지명되는 사람은 대체로 과학 전문인과 보건 의료인이다. 그러나 지난 수십 년 동안 윤리학자가 적어도 한 명씩은 임명되는 것이 일반적인 추세다. 즉 위원회의 논의 과정에서 윤리학자가 투표권을 갖거나 합의 형성 과정에 참여한다는 의미다. 그렇다면 위원회가 가지는 권한 안에서 윤리학자가 국가의 강제력이 뒷받침하는 규정 등을 제정하는 과정에 의사 결정자로서 다른 구성원과 책임을 공유하는 역할을 직접 수행하고 있는 것이다.

정책 위원회 내에서 윤리학자의 이런 역할에 관련하여 정치적 권위는 어떤 함의를 갖는가? 그 답변은 정치적 권위 행사를 옹호하는 규범적 정당성을 설명하는 방식과 연관이 있는데, 우리는 이에 관해 '국가가 명령을 제정하고 집행하는 활동의 도덕적 허용 가능성'을 다룬 이스틀룬트의 정당성 규정을 따른다(Estlund, 2008:2). 이 설명을 정식화함으로써 정책 결정이 규범적으로 얼마나 정당한지, 또한 윤리학자가 이러한 정당성을 향상시킬 수 있는지 여부와 향상시키는 방법을 구체적으로 평가할 수 있을 것이다.

정당한 정치적 권위 행사에 관련하여 특정한 설명을 논증하는 것은 이 장의 목표가 아니다. 대신 영국적 맥락 안에서 가능한 몇 가지 설명을 살펴봄으로써, 영국뿐만 아니라 다른 자유 민주주의 사회에도 적용될 수 있는 윤리학자의 역할을 도출하는 것을 기대한다. 오늘날 HEFA와 같이 임명직 심의 위원회의 현상 유지를 견지하는 태도에 대한 대안으로 이들이 행사해 온 정책 결정 권한을 정책 결정 권한을 의회로 되돌려 놓자는 주장을 지지하는 사람들이 있다. 그리고 이 대안을 정당화하기 위해 고전적 대의 민주주의가 활용된다. 이 입장에 따르면 인구 집단을 대상으로 하는 규제의 강제 집행은 그 규제가 규제를 받는 동일한 집단이 선출한 대표에 의해 이루어질 때 정당화된다. 이런 설명은 윤리학자에게 나름의 역할을 제공하며, 이때 윤리학자가 미칠 수 있는 영향력은 양극단에 놓일 수 있다. 예를 들면 철학자인 메리 워녹(Mary Warnock)은 영국 하원 의회 특별 조사 위원회의 의장으로서 『인간의 수정 및 배아 연구법(the Human Fertilisation and Embryology Act of 1990)』을 입법하도록 설득하고 법의 근거가 된 권고안을 제정하는 데 강력한 역할을 수행했다(Wilson, 2011). 물론 이런 영향력은 전통적인 민주주의 제도 내에서 압력 집단에 의해 제어된다. 국회 의원(Memebers of Parliament, MP's)들은 선거구민들이 이 정책에 압도적으로 반대하는 경우 윤리학자 또는 위원회가 권고한 법안을 통과시킬 수 없을 것이다. 예를 들어 미국 빌 클린턴(Bill Clinton) 대통령은 생명을 위협하거나 심각한 장애를 일으키는 질병에 대한 줄기세포 연구 자금을 지원하자는 국가 생명 윤리 자문 위원회(National Bioethics Advisory Commission)의 세심한 권고안을 정치적 압력에 굴복하여 거부했다(Robertson, 1999). 권고 대신 정당의 정치적 압력과 같은 민주적이지 않은 출처의 영향을 받을 수 있다는 점은 주목할 가치가 있다.

국회 의결을 통한 의사 결정에 반대하는 다른 관점들이 있는데, 각각은 정당한 정치적 권위에 관한 나름의 설명을 근거로 제시한다. 첫째 장기 기증과 보조 생식, 유전자 검사와 약물 규제와 같은 생명 윤리의 문제는 선거에서는 주목도가 낮아 시민들이 자기 대표 선출 과정에 이런 문제를 고려할 것 같지 않다. 따라서 국회 의원이 이에 대한 자신의 관점을 자신이 대표하는 사람들의 관점에 조율할 동기가 적다는 주장이 가능하다. 혹여라도 강제력을 가진 정책은 민주적 의지를 반영하는 범위만큼만 정당화될 수 있다고 생각하는 사람이라면 대표자 선출 과정에서는 두드러지 않았던, 도덕적으로 논쟁이 될 만한 문제에 관해서 시민의 찬반 투표를 지지할 것이다. 일례로 미국 워싱턴 주민들은 2008년 투표를 통해 의사 조력 죽음을 합법화할 것인지 여부를 결정했다(Steinbrook, 2008). 이러한 경우 윤리학자의 역할은 매우 제한적일 것이며, 정책에 미치는 영향력도 다른 정치적 이슈 캠페인과 마찬가지로, 언론 인터뷰나 홍보 자료 등을 통해 개별 유권자에게 도달하는 범위로 제한될 것이다.

입법 과정에서 항상 대중의 선호, 특히 숙고되지 않은 선호를 반영할 필요가 없다고 생각한다면, 의회를 통한 의사 결정을 직접 민주주의적 접근에 비해 더 선호할 것이다. 국회 의원들은 그들의 직무에 의해 문제에 대해 생각하고 숙고된 의견에 도달하는 데 더 많은 시간을 보낼 것이다. 따라서 이들의 의견은 지역구 주민들이 시간을 두고 깊이 생각해 보았다면 갖게 되었을 의견이 될 수도 있을 것이다. 또는 일반 대중의 선호도를 반영해야 재선이 가능한 선거의 특성이 압력으로 작용하여 의회 의사 결정에서 해당 문제에 대한 열린 토론과 민주적 의지를 반영하는 데 적절한 균형에 도달하게 될 거라고 생각할 수 있다. 직접 민주주의적 설명에 대한 이 두 가지 반응은 정당한 정치적 권위가 적어도 어느 정도는 실질적 결정의 질에 달려 있음을 시사한다. 다시 말해, 정책의 정당성에는 그 절차적, 민주적 기원은 필수적이지만 충분조건은 아니며, 그 결정 자체가 반드시 충분한 추론을 거쳤어야 한다는 뜻이다.[5]

의회주의적 접근에 대한 또 다른 입장은, 개인의 결정이 항상 다수의 민주적 의사에 따라야 하는 것은 아니라는 점에서 출발한다. 이는 앞선 입장과 상이한 결론에 도달한다. 어떤 이들은 소수의 자유가 '다수의 폭압'으로부터 보호받아야 하는 상황도 있다고 생각한다. 이런 관점에서 생명 윤리 문제는, 재생산이나 치료와 신체의 사용과 같은 인격적이며 일반적으로 사적인 영역에 속하는 만큼, 다수의 지배로부터 보호해야 할 종류의 문제일 수 있다. 이를 위해서는 의회와 달리, 정치적으로 중립적인 기관이 이런 문제를 숙고하고 주관해야 할 필요가 있다. 이것이 현재 선출된 대표자로부터 일정한 거리를 둔 숙의적 규제 위원회의 위원으로 지명하는 현재 시스템을 유지하는 이유의 하나이다.[6]

이런 숙의 위원회는 다양한 방식으로 구성되고, 여기서 윤리학자의 역할은 그 구성 방식에 따라 달라진다. 첫째로 유전 공학이나 인체 조직 보관(바이오뱅크)과 같은 기술적으로 복잡한 정책은 관련된 과학적, 또는 기술적 전문성을 갖춘 사람이 가장 잘 수립할 것이라 생각할 수 있다. 실제로 다리를 건설할 때 우리는 윤리학자나 국회 의원이 아니라 기술자들이 중요한 기술적 결정을 내릴 권한을 행사하기를 바랄 것이다. 이와 같은 기술주의적 접근 방식에서는 윤리학자가 해야 할 역할이 아무것도 없다. 그러나 도덕적 의견 불일치가 실질적으로 존재하는 선명한 윤리적 요소를 가진 문제들의 경우, 이런 기술주의적 접근은 앞 절에서 살펴본 전문가-보스 구별에 의해 거부되어야 한다. 첨단 생명 과학 기술의 기술적, 또는 윤리적 측면의 전문성이 그것으로 하여금 시민들의 접근 제한 여부를 결정하고, 그런 결정에 대한 권위를 갖게 한다는 접근은 아무리 봐도 명징하지 않으며, 심지어 의심스럽기까지 하다.

실질적인 도덕 불일치의 이 요소를 구분하게 된 후 심의 위원회를 구성하는 두 번째 문헌과 그리고 폭넓은 선택지의 집합을 두고 많은 학술 문헌이 등장했다. 여러 정치 철학자들은 존 롤즈(John Rawls)의 공적 이성(public reason) 개념을 주된 출발점으로 삼아, 근본적인 도덕적 불일치가 존재하는 상황에서 국가가 어떻게 집합적으로 구속력을 갖는 규칙을 형성하는 것이 마땅한지 규명하려고 했다. 이들 공적 이성의 지지자들은 강제적 규칙이 그 규칙에 구속되는 사람들이라면 모두가 어느 정도 수용할 수 있는 사상이나 주장에 의해 정당화될 수 있다는 신념을 공유한다. 공적 이성을 옹호하는 학자들 사이에 있는 가장 중요한 불일치는 철학적 분석이 아니라 실제 숙의에 의해 공적 이성의 내용이 결정되는 범위에 관련된다는 것을 앞서 윤리학자의 역할을 검토하는 과정에서 확인한 바 있다. 한편 롤즈는 규칙이 정당화되어야 할 '합리적 개인'의 합리성을 이상화하고, 모두가 수용할 일련의 가치를 구체화함으로써 공적 이성이 실질적으로 기능할 내용의 범위를 좁힌다(Rawls, 1996). 실제로 공적 이성의 내용은 실제 심의 절차를 거의 거치지 않아도 이런 구체화를 내면화한 철학적 분석을 가지고 상당히 잘 결정된다(Quong, 2013). 반면 공적 이성의 내용이 실제 숙의 이전에 결정될 수 없다고 주장하는 학자들도 있다. 그 중 위르겐 하버마스(Jügen Haberms)의 담론 이론과 숙의 민주주의 이론이 가장 널리 알려져 있는데, 그 적용 과정에서 강력한 절차주의적 정당화 개념이 제시된다(Habermas, 1990). 그의 설명에 따르면 철학적 분석의 기여는 자유롭고 포괄적인 이상적 담론 공간을 만들기 위해 숙의 과정의 특징을 구조화하는 데에만 한정된다. 숙의 과정에서 파생되는 결정은 절차가 적절하게 구성되어 있는 한 정당하다. 따라서 규율의 정당성은 공적 이성의 내용에 관해 미리 정해진 실질적인 기준에 의해 판단될 수 없다.

이것은 윤리학자에게 근본적으로 다른 두 가지 역할이 있음을 암시한다. 롤즈식 설명에 따르면 윤리학자는 공적 이성의 내용을 구체화하고 적용하는 데 실질적인 역할을 수행하게 된다. 극단적인 해석에 의하면, 윤리학자가 '합리적인 사람들'의 특성에 대해 혼자 반성하는 것만으로도 정당한 정책 결정을 도출할 수 있으며, 이 경우 위원회에서의 숙의는 부차적인 절차에 불과하다. 하버마스식 설명에 따르면 윤리학자는 심의 절차를 구성하는 건축자 역할을 수행할 수는 있지만, 자유롭고 평등한 검토자들 사이에 있는 실제 추론 과정을 거칠 때에만 정당한 결정에 도달하는 것이 보장된다. 지금까지 경험주의 생명 윤리 방법론에 대한 설명은 규범적 결론의 정당화에 있어 앞에서 설명한 롤즈 또는 하버마스식 접근 중 하나를 채택하는 경향이 있었다. 하버마스식 설명은 데이비스 등(Davis et al, 2015)의 경험주의 생명윤리학 논의에서 가장 두드러진다. 예를 들어 해석학(Landeweer *et al*. 2016)이나 숙의 민주주의적(Kim, 2016) 접근 등은 대화적(dialogical) 접근으로 분류된다. 롤즈식 설명은 데이비스 등이 '협의적(consultative)' 접근이라 부른, 예컨대 반성적 평형(van Theil and van Delden, 2016), 공생적 생명 윤리(Symbiotic Bioethics, Frith, 2010) 그리고 성찰적 생명 윤리(Reflective Bioethics, Ives, 2014)에서 발견된다.

이 절은 규범적으로 정당한 정치적 권위에 대한 상이한 설명에서 도출되는 다양한 윤리학자들의 역할을 설명하려는 노력이다. 앞 절에서 제안했듯 윤리학자의 전문 지식에 의한 설명은 국가의 강제력에 의해 뒷받침될 규칙을 결정함에 있어 자신의 영향력을 이용하는 정치적 권위를 어느 정도라도 정당화할 수 없다. 대신 당장 내려야 할 집합적 결정의 종류에 해당하는 정치적 권위의 정당성 설명이 먼저 수용된 후 여기에서 윤리학자들의 정당한 역할이 도출된다. 중요한 것은 심의 위원회 전체의 권한과 다른 위원 개인의 권위에 관해서도 마찬가지라는 점이다. 이 분석은 특히 대중의 일반인 선출직 대표 또는 의사가 아니라 윤리학자들이, 윤리학자로서 또는 도덕적 주장을 생산하는 그들의 전문성에 의하여, 정책 결정의 정당성을 향상시키기 위해 호출되는지에 집중되었다.

공공 정책 수립에서의 경험주의 윤리학의 역할: 정당화에서 실천까지

정당한 정치적 권위에 대한 특정한 설명과 이 설명에 따르는 정당한 참여 방식을 받아들인다 해도, 어떻게 윤리학자가 자신의 전문성을 최대로 발휘해서 역할을 수행할 수 있는가 하는 문제는 미해결 상태로 남아 있게 된다. 1절에서 언급했듯 좋은 윤리학자의 기술이나 능력에 대해서는 일반적인 합의가 존재한다. 간단히 말해 논리적 논증의 생산과 분석, 도덕 이론에 대한 지식, '해결해야 할' 문제에 따르는 윤리적 고려 사항의 범위에 대한 인지, 왜곡(bias) 가능성에 대한 인식, 그리고 관련된 실증적 정보의 이해와 활용 등이다. 이 중 특히 마지막 항목은 정책의 맥락에서는 상세하게 구체적으로 진술해야 할 필요가 있을 것이다. 즉 실증적 정보는 언제 타당성을 가지며, 그 정보를 어떻게 활용해야 할 것인가라는 질문에 직면하여 우리는 정책 결정을 위한 경험적 정보의 타당성과 유용성을 이해하는 한 방법으로 (예를 들어 이전 사례나 PPI의 기여에 대조하여) 경험주의 윤리학을 생각해 볼 것이다.

서두에서 언급한 바와 같이, '경험주의 윤리학'은 이성의 실질적 영향력에 대한 체계적인 연구를 의미하며, 그 연구를 통해 생산하는 규범적 논증이 그 규범이 기능하도록 목표로 두었던 실천의 맥락에 의해 그 형태를 갖추는 동시에, 그 맥락을 형성할 수 있게 하는 충분한 정당화를 목표로 한다. 그러나 우리는 이 목표를 달성할 수 있도록 하는 방법론적 설명과 정당화 방법이 여러 가지로 존재하고 있다는 사실도 인식하고 있다. 그렇다면 구체적으로 이것은 정책 개발 과정에서 어떤 의미를 갖는가? 이 질문에 대한 답변은 의사 결정 과정에 참여하는 윤리학자를 포함한 여러 참여자의 역할에 정당성을 제공하는, 정당한 정치적 권위의 토대를 제공하기 위해 제기되는 주장에 의해 대강의 형태가 결정될 것이다. 예를 들어 의사 결정 과정에 직접 민주주의적인 참여를 요구하는 권위를 생각한다면 이 책에서 스콧 킴(Scott Kim, 2015)이 개괄한 숙의 민주주의 접근과 같이 권한을 민주적으로 평등하게 나눔으로써 윤리적 정당화를 보장하는 윤리학적 방법론을 필요로 할 것이다. 상충하는 도덕적 입장을 반영하는 경험과 태도들 사이에서 의사 결정자들이 숙의적 태도로 탐색할 것을 요구하는 정치적 권위를 생각하고 있다면, 윤리학자를 경쟁하는 윤리적 가치와 관점 사이의 도덕적 청지기로 인식하는 경험주의 윤리학의 접근이 정당화될 것이 너무나 분명하다. 란데비어 등이(Landeweer *et al*, 2016) 이 책에서 제안한 대화적 접근은 이런 입장의 대표적 사례인데, 윤리적 질문에 관련되어 있는 이해 당사자들이 윤리적 의사 결정에 반영되어야 하는 적절하고 중요한 경험을 동일하게 담지하고 있다는 가정 위에 세워진 접근이다. 여기서 윤리학자의 역할은 공유된 해결책을 찾기 위해 해석적 방식으로, 협력적으로 활동하는 것이다.

경험주의 윤리학자는 자신에게 익숙한 접근법을 활용하여 자신이 근거로 하는 기존의 논거와, 위원회 구성원으로서 새롭게 수행하는 작업 양쪽을 의사 결정 절차 자체를 뒷받침하는 정치적 정당성과 견고하게 조응하도록 할 수 있다. 이렇게 생각하면 경험주의 윤리학이 정책 수립 과정과 밀접하게 연결되는 이유는 비교적 분명하게 설명할 수 있게 되었지만, 경험주의 윤리학자가 실제로 의사 결정 과정에서 어떤 방식으로 실질적인 도움을 제공할 수 있는지는 여전히 불확실하다.

정책 결정 과정에서 경험 윤리학이 갖는 실천적 가치를 보다 현실적으로 설명할 수 있는 하나의 실행 가능한 방식은, 윤리적 주장을 실제 세계에서 작용하는 타당한 논증으로 구성해야 한다는 과제를 중심으로 그 가치를 정당화하려는 접근들 속에서 찾아볼 수 있다. 이때 이러한 정당화는, 윤리적 주장이 단지 추상적 규범에 그치지 않고 현실에 영향을 미치는 방식으로 논리적 타당성과 설득력을 갖추어야 한다는 요구를 기준으로 삼는다. 던 등은 경험주의 윤리학을 '설득력을 갖춘 동시에 실제로도 확실한' 실천적인 규범적 논변을 만들어 내는 절차로서 역할하는 것으로 이해할 것을 제안한다(Dunn *et al*. 2012:473). 이 주장은 철학적으로 건전한 논변과 관련된 맥락에 기반한 논변을 생산하는 것에 각각 대응하며, 이들 논변이 실천력을 갖도록 하는 것과 관계가 있다. 이런 방식으로 경험주의 윤리학을 이해해야 실천적인 논쟁 활동이 건전한 윤리적 기반 위에서 이루어질 수 있게 되고, 결정된 정책이 세상에서 수용될 수 있게 된다. 정책 결정의 결과물이 합리적 규범적 근거를 갖추지 못했거나, 세계 내에서 실천적인 영향력이 없는 정책에 불과하다면 마땅히 실패한 것으로 평가되어야 한다. 그런 만큼 매우 실천적인 방식으로 정당화하는 것에 주의하자는 주장이 있는데, 이는 정책 형성을 위해 활동하는 윤리학자들에게 매우 중요하다.

따라서 경험주의 윤리학은 정책이 실증적 근거를 담보하도록 하는 수단으로 관련 맥락 안에서 도전받고 있는 도덕적 정당화에 주목하게 한다. 더 나아가 이 접근이 적절히 실행되기 위해서는 경험주의 윤리에 익숙하여 쉽게 해석하고 적용할 수 있는 (즉 경험적 자료를 수집, 분석하고 이를 철학적 도덕 개념과 연결하여 윤리적 논변을 비판하고, 건전하고 실천적인 논변을 종합할 수 있는 방법을 이해하는) 사람이 필요하다. 전문적 윤리학자는 경험주의 윤리학 연구를 수행하지 않더라도 이런 역할을 수행하기에 적합한 위치에 있다.

결론

경험주의 윤리학은 생명윤리학의 한 방법으로 많은 주목을 받았지만, 아직은 학계를 넘어 정책 결정에 큰 영향은 미치지 못하고 있다. 살아 있는 경험에 대한 풍분한 이해를 통찰력과 엄격한 검토를 통해 결합한다는 핵심 목적은 철학이 제공해야 마땅하다. 그러나 이 결합은 조건부적으로 공공 정책에 적합한 것으로 보이는 결합이다.

이 장에서는 윤리학자가 경험주의 윤리학을 정책 과정에 제공되는 전문 지식에 통합해야 하는지 여부와 그 방식을 다루었다. 이와 관련하여 이 장은 이들 과제 이전에 정책에 영향을 미치도록 참여하는 일을 광범위하게 지지하는 규범적 정당성을 이해하는 것을 목표로 했다. 우리는 정책 위원회에서 윤리학자의 역할에 대한 정당화가 먼저 합법적인 정치적 권위에 대한 설명에 의존함을 증명하고, 이 설명은 경험주의 윤리의 다양한 접근 방식을 발전시키게 될 것임을 논증했다. 이 설명 방식들은 정치적 권위를 어떻게 주장하는가에 따라 달라지며, 정치적 권위에 대한 각각의 주장들은 윤리학자들이 취하고 있는 의사 결정 환경 외부에 있는 사람들의 우려 또는 그들에 대한 증거에 의해 (다양한 이유로) 민감하게 변화할 수 있음을 인식해야 한다. 두 번째로 의사 결정 환경 내에서 윤리학자들의 역할은 실천적인 도덕 추론을 경험주의 윤리학 분야에서 활동하는 이들이 제공하는 방식에 의해 향상시킨다는 점에 대해 논했다. 이를 위해서 윤리학자들은 철학적으로 타당하며 실제도로 정책 결정자와 이해 당사자 그리고 시민 일단이 의거하여 행위할 수 있게 확신을 주는 정책을 지지하는 논변을 생산해 내야 한다.

미주

1. 이 책에 실린 McMillan(2016)과 Sheehan(2016)의 각 장 참조.
2. 물론 이 논쟁은 도덕적 진리의 가능성을 전제로 한다. 이 책의 Sheehan (2016)이 저술한 장 참조.
3. 권위가 **있는** 것과 권위자가 **되는** 것(*in* authority and *an* authority)은 다음과 같이 구분할 수 있다. 권위가 있는 사람(예를 들어 교황)은 다른 이들이 결정을 의뢰하기에 충분하다. 윤리학 전문가는 이런 위상에 있지 않으며 대신 특정 영역에서 특정한 지식이나 기술을 소유하고 있으며 - 그 문제에 대한 권위자가 된다 - 이를 통해 비전문가들은 전문적 권고를 받아들이거나 이를 바탕으로 행동할 수 있다. 라스무센(2011) 참고.
4. 예를 들어 플라톤은 「국가」에서 철학자가 다스려야 한다고 했다.
5. 이 책의 Scott Kim(2016)의 장은 이런 주장이 방법론에 통합되는 방식의 한 예가 된다.
6. '정치적 불편부당성(political impartiality)'은 영국 내에서 내각의 관련 조직의 활용을 정당화하는 세 가지 근거 중 하나다. www.gov.uk/public-bodies-reform에서 'Public Bodies Reform' 참조.

참고 문헌

Archard, D. 2011. Why Moral Philosophers Are Not and Should Not Be Moral Experts. *Bioethics*. 25(3):119-127, 125.

Davies, R., Ives, J., Dunn, M. 2015. A Systematic Review of Empirical Bioethics Methodologies. *BMC Medical Ethics*. Available online: DOI 10.1186/s12910-015-0010-3.

Dunn, M., Sheehan, M., Hope, T., Parker, M. 2012. Towards Methodological Innovation in Empirical Ethics Research. *Cambridge Quarterly of Healthcare Ethics*. 21(4): 466-480. 473.

Estlund, D. 2008. *Democratic Authority: A Philosophical Framework*. Princeton: Princeton University Press. 3.

Frith, L. 2012. Symbiotic Empirical Ethics: A Practical Methodology. *Bioethics*. 26 (4):198-206.

Habermas, J. 1990. *Moral Consciousness and Communicative Action*, trans. C. Lenhardt and S.W. Nicholsen. Cambridge, MA: MIT Press.

Hedgecoe, A. 2004. Critical *Bioethics*: Beyond the Social Science Critique of Applied Ethics. Bioethics. 18(2):120-143.

Ives, J. 2014. A Method of Reflexive Balancing in a Pragmatic, Interdisciplinary and Reflexive Bioethics. *Bioethics*. 28(6):302-312.

Ives, J., Redwood, S., Damery, S. 2012. PPI. Paradoxes and Plato: Who's Sailing the Ship? *Journal of Medical Ethics*. 39(3):181-185.

Kim S. 2016. Theory and Practice of Democratic Deliberation in Bioethics Research. This volume.

Landeweer, E., Molewijk, B., Widdershoven, G. 2016. Moral Improvement through Interactive Research: A Practice Example of Dialogical Empirical Ethics. This volume.

McMillan, J. 2016. Empirical Bioethics and the Fact/Value Distinction. This volume.

Quong, J. 2013. On the Idea of Public Reason. In J. Mandle and D. Reidy (eds.), *The Blackwell Companion to Rawls*. Oxford: Wiley-Blackwell: 265-280.

Rasmussen, L. 2011. An Ethics Expertise for Clinical Ethics Consultation. *Journal of Law, Medicine and Ethics*. 39(4):649-661.

Rawls, J. 1996. *Political Liberalism*. New York: Columbia University Press.

Robertson, J. 1999. Ethics and Policy in Embryonic Stem Cell Research. *Kennedy Institute of Ethics Journal*. 9(2):109-136.

Sheehan, M. 2016. Metaethics, Relativism and Empirical Bioethics. This volume.

Singer, P. 1972. Moral Experts. *Analysis*. 32(4):115-117.

Steinbrook, R. 2008. Physician-Assisted Death - From Oregon to Washington State. *New England Journal of Medicine*. 359 (2008): 2513-2515.

Van Theil, G., van Deldan, J. 2016. Reflective Equilibrium as a Normative Empirical Model: The case of Ashley X. This volume.

Wilson D. 2011 Creating the 'ethics industry': Mary Warnock, *in vitro* fertilization and the history of bioethics in Britain. *BioSocieties*. 6(2):121-141.

Yoder, S. 1998. The Nature of Ethical Expertise. *Hastings Center Report*. 289 (6):11-19.

5장

증거, 인식론과 경험주의 윤리학

—

일리나 싱(Ilina Singh)

서문

최근 몇 년 동안, 생명윤리학계에서 경험적 연구의 활용도와 가치에 관한 논의는 다양화되는 동시에 정교화되고 있다. 대부분은 생명윤리학에서 경험적 접근의 가치를 옹호하고 기술하는 논의이고, 경우에 따라서 논의의 초반부에 필요성을 옹호하고 설명하기 위해 사실/가치, 또는 존재/당위에 대한 전통적 철학적 논의를 활용한다(Solomon, 2005; Lawrence and Curlin, 2011; Dawson, 2013). 물론 리겟 등(Leget *et al*, 2009)의 지적처럼 이런 접근들은 절대 단일하지 않다. 다양한 접근 방식들은 교차하는 두 축(학문 분과와 인식론)을 따라 연속선상에서 존재한다고 할 수 있을 것이다. 사회학과 분석 철학이 학문 분과 축의 양끝에, 기술(記述)과 규범이 인식론 축의 양끝에 위치하게 된다. 경험주의 윤리학은 이 두 축이 만든 평면 위에 존재하는데 그 범위는 규범 분석 과정에서 활용할 정보를 경험적 데이터에서 얻어 내는 데에서부터, (윤리적 또는 도덕적 고려, 또는 생명윤리학 자체를 대상으로 하는) 기술적 사회학, 마지막으로 규범과 경험적인 지식을 적합하게 통합하려는 노력까지 다양하다.

복잡한 실증적 데이터 활용의 목적과 방식(그리고 경험주의 윤리가 '실제로' 무엇인가에 관한 혼란)의 문제를 헤쳐 나가는 과정에서 사회적인 맥락이 생명윤리학의 분석에서 일부로 포함되어야 한다는 이해가 점차 일반화되고 있다. 이런 이해가 실현될 수 있는가 하는 의문이 방법론적 관심사라고 할 수 있다. 드디어 2012년 세계 생명윤리학 총회(the World Congress of Bioethics)에서 당시 국제 생명윤리학회장이었던 앵거스 도슨(Angus Dawson)은 '경험적, 사회 과학적 방법론의 활용은 좋은 윤리학의 근간'이라고 주장하기에 이르렀다(Dawson, 2013). 과감한 주장이지만 아직 이 장의 논의 수준의 급진성에는 미치지 못했다. 이 장의 출발점은 다음과 같다: **경험적, 사회 과학적 방법의 활용은** 좋은 윤리학의 필요조건이 될 수는 있을지 모르지만 충분조건은 아니다. 더 나아가 **경험적 사회 과학적 방법의 좋은 활용이** 좋은 윤리학의 근간임을 증명할 것이다.

윤리학에서 실증적 탐색의 가치를 인정하는 일은 분석 철학적 패러다임에 한정된 환경에서 독립하는 중요한 첫걸음이지만, 정교하고 성찰적이며 엄정한 방법론을 갖춘 새로운 경험주의 윤리학의 학문 세대 양성을 위해서는 더 많이 노력해야 한다. 연구 질문, 자료 수집, 분석 방법의 통합에 대한 이해 부족은 사회 과학 분야에서 수준 낮은 경험적 연구를 양산하는 주요 원인이며, 이러한 문제들은 경험적 접근이 윤리학으로 이전되는 과정에서도 역시 나타나고 있다(Dunn *et al*., 2008; Hurst, 2010; Strong *et al*., 2010). 제대로 훈련받지 않은 연구자는 더 복잡한 경로를 따르기보다 최소한의 훈련과 이해만이 요구되는 '도구 상자(toolkit)'식 접근을 선호할 것이다(Dunn and Ives, 2009). 이 장에서는 인식론의 개념과 그것과 경험적 데이터 수집의 관련성을 소개하고, 데이터 수집 방식이 지식을 생산하는 과정에서 경험적 접촉(empirical encounter)을 통해 어떤 영향을 미치는지 설명할 것이다. 이 장은 두 가지 목표를 가지고 있다. 먼저 자료 수집을 독립된 방식으로 수행할 수 있으며 이로부터 이론을 일방향적으로 도출할 수 있다고 보는 일부 경험주의 생명윤리학 접근을 비판적으로 검토하는 것이다.[1] 둘째는 독자들이 자신만의 경험주의 생명윤리학 연구 설계를 개발하는 데 도움을 줄 수 있도록 투명하고 구체적인 설명을 제공하는 것이다. 이를 위해 2008년부터 2012년 사이에 수행한 경험주의 생명윤리학 연구를 소개하고, 기획과 수행 과정을 성찰할 것이다.

경험주의 윤리학에서 '경험적'인 것

경험주의 윤리학에서 '경험적'이라 함은 무엇을 의미하는가? 도슨 등 이 분야 연구자들에게 '경험적'이란 사회적 맥락을 뜻한다. 따라서 이들에게 '경험주의 윤리학'은 사회적 맥락을 고려하는 윤리학 연구를 의미한다. 여기에서 '사회적 맥락'은 인간과 동물의 제도적, 관계적, 문화적, 사회적 공간 또는 가상의 차원을 의미하는 것으로 이해된다. 이렇게 경험주의 윤리학은 넓은 범주에서 다양한 사항들을 고려하기 때문에 기회를 제공하기도 하지만, 혼란도 야기한다.

드 브리스(De Vries, 2004)는 생명윤리학에서의 경험적 연구를 설명하기 위해 기술 윤리학, 도덕적 의사 결정의 결과(조사), 도덕 자문의 결과와 생명 윤리의 맥락을 포함하는 하나의 연속체를 제안했다. 이 유형론은 실증적 접근이 답할 수 있는 몇 종류의 윤리적 질문들을 성찰하는 기준이 된다. 윤리 정책과 윤리적 주장에 대한 평가에 활용할 수 있는 사전/사후 근거로서 경험주의 윤리학은 맥락에 초점을 맞춘다는 점에서 매우 타당하다. 예를 들어 '도덕 자문 제공의 결과' 범주에서 '연구' 기획은 다음과 같은 형식을 취할 수 있다: X라는 자문을 제공하는 관행과 정책은 Y라는 덕성 또는 이상을 함양하여 Z를 결과로 기대한다. 그런데 X(라는 자문과 정책)는 실천적으로 무엇을 이행하는가? 이런 정식에서, '연구' 질문은 실증적 연구의 필요를 그 자체로 입증하는 동시에, 연구 설계 과정의 지침을 명확하게 제공한다. 경험적 작업은 주어진 상황 내부의 사건, 관행, 태도 등을 포착하고 명시된 이상과 의도 그리고 발견한 사실을 연관하여 평가해야 한다.

이 유형론은 가치는 있지만, 경험주의 윤리학의 접근에 내재된 주요한 몇 가지 관심사를 간과하고 있다. 경험주의 윤리학에서는, 예를 들어 맥락과 권력의 관계에 대한 암묵적·명시적 관심은 연구 질문을 형성해야만 하며 실제로 그런 경우도 많다. 이 관계는 드 브리스의 유형학에는 암시만 되어 있는데, 실증적 접근을 요청하는 윤리적 질문을 구성하는 유형에 속하는 연구 질문에서는 오히려 핵심적 측면으로 강조되는 편이 더 유용할 것이다.

'기술 윤리학'으로 더 많은 관심을 두고 집중하는 것도 의미가 있다. 이 범주는 치열한 윤리적 질문에 관한 '대중의 태도'에 한정되지 않는다. 심지어 더 큰 것일 수도 있다. 이것은 때때로 '현장 윤리(ethics on the ground)' 또는 '지역 윤리(local ethics)'라고 불리는데,(De Vries 2004) 지역적 맥락 내에서 살아온 경험의 실천이나 체화의 과정을 통해 도덕적 딜레마와 윤리적 결단이 형성되는 방식에 관심을 가진다. 여기서 '기술 윤리학'라는 이름표는 이런 종류의 작업과 '규범적' 질문 사이에 불필요한 구분을 강화할 위험을 갖고 있기 때문에 주의해서 사용해야 한다. 여기에서 '기술적'은 주관적, 해석적, 그리고 상대적인 것을, '규범적'은 타당하고, 객관적이며, 영향력이 있는 것을 의미한다고 간주된다(Musschenga, 2005 도 참고하 라). 이런 구분의 문제점은 경험주의 윤리학에서 연구 질문과 설계를 제대로 구체화하지 않을 때 심화될 수 있다.

경험주의 윤리학에서 '데이터'

경험주의 윤리학의 매우 넓은 문제를 고려하기 때문에 인터뷰, 텍스트, 간략한 사례, 참여관찰에 이르는 모든 영역의 사회 과학적의 '데이터'의 잠재력을 증대시킨다. 데이터 종류마다 수집과 분석에 있어 풍성한 전통이 존재한다. 일반적으로 수집은 특정한 이론적 지향점이나 규약에 의해 유지된다(이론과 데이터 수집의 관계는 이어진 내용에서 더 상세하게 다룰 것이다). 아직까지는 경험주의 윤리학 연구 대부분은 방법론적으로 가능한 모든 범위의 데이터를 활용하지는 않고 어떤 의미에서는 경험주의 윤리학에서 무엇이 '데이터'로 간주되는지 쉽게(분명하게) 확인할 수 있다. 그러나 경험주의 윤리학의 '경험적'이라는 조건을 어떻게 해석하는가에 따라 접근방식의 다양성이 생겨난다. 이런 다양성의 한 예로 실증주의 윤리학의 접근법으로 설문조사 방법론을 도입하는 경우가 있다. 이때 데이터는 태도, 신념, 편견 등의 형태로 '사회성(the social)'을 드러내지만 분명히 사회적 맥락 자체에서는 다소간 떨어져 있다. 일반적으로 설문조사는 '큰 규모'에서 일반화 가능한 데이터를 얻지만 대신 '사회적 측면'에 대한 두터운 이해를 희생시킨다는 비판을 받는다. 이런 종류의 데이터는 심도 깊은 윤리적 분석이나 이해를 제공하지 못한다. 그러나 대중이 특정 관행이나 절차의 윤리를 어떻게 이해하는지 반영함으로써 그들의 도덕적 태도와 신념에 대응한다. 드 브리스의 유형론에 따르면, 설문은 대중의 태도에 대한 경험적 윤리적 데이터를 제공할 수 있음이 분명하다.

실험적 신경 윤리(실험적 철학, 사회 신경 과학과 도덕 심리학이 중첩된 영역)의 맥락에서는 좀 더 복잡한 데이터의 문제가 발생한다. 이 영역에서 마음과 뇌는 연구 대상이 되는 경험이 발생하는 주된 '현장(site)'이며, 수집되는 실증적 데이터는 뇌 데이터인데, 예를 들면 뇌 스캔이나 심리학적 데이터와 같은 '준-뇌 데이터(near-brain data)'로 간주될 수 있는 형태를 갖는다(Terbeck *et al*, 2013; Cope *et al*., 2010 등 참고). 이런 연구들은 '뇌는 어떻게 도덕과 윤리적 행동을 하는가'라는 질문을 핵심적인 관심사로 갖는다고 할 수 있다.

데이터 수집이 이루어지는 실증적 현장인 뇌를 조작하는 연구는 경험주의 윤리학의 접근법에 해당하는가? 이런 종류의 연구와 다른 경험주의 윤리학 연구 사이에 있는 중요한 접점은 두 경우 모두 명백하게 데이터 기반이라는 사실이다. 경험적 연구의 통상적인 정의에서 벗어나 있는데, 사회과학의 방법론이나 개념을 전반적으로 통합하지 않고 '실제 세계'을 일차적 연구 맥락으로 받아들이지 않기 때문이다. 한편, 실제 세계는 이런 종류의 실증적 윤리학 연구가 그 질문을 도출하고 의미를 찾는 중요한 장소다. 예를 들어 공격성과 범죄 성향의 신경 과학적 또는 유전적 증거를 조사하는 연구는 재판정과 교육 환경에서 의미를 갖는다. 이런 맥락에서 생물학적인 뇌 데이터는 도덕적 과오를 설명하고, 미래에 도덕적으로 일탈 행위를 할 위험이 더 높은 사람을 예측하는 데 사용된다(Singh *et al*. 2014). 무의식적인 편견이나 의사 결정에 대한 경험적 데이터는 유사한 방식으로 자유 의지와 도덕적 책임에 관한 인간의 능력에 관한 주장을 형성한다.[2]

생물학적 공간이나 체계를 사회적 위치와 동일한 경험적 위치라고 볼 수 있는지 또는 그렇게 보아야 하는가 하는 문제는 아직 열린 문제다. 경험주의 윤리학 연구가 생물학적 영역이나 체계에 한정된다면, 사회적 맥락, 권력 관계, 신체화 등과 같이 경험주의 윤리학이 인식하고, 그 중요성을 더욱 강조하는 내용들은 일반적인 '경험'의 개념으로 인정되지 않을 것이다. 만약 경험주의 윤리학을 윤리학에서 사회적 맥락의 중요성을 강조하는 것으로 이해한다면, 이 종류(생물학적 연구)의 경험주의 윤리학은 윤리와 도덕성을 뇌로 환원시킴으로써 지금까지 경험주의 윤리학의 노력을 수포에 돌아갈 위험에 처하게 만들 가능성이 있다.

질문하기와 데이터 수집

경험주의 윤리학에서 '데이터'가 무엇인지 살펴보았으니 이제는 데이터의 수집과 그것이 좋은 경험주의 연구에 미치는 영향을 숙고할 차례다. 질적 방법론을 활용하는 연구자들은 학생들에게서 "데이터 수집에 어떤 방법을 사용해야 하나요?"라는 질문을 자주 듣는다. 그러나 편의적으로, 또는 인기가 높다던가 하는 부차적인 이유 때문에 특정한 데이터 수집 방법을 택하면 안 된다. 특정 연구 질문에 좋은 답변을 얻어 내기에 가장 좋은 방법으로 간주되고 있는 것을 선택해야 한다. 그러나 대부분의 분과 학문들은 드러나지 않는 곳에 활용 가능한 '올바른' 방법에 대한 가정을 숨겨 놓고 있으며, 방법론 논의는 명시적 의사 결정보다는 관례적인 의식에 더 가깝다. 이런 관례에 중요한 이점이 있기는 하다. 즉 집단 내에서 안정적인 지위를 제공하고, 학문 분야 내에서 출판이 승인될 가능성을 높인다.[3] 그러나 분과 학문 내에 통용되는 전통적인 방법론적 사고를 택한 결과 같은 종류의 방법뿐 아니라 같은 종류의 질문이 자주 반복되어 나오게 되는 문제점이 있다.

방법론적 일관성은 다른 연구들 사이에 비교를 가능하게 하고 시간 경과에 따른 경향과 변화를 분석할 수 있도록 한다. 뿐만 아니라 연구 설계의 미세한 변화가 결과에 미치는 영향을 인식할 수 있도록 한다는 큰 이익이 있다. 실제로도 방법론적 일관성은 많은 경우 특정 연구 질문에 답하는 가장 좋은 방법이 된다. 동시에 경험주의 윤리학처럼 본질적으로 학제 간 연구에 속한 경우에는 연구 방법에 대한 기본적인 이론 근거와 지식 생산에 대한 방법론의 선택이 갖는 의미를 이해하도록 연구자를 훈련시키는 것이 필수적이다.

하지만 특정한 방법론을 선택하면 필연적으로 인식론적 제약이 따른다. 즉 방법론은 볼 수 있는 것, 볼 수 있는 방법과 연구를 통해 알 수 있는 것의 범위를 좁힌다. 연구 방법은 현미경의 렌즈와 같이 대상이 되는 현상에 대한 시야와 초점을 제공한다는 점에 충분한 주의를 기울이지 않으면 흐릿하거나 왜곡된 견해와 해석을 얻게 된다. 이런 이유로 데이터 수집은 결코 중립적인 작업이 아니며, 연구자는 방법론이 실증 연구 영역에 제공하는 지식 획득과 사실 파악의 방식을 이해하고 있어야 한다. 더 나아가 연구의 맥락에서 인식과 시각은 연구 질문과 답변의 과정을 규정하는 이론적 틀의 일부이고(그래야 마땅하다), 이상적으로 이 이론적 틀, 인식론적 약속과 방법론 선택의 관계는 연구 보고 과정에서 명시되어야 한다. 예를 들어 인간의 도덕성은 타고난 능력의 기능이고 비도덕적인 행위가 생물학적 병리로 발생하는 것이라는 이론을 고수하는 연구자라면, 비도덕적 행위에 대한 연구는 생물학적 영역에 초점을 맞추고 이에 따라 방법론을 선택할 것이다. 이것은 그 연구자가 비도덕적 행위의 사회적 차원에 무관심하다는 의미는 아니지만, 생물학적 원인에 의해 비도적적 행위가 생긴다는 것이 중요하며, 비도덕적 행위의 원인을 이해하는 것이 사회 문제를 해결하는 가장 좋은 방법이라고 믿는 연구자의 신념 때문에 그가 사용하는 현미경은 생물학적 시스템(아마 아주 작고 촘촘하게 고안된)이 될 것이다. 이론, 인식론 및 데이터 수집 방식 사이에 있는 이런 상호 관계는 여기에서 분명하게 보이지만, 경험주의 생명 윤리 연구에서는 거의 고려되지 않는 것 같다.

경험주의 생명 윤리의 접근법이라는 맥락 내의 복잡함을 상세하게 살펴보았다. 다음 절에서는 경험주의 생명 윤리 연구의 사례를 제시하고, 연구 질문과 방법론 선택을 개괄적으로 소개하고 그 함의점을 살펴볼 것이다.

뇌신경 자극 약물의 윤리적 측면에 관한 아동 대상 연구: The VOICES 연구

연구 배경

주의력 결핍/과잉 행동 장애(Attention Deficit/Hyperactivity Disorder, ADHD)는 진단의 모호성, 치료를 위한 뇌신경 자극제(리탈린이나 애더럴)의 사용, 그리고 '정상적인' 아동의 행동이 무엇인가에 관한 복잡한 질문을 제기하는 논쟁적인 질환이다. 이 장애는 아동기 중반에 진단을 받으며, 대부분의 국가에서 진단받는 아동의 75~80%가 남아이다. 뇌 자극제 소비는 ADHD 진단과 함께 증가하고 있다. ADHD의 전 세계적 유병률을 살펴보면, 비록 논란의 여지가 있는 추정이지만, 학령기 아동의 5%에서 임상적 진단 기준을 충족하는 것으로 해석된다. 그러나 유병률에는 지정학적 편차가 존재한다(Polanczyk *et al*. 2007). 미국은 여전히 ADHD 치료 약물의 주요 성분인 메틸페니데이트의 최대 소비 국가이지만, 지난 10년 동안 미국을 제외한 경제 협력 개발 기구(OECD) 국가에서 ADHD 관련 약물 지출 비용의 증가율은 미국을 넘어섰다(Singh *et al*. 2014).

ADHD 진단 및 자극제를 사용한 치료와 관련해 아동에게 약물을 투약하는 문제부터 자극제가 아동의 참된 자아, 인격적 책임과 도덕적 행위 능력 발전에 미치는 영향에 대한 우려 등 광범위한 윤리적 논쟁이 진행 중이다(Conrad, 1976; Myers *et al*. 2008; Singh, 2012). 이 문제를 두고 10년이 넘는 기간 동안 다양한 방송 매체, 블로그, 학술지와 단행본 등을 통해 격론이 진행되었지만, ADHD 진단 및 자극제 치료에 관련해서 아동의 관점과 경험을 체계적으로 조사한 연구는 없었다.

The Voices on Identity, Childhood, Ethics and Stimulants

(VOICES) 연구는 "자극제 치료가 위해하다는 도덕적, 윤리적 주장을 뒷받침하는 증거가 있는가?"라는 단순한 질문에서 시작되었다. 연구 기획은 생명윤리학 문헌에서 가장 자주 제기되는 진정성, 인격적 책임과 도덕적 행위 능력에 집중되었다. 연구에는 이런 특정한 관심을 넘어 아동이 경험하는 행동 규범이나 학교의 요구, 낙인의 경험이라는 맥락에서 ADHD 아동의 도덕적 삶을 폭넓게 이해하려는 특별한 목표도 포함되어 있었다. 다시 말해, 연구의 이런 초점은 정신 질환자들의 '도덕 발달 과정'과 낙인에 대한 분석과 성찰을 오랫동안 수행해 온 사회학 분야의 문헌들에서 도출되었다 (Goffman, 1963).

실증적 증거가 없었기 때문에 우리는 학술 문헌에서 찾을 수 있는 개념이나 이론적 주장을 사실이 아니라 가설로 간주했다. 연구는 가설을 검증할 뿐 아니라 자극제 치료를 둘러싼 윤리적 함의점과 도덕적 우려에 대해 경험적 이해를 아동이 인지하고 보고하며 경험한 내용을 바탕으로 생산할 계획이었다. 이런 접근은 본질적으로 의학적 중재에 수반되는 '살아 있는', 즉 '현장'의 윤리를 탐색하려는 목적으로 수행되는 경험주의 윤리학의 핵심이다. '생활 윤리(lived ethics)'의 연구에서 우리 연구의 (이 비-실험적 형태의) 가설 검증은 전형적이거나 필수적이지 않다. VOICES 연구는 연구 질문을 설정하는 데 있어 보다 개방적인 관점을 취하고, 이를 통해 관련된 윤리적 쟁점들이 초기 자료 수집 과정에서 자연스럽게 드러나도록 할 수 있었을 것이다. 이는 슈트라우스와 코빈(Strauss and Corbin, 1990)의 근거 이론 접근과 유사한 방식이다. 그러나 이를 위해 예비 연구를 수행했고 (Singh, 2008, 2010), 이 연구와 폭넓은 문헌 검토가 연결되어 더 구체적인 연구 질문 형성이 가능해졌다.

연구 대상

VOICES 연구는 - 결국 환자가 아동이기 때문에 - 아동을 대상으로 하는 연구가 자극제 치료의 잠재적인 윤리적·도덕적 위해(그리고 편익)를 조사하는 최선의 방법이라는 전제에서 출발했다. 이전에 수행되었던 비슷한 종류의 연구에서는 ADHD 환아를 포함시키지 않았는데, 이것은 신중한 고려 후에 내려진 결론이 아니었다. 이들 연구에서는 사회 과학(아동 및 아동기 개념)과 현대 정신의학(환원주의)이 종합되어 아동들이 배제되었다고 말했다. 아동에 대한 후기 구조주의적 개념화는 아동을 '생명 권력' 또는 '훈육된 몸'(Foucault, 1994) 기술의 희생자로 간주하고, 정신의학은 ADHD 환아의 인격이 아니라 뇌에 집중하여 아동의 행동을 자기 조절이라는 생물학적 문제로 인식하고 설명하는 경향을 보인다(Barkley, 1986). 아이러니하게도 이 두 관점은 의견의 일치에 도달하지 못하고 있으며, 어느 것도 아동의 실존적 지식이 가치를 지니거나 중요한 공간, 즉 인식론적 표면을 열지 못했다. 따라서 아동을 통한 데이터 수집은 우리 연구 질문에 답을 찾기 위한 최선의 방법이 될 것이라는 우리들의 전제는 윤리학을 수행하는 보통의 방법을 근본적으로 재고하는 것인 동시에, 다른 학문 분야의 지식 생산도 파괴적으로 혁신하는 것이었다.

VOICES 연구의 경우 연구 자료를 아동에게서 얻게 된 것이 처음부터 명백했지만, 누가 그 연구 대상이 될지는 확정되지 않았다. 인구 집단 기반 연구(여기에서 선정은 일반적으로 무작위적이다)의 방식을 벗어나 대상을 선정하려면 상당한 고민이 필요하다. 임상 연구 또는 의료 윤리 연구의 경우 연구 참여자는 흔히 환자와 (또는) 환자 가족이다. 이들에 접촉하고 연구하기 위해서는 윤리적 숙고를 위한 계획과 토론이 필요했다. 연구자들은 '편의적 추출법'을 활용하고는 하지만, 그 경우 대상으로 인한 연구의 한계를 인식하고 이를 명시하는 것이 중요하다. 만약 연구자들이 연구에 참여하기로 동의한 환자를 돌보는 의료진의 일원이라면, 특히 어렵다. 중요한 연구 윤리 문제 말고도 연구자와 환자 사이 권력 관계라는 현실적 문제도 있다. 연구자는 연구 과정 전반에 걸쳐 이 대상과 연구자 자신의 관계를 고려해야 하는데, 특히 이 관계가 연구 참여자와의 면접을 결정하는 방식이나 이어지는 지식 생산 방식이 어떻게 결정되는지 성찰적으로 인식하고 다루어야 한다(Singh, 2010). 표본 추출, 연구자-참여자 관계에 대한 이런 종류의 성찰은 연구에 모집된 참여자 유형과 무관하게 좋은 연구 실천에 필수적이지만, 여러 이유로 더 취약해질 수 있는 참여자에게 특별한 주의를 기울여야 한다.

모든 종류의 연구 대상자 집단에서 연구 질문 및 관련 문헌의 상호 작용을 거쳐 이상적인 참여 기준이 결정된다. VOCIES 연구 과정에서는 ADHD와 자극제 치료에 관한 학술 문헌 검토를 통해 성별, 문화와 사회 경제적 지위가 아동의 경험과 인식에 미치는 역할에 대한 이론적 관심을 갖게 되었고, 이는 연구 질문에 반영되었다. 따라서 우리의 대상자 선정은 최소한 예비적 방식으로라도 성별, 문화, 사회 경제적 지위의 변수 분석이 가능하도록 설계될 필요가 있었다. '문화'를 어떻게 해석할지가 가장 큰 어려움이었다. 이에 처음에는 거칠지만 미국 아동과 영국 아동을 이 연구에 대상으로 포함하는 방식을 시도했다. 우리는 연구에 여자 아이들을 적극적으로 모집했다. 그리고 사회 경제적으로 다양한 집단에서 대상자 모집을 결정했다.

연구 제안서의 심사자들은 다양한 약물 복용 상태를 설명할 수 있도록 하위 집단 분류와 진단받지 않은 '대조' 집단을 포함시키도록 강력하게 권고했다. 그러나 연구가 시작될 무렵 우리는 이런 하위 집단(하위 집단 구분은 집단 간 비교가 필요할 뿐 아니라 바람직하다는 전제를 가진다)이 연구 질문, 연구자의 관심이나 접근 방식의 측면에서 의미가 있는지 고려하지 않고 있었다. 돌이켜보면 연구 준비 단계에서 밝혀지지 않은 것이 너무 많았고, 심각한 논쟁적 사안들이 고려되었기 때문에 우리 및 심사자들은 분명히 실증주의적인 표본 추출 관행에서 벗어나지 못했던 것 같다. 나중에 분석 과정에서 우리가 포함시킨 하위 집단 및 관련 변수 분석을 통해 중요한 통찰을 얻을 수 있었는데, 예를 들어 사회 경제적 자원이 희소한 아동이 자원이 더 많은 아동들에 비해 ADHD 진단과 자극제 치료로 인한 윤리적 위해에 더 취약함이 드러났다. 그러나 우리의 연구 설계에는 집단 사이에 일반화 가능한 차이의 식별을 인식하는 데 제약이 존재했기 때문에, 최소한 초기 데이터 분석에 있어서는, 이들 변수에 집중하는 바람에 관련성이 높고 적절한 통찰에 집중하지 못했을 수 있다.

데이터 수집

표본과 방법을 고려하는 과정에서 우리는 연구에 참여하는 아동들의 능력을 배려해야 하는 동시에, 어른에게도 이해하고 표현하기 어려울 개념들과 경험들에 참여할 것을 하고 있다는 사실을 명심하고 있어야 했다. 파일럿 연구에서 우리는 아동은 연구원과 함께 어떤 행위를 주도한다고 느낄 때 가장 진지하게, 진정성을 가지고 참여한다는 사실을 발견했다. 따라서 최대한 '아동-주도' 방식을 적용하려 했다. 우리는 연구 결과에 궁극적으로 관심을 가질 잠재적 독자층을 실용적인 관점에서 고려하기도 했다. 우리 연구의 경우, 이러한 독자층은 정신과 전문의를 포함한 다른 의료 전문가, 생명윤리학자 그리고 사회 과학자로 구성되어 있었다. 이들은 공유하는 준거의 틀이 없고, 앞서 설명한 것처럼, 사실 '경험적 증거'에 대해 서로 다른 이해를 가지고 있었다. 따라서 도전은 연구 결과가 여러 학문 분야에 걸쳐 발표될 수 있도록 방법론적 창의성과 강력한 지적 기반을 결합한 연구를 수행하는 것이었다.

결국 우리는 60에서 90분 정도의 길이로 아동 인터뷰를 수행하는 혼합-방법론적 접근(mixed-methods approach)을 연구의 중심으로 삼았다. 인터뷰 자체는 우리가 관심을 가지고 있는 중요한 주제(즉 진정성과 책임) 한 가지와 몇 개의 하위 주제를 탐색할 수 있도록 다양한 부분으로 나뉘었다. 또 인터뷰 과정에서 질문에 대한 구두 답변, 그리기, 문장 완성, 정렬 작업, 삽화 및 표준화된 자기 인식 설문지를 포함하여 다양한 활동에 참여하도록 요청하는 것 같은 다양한 방법을 사용했다. 이 접근법을 통해 인터뷰 과정에서 동일한 주제를 다른 기술을 활용해서 조사할 수 있었고, 보완적으로 양적 방법을 포함하는 다양한 분석 전략의 범주를 열 수 있었다.

인터뷰 계획이 다소 구조화된 것은 우리가 VOICES 연구 과제 수행 과정 전반에 걸쳐 반복해서 맞딱뜨렸던 비판을 해결하려고 과도하게 보정한 결과일 수 있다. 사실 우리가 직면했던 비판은 아이들이 자신의 도덕적 생활이나 윤리적 고려 사항을 타당하고 신뢰할 만한 방식으로 보고할 수 없을 것이라는 것이었다. 그밖에 부모나 의사 또는 교사가 말한 내용을 앵무새처럼 되풀이할 것이라 생각하는, 예상했던 것과 다른 종류의 비판도 있었다. 타당도와 신뢰도는 통계 연구의 세계에서 나온 개념이며, 이것들은 측정의 표준화(유효성: 측정하고 있다고 생각하는 것을 측정하고 있는가?)와 조사 결과의 일반화 가능성(신뢰도: 이 연구를 다른 대상에 당신의 도구를 활용해서 반복한다면 비슷한 결과를 얻게 될 것인가?)에 관련된다. 아동을 대상으로 한 경험적 연구에서 신뢰성과 타당성 문제를 해결하는 일반적 방법은 검증된 표준화 도구를 사용하고, 성인 참가자와 함께 아동에 대한 연구를 수행하고, 성인과 아동을 대상으로 연구를 수행한 뒤 결과를 비교하는 것이다. 그런데 이런 접근 방식은 실제로 아동에 대해 알 수 있는 정보를 심각하게 제한하고, 새로운 지식이 프레임에 포함되도록 하기보다는 지식을 재생산하는 경향을 갖는다. 선험적인 범주, 가치 및 척도를 가진 표준화된 측정법은 새로운 연구 영역에서 혁신의 여지를 거의 허용하지 않는다.

이 말은 질적 방법론의 풍성함을 양적 방법론의 상대적 빈곤과 대조하여 다시 주장하려는 것이 아니다. 대신 관습적인 측정 방식을 비교 대상으로 삼아 경험주의 윤리학에서 방법론의 선택 과정을 성찰하려는 것이다. 우리는 아동을 대상으로 한 연구의 신뢰성과 타당성 문제를 인식하고 있었지만, 그 문제를 해결하기 위해 통상적인 방식으로 접근해서는 우리에게 개방된 인식적 표면을 최대로 활용할 수 없음을 깨달았다. 달리 말해 이 '일반적' 방식은 윤리학과 도덕 생활 영역에서 아동을 대상으로 하는 연구를 수행한다는 그 아이디어 자체에 대한 예상되는 비판에 답변할 수 있게는 하는 것일지라도, 우리의 연구 질문에 답하는 최선의 접근이 아니었다.

신뢰성과 타당성 문제는 경험적 연구에 새롭게 속하게 된 윤리학 같은 학문에 있어서 큰 부담 요인이다. 왜냐하면 이런 학문 분야에서는 연구 질문이나 방법론의 선택의 근거가 될, 방법론적으로 일관된 연구의 실체가 아직 없기 때문이다. 앞서 언급한 것처럼 이런 종류의 일관성에는 중대한 단점도 있다. 더욱이 본질적으로 학제 간 연구인 경험주의 윤리학이 방법론적 일관성을 목표로 해야 하는지 여부도 불분명하다. 그러나 경험주의 윤리학에 관한 신뢰성과 타당성에 대한 문제 제기(경험주의 윤리학 연구가 이런 개념이 본질적으로 관련이 있는 정량적 접근을 사용하지 않는한)가 적절하지 않다는 회의론이 있다. 그렇다고 해서 연구의 수준을 드러내는 지표 설정의 근본 원칙이나 맥락과 무관하게 체계적 비교가 가능하게 하는 연구의 중요성에 대한 확신을 처음부터 포기 할 수 없다. 지난 십여 년간 경험주의 연구의 확장을 관찰한 바에 따르면, 수준의 지표에 관심이나 깊이 있는 토론이 충분하지 않았음은 분명하다. 경험주의 윤리 연구를 위한 수준의 지표가 무엇이 될지는 여기서 논의할 것은 아니다. 그러나 그 기준에 대한 제안(Mertz *et al.*, 2014)이 등장하고 있으므로, 이런 제안에 관심과 탐색을 집중하고 합의를 도출하여 새로운 이해를 경험주의 윤리학 연구자 교육에 반영하는 것이 중요할 것이다.

경험주의 윤리학의 혁신적 방법과 학제 간 연구

연구 계획을 좀 더 구조화하는 시도를 통해 아동에게서 얻는 데이터의 종류를 조금 더 제대로 통제할 수 있게 되었고, 부모들에게 표준화된 수치로 설문지 작성을 요청할 수 있었다. 그러나 이 해결책의 시행 결과 ADHD 약물을 복용하는 아동의 도덕적 생활에 대한 광범위한 관점을 확인할 수 있는 관찰 조사에 배정한 시간과 공간은 더 작아졌다. 연구 수행 기간이 길어질수록 우리는 아이들이 처한 생태적 시스템(Bronfenbrenner, 1979)이 자극제 치료에 대한 경험과 인식에 미치는 영향을 더 깊이 이해하게 되었다. 비록 초기 방법론적 계획에는 포함되지 않았지만, 아이들의 거주 지역을 기록하고 이웃, 가족, 친구, 야외 놀이 기회를 포함한 학교 환경과 지역 역사 등에 관한 질문을 인터뷰 계획에 통합할 수 있게 된 후, 생태 환경도 조사 내용에 포함되었다. 이것은 '인터뷰에서 참여하는 아동들'에게서 이 문제가 거듭 제기됨으로써 이 문제의 중요성을 발견할 수 있었던 것과 관계된다. 우리의 연구 계획은 아동이 연구 주제와 아이디어를 제공할 수 있게 되어 있었다.

돌이켜보면 우리가 지역 생태의 중요성을 놓쳤던 것은 방법론의 선택뿐 아니라 생명윤리학과 사회학 문헌에서 도출된 구체적인 질문들에 초점을 제한한 결과일 수도 있다. 우리 방법론은 아이들이 사는 지역을 돌아다니고, 학교를 방문하거나, 친구들과 이야기하도록 계획되어 있지 않았다. 연구 초기에 연구 질문에 이런 보완적인 시각을 반영할 수 있도록 충분히 유연하고, 자원도 있었다는 점에서 운이 좋았다고 할 수 있다. 그렇지만 만약에 다중-지역에서 민속지 연구를 적절히 수행했다면 VOICES 연구의 과정을 통해 얻을 수 있었던 것보다 더 풍성하고 체계적인 데이터를 얻을 수 있었을 것이다.

민속지학은 경험주의 윤리학에서는 많이 사용되지 않는 접근 방식이지만, '도덕 인류학'이라는 새로운 분야가 발전한다면 사정은 현재와 달라질 수 있을 것이다(Mattingly, 2012; Laidlaw, 2014). 이 영역은 도덕적 삶의 과정과 실천이 윤리적 신념을 가져오는 것으로 이해함으로써 '살아 있는' 또는 '지역적' 윤리와 가치를 이해하려는 경험주의 윤리학의 하위 영역과 실질적으로 동일하다(Parker, 2007). 인류학은 경험주의 윤리학에 강력한 방법론을 제공할 뿐 아니라 연구 과정에 성찰이라는 풍성한 전통을 제공하여 연구 과정 전반, 특히 대상자 모집, 데이터 수집과 분석에 있어 권력과 참여의 문제를 고려하는 법을 배울 수 있도록 한다.

요점은 경험주의 윤리학이 질적, 양적 연구 방법을 창의적이고 생산적으로 통합할 수 있는 기회를 제공한다는 것이다. 그렇다고 경험주의 윤리학에서는 아무 방법론이라도 조합이 가능하거나, 그 결과물이 생산적일 것이라고 말하지 않을 것이다. 분명히 호환될 수 없는 접근법이 있기 때문이다. 양적/질적 연구를 분할하는 맥락 안에서 접근법 사이의 위계를 두려는 현재의 경향을 방지하는 것은 학제 간 연구에서는 특히 중요하다. 예를 들면 생명 과학과 의학에서 질적 연구는 연구 기획의 파일럿 기간에 한정되어 시행되거나, (대중 참여와 같이) 보조 기획, 또는 '윤리적' 고려 사항으로서 가치를 인정받는 경우가 흔하다. 달리 말하면, 질적 연구는 핵심 현상의 탐구에 있어 근본적인 방법으로 간주되지 않는다. 또한 어떤 연구자가 수집한 경험적 데이터를 다른 종류의 연구자가 수행할 규범 분석에 데이터 집합으로 제공하는 특정 형태의 경험주의 연구에 대해서는 이런 우려가 정당하다. 경험적 데이터는, 예를 들어 트롤리 문제와 같은 가상의 윤리 사례보다 실제 세계의 문제를 해결하는 데 더 적합할 수 있음이 분명하다. 하지만 데이터가 목적에 이르는 수단으로 한정될 때 경험적 데이터의 총체성은 상실된다. 이 장에서 살펴보았던 것과 같이 경험적 데이터는 '이해관계에서 자유로운 영원의 관점'을 대표하지 않는다. 데이터 그 자체는 데이터를 생산하는 연구자들이 주의 깊게 숙고하고 고안한 방법론에 산재되어 있다. 데이터가 뇌 스캔이나 인터뷰의 형태를 취할 때에도 마찬가지다. "이 이야기는 규범 분석의 일부로 어떻게 유지될 것인가(유지되어야 하는가)?"라는 문제는 경험주의 윤리가 데이터 수집과 윤리적 분석의 복잡성을 더 폭넓게 이해하는 차원에서 씨름해야 할 것이다.

걷지 않은 길

거의 모든 연구에 있어서 방법론을 두고 다른 도구 상자를 택하면 그 방법론을 통해 드러나게 될 현상에 관한 다른 이해를 얻게 되고, 그 종류와 깊이가 다른 지식이 생산된다. 이것이 연구 질문과 방법론이 서로에 밀접히 관련되어 있을 뿐 아니라, 이론적 틀 안에서 결합되어야 하는 이유다. 이때 이론적 틀은 현재 연구에서 생산될 지식이 '현재' 존재하는 지식에 어떻게 관계되고, 주어진 현상에 대한 이해를 깊게 만들 수 있는지에 대한 전망을 제시한다. 경험주의 윤리학 연구자들은 다양한 접근법이 현상에 관해 무엇을 드러나게 하거나 감출 것인지 예측할 수 있는 성찰적 인식을 갖추어야 한다.

따라서 이론적 틀이 달랐다면 VOICES 연구가 어떤 다른 데이터를 얻어 냈을지 생각해 보면 도움이 될 것이다. 앞에서 지적한 것처럼 아동을 인터뷰한다는 아이디어 자체는 (강력한 사회 구정주의의 관점에서처럼) 아동을 사회적 관습과 권력에 복종하는 유순한 대상으로 보는 것이 아니라, 자신과 그들의 도덕 세계에 관한 관점을 형성하고 제시할 수 있는 능력을 갖춘, 이른바 발달 과정에 있는 행위자와 시민으로 간주하는 것을 의미한다. 우리는 아동의 진술이 사회적 정보를 내재화한, 발달 단계에 따라 뉘앙스가 다른 것임을 이해한다. 아울러 젊은이들(또는 이 문제에 있어 모든 사람들)이 그들의 관점, 지위, 역사 등에 영향받지 않은 '저기 바깥'에 있는 사회적 현실을 반영할 수 있다고 가정하지 않는다. 생태학적 패러다임을 통해 우리는 이런 이론적 이해를 아동 대상 연구에 포함시킬 수 있었다. 따라서 우리의 접근 방식은 사회 구성주의의 과학적 객관주의에 관한 비판의 핵심을 반영하는 한편, 아동을 피해자로 보는 구성주의적 형식화를 부정할 수 있었다. 우리의 이론적 틀에 근거해서 우리는 아동 대상 인터뷰를 생태적으로 분석해야 했고, 우리 연구의 이런 측면은 특히 (무언가) 풍성하면서도 도발적이라고 판명되었다(Singh, 2011 참조).

VOICES 연구가 택할 수 있었던 또 다른 접근법은 여성주의 생명 윤리 관점을 활용하여 ADHD 진단과 치료에 있어 정의와 평등에 관한 문제의식을 전면에 내세우는 것이었다(이 책 12장에 있는 스컬리(2016)의 장 참조). 이 접근 방식은 ADHD 진단에서 소년에 대한 편견, '정상' 아동 발달에 대한 관점에 내재된 성차별적 가정과 '소녀 ADHD'와 같이 부주의한 ADHD 용어에 초점을 맞추도록 이끌었을 것이다. 그리고 보다 광범위하게 정의와 평등의 관점에 의해 성별, 인종/민족, 사회 경제적 지위 및 지역에 따른 ADHD의 '정상' 및 '장애' 행동과 인격의 구성을 탐색했을 것이다.

분명히 VOICES 연구 과정에서는 이런 우려를 인식하지 못했고, 그것을 넘어 연구 설계 자체가 이런 고찰을 일차적 질문으로 허용할 수 없었다. 다만, 과소 대표되는 집단에 발언권을 부여하려 소녀들을 더 많이 포집하려 했고, 미국 내 소수 인종의 아동을 더 많이 모집할 수 있게 되었을 때는 실제로 그렇게 했다. 우리 연구 설계가 젠더와 정의 문제에 우선순위를 두었다면 이들 과소 표집된 집단의 아동을 더 많이 모집하거나, 이들 집단에 전적으로 집중하여 모집했을 수도 있다. 더하여, 우리의 질문은 진정성, 도덕 행위 능력과 책임에 대한 관심에서 진단과 치료 결정 그리고 의료에 대한 접근의 차이와 자기 표현 및 권력 관계로 옮겨지고, ADHD로 낙인찍히고 분류되는 것의 영향을 이해하는 데 노력했을 것이다. 아동과 인터뷰하는 것에 더해, 인구 집단 수준의 오류와 지역에 따른 ADHD의 위험성과 회복 능력의 차이를 확인하기 위해 역학적인 진단 및 치료 비율 조사를 수행했을 것이다. 권력, 진단과 치료의 지역적 역학을 더 잘 이해하기 위해 우리 인터뷰에 의료인이나 교사들 같은, 이른바 전문가들을 포함시켰을 것이다.

근본적인 이론 틀의 전환의 결과로 VOICES 연구는 상당히 다른 연구 설계를 갖게 되고, 결국 다른 결과들을 제시했을 것이다. 경험주의 연구에 있어서 이른 시기에 이론적 기반의 함의점을 고려하는 것이 연구 질문, 방법론적 도구와 결과를 결정할 수 있는 틀을 이해하는 데 도움이 될 것이다.

앞으로의 전망

경험주의 윤리학은 윤리적 분석에 있어 데이터의 중요성에 대한 치열한 논쟁의 좋은 사례이지만, 데이터를 비판없이 성찰하지 않고 추구하는 태도를 도입하자는 것이 아니다. 방법론적 관점에서 경험주의 윤리학은 요구되는 수준의 엄격성과 투명성을 달성하기 위해서 교육, 학습되고 훈련되어야 하는 기술이다. 지난 10년 동안 경험주의 윤리학을 둘러싸고 개념 분석과 엄격성에서 큰 성취를 이룬 것은 분명하지만, 경험주의 윤리학의 응용 측면은 아직도 두드러지게 구체화되지 않았고, 합의된 수준의 지표가 없다. 결과적으로 연구 설계가 빈약하고, 연구 결과 또한 빈약한 분석에 일관성과 신뢰성이 없다. 생명 윤리, 의료 윤리와 관련 분야의 학위 과정에 이런 훈련을 더 개발하여 제공되도록 노력할 필요가 있다. 경험주의 윤리학을 위한 수준 높은 교육 프로그램이 없다면 엄격성이나 가치의 부재로 인해 이들 영역 전체가 몰락할 수 있다는 말은 과장이 아니다.

미주

1. Kon(2009)은 경험주의 생명윤리학의 선형적이며 '위계적인' 접근의 대표적인 예다.
2. www.academia.edu/405647/Consciousness_Implicit_Attitudes_and_Moral_Res ponsibility.
3. 이 책에 있는 Firth와 Draper(2016)의 장에서 분과 학문의 규범에 부합하지 않는 방법론을 사용한 연구를 출판하는 것과 관련된 깊이 있는 논의를 참고하기를 바란다.

참고 문헌

Barkley, R. 1986. *ADHD and the Nature of Self-Control*. New York: Guilford Press.

Bronfenbrenner, U. 1979. *The Ecology of Human Development: Experiments by Nature and Design*. Cambridge, MA: Harvard University Press.

Conrad, P. 1976. *Identifying Hyperactive Children: The Medicalization of Deviant Behaviour*. Lexington, MA: Lexington Books.

Cope, L., Borg, J., Harenski, C., Sinnot-Armstrong, W., Lieberman, D., Nyalakanti, P., Calhoun, V., Kiehl, K. 2010. Hemispheric Asymmetries During Processing of Immoral Stimuli. *Frontiers in Evolutionary Neuroscience*. 2:110

Dawson, A. 2013. IAB Presidential Address: Contextual, Social, Critical: How We Ought to Think about the Future of Bioethics. *Bioethics*. 27(6):291-296.

Dunn, M., Gurtin-Broadbent, Z., Wheeler, J., Ives, J. 2008. Jack of All Trades, Master of None? Challenges Facing Junior Academic Researchers in Bioethics. *Clinical Ethics*. 3(4):160-163.

Dunn, M., Ives, J. 2009. Methodology and Epistemology in Bioethics Research: A Constructive/ist Commentary. *American Journal of Bioethics*. 9(6-7):93-95.

Foucault, M. 1994. *The Birth of the Clinic: An Archaeology of Medical Perception*. New York: Vintage.

Frith, L., Draper, H. 2016. Publishing Research in Empirical Ethics: Quality, Disciplines and Expertise. This volume.

Goffman, E. 1963. *Stigma: Notes on the Management of Spoiled Identity*. London: Penguin.

Hurst, S. 2010. What 'Empirical Turn' in Bioethics? *Bioethics*. 24(8):439-444.

Kon, A. 2009. The Role of Empirical Research in Bioethics. *American Journal of Bioethics*. 9(6-7):59-65.

Laidlaw, J. 2014. *The Subject of Virtue: An Anthropology of Ethics and Freedom*. New York: Cambridge University Press.

Lawrence, R.E., Curlin, F.A. 2011. The Rise of Empirical Research in Medical Ethics: A MacIntyrean Critique and Proposal. *Journal of Medicine and Philosophy*. 36:206-216.

Leget, C., Borry, P., de Vries, R. 2009. 'Nobody Tosses a Dwarf!' The Relation between the Empirical and the Normative Re-Examined. *Bioethics*. 23 (4):226-235.

Mattingly, C. 2012. Two Virtue Ethics and the Anthropology of Morality. *Anthropological Theory*. 12(2):161-184.

Mayes, R., Bagwell, C., Erkulwater, J. 2008. *Medicating Children: ADHD and Pediatric Mental Health*. Cambridge, MA: Harvard University Press.

Mertz, M., Inthorn, J., Renz, G., Rothenberger, L.G., Salloch, S., Schildmann, J., Wohlke, S. Schicktanz, S. 2014. Research across the Disciplines: A Road Map for Quality Criteria in Empirical Ethics Research. *BMC Medical Ethics*. 15(1):17.

Musschenga, A.W. 2005. Empirical Ethics, Context-Sensitivity, and Contextualism. *Journal of Medicine and Philosophy*. 30:467-490.

Parker, M. 2007. Ethnography/Ethics. *Social Science and Medicine*. 65:2248-2259.

Polanczyk, G., De Lima, M., Horta, B., Beiderman, J., Rohde, L. 2007. The Worldwide Prevalence of ADHD: A Systematic Review and Metaregression Analysis. *American Journal of Psychiatry*. 164:942-948.

Singh, I. 2012. Not Robots: Children's Perspectives on Authenticity, Moral Agency and Stimulant Drug Treatments. *Journal of Medical Ethics*. 39(6):359-366.

Scully, J. L. 2016. Feminist Empirical Bioethics. This volume.

Singh, I. 2010. Cryptic Coercion. *Hastings Center Report*. 40:22-23.

Singh, I. 2011. A disorder of anger and aggression: Children's perspectives on attention deficit/hyperactivity disorder in the UK. *Social Science and Medicine*. 73(6):889-896.

Singh, I. 2008. Beyond Polemics: Science and ethics of ADHD. *Nature*

Reviews Neuroscience. 9(12):957–964.

Singh, I., Sinnott-Armstrong, W., Savulescu, J. (eds.). 2014. *Bioprediction, Biomarkers and Bad Behavior: Scientific, Legal and Ethical Challenges*. New York: Oxford University Press.

Solomon, M.Z. 2005. Realizing Bioethics' Goals in Practice. *Hastings Center Report*. July–August: 40–47.

Strauss, A., Corbin, J. 1990. *Basics of Qualitative Research: Grounded Theory Procedures and Techniques*. London: Sage.

Strong, K., Lipworth, W., Kerridge, I. 2010. The Strengths and Limitations of Empirical Bioethics. *Journal of Law and Medicine*. 18(2):316–319.

Terbeck, S., Kahane, G., McTavish, S., Savulescu, J., Levy, N., Hewstone, M., Cowen, P. 2013. Emotion in Moral Decision-Making: Beta-Adrenergic Blockade Reduces Utilitarian Judgment. *Biological Psychology*. 92:323-328.

De Vries, R. 2004. How Can We Help? From 'Sociology in' to 'Sociology of' Bioethics. *Journal of Law, Medicine and Ethics*. 32(2):279–292.

6장

친구, 원수, 동거인: 법학과 (경험주의) 생명윤리학의 관계에 관해서

리처드 헉스터블(Richard Huxtable)

두 동거인 이야기

중국에서 온 레이-쿵(Lei-Kung)과 폴란드에서 온 나이 어린 브로니슬라바(Bronislawa)는 같은 아파트에서 살고 있다. 둘은 각각 침실이 있지만 가끔 함께 밤을 보낸다. 그래서 두 사람은 부엌 같은 공유 공간을 관리하기 위해 함께 규칙을 세웠다. 레이-쿵은 기본적으로 당번을 짜는 것 같이 유지 책임을 지고, 브로니슬라바는 규칙적으로 청소를 했다. 아파트는 도심에 있었고, 아파트 거주자들은 계단 같은 공용 공간을 함께 청소했다. 레이-쿵과 브로니슬라바는 대개 이웃인 사찬, 테오, 파스칼 그리고 하킴의 가족과 함께 있고는 했다. 그들이 사용하는 언어가 다양해서 의사소통 과정이 다소 복잡했고, 실제로 의견 의견이 불일치되는 때도 있었다. 그래도 브로니슬라바는 같은 통로 사람들을 초청해서 파티도 열었다. 이전에는 테오와 가까웠지만 요즘 브로니슬라바의 가장 친한 친구는 파스칼이다. 파스칼은 모든 사람과 잘 지내려고 하지만, 사찬과는 가끔 삐걱거린다.

레이-쿵과 브로니슬라바의 관계도 가끔 시험에 들 때가 있다. 레이-쿵은 무엇을 하느라 바쁘게 지내기를 좋아한다. 브로니슬라바도 그렇지만 가끔 몽상가 기질도 발휘한다. 레이-쿵은 가끔 브로니슬라바에게 '摽 (biào)'라고 소리를 지르는데, 이 단어는 브로니슬라바가 쉽게 해석하기 어렵지만, 대충 브로니슬라바가 거슬리게 팔에 매달려 걷는다는 뜻으로 받아들인다. 한편, 브로니슬라바는 레이-쿵이 'kombinować'라고 판단하는데, 역시 번역하기 어렵지만, 아파트의 문제를 두고 레이-쿵이 제안하는 해결책을 브로니슬라바가 싫어한다는 의미이다.

그러나 이 둘은 상대방의 언어를 조금은 쓸 줄 알고, 대개는 친밀하게 지내며, 파트너가 해 주는 일에 고마워한다. 아마 이 관계는 더 깊어져 동거인(flatmates) - 보통은 친구(friends)이지만 가끔씩 원수(foes) 같은 사이 - 에서 발전해 언젠가는 배우자가 될 것이다.

동거인 이야기로 시작하니 이상하겠지만, 생명윤리학과 법학의 관계를 탐구하는 문헌에서 이런 은유는 흔하다. 이 둘은 '같은 잔디밭의 상당 부분을 공유하고'(Sullivan and Reynolds, 1998), '가깝지만 절연한 사촌 같은' 혈연 관계일 수도 있고(Foster, 2009). 또는 쌍둥이(van der Burg, 2010), 아니면 결혼 관계에 있을 수도 있다(Wolf, 2004), 어쩌면 미올라(Miola)가 제안하듯, '침대를 공유하지는 않지만 같은 집에 사는 사이'(Miloa, 2006:25)일 수도 있다. 우리 이야기 속의 브로니슬라바는, 그 이름이 성스러운 보호자인데 생명윤리학을 의미하고, 레이-쿵은 복수의 신으로 법을 의미한다. 이 둘이 우리 주인공이지만, 우리는 또한 사회 과학을 의미하는 사찬(사회적인), 신학을 의미하는 테오(거룩한), 철학을 대표하는 파스칼, 그리고 하킴(의사)과 그의 가족(즉 다양한 보건 의료 및 관련 전문가)도 만나게 된다.

나는 생명윤리학과 법학의 관계, 구체적으로는 법학이 생명윤리학에 기여할 수 있는 것(그리고 기여할 수 없는 것)을 고찰해 볼 것이다. 이 과정에는 일정 정도 경험적 성찰이 포함될 것이며, 각 영역을 어떻게 이해하고 두 영역의 관계를 어떻게 바라보아야 할지 같은 개념적·규범적 질문들도 함께 다루게 될 것이다. 나는 법의 (실증적) 기여를 다섯 가지 P에 담길 수 있다고 제안할 것인데, 그것은 법의 목적(purpose), 절차(processes), 결과물(products), 실천(practices), 그리고 표현(phrasing)이다. 동시에 이 법이 기여하고 수렴(contribution and convergence)하는 영역들에는 확산과 혼란(divergence and distraction)의 요소가 존재하고, 다섯 개의 A로 요약할 수 있다. 그것은 언술(articulation), 긴장(angst), 행위(action), 고양(aspiration)과 청중(audience)이다. 물론, 법학과 생명윤리학 사이의 좋고 나쁜 관계를 모두 살펴보려면, 대체 이 둘이 무엇인지 규정하는 일부터 시작해야 한다.

분과 학문들의 분과 학문인 생명 윤리

'생명윤리학(bioethics)'의 위치를 찾기 위해 접두어 '생명(bio)'을 떼고 '윤리학' 또는 도덕 철학을 생각해 보자.[1] 이 학문은 네 개의 (일정 부분 중첩하는) 하위 분과를 포괄한다. 그것은 우리가 마땅해 행해야 하는 것이 무엇인지 또는 우리가 어떤 사람이 되어야 마땅한지에 관한 규범적 이론을 구성하거나 비판하는 **규범 윤리학**, 특정 영역에서 이런 이론들에 관계하는 **응용 윤리학**, 개념을 논의 대상으로 삼아 성찰하는 **메타 윤리학**, 그리고 현실의 도덕적 신념과 실천을 분석하는 **기술 윤리학**이다(van der Burg, 2010; Dawson and Wilinson, 2009; Nuffield Council on Bioethics, 2006).

1960년대 의료 윤리에서 발전해 나온 생명 윤리가,[2] 비록 생명 과학에 초점을 두고 있지만,[3] 이 모든 활동을 받아들였다는 것은 별로 놀랍지 않다. 리치(Reich)는 생명 윤리를 다음과 같이 규정한다(1995).

> 생명 과학과 보건 의료의 도덕적 측면, 즉 도덕적 비전, 결정, 실천과 정책을 학제적 환경 내에서 다양한 윤리적 방법론을 채용하여 체계적으로 연구하는 것
>
> (p.xxi)

마지막 구절이 암시하듯, 생명윤리학은 - 파티를 여는 브로니슬라바처럼 - 만남의 장소를 제공한다. 실제로도, 생명윤리학은 학제 간(inter-), 다학제(multi-) 또는 심지어 초학제적(trans-disciplinary)이라는 점에서 특별하고, 수많은 분과 학문들을 (그중에 철학, 인류학, 사회학, 심리학과 신학이 포함된다[4]) 초청하는데, 이 장에 초청받은 각각은 자신의 언어를 사용

하지만 반드시 적어도 생명윤리학이 소집하는 모임에서는 그 이웃과 소통해야 한다(Callahan, 1973; Silber, 1982).

균질하지 않은 학문(예컨대 의학 같은)이 기여하지만(Silber, 1982), 특히 생명윤리학은 '학문의 기준'을 너그럽게 해석한다. 그렇다고 해도 생명윤리학은 그 자체로 분과 학문인가? 푸코(Foucault)는 이렇게 제안한다(1977).

> 분과 학문은 특징을 규정하고, 분류하고, 특화한다. 학문은 규범을 따라 특정 범위 안에 분포하고, 관계 안에서 하나를 다른 것과의 서열을 매기며, 필요하다면 자격을 부여하지 않거나 타당성을 부정한다.
>
> (p.223)

생명윤리학 개척자의 한 명인 댄 캘러핸(Dan Callahan)은 1973년 분과 학문 '구성원'은 구체적 훈련과 수련 과정을 거쳐 직업적 전문성을 획득하게 되는데, 여기에는 특정한 방법론과 접근법 그리고 신념의 학습이 포함된다고 한다(Callahan, 1973). 그러나 그는 분과 학문이 오만, 차단, 신경증이나 편협성을 보일 수도 있다고 한다. 40년이 지난 후에도, 생명윤리학이 여전히 분과 학문이 되기 위해 필요한 정의에 관한 의견 일치를 이루지 못했다는 말이 있다(Priaulx, 2013). 반면에 생명윤리학은 푸코와 캘러핸이 언급한 - 좋고 나쁜 - 측면에 속하는 특성을 갖추고 있는데, 여기에는 교육 과정과 충실한 학술지 그리고 전문성의 인정과 전문가 단체 등이 포함된다.[5] 이 모든 것에도 불구하고, 생명 윤리 활동가들 중 다수가 자신을 '생명윤리학자'라고 칭하지 않는다[6]는 점은 의아하다(납득이 되는가?).

분과 학문인지 아닌지 그 여부와 무관하게 생명윤리학이라는 정체불명의 생명체가 가진 특징을 곰곰이 생각해 보는 것은 가능하다. 여기서 우리는 브로니슬라바, 특히 그녀와 테오, 파스칼 사이의 인연을 다시 보게 된다. 한때 생명윤리학은 신학과 특별한 관련을 가지고 있었지만(Freeman, 2008), 오늘날 생명윤리학은 철학이 주도하고 있다. 브라운스워드

(Brownsword)에 따르면, 비판 학문으로서 생명윤리학은 도덕이 아닌 '밀 기울'에서 도덕이라는 '밀'을 골라내려 한다. 간단히 말하자면, 생명윤리학은 윤리학이자 도덕 철학이다. 비록 생명 과학 영역에 발을 딛고 있지만 말이다.

캘러핸이 우려한 바를 되짚어 보면, 기여하는 다른 학문들 - 특히 사회 과학이 눈에 띄는데 - 은 생명윤리학이 규범, 응용, 메타 윤리학을 눈에 띄게 강조하느라 기술 윤리학을 희생했다는 점을 비판한다(Hedgcoe, 2004). 이 책(의 출판)이 증명하는 것처럼 시류는 바뀌었는데, 생명윤리학은 현실 세계에 참여해야만 하기 때문에 필연적으로 그렇게 될 수 밖에 없을 것이다(Stirrat, 2003). 브라운스워드는 이어서 이렇게 말한다(2008). 도덕 철학은 '도덕적 입장의 요소'를 밝혀내는 데 도움이 되지만, 동시에

> 생명윤리학은 지침 개발에 더 많이 집중하고 있다. 즉 옳게 행동하려 하지만 실제 사례 - 어떤 종류인가 하면 임상 윤리 위원의 관심을 불러일으키는 것이다 - 에 관해 무엇을 해야 할지 확신이 없는 사람들에게 효력을 갖는 지침을 개발하는 일이다.
>
> (pp. 16-17)

따라서 생명윤리학은 이론인 동시에 실천적인 결과물도 만들어 낸다. 미올라(Miola)(2006)는 생명 윤리가 세 가지 영역(sector)에서 다양한 방식으로 작동한다고 지적한다.[7] 공식적 수준에서 영국 의학 위원회(UK General Medical Council, GMC)와 같은 권위 있고 명령을 내릴 수 있는 전문 단체가 있다. 준-공적 영역에는 권위는 조금 작지만 여전히 광범위하게 영향력이 있는 학술 단체(Royal Colleges)와 영국 의사 협회(British Medical Association, BMA)가 있다. 여기에 임상 윤리 위원회와 국가 생명 윤리 심의 위원회(미국, 벨기에,싱가폴에 있는 것 같은)가 포함된다. 한편, 미올라의 비공식적 영역에는 학계뿐 아니라 압력 단체에서 시작되는 담론이 포괄된다. 우리들이 왜, 또는 정말 하위 영역이 더 세분화되어야 하는지 궁금해할 수 있겠지만, 우선 미올라는 위계에서 아래에 있는 영역은

그 상위 영역에 영향을 미쳐야 한다고 생각한다.[8] 법학자인 미올라가 사법권을 가지고 있는 GMC 같은 기구를 최상위에 두고 있다는 점도 주목할 만하다. 그렇다면 GMC 같은 기구의 지시는 법에 의해 제정된 것과 어떻게 다른가? 실제로 법은 이 전체 맥락의 어디에 어떻게 부합되는가?

법학도 생명윤리학처럼 규정하기가 까다로운 것으로 악명이 높다(Sullivan and Reynolds, 1998). 일단 론 풀러(Ron Fuller)가 규정한 법의 개념 즉 '인간의 행동을 규정의 지시 아래 두는 활동'이라는 말은 도움이 된다(Fuller, 1969:96). 이것은 법과 윤리 사이의 (개념적) 관계에 관한 선결 문제 오류를 피하는 것처럼 보인다. 물론 법률가들은 법이 원칙적으로 도덕적 활동인지 오랜 동안 의구심을 가져 왔다. 풀러가 지지하는 이상주의자(또는 자연법주의자)들은 법과 윤리 사이의 필연적 관련성을 인지한다. 법 실증주의자들은, 하트(Hart)가 그 예인데(1965), 반대 관점을 취한다.

법학과 윤리학 사이의 개념적 관계뿐 아니라 경험적 관계도 고려해야 한다. 실천의 차원에서 법학은 도덕적 활동인가? 어떤 법률가는 그렇게 생각한다.

> "법과 윤리의 경험적 관계 역시 개념적 관계와 함께 고려해야 한다. "법의 실천(법률 실무)은 도덕적 활동인가?" 그렇게 생각하는 법률가도 있다.[9]

그러나 법학과 생명윤리학의 관계를 구체적으로 살펴보려면 질문은 이렇게 바뀌어야 한다. "법학은 **생의학적**-실천(*bio*-practice)에 있어서 도덕적 활동인가?"

생의학적-실천을 주관하도록 (제정된) 법이 사실은 생명윤리학의 혜택을 입었다고 생각하는 사람들이 있다.[10] "생명윤리학이 문제를 개념화하고 필연적 가치를 명료화하여 법률 원칙과 절차의 개발에 영향을 미쳤다."라고 로스스타인(Rothstein)은 말한다(2008:3).[11] 그렇다면 메타 윤리적 생명윤리학은 '합리적인 사람', '의도'와 '대중의 도덕심'과 같은 보통법의 법률 개념을 명료화할 수 있을 것이다(van der Berg, 2010: 2,9,23). 생명윤리학의 규범적, 응용적 활동이, 예를 들어 자율성 존중[12]과 인간 생명의 가치[13] 등에 관한 지침을 제시하는 한편, 생명윤리학과 관련된 데이터도 추가할 수 있을 것이다.[14]

국가에 따라 법률 체계가 다르고, 따라서 그 기여점도 다를 것이다. 예를 들어 보통법 체계는 성문법과 판결의 내용을 동시에 참조한다. 영국법은 위원회에 보고하는 생명윤리학자의 목소리와 의회의 입법 준비 보고서[15]에 귀를 기울일 뿐 아니라 생명윤리학의 공식적[16], 준-공식적[17], 그리고 비공식적[18] 영역에서 등장하는 생명윤리학적 작업에 대한 판사의 자문 의견도 만나게 된다. 미국과 같은 다른 보통법 체계에서 '생명윤리학자'는 심지어 사법 절차에 전문가 증인으로서 활동하기도 한다(Sullivan and Reynolds, 1998). 이런 법체계는 공법 체계와 다른데, 이 체계에서는 성문법으로 잘 만든 일반 원칙이 법의 기본 토대를 제공한다. 이런 체계에서도 법률이 생명 윤리 문제를 다룰 수 있는데, 예를 들어 2005년 프랑스 법은 생애 말기 돌봄을 규율하는 법률을 명료화했다.[19]

이런 상황을 보면 생명윤리학은 학문적 활동이지만, 여기에는 추상적인 이론의 구성부터 경험적 데이터의 수집까지 다양한 활동이 분명히 포함된다. 이런 모든 노력을 통해 생명윤리학은 실천에 관여하려 한다. 즉 생명윤리학은 '현실 세계'와 함께 활동하고 세상에 말하려 한다. 법학 역시 다양한 과업을 수행하지만, 역시 실제 실천에 관계된다. 법은 현실 세계에서 사람들을 규율하는 규칙을 만들어 낸다. 공유된 방향성은 이제 이 둘이 관련되어 있음을 암시한다. 어떤 설명에 따르면, (생명) 윤리와 법은 개념적으로 관계를 공유하는데, 이런 관계를 부정하는 사람이라도 생명 윤리가 법을 실천적으로 도울 수 있고, 돕고 있음을 받아들인다. 그러나 생명윤리학 그 자체는 법학과의 관계를 통해 무엇을 얻고 또한 잃는가? 먼저 긍정적으로 기여한다고 인정받는 것들을 살펴보자.

기여와 수렴(contribution and convergence)

법이 생명윤리학에 건설적으로 기여하는 첫 번째 방식은 '인간 행동의 지도'라는 **근본 목적**(*purpose*)에 있다. 법은 오래된 파트너(또는 동거인)로서 생명윤리학에 가르칠 것이 많으며, 생명윤리학은 법의 조언을 받아들이는 태도로 인간 행위를 이론화하는 데 너무 매달리지 말고 '실질적'으로 영향을 미치도록 해야 한다. 이와 관련하여 반 데르 베르흐(van den Berg)는 이렇게 말한다(2010).

> 법과 도덕은 모두가 해석적, 규범적, 논쟁적 체계이며, 실천으로써 인간 행위를 지도하는 것을 목적으로 한다. …(중략)… 더 나아가 이 둘은 모두 사회적인 성격을 갖는데, 둘 다 우리 사회와 삶을 개선시키기 위해 행위를 규제한다고 주장한다.
>
> (p.18)[20]

레이-쿵과 브로니슬라바는 성공적인 공동체 생활을 유지하기 위해 협력한다. 반 데르 헤르흐의 설명에 따르면 법학과 생명윤리학의 차이라고 주장되는 특성들이 강조되어서는 안 된다. 법체계에 따라 법률 행위의 다른 측면을 강조하는데, 어떤 법체계는 국가의 주권을 강조하며 개인의 자유를 '국가'가 제한을 가할 권한이 포함된다(Riddall, 1999; van den Burg, 2010). 그럼에도 생명윤리학의 일부 분야 - 최소한 미올라의 공식적 영역에 한정한다면 - 는 필연적으로 구별되지 않는다. 예를 들어 '윤리' 지침을 따르지 않는 의사는 의사 명부에서 제명시킬 수 있다. 그러나 그 규범으로서의 형태에 관련해서는 생명윤리학과 법이 차이를 가질 수밖에 없는 지점이 있는데, 바로 권위가 있는 지침을 만들어 내는 과정이 그것이다. 왜냐하면 권위가 있는 지침이란 모두의 선에 기여할 수 있으며, 보편화 가능한 것으로 간주되기 때문이다(Beauchamp, 1991). 그러나 법도 비슷하게 그 적용에 있어 권위를 가지고, 지침을 제공하며, 일반적인 (최소한 사법권 내에서는, 예외가 명시적으로 확정되어 있지 않다면) 선을 보장하는 강제력이 되기 위해 노력한다(van der Berg, 2010). 요약하면, 각자가 인간의 공존을 이끄는 것을 목표로 하기 때문에 법과 생명 윤리는 뚜렷하게 구별되지 않을 수도 있다.

생명윤리학과 법학은 목표를 공유하는 범위 내에서 그들의 노력이 성공 또는 실패했는지 평가하는 데 있어 비슷한 기준을 참고할 수 있다. 법은 여기에 두 번째로 유용한 기여를 할 수 있는데, 이는 법학이 구체적으로 **절차**(*process*)에 관련되기 때문이다(레이-쿵이 순번을 짜는 책임을 맡았던 것 기억할 것이다). 이렇기 때문에 각 학문은 평가 기준 - 또는 적용된 방법론-의 유사성을 공유하고, 또다시 오랜 파트너처럼, 법의 오랜 경험에서 생명 윤리학이 얻을 유용한 측면이 있다.

법률가들은 법을 법으로 만드는 것이 무엇인지 오랜동안 고민했고 또는 달리 말해, (필연적으로) 도덕적인 의미에서가 아니라도 목적을 달성한다는 의미에서 좋은 법의 요건이 무엇인지 고민했다. 풀러는 '법치(rule of law)'와 '법적 합리성(legal rationality)'에 관심을 가진 이론가들의 과제에 동참했다(Huxtable, 2012). 풀러(1969)가 언급한 '법의 내적 도덕성'은 따라서 명료성, 진술된 법과 적용된 법 사이의 일관성과 통일성 같은 규범을 포함하는데 이것들이 없다면 법이 그 대상을 지도할 것을 기대할 수 없기 때문이다. 비슷한 질문들이 '생명 윤리의 내적 도덕성'이라고 부를 수 있는 것에 관해 생겨난다. (좋은) 생명 윤리-그 목적을 달성하는 생명윤리학의 기준에 대한 관심은, 역시 일관성, 명료성과 통일성을 포함하는 비슷한 규범을 제시한다(예를 들어 Regam, 2004; Dawson and Wilkinson 2009; 의학의 내적 윤리에 관한 비슷한 질문은 Veatch and Miller, 2001을 보라).

확실히, 두 학문 분야 모두에서 해당 활동의 궁극적 목적을 두고 비판적 질문이 제기된다. 어떤 법률가들은 법이 특정한 일련의 도덕적 언약을 수반한다 주장하고(Brownsword, 1991), 어떤 생명윤리학자들은 주어진 규범적 이론을 준수할 것을 촉구한다(Arras, 2013; van der Berg, 2010). 그러나 앞에 언급한 (명확성, 일관성 같은) 많은 규범은 단지 형식적, 도구적, 또는 절차적인 것에 불과하다 그리고 여기에 있어서 법이 생명윤리학을 지도할 준비가 특히 잘 되어 있는 것 같다. 법은 기본 원칙(guiding principle)과 상황 자체를 [동시에] 고려하고, 이를 바탕으로 특정한 상황에 부합하는 결정을 내리는데 오랜 경험이 있다. 법은 사건과 법칙(doctrine)을 다루며, 그 법칙은 생명윤리학의 어휘에서는 원칙이다. 두 학문 분야 모두 상향식, 그리고 하향식 접근의 측면을 가진다. 물론 둘 사이에 차이가 있는데, 공법 체계에서는 보통법 체계에서 흔히 접하는 조금 더 혼합된 접근보다는 하향시(법칙-주도) 접근을 선호한다. 반면 생명윤리학에서는 결의론자들이 상향식으로 접근하는 반면 특정 원칙을 고수하는 이들은 고려 중인 하향적으로 접근하는 것을 선호한다. 그러나 어느 극단을 선호하든지(그리고 그 중간입장은 존재하게 마련이다[21]), 법은 중요한 통찰을 제공할 수 있다.

이 관찰을 증명하기 위해, 보통법 [체계의] 변호사와 생명윤리학의 결의론자가 공유하는 이해를 생각해 보자. 둘 다 '귀납적이며 특수주의적인, 그리고 원칙을 무시하는 것처럼 보이는' 접근법을 택한다(Freeman, 2008:7). 하지만 이것이 전부는 아니다. 안나스(Annas)는 미국 사례에 관한 고찰에서 이렇게 암시한다.

> 법은 생명 윤리 문제 해결에 있어 우선 절차적으로 기여한다. 법률가들은 절차 전문가들이다. 보통법 그 자체는 개별 사례의 판단에 기반하며 이 사례를 법률 제정의 기반으로 활용하는 것이다. 생명윤리학은 이 기법을 적용했다.
>
> (Annas, 191, quoted in Jonsen, 1998: 343)

안나스는 특정한 판결이 규칙을 만들고, 결국, 광범위한 법적 법칙을 만들어 냄으로써 '법을 제정하는' 과정을 묘사하고 있는 것 같다.[22] 이렇다면, 원칙을 제정하는 생명윤리학자들은 보통법의 이야기에서 유용한 이전 사례를 발견할 수 있을 것이다.

물론 보통법에서 이전 사례는 구속력을 가진다. 그러나, 확정된 - 따라서 과거(Freeman, 2008) - 의 사례를 따른 판단은 보수화 될 위험성이 있고, 시대 변화는 법의 변화도 요구할 수 있다.[23] 보통법 체계에서 일하는 이들은 따라서 발생하는 사건과 포괄하는 법칙 또는 원칙을 연결한다. 이 양방향 절차는 생명윤리학에서도 점점 흔하게 발견되는데, 이는 롤즈(Rawls, 1972)의 '반성적 평형'을 수용한 사람들에게 한정되지 않는다.[24] 이 방법은 특정 사례에 대한 숙고된 판단, 이 과정을 이끄는 것으로 간주된 원칙이나 규칙, 그리고 이들 사이에 일관성을 달성하는 것을 목적으로 조정을 시도하는 이론적 고려로 구성된다. 롤즈가 정의를 분석하는데 활용했던 반성적 평형을 생명윤리학이 활용했음은 비첨과 칠드리스(2013)의 원칙주의적 접근 적용에서 볼 수 있듯 분명하다. 더 나아가, 특히 적합하다 할 수 있는데, 반성적 평형이 이론과 데이터를 결합하는 경험주의 생명윤리학 수행을 위한 방법론적 접근으로 적극 옹호되고 있다는 것이다(van Theil and van Delden, 2015; De Vries and Van Leeuwen, 2010). 보통법에서 이런 방법이, 이름을 갖지는 못했지만, 오랫동안 활용되었으므로, 법학이 이 영역에서도 생명윤리학에 값진 기여를 할 것으로 기대할 수 있다. 이것은 앞에서 언급한 생명윤리학의 방법론에 관한, 이 책의 주제가 되는, 논쟁에 국한되지 않는다. 실제로 이 아이디어는 어느쪽 방향으로든[법학과 생명윤리학] 효과적으로 적용될 수 있다. 법학의 경험적 연구(예를 들어 사회-법학 연구)는 (생명 윤리처럼) 훈련 과정, 학술지와 연구 단체의 지원을 받고 있지만, 아직 상대적으로 새로운 분야로 의미나 범주에 대한 합의가 부재한다. 아마, 경험주의 생명윤리학 연구로 얻게 될 통찰이 반대로 경험적 법학 연구의 발전에 기여할 수 있을 것이다(Genn *et al*., 2006; Watkins and Burton, 2013).[25]

우리는 생명윤리학에 대한 법의 기여, 구체적으로 법학의 절차적 관심으로 돌아가 절차가 생명윤리학 작업의 어딘가에서 발견될 수 있다는 점, 따라서 법이 생산적으로 기여할 수 있는 다른 길이 있음을 기억해야 한다. 임상윤리위원회와 같은 생명 윤리의 준-공식적 영역(McLean,

2008) 뿐만 아니라 절차주의적 생명윤리학을 옹호하는 비공식적 영역에 있는 이들 - 예를 들어 '합리성에 대한 책임(accountability to reasonableness)' (Daniels and Sabin, 1997), 또는 '원칙에 따른 타협(principled compromise'(Huxtable, 2012) - 도 법학의 경험에서 혜택을 얻을 수 있다.[26] 요약하면 절차가 모든 것을 결정하는 논의의 장에서 법은 어린 동거인이 길을 찾는데 도움이 될 수 있다.

그러나 법학은 형식뿐 아니라 실체적으로도 기여할 수 있다. 간단히 말해서, 법의 '**산출물(*product*)**'은 학계에서 위원회에 이르는 생명윤리학의 모든 영역에 효력을 갖는다. 법의 포고사항은 생명윤리학계의 견해도 존재하는 (또는 복수인 '견해들'일 것이다) 어떤 것에 관한 것이다. 예를 들어 보자면 다수의 - 아마도 모든 - 의료법 사례의 판결은 윤리적 평가를 포함 또는 필수적으로 유발할 것이다(판사가 뭐라고 말하든).[27] 비형식적, 학술적 영역은 자신들의 판단에 법률의 변화를 반영하고, 학술지에 이해한 내용을 게재할 것이다. 그동안 다른 영역의 거주자들은 자신들이 발표한 지침을 개정할 이유를 갖게 될 것이다.[28] 생명윤리학과 법학의 상호 작용은 삶의 종결 문제에서 놀라울 정도로 선명하다(Sullivan and Reynolds, 1998; Coggon, 2010). 1970년대 미국의 카렌 앤 퀸란 사건[29]은 학문의 발전 전기가 되었다(Huxtable, 2007). 이 사건에서 법정은 최초로 뇌기능을 상실한 환자에게 제공되고 있던 생명유지 치료의 중단을 숙고했다. 법학자의 제안을 인용하여(Teel, 1975), 판사는 임상윤리위원회의 설치를 옹호함으로써 생명 윤리의 (준-형식적) 작업을 명시적으로 수행하기까지 했다. 삶과 죽음의 문제를 판결하는 것에서도 법이 생명 윤리를 구성하는 원재료를 많이 제공하는 것은 분명하다.[30]

그러나, 비유를 바꿔서, 법은 도덕에게 생각할 거리 이상을 제공하는데, 법학은 생명윤리학의 [요리] 레시피가 먹을만한지 확인한다. 따라서 법은 생명 윤리 **실천(*practice*)**을 평가할 장을 제공한다. 본질적으로 법은 경험적인 지향성을 갖는다. 법의 포고사항은 현실 세계에서 영향력을 갖는다. '법은 사회 문제를 분석하고 사회적 문제를 해결하는 경력이 있다'(Freeman, 2008:6). 법은 때로 생명윤리학의 활동을 *실제로도* 수행하고, 이 수행과정에서 규범적으로 개방된다(van der Burg, 2010). 즉 법학은 '결정을 내리는데 기여하기 위해 윤리학을 포섭할 준비가 되어 있다'(Callahan, 1996:34). 법은 생명윤리학의 개념 (예를 들어 선행은 '최선의 이익'이라는 법률용어가 된다)뿐 아니라 의무론과 규칙공리주의 같은 (행위 지향적인) 규범이론을 평가한다. 법은, 결국 규칙으로 가득하고 의무에 충실하기 때문에 생명윤리학자들은 법을 통해 특정한 규범적 약속이 이행될 수 있거나 (혹은 그렇지 않거나), 이행되어야 하는(이행되지 않아야 하는) 다양한 방식을 파악할 수 있다.

법이 (어떤 의미에서) 제 역할을 하고 있는가 하는 문제와는 별개로 법학이 영향력을 행사하는 순간 도덕적 고려가 함께 해야 한다는 사실이 훼손되면 안된다. 법은 그저 이론화만 수행할 수 없고 결정을 내려야 한다(Rethstein, 2009; Sperling, 2008). 어떤 이들에게 이것은 법을 생명윤리학의 수석 파트너로 인정할 이유가 된다(Foster, 2009). 맥린(McLean 2007)의 말과 같이

> 법률 또는 의학적 의사 결정자의 윤리적 관점에 무관하게, 이들이 어떤 윤리학파의 이론을 따를 때 예상되는 결과보다 (실제적으로) 우월한 규칙들이 존재한다.
>
> (p.196)

법은 (상당히 정당한 의미에서) '현실 사람들의 현실적인 문제를 해결하기 위해 매일'(Birks, 2000:2-3) 시도하는 노력에 끊임없는 자기 판단이 포함된다. 생명윤리학는 그런 심사를 할 수 있지만, 최소한 비공식적 영역에서는, 비슷한 심판을 거의 받지 않는다.[31] 따라서 법학은 윤리를 현실 세계에서 실제로 수행한다는 점에서 분명한 이점을 가지는 동시에, 그만큼의 부담도 안고 있다. 그리고 이러한 과정을 통해 법은 생명윤리학이 주의 깊게 받아들여야 할 여러 교훈들을 분명히 축적해 왔다. 따라서 법학은 경험

을 지향하며, 따라서 반복은 정당화된다. 이러 저런 이론에 따르면 법이 '잘못'하는 것처럼 보이는 때가 분명히 있을 것이다. 그러나 아마도 법은 윤리 이론가들에게 특정한 도덕적 문제가 가장 많이 또는 가장 적게 적용되는 실천적 해결이 무엇인지 제시할 수 있을 것이다. 이런 인식은 맥락 안에서 작동하는 실천을 지향하는 규범적 해결책을 제공하기 위해 분투한다는 아이디어에 기초한 경험주의 생명 윤리 작업을 분명히 제시한다.

마지막으로, 법학의 교훈을 생명윤리학이 항상 이해할 수 없는 것은 아니다. 법의 **표현(*phrasing*)**은 이해될 수 있다 레이-쿵과 브로니슬라바가 소통할 수 있듯 법학과 생명윤리학 사이의 소통도 가능하다. 사실 이 둘은 공통의 언어, 규칙, 원칙과 권리를 공유한다(Freeman, 2008; Sperling, 2008; Miola, 2006). 생명윤리학의 비형식적 분야에에 법학자들이 많은 것은 놀랄 일이 아니다(Rethstein, 2009; Sperling, 2008). 이 모두를 감안한다면 생명 윤리는 법의 목소리를 들을 수 있고, 논쟁의 여지가 있지만, 귀를 기울여야만 한다(Huxtable and Ost, 2015).

분산과 혼동(divergence and distraction)

따라서 법학이 생명윤리학에 많은 것을 제공할 수 있고, 실제로 그렇게 하고 있지만, 이 둘 사이에서 항상 좋은 소식만 들려오는 것은 아니다. 법학과 생명윤리학은 여러 측면에서 다르고, 따라서 이 둘은 상대방을 혼란스럽게(distrct) 만들뿐 아니라 길을 벗어나게(detract) 만들 수도 있다. 우선 이전 문제로 돌아가면, **언술(*articulation*)**의 문제가 등장한다. 법률 관행과 양식(style and conventions)은 - 법률 영역으로 엄격히 제한한다면 - 생명윤리학 영역에서 채택된 것과 분명히 다르다. 즉 법률가들은 형식적, 간접적, 그리고 (명확한 것에 반대되는 의미로) 조심스럽게 제시하며, 관행적으로 권위에 결정을 맡긴다(van der Burg, 2010; Sullivan and Reynolds, 1998). 물론, 생명윤리학도 어느 정도의 권한을 청하는 것은 사실이지만,[32] 그 실천자들은 명료함과 변론가능성의 추구를 선호하는 것 같

으며, 그들의 견해는, 원칙적으로 수정가능하지만, 그 견해의 상호교환은 매우 직설적이다.[33]

양식뿐 아니라 내용의 문제도 있다. 레이-쿵과 브러니슬라바는 각기 동거인의 특정 단어를 번역하는데 어려움을 겪었다. 법과 생명 윤리에서 우리는 흔한 단어조차 흔하지 않은 기술적 의미를 가짐을 발견한다(van der Burg, 2010).[34] 예를 들어 자율성존중에 대한 복수의 법적 설명은 생명윤리학 문헌들에서 볼 수 있는 복수의 주장에 반드시 대응하지 않는다(예 Foster, 2009). 어떤 분과 학문 내에서 문제가 그 분과의 용어로 재구성될 때, '그 용어가 실제로 드러내는 현실의 복잡성'이 상실되는 제시과정의 위험성을 감수해야 한다(Callahan, 1973:69). 법은 이런 환원주의 비판에 특히 취약한데, 조력죽음과 같은 복잡하고 갈등이 존재하는 문제가 거친 법학적 범주에 휩쓸려 생명윤리학이 (그리고 심지어 주인공인 법조차) 원래 딜레마의 형태로 알아 볼 수 없는 형태로 나타난다.[35] 결과적으로 발생하는 해석의 문제는 우리를 법의 목적으로 되돌아오게 한다. 슈나이더(Schneider, 1994)가 언급한대로

> 법의 소명은 아무리 어색하더라도, 사회 생활의 규제이며, 그 언어는 그 목적을 반영한다는 것을 기억해야 한다.
>
> (p.22)

앞에서 생명윤리학이 이 목적을 공유할 수 있음을 보았는데, 슈나이더는 여기서 생명윤리학이 더 많은 것을 행하고 말할 수 있다고 암시한다. 그렇다면 '법의 언어가 생명 윤리 담론에 안전하게 도입되고 생명윤리학의 아이디어가 법에 효과적으로 번영될 수 있는 한계'에 제한이 존재할 수 있다(Schneider, 1994:22; Freeman, 2008; Sperling, 2008; Foster, 2009).

두 번째, 그리고 법의 진술과 목적에 관련된 것인데, 법은 특히 사법절차와 관련하여 **적대적(*adversarial*)**이다. 법률 증례와 마찬가지로 생명윤리의 딜레마는 '상충 또는 경쟁하는 주장들의 연결점을 둘러싸고 있다'

(Sullivan and Reynolds, 1998:610). 법은 승자를 찾는다.

> 법학전문대학원에서 가르치는 것 중 많은 것이 승리에 관한 것이다. 소송에서 이기고, 논쟁에서 이기고, 요점에서 이긴다.
>
> (Sullivan and Reynolds, 1998:620)[36]

그러나 생명 윤리의 문제는 '흑백이 아니라 흔히 다수의 회색음영으로 구성되어 있다' (Meller and Barclay, 2011:619)[37], 옳고 그름과 비교하자면 경쟁하는 두개의 옳음이 존재할 수도 있다(Sperling, 2008).

법적 결정도 항상 단색은 아닌 것이 분명하다.분쟁당사자들과 원칙들 사이에서 절충점을 찾아내기도 한다(Huxtable, 2012). 그러나 법은 여전히 결정하고 - **행동하며** - 여기서 세 번째 분산 지점이 이어진다. 풀러의 제안처럼 법은 행동지향적이다. 따라 법학은 갈등을 죽여 없애려 하는 반면(van der Burg, 2010), 철학적 생명 윤리는 더 나가는데, 문제를 죽여버리고, 더 복잡하게 만든다(Callahan, 1973). 슈나이더는 생명윤리학에는 법을 규정하는 규칙과 행동보다 많은 것이 포함되어 있다고 암시한다. 생명윤리학을 펼쳐 보이면 감정, 성격, 덕성을 특징으로 하는 다양한 풍경을 더 볼 수 있을 것이다. 법학이 그런 문제를 적절히 다룰 수 있는지는 여전히 해결되지 않은 문제다(예 Slote, 1995; Solum, 2003).

법의 적절성은 우리가 그 **고양(*aspirations*)**을 고려할 때 더 의문시된다. 브로니슬라바는 레이-쿵의 계획성은 싫어했고, 레이-쿵은 몽상가인 브로니슬라바를 방해된다고 여겼던 것이 기억날 것이다. 법의 규칙들은 많은 기능을 수행하는데, 그 중에는 기준 수립, 허용되는 것과 그렇지 않은 것의 구분이 있다. 생명 윤리의 네번째 문제는 법이 책임에 관해 최소한의 기준만을 주장하고 그 결과 책임의 범주를 규정하는 선이 잘못 그어질 수 있다는 점이다(Sullivan and Reynolds, 1998;Rethstein, 2009; Freeman, 2008; Sperling, 2008; Maclean, 2008). 생명윤리학 학술지에 많은 예가 제시되고 있지만, (지금까지) 영국 법원이 (완전한) '충분한 정보에 근거한' 동의를 오랜동안 꺼려왔다는 것을 언급하는 것으로 충분할 것이다(Maclean, 2008; 지금은 Heywood 2015를 보라). 판사들도, 법이 명백하게 건실해 보이는 경우에서도, 판결이 도덕적으로 미치는 영향에 불안을 느끼는 것처럼 보인다.[38]

아마도 법학은 생명윤리학이 단단히 고정해줄 필요가 있을 것이다. 안나스는 '좋은 윤리위원회는 법이 끝나는 곳에서 시작한다'며 (문자 그대로의) 생명윤리학이 법학에 가치를 추가로 제공하는 동시에 학문이 어떻게 분리되는 것이 올바른지 보여 주는 적절한 예를 제시한다.[39] 그러나 우리가 보았듯 법학은 특정한 도덕적 입장을 발전시키거나 채택한다. 그렇다면 우리는 법에서 어떤 종류의 (생명) 윤리를 기대해야 하는가? 예를 들어 조력죽음, 배아연구 및 장기이식 등을 규율하는 법률에 관한 다양한 생명윤리학의 입장을 고려해 보라. 법은 필연적으로 이런 반대자 중 일부는 무시하게 될 것이다(Sperling, 2008). 또 하트(1963)와 데블린(1959) 사이의 유명한 논쟁을 회상해 보라. 법은 대중의 지지를 받는 실증적 도덕을 표현해야 하는가, 아니면 생명윤리학과 관련되는, 보다 비판적인 도덕을 반영해야 하는가(van der Burg, 2010)? 우리는 앞서 법이 경우에 따라 여론을 인용하거나 생명윤리학의 여러 영역을 참조하기도 하는 등 각기 다른 영역으로부터 차용하는 것을 살펴보았다(Miloa, 2006, 2007). 불행히도 그런 선택은 선택적이며 일관성이 없고, 법은 도덕적 선택을 위해 강력하거나 투명한 방법론이 결여되어 있는 것처럼 보인다.

만약 법이 공동생활을 위한 최소한의 기준 설정에만 관심을 갖는다면, 지저분한 도덕률도 적절하다. 이것은 우리가 보았던 것과 같은 다원적 가치 사이의 타협 가능성을 포착하는 것으로 이뤄질 수 있다(Huxtable, 2012). 그러나 생명윤리학자들 중엔 동의하지 않는 사람들이 있을 것이고 이것은 법학과 생명윤리학은 매우 다른 청중을 대상으로 한다는 사실을 고려하면 이해할 수 있다. 법은 종종 유토피아가 아니라 범죄자를 그 목표로 한 것 같다. 이런 위반자들은 특정 법의 지배 아래 있는 특정 사법권에 거주한다. 사법 관할은 넓을 수 있지만[40] 본질적인 점은 법이 특정 장소, 특히 시간에 상대적일 수 있다는 점이다. 시간은 법에도 문제가 될 수 있다. 이미 때가 되었는데, 법은 과학, 심지어 도덕의 발전보다 뒤쳐질 수 있다(Rethstein, 2009, Sullivan and Reynolds, 1998). 생명윤리학은 상대적이고[41] 근시안적일 수 있지만(Campbell, 2000), 그 역시 보편성을 열망할 때가 있다. 한편 법은 영역에 묶여 있는 상황에서도 감시하며 의문을 표하며 때로는 이해할수 없다는 표정을 짓는 생명 윤리의 시선 아래서 그 대상에 포고한다.

(행복한) 결말?

결론이다. 나는 법이 생명 윤리에 많은 기여할 수 있다는 점을 법의 5가지 P로 묘사해 보았다. 그것은 목적, 절차, 산물, 실천과 표현이다. 따라서 법은 생명윤리학에 제공할 수 있는 바가 많다. 특히 법이 본질적으로 경험 지향적이며, 특정한 도덕적 문제들에 대한 특정한 해결책을 현실 세계에서 시험할 수 있는 장을 제공한다는 점에서 그러하다. 브로니슬라바와 레이-쿵과 같이 법학과 생명윤리학은 다른 사람들의 생각보다 더 많이 소통할 수 있다(Foster, 2009). 이 둘의 밀접한 공존을 생각하면 놀랄 일은 아니다. 실제로 도덕 문제를 제기하지 않는 방식으로 법을 정의하는 것이 어려운 것처럼 법을 언급하지 않고 생명 윤리를 정의하는 것도 어려울 수 있다. 반 데르 베르흐(2010)가 지적한 것처럼 생명 윤리와 법의 차이가 점진적이며 맥락에 의한 것에 불과하다면 이 둘은 서로에게 많은 것을 배울 수 있다.

또 나는 이 관계가 다섯 A로 손상되었다고 주장했다. 그것은 그것 언술, 긴장, 행위, 고양(의 부족)과 청중이다. 이 동거인 사이의 문제 중 몇가지는 서로가 누구이고 무엇을 하는지 모르는데서 비롯할 수 있다(van der Burg, 2010; Miola, 2006). 많은 저자들이 이 커플을 괴롭히는 많은 고질에 별거부터 새로운 역할 부여까지 다양한 처방을 내린다(Sperling, 2008; Brownworkd 2008; Wolf, 2004). 내 편에서 본다면, 공유하는 영역에 각자가 내어놓는 문제를 잘 이해하는 것이 좋은 출발점이 될 수 있을 것 같다. 어느 쪽도 상대를 완전히 대체할 수 없을 것이다(Sperling, 2008). 이야기 속 동거인처럼 각자는 상대에게 이익을 주도, 그들이 살고 봉사하는 더 넓은 공동체도. 최소한 상대가 놓치고 있는 것을 지적함으로써, 유익을 얻을 수 있다. 생명 윤리가 그 치체로 '완전한 분과 학문'인지 아닌지에 무관하게 - 캘러핸의 표현에 의하면 - '창조성과 계속된 재정의'를 위한 기회는 남아 있다(Callahan, 1973). 우리는 법과 생명 윤리의 관계를 '우연한' 시작에서부터 계속 진행시키고 발전시켜야 한다(Miola, 2006). 친구, 때로는 원수이지만, 여전히 배우자가 될 수도 있다.

감사의 글

웰컴 재단의 재정지원, Siona Growcott의 연구보조, 그리고 IEEN과 브리스톨 대학 의료윤리연구소가 주관한 연구세미나에서 나온 값진 의견 모두에 감사한다. 물론 이 말엔 일반적 주의사항이 적용된다.

미주

1. '도덕'과 '윤리'를 상호 교환 가능한 의미로 사용할 것이다.
2. 예를 들어 Jonsen(1998)과 Freeman(2008) 등의 의료윤리의 역사에 포함된다. 그러나 생명윤리학의 정확한 기원에 관해서는 논란이 있다. Rosthstein(2009)를 참조하라.
3. Siber (1982)는 생명윤리학을 특정한 전문직 윤리가 아니라 보편 윤리의 특정한 경우로 간주하는데 이것이 브리스톨 대학 「의료윤리연구소(the Centre for Ethics in Medicine)」의 명명에 반영되어 있다. G.M Stirrat과의 개인적 편지
4. 분명히 선택적이지만 실버의 목록에는 법률이 (분명히) 생략되어 있다.
5. 분명히 Brownsword(2008)는 생명윤리학을 분과 학문으로 기술한다.
6. 생명윤리학의 다학제성은 문제를 야기할 수 있다. 예를 들어 「영국의 연구수월성 체계(UK Research Excellence Framework)」은 학문적 작업의 질을 평가하며 이를 바탕으로 대학이 기금을 수여받는다. 자체 평가 패널이 없기 때문에 '생명윤리학자'들은 자신의 배경학문 분과로 돌아가야 하는데, 이때 자신들의 작업이 다학제성으로 오염되지 않았기를 바래야 한다.
7. 의료윤리학을 고려했지만, 그의 논점은 (조금 폭이 넓은) 생명윤리학에도 동일하게 적용되는 것 같다
8. 각자가 유용한 도덕적 지향점을 가지고 있으나 압력 집단과 학계는 독자적인 것처럼 보인다. 가령, 학문은 구체적인 전문성을 요구한다. 물론 일부는 이에 저항한다. Huxtable (2012)를 참고하라.
9. *Instan* (1893) 1 QB 450, 453, *per* Coleridge LCJ.
10. 아마도, 의학에서 특히 그러하다(Freeman 2008). 실제로 생명 윤리를 잉태한 딜레마는 (보건)의료법의 발전을 촉진시켰다(Rothstein, 2009를 보라). 비슷한 경로와 주제 들을 추가적인 탐색의 좋은 주제가 될 것이다(예를 들어 '생명윤리학자'들과 같이 의료법학자들도 종종 그들이 **대체** 어떤 종류의 변호사인지 질문을 받는다).
11. 또한 Callahan(1973)을 참조하라.
12. 예를 들어 *Pretty v UK* (2002) 35 EHRR 1, para. 27.
13. 아마도 법학이 먼저 도달했을 것이다(Annas, 1991).
14. 예를 들어 의사-조력 자살 권리를 지지하는 '철학자들의 보고서(Philosopher's Brief)'는 드워킨 등이 *Vacco v Quill*, 521 US 793 (1997) 사건 심의 과정에서 미국 연방대법원에 제출했다.

15. 예를 들어 메리 워녹의 위원회가 「사람수정과 배아연구법(the Human Fertilisation and Embryology Act, 1990)」제정에 기여한 것처럼 「구득장기 위원회 (The Retained Organ Commission) (Alastair V. Campbell이 부위원장)」과 생명 윤리에 관한 너필드위원회는 2004년 「사람조직법(the Human Tissue Act)」 제정에 기여했다. 미국의 경우에 관해서는 Rothstein(2009)을 참조하라.
16. 예를 들어 GMC의 의료비밀보호에 대한 가이드라인은 *W v Egdell* [1990] 2 WLR 471. 판결에 인용되었다.
17. 예를 들어 영국의사협회 지침과 왕립의 학회 지침은 각기 *Airedale NHS Trust v Bland* [1993] 2 WLR 316 과 *An NHS Trust v H* [2013] 1 FLR 1471. 판결에 인용되었다.
18. 예를 들어 로널드 드워킨의 (생명윤리학 및 생명법학) 저술은 *Airedale NHS Trust v Bland* [1993] 2 WLR 316 과 *Chester v Afshar* [2004] UKHL 41. 에 인용되었다.
19. Law no. 20005-370.
20. 또한 Maclean (2008)을 보라.
21. 반성적 평형에 관한 추가적 논의는 아래를 보라.
22. 물론 법률 원칙은 다른 법원에서 도출될 수도 있다. 예를 들어 의회의 입법활동 등이 있다. 예를 들어 van der Burg(2010)을 참고하라.
23. 예를 들어 '사회 관습은 변화하며, 법은 필연코, 또한 실제로도, 그것이 의미있는 중요성을 가질 때 그 변화를 고려해야 한다' *Gillick v West Norfolk and Wisbech Area Health Authority* [1986] AC 112, 171, per Lord Fraser.
24. 또 van der Burg(2010) 를 참조하라.
25. 경험주의 생명윤리학의 방법론적 통찰을 반영한 사회-법학자를 알고 있으며, 이런 교차수정은 전망이 밝다.
26. 생명윤리학이 지나치게 절차주의적이며 법과 비슷해지면 안된다는 주장을 하는 이들이 존재하긴 한다(Sperling, 2008).
27. *Re A (Children) (Conjoined Twins: Medical Treatment)* [2000] 4 All ER 961, 969, 28. per Ward LJ.
28. 최초의 결정 예(항소심에서 기각되었다)는 *R (on the application of Burke) v General Medical Council* [2005] 2 WLR 431.
29. *In re Quinlan* (1976) NJ 355 A 2d 647.
30. 실제로 임상윤리위원회가 생명윤리학이 차지할 공간을 제공했음이 분명하다.

31. 그런, Giubilini와 Minerva(2013)가 "After-Birth Abortion: Why Should the Baby Live?" 논문으로 불러온 혼란을 기억하라.
32. 공적 영역뿐 아니라 비공식적, 학문적 영역(예를 들어 학생들은 표준적인 교과서에 대해서 - 맹목적인 존중은 아니더라도 - 정당한 태도를 보여야 한다)에서도 그러하다.
33. 예를 들어 Harris와 Finnis 사이의 경우 in Kwon(1997).
34. 분과 학문은 일정한 기술적 도구를 요구할 수 있다. 물론 각각의 경우가 불필요한 특수 용어를 정화하라는 요구를 받는다. 예를 들어 Butt(2001), Callahan(1973), Cowley(2005).
35. 예를 들어 *R(on the application of Pretty) v DPP*[2002] 1 FLR 268.
36. 법학의 전투적 태도 때문에 어떤 판사는 동의를 생명윤리학의 자율성 용어로서가 아니라 보건 의료인을 보호하는 '구명용 조끼'로 언급하며 수용했다. *Re W (A Minor) (Medical Treatment: Court's Jurisdiction)* [1992] 3 WLR 758.
37. 이런 차이 때문에 생명윤리학자들은 법적 논쟁에 전문가 증인으로 소환받았을 때 주의를 기울여야 한다. Sullivan and Reynolds(1998) 참조.
38. 예를 들어 *Airedale NHS Trust v Bland* [1993] 2 WLR 316, 387, per Lord Browne- Wilkinson.
39. Montgomery(2006)는 영국 의료법 판결의 '탈도덕화' 경향을 우려한다.
40. 초-사법 제도, 즉 국제법이나 미국의 연방 법률, 유럽 연합의 법률, 그리고 유럽의 인권 협약에서도 그렇다.
41. 이 책 Sheehan(2016)의 장은 (경험주의) 생명윤리학에 상대주의가 갖는 함의점을 논의한다.

참고 문헌

Annas, G. 1991. Ethics Committees: From Ethical Comfort to Ethical Cover. *Hastings Center Report*. 21:18-21.

Arras, J. 2013. Theory and Bioethics, *The Stanford Encyclopedia of Philosophy*. E.N. Zalta, ed. Available at: http://plato.stanford.edu/archives/sum2013/entries/the ory-bioethics/.

Beauchamp, T. 1991. *Philosophical Ethics: An Introduction to Moral Philosophy*. New York: McGraw Hill.

Beauchamp, T., Childress, J. 2013. *Principles of Biomedical Ethics* (7th ed.). New York: Oxford University Press.

Birks, P. 2000. *Rights, Wrongs, and Remedies*. Oxford Journal of Legal Studies. 20(1):1-37.

Brownsword, R. 2008. Bioethics: Bridging from Morality to Law? In M. Freeman (ed.), *Law and Bioethics: Current Legal Issues*. Volume 11. Oxford: Oxford University Press. Pp. 12-30.

Brownsword, R. 1991. Towards a Rational Law of Contract. In T. Wilhelmsson (ed.), *Perspectives of Critical Contract Law*. Dartmouth: Aldershot. Pp. 241-272.

van der Burg, W. 2010. Law and Ethics: The Twin Disciplines. *Erasmus Working Paper Series on Jurisprudence and Socio-Legal Studies* No. 10-02. Available at: http://ssrn.com/abstract (no. = 1631720), 2.

Butt, P. 2001. Legalese versus Plain Language. *Amicus Curiae*. 35:28-32.

Callahan, D. 1996. Escaping from Legalism: Is It Possible? *Hastings Center Report*. 26(6):34-35.

Callahan, D. 1973. Bioethics as a Discipline. *The Hastings Center Studies*. 1(1):66-73.

Campbell, A. 2000. 'My Country Tis of Thee': The Myopia of American Bioethics. *Medicine, Health Care and Philosophy*. 3(2):195-198.

Coggon J, 2010. Assisted Dying and the Context of Debate: 'Medical Law' versus 'End-of-Life Law'. *Medical Law Review*. 18:541-563.

Cowley, C. 2005. The Dangers of Medical Ethics. *Journal of Medical Ethics*. 31:739-742.

Daniels, N., Sabin, J. 1997. Limits to Health Care: Fair Procedures, Democratic Deliberation and the Legitimacy Problem for Insurers. *Philosophy and Public Affairs*. 26(4):303-350.

Dawson, A., Wilkinson, S. 2009. Philosophical Clinical Ethics. *Clinical Ethics*. 4:36-37.

Devlin, P. 1959. The Enforcement of Morals. *Proceedings of the British Academy*. XLV:129-151.

Foster, C. 2009. *Choosing Life, Choosing Death: The Tyranny of Autonomy in Medical Ethics and Law*. Oxford: Hart.

Foucault, M. 1977. *Discipline and Punish: The Birth of the Prison*, trans. Alan Sheridan. New York: Vintage.

Freeman, M. 2008. Law and Bioethics: Constructing the Inter-Discipline. In M. Freeman (ed.), *Law and Bioethics: Current Legal Issues*. Volume 11.

Oxford: Oxford University Press. Pp. 1–11.

Fuller, L. 1969. *The Morality of Law* (revised ed.). New Haven: Yale University Press.

Genn, H., Partington, M., Wheeler, S. 2006. *Law in the Real World: Improving our Understanding of How Law Works*. Nuffield Foundation. Para. 16.

Giubilini, A., Minerva, F. 2013. After-Birth Abortion: Why Should the Baby Live? *Journal of Medical Ethics*. 39:261–263.

Hart, H. 1965. Review: Fuller, the Morality of Law. *Harvard Law Review*. 78:1281–1296.

Hart, H. 1963. *Law, Liberty and Morality*. Oxford University Press, Stanford, California.

Hedgecoe, A. 2004. Critical *Bioethics*: Beyond the Social Science Critique of Applied Ethics. Bioethics. 18(2):120–143.

Heywood, R. 2015. R.I.P. Sidaway: Patient-Oriented Disclosure: A Standard Worth Waiting For? Montgomery v Lanarkshire Health Board [2015] UKSC 11. *Medical Law Review*. 23(3):455–466

Huxtable, R. 2012. *Law, Ethics and Compromise at the Limits of Life: To Treat or Not to Treat?* London: Routledge.

Huxtable, R. 2007. *Euthanasia, Ethics and the Law: From Conflict to Compromise*. London: Routledge-Cavendish.

Huxtable, R., Ost, S. 2015. Voices Carry? The Voice of Bioethics in the Courtroom and Voice of Law in Bioethics. In R. Huxtable, R. ter Meulen (eds.), *The Voices and Rooms of European Bioethics*. London: Routledge.

Jonsen, A. 1998. *The Birth of Bioethics*. New York: Oxford University Press.

Keown, J. (ed.) 1997. *Euthanasia Examined: Ethical, Clinical and Legal Perspectives*. Cambridge: Cambridge University Press.

Maclean, A. 2008. Magic, Myths, and Fairy Tales: Consent and the Relationship between Law and Ethics. In M. Freeman (ed.), *Law and Bioethics: Current Legal Issues*. Volume 11. Oxford: Oxford University Press. Pp. 11–135.

McLean, S. 2008. Clinical Ethics Committees: A Due Process Wasteland? *Clinical Ethics*. 3:99–104.

McLean, S. 2007. Law, Ethics and Health Care. In R. Ashcroft, A. Dawson, H. Draper, J. McMillan (eds.), *Principles of Health Care Ethics* (2nd ed.). Chichester: John Wiley and Sons. Pp. 193–198.

Meller, S., Barclay, S. 2011. Mediation: An Approach to Intractable Disputes between Parents and Paediatricians. *Archives of Disease in Childhood*. 96:619–621.

Miola, J. 2007. *Medical Ethics and Medical Law: A Symbiotic Relationship*. Oxford: Hart.

Miola, J. 2006. The Interaction of Medical Law and Medical Ethics. *Clinical Ethics*. 1(1):22–25.

Montgomery, J. 2006. Law and the Demoralisation of Medicine. *Legal Studies*. 26(2):185–210.

Nuffield Council on Bioethics. 2006. *Critical Care Decisions in Foetal and Neonatal Medicine: Ethical Issues*. London: Nuffield Council on Bioethics. Para. 2.2.

Priaulx, N. 2013. The Troubled Identity of the Bioethicist. *Health Care Analysis*. 21(1):6–19.

Rawls, J. 1972. *A Theory of Justice*. Oxford: Oxford University Press.

Regan, T. 2004. *The Case for Animal Rights* (2nd ed.). Berkeley: University of California Press.

Reich, W. 1995. *Encyclopedia of Bioethics*. Volume I. New York: Macmillan.

Riddall, J. 1999. *Jurisprudence* (2nd ed.). Oxford University Press, Oxford.

Rothstein, M. 2009. The Role of Law in the Development of American Bioethics. *J Int Bioethique*. 20(4):73–111.

Schneider, C. 1994. Bioethics in the Language of the Law. *Hastings Center Report*. 24(4):16–22.

Sheehan, M. 2016. Metaethics, Relativism and Empirical Bioethics. This volume.

Silber, T. 1982. Bioethics: An Interdisciplinary Enterprise. *Journal of Religion and Health*. 21(1):21–28.

Slote, M. 1995. Law in Virtue Ethics. *Law and Philosophy*. 14(1):91–113.

Solum, L. 2003. Virtue Jurisprudence: A Virtue-Centered Theory of Judging. *Metaphilosophy*. 34(1/2):178–213.

Sperling, D. 2008. Law and Bioethics: A Rights-Based Relationship and Its Troubling Implications. In M. Freeman (ed.), *Law and Bioethics: Current Legal Issues*. Volume 11. Oxford: Oxford University Press. Pp. 52–78.

Stirrat, G. 2003. How to Approach Ethical Issues: A Guide. *The Obstetrician & Gynaecologist*. 5:214–217.

Sullivan, M., Reynolds, D. 1998. Where Law and Bioethics Meet... and Where They Don't!! *University of Detroit Mercy Law Review*. 75:607–620.

Teel, K. 1975. The Physician's Dilemma: A Doctor's View: What the Law

Should Be. *Baylor Law Review*. 27:6-9.
van Theil, G., van Deldan, J. 2016. Reflective Equilibrium as a Normative Empirical Model: The Case of Ashley X. This volume.
Veatch, R., Miller, F. (eds.) 2001. The Internal Morality of Medicine. *Journal of Medicine and Philosophy*. 26(6).
De Vries, M., Van Leeuwen, E. 2010. Reflective Equilibrium and Empirical Data: Third Person Moral Experiences in Empirical Medical Ethics. *Bioethics*. 24(9):490-498.
Watkins, D., Burton, M. (eds.) 2013. *Research Methods in Law*. Oxon: Routledge.
Wolf, S. 2004. Law & Biocthics: From Values to Violence. *Journal of Law, Medicine & Ethics*. 32:293-306, 293.

7장

경험주의 생명윤리학과 다양성의 포용

앨런 크립, 존 오웬스(Alan Cribb, John Owens)

이 장에서 우리는 생명윤리학 일반, 특히 경험주의 생명윤리학에서의 접근 방식의 다양성을 옹호할 것이다. 또한 우리는 생명윤리학은 다원주의와 상당한 정도의 지적 개방성(open-mindedness)을 포용하는 방법론을 통해 많은 이익을 얻을 것임을 논증할 것이다. 넓게 말해 우리는 개인적, 집합적 성찰에 근거한 방법론의 관용을 지지할 것이다. 생명윤리학은 광범위한 학문 분야로 내부에 다양한 목표가 자리 잡고 있으며, 이로 인해 다양한 방법론을 적용할 필요성이 있기 때문이다. 구체적으로는 목표와 방법을 성찰함으로써 새로운 형태의 생명윤리학의 학문적 발전을 지지할 것이다. 물론 우리는 관용에는 정당한 한계가 있음을 인정한다. 그러나 생명윤리학의 성격과 범위에 대한 갈등 때문에 한계에 이르기 전에 관용이 의문시되고 있지 않은지, 그래서 때로는 불필요한 손실을 야기하는 경우는 없는지, 또한 이런 갈등이 방법론적 차이의 이유에 대한 불충분한 성찰에 근거한 경우는 또한 없는지도 숙고할 것이다.

생명윤리학 내의 학제 간 갈등

우리의 관심사는 논쟁적 영역이라는 생명윤리학의 성격 때문에 더욱 중요하다. 오랫동안 생명윤리학에서는 다른 학문 전통에 기반을 둔 학자들 사이에서 갈등이 발생해 왔는데, 특히 사회학적 지향성과 철학적 지향성을 가진 학자들 사이에 가열찬 논쟁이 있어 왔다. 우리는 이러한 상황을 다소

간 정형화된 사회학과 철학 개념을 바탕으로 그려 볼 것이다. 실제로는 우리가 앞으로 주장할 것과 마찬가지로 그 경계를 명료하게 그릴 수 없으며, 각 분과 학문 내에도 상당한 다형성이 존재한다.

간략히 말해 '사회학적 생명윤리학자'들은 '철학적 생명윤리학자'들이 역사-문화적으로 구성된 복잡한 행위의 맥락을 제거하는 방식으로 작업함으로써 윤리학이 실천 가능한 기여를 할 수 없게 되었다고 비판한다. 전적으로 철학적인 접근법에 대한 의료 사회학자 등의 비판은 이미 잘 정립되어 있다(Bosk, 1999; Fox and Swazey, 1984; Hedgecoe, 2004; Hoffmaster, 1992; Ives and Dunn, 2010). 이들은 철학적 생명윤리학의 이론적 성격이 사유를 지나치게 이상화하고, 그 결과 그 주장의 타당성을 약화시키고 적실성을 감소시켜 결국 실천에 기여하기 어렵게 만든다고 비판한다. 이 비판은 부분적으로 사회적 문제에 참여하는 사회 과학 연구의 오랜 전통과, 실제 환경과 행위에 대한 세심한 관심의 필요성 인식에서 비롯한다. 이런 시각을 바탕으로, 이상적인 이론과 추상적· 보편적 원칙을 생산하는 성향, 그리고 개념 분석과 이론적 추론을 경험적 정보에 근거한 기술과 이해보다 앞세우는 철학적 생명윤리학의 주된 경향을 심각한 결함으로 보는 이들이 있다.

반면에 이런 도전을 살펴보고, 응용 사회 과학이 윤리학에 갖는 잠재적인 타당성을 간파한 철학자들은 많지 않았다. 철학적 생명윤리학자들은 사회학적 생명윤리학의 이름으로 수행된 연구의 상당 부분을 윤리학**의**(*in*) 연구 활동이 아니라, 윤리학에 **대한**(*about*) 연구 활동으로 간주하고 회의적으로 평가하는 경향을 보인다. 이런 관점은 의심할 여지없이 '규범적' 질문과 '경험적' 질문 사이에 그어진 오랜 구분선에 의해 형성된 것인데, 이 구분선은 철학과 사회 과학 사이에 문화적·방법론적 균열을 형성할 정도로 심해졌다.[1] 그리고 좀 더 근본적으로, 보리 등이(Borry *et al.*, 2006) 언급한 바와 같이 "'존재(is)'와 '당위(ought)' 사이의 메타 윤리적 구분으로 분과 학문 사이에 경계가 '자연적인(natual)' 것이 되었다."(p.54). 그런데 생명윤리학 영역 내에서, 이 분할의 극복이 특히 어렵다는 것이 증명되었다.

생명윤리학 분야에서 활동하는 철학자들은, 학문적 유산의 결과로 윤리학을 기술이나 설명을 위한 추론이 아니라, 기본적으로 추상적이며, 주로 규범적 추론을 다루는 이론적 활동으로 간주하여 경험적 연구로 '손을 더럽히려 하지' 않는다. 일부는 심지어 최소한 근본적인 수준에서 규범적 원칙이 세계에 대한 어떤 사실적 주장과도 무관하게 존재해야 한다는 주장을 하기에 이른다(예를 들어 Cohen, 2003). 일상적인 차원에서 철학적인 생명윤리학은 종종 경험적 데이터를 처리되지 않은 '기술적 자료'로, 적절한 규범적 개념적 분석에 제공할 수 있는 것처럼 여긴다.

철학적 윤리학이 추상적이고 초연한 성격을 가진 것은, 윤리학의 적절한 역할이 특정한 맥락에 적용되는 것이 아니라 보편적인 윤리적 귀속을 산출하는 것이라는, 최소한 일부가 유지하는, 오랜동안 지속된 가정과 관련되어 있을 수 있다(비록 명시적으로 '특수주의' 윤리 이론으로 자신을 인식하는 다른 종류의 학자들이 있기는 하다). 이런 추상적 보편주의 경향은 도덕적 신념, 가치, 관행 및 구성에 대한 설명에 기반하는 사회학적 (또는) 인류학적인 윤리관이 특정 형태의 문화 또는 도덕 상대주의를 제시하기만 할뿐 결국 '이 가치들을 비판하거나 분석할 방법도, 무엇이 도덕적으로 옳은지 주장할 수도 없게' 만들 수 있다는 우려와 결합될 수 있다(Clouser, 1973:788).[2]

학문 전통 사이에 존재하는 이런 차이는 여러 형태를 가지는데, 이 중에는 다른 것보다 특별히 심각한 것도 있다. 예를 들어 철학자와 사회 과학자는 단지 어긋난 목표로 대화하고 있을 수도 있다. 여기서 상대방의 작업은 그 자체로는 가치가 있을지 모르지만, 자신의 목적과는 관련성이 없어 참여하는 데 실질적 가치가 없다고 생각할 수 있다. 사회 과학자는 철학자가 안녕(well-being)의 본질을 분석하는 것이 가치가 있다고 생각할 수 있지만, 그 탐색의 결과를 추상적 방식으로 제시하는 데에는 관심이 없다. 또 철학자는 불임 치료의 맥락에서 '잉여' 배아를 무엇으로 간주하는지에 관한 다양한 이해 당사자의 인식을 탐구하는 사회 과학의 가치를 인정하면서도, 이 연구는 배아의 도덕적 지위에 관한 자신들의 탐구와 관련성이 없다고 간주할 수 있다.

이들 당사자들이 상대방에 대해 요점을 완전히 놓치고 있다는 견해에 기울어질 때 심각한 분열이 발생한다. 사회 과학자들은, 구체적인 상황과 문제에 근거하지 않은 생명윤리학자들의 옳고 그름에 대한 추상적이며 일반적인 설명이 생명윤리학이라는 학문의 핵심 목적에 부합하지 않는다고 느낄 수 있다. 예를 들어 사회 과학자들은 자신이 개괄한 분배의 이상적인 정의 모델이 자원 분배의 구체적 질문에 실제로 어떻게 적용될 수 있는지 말하지 않는 철학자들에게 문제를 제기할 수 있다. 대조적으로 철학자들은 사회 현상에 대한 설명이나 기술이 아무리 풍성하고, 튼튼한 근거 위에 있어도 무엇이 마땅한 행위인가 하는 핵심 질문을 다루지 않는다고 생각할 수 있다. 예를 들어, 철학자는 의료 행위에서 발생하는 억압의 사례를 인식하는 것이 중요하다고 기꺼이 인정할 수 있지만, 사회학 연구자가 그런 억압적인 관행이 정당화될 수 있는지 고려하지 않았다면 유감스러워할 수 있다.

학제 간 갈등의 또 다른 심각한 유형은 생명윤리학의 어떤 작업이 실제로 청중을 소외시키고, 학문 분야로서 생명윤리학의 능력을 약화시킬 수 있다는 인식에 의해 발생할 수 있다. 예를 들어 장기 기증의 비율을 높이기 위한 프로그램을 연구하는 사회 과학자라면 존 해리스(John Harris)의 유명한 **생존자 제비뽑기**(***Survival Lottery***, 1975)에 분개할 것이다. 마찬가지로 낙태 시술소의 법적 지위를 두고 협상을 진행 중인 정책 입안자라면 지우빌리니와 미네르바(Giubilini and Minerva 2012)의 출생 후 낙태(post-birth abortion) 옹호 논변으로 난처해질 수 있다.

구체적 맥락 내에서 실천의 문제를 해결하는 데 관심이 있는 이들에게는 철학적 생명윤리학 분야 안에서 확인할 수 있는 추상적인 추론과 사고 실험이 도덕적·정치적 심각함을 결여하고 있으며, 더 나아가 생명 윤리 문제에 대한 실천적 해결책을 찾는 이들에게 해가 될 수도 있을 것처럼 보일 것이다. 만약 철학적 연구자들이 그 대상을 기술한다면, 이런 좌절감은 상당 부분 덜어질 것이다(Oswald, 2013; Ives and Dunn, 2010). 목적을 명료하게 하는 것은 학문 영역에서 발생할 수 있는 갈등을 관리하는 중요한 첫 걸음이다.

이런 학문 간의 갈등을 배경으로 하면, 경험주의 생명윤리학의 발생은 이해가 된다. 이것은 '실제 세계'의 맥락과 관점 및 고려 사항에 예민할 뿐 아니라, 이 정보를 바탕으로 해서 마땅히 있어야 할 것이 무엇인지에 관한 규범적 논의에 기여함으로써 학문 간 분열을 초월하려는 동기에서 출발했다. 이런 갈등을 배경으로 우리 주장을 요약할 수 있는데, 우리는 사회학적·철학적 접근은 생명윤리학에 관해 각기 다른 목표를 가지고 있고, 다른 방법을 사용할 수 있으며, 또 둘 다 생명 윤리의 학문 분야에 긍정적이며 정당한 기여를 할 수 있다고 본다. 물론 이것은 특별히 새롭거나 도전적인 주장은 아니다. 하지만 때때로 되풀이할 가치가 있다. X를 하지 않았다고 사회학자가 철학자를 비판하거나, Y를 하지 않았다고 철학자가 사회학자를 비판하는 경우, 완벽하게 합리적이라고 할 수 있는 반응이란 그 비난을 받은 이가 '나는' 그저 X(또는 Y)를 할 생각이 없다고 말하는 것이다. 예를 들자면 철학적 생명윤리학자는 "나는 이 작업을 통해 윤리학에 실천적인 기여를 하겠다는 것이 아니었다. 그저 이론적 기여를 하고 있었다."라고 말할 수 있다. 비슷하게 사회학자도 '나는 이 작업에서 마땅히 있어야 할 것을 주장하는 것이 아니라, 다른 것, 즉 특정 제도의 조건에서 특정 규범이 두드러지는 이유를 이해하려고 노력했다'라고 말할 수 있다. 다른 목적을 가진다는 것은 다른 일을 하고, 다른 방법을 도입하는 데 완벽히 좋은 이유가 된다. 이런 상황이라면 - 학자들이 다른 과제를 병렬적으로 연구하고 있다면 - 이들 사이의 갈등이 무엇인지를 이해할 필요가 생긴다. 모든 갈등이 항상 같은 일을 하는, 가장 좋은 방법에 대한 의견 불일치인 것은 아니기 때문이다(왜냐하면 X 또는 Y 중 하나만을 한 편이 수행하고 있을 것이기 때문이다). 예컨대 '어떤 갈등'은 자원 - 한 가지 윤리 연구비나 교수직을 두고 경쟁하고 있을지도 모른다 - 을 두고 벌어진 갈등일 수도 있고, 좀 더 구체적으로 다양한 종류의 연구 주제의 상대적 가치에 대한 의견 불일치일 수 있다. 이런 형태의 경쟁이나 불일치는 중요한 것이겠지만, 윤리적 방법론에 대한 불일치가 아니다.

혹자는 방금 제시한 학문 간 다양성과 불일치에 대한 설명이 생명윤리학과 경험주의 생명윤리학의 보다 세분화된 형태들 사이에 존재하는 갈등에도 적용된다고 주장할 수 있다. 즉, 접근법 사이에 표면적 불일치가 있을 때, 그것이 실세적인 불일치인지, 보다 구체적으로 무엇에 관한 불일치인지를 결정하려면 먼저 다른 접근법들이 정확히 무엇을 목표로 하고 있는지 물어야 한다. 대부분의 경우 학자들은 그저 다른 종류의 작업을 목표로 하고 있을 것이다. 그렇다면 이것이 방법론의 다양성을 설명하고, 많은 경우 그것을 정당화하는 데 도움이 될 것이다(Davies *et al*., 2015을 보라). 또한 경쟁 관계에 있는 학자들이 완전히 병렬로, 다시 말해 아무 영향을 끼치지 않으면서 활동하지는 않지만 과제에 중복해서 참여하고, 방법론을 두고 경쟁하는 주장을 하는 경우가 있을 것이다. 이때 경쟁과 이어지는 논쟁을 위해 노력하는 것은 이해가 된다. 그러나 접근 방식의 차이가 이런 종류의 경쟁에 해당된다고 성급하게 가정하지 않아야 한다. 유사한 목표를 두고 서로 다른 방법론의 정당화 가능성을 두고 벌어지는 직접적인 경쟁도, 그런 논쟁이 선험적으로 해결될 가능성이 별로 없기에, 즉 어느 정도 '시행착오' 없이는 해결될 수 없기 때문에 학문 분야에서 논쟁을 발전시키는 데 어떤 역할을 하고 있다. 요컨대 다양성은 생명윤리학에서 추구할 수 있는 다양한 범위의 목표를 반영하고 방법론의 탐구와 상상을 가능하게 하기 때문에, 특별한 이유가 없다면 좋은 것이다. 실제로 경험주의 생명윤리학은 생명윤리학자 공동체 내부에 존재하는 상상력과 관용의 산물이며, 그 성공은 다양성을 인정하고 포용하는 것의 잠재적인 이점을 증명한다. 다음 절에서 우리는 윤리학의 본질적으로 이절적이고 다면적인 특징이 무엇인지, 이것이 다원주의에 어떻게 적합한지 상세히 살펴볼 것이다.

윤리학 내에서 목적과 방법의 다양성

"어떻게 살아야 마땅한가?"라는 질문은 이해와 실천에 충첩된 관심을 이끌어 낸다는 점에서 윤리학의 핵심이라고 할 만하다. 윤리학은 도덕적 행위의 성격을 더 깊이 이해하는 것과 이 이해의 실천적 함의점, 둘 다에 관심을 가진다.

도덕 지식과 도덕 실천에 관한 이중의 관심은 윤리를 다양한 학문 분야와 일반 청중에 적합한 주제가 되게 한다. 이 주제의 심각성과 관심을 가진 사람들의 광범위성 때문에 연구자들은 그들의 언어로 윤리에 접근하여 그들의 의제와 방법론적 전통에 부합하도록 분할하며, (다른 것이 아니라) 특정한 질문에 집중하고, 자신들이 중요하다고 간주하는 지식을 생산하려 한다.

윤리학이라는 학문의 폭과 복잡성은 학계 내부에서 어느 정도 공식화되어 관리되는 경향이 있고, 이 관리의 경향성은 학계 내부의 지적, 행정적 노력의 분할 때문에 증폭되었다. 즉 분과 학문 사이에 그어진 분할 - 예를 들어 독립된 학과, 학술지와 연구 단체의 형성 같은, 조직 구성 - 에 따라 종종 강화된다. 윤리학은 철학, 법학, 사회학, 신학, 정치학, 경제학 등 넓은 학문적 배경을 가진 연구자에게 상당한 관심을 끄는 분야지만, 학문 제도의 구성을 살펴보면 윤리학에 대한 학문적 관심을 가진 이들이 직접 연관된 분야 밖의 연구자들과 관점을 교류하는 경우가 매우 드물다는 것을 발견하게 될 뿐이다.

연구자들이 자신이 시도할 연구 분야를 선택하고, 자신의 관심을 기준으로 평가하는 것은 이해가 된다. 이런 구성은 유용하지만, '학문의 관점'을 좁힘으로써 연구가 연구 자체를 기준으로 공정하게 평가받지 못하게 만들 수 있다. 이런 분할은 윤리학의 다층적 성격이라는 중요한 측면을 드러내지만, 극단으로 가면 이런 태도들은 분과 학문으로 환원된 형태가 되게 만든다. 이런 시도에는 윤리학 연구라고 간주될 만한 것, 또는 최소한 가치 있는 것처럼 보이는 형태의 연구의 주변에 경계를 그리려는 시도가 있다. 생명윤리학 내부에서 철학과 사회학적 형식 사이에 존재하는 긴장이 이런 형태를 띨 수 있다.

활동의 학문적 분할을 생각해 보면 다학제성(multi-disciplinarity)이 통-학제성(또는 간-학제성 inter-disciplinarity)보다 옹호하기 쉽다. '다학제성'은 연구자들이 자신이 선호하는 학문의 틀 내에서 과제를 수행할 공간을 창출하는 것 이상은 바라지 않는다. 이것들이 그저 다른 종류의 과제라면 각 과제는 다른 방향에서 윤리학의 일면을 드러낼 것이고, 그 풍성한 다양성을 기뻐하지 않을 이유는 없다. 그러나 폭넓은 다양성을 옹호하기만 하는 것으로는 부족하다. 윤리의 다양한 측면들이 어떻게 맞아 들어가는지 이해하기를 원한다면 대조적인 관점을 가진 사람들 사이의 협업과 많은 대화를 지원할 준비가 되어 있어야 한다.

우리의 사고를 돕기 위해 윤리학의 범위와 윤리학에 적용되는 이분법을 이끄는 두 종류의 사고의 '실제로는 그렇지 않은' 전형적인 구분을 생각해 보자. 그것은 계몽과 공학(enlightenment and engineering)이라는 목적의 구분, 그리고 지시와 기술(prescrpitive and descriptive)의 구분이다. 이에 먼저, 이것을 철학적 순수 윤리학과 응용 윤리학이라는 광범위한 전통에 비교해서 살펴보고, 아울러 사회 과학 전통과의 관련성도 살펴볼 것이다. 우리가 강조하고 싶은 것은 이 구분이 윤리에 대한 철학과 사회 과학적 접근의 경계를 가로지를 뿐 아니라, 다시 말해 철학과 사회 과학의 경계선상에 구분선이 있는 것이 아니라 이 광범위한 영역 사이에 명확한 작업의 분할선을 만드는 데에도 활용될 수 없다는 점이다.

철학과 정책 결정의 관계를 탐색하면서 댄 브록(Dan Brock, 1987)은 주로 **진리**(***truth***)를 관심의 대상으로 두는 학문 활동과 구체적인 결과들을 이끌어 내려는 목표를 가진 학문 활동상 위에 구분선을 그렸다. 같은 구분이 윤리학 연구 모델에서 '계몽'을 추구하는 것과 특정한 결과들을 이루는 '공학'의 형태로 표현되었다(Cribb, 2010).

예를 들어 진리를 강조하는 계몽 모델은 윤리적 개념에 관해 그 이상적인 형태로 이론적 지식을 생산하려는 시도를 포괄한다고 간주할 수 있다.

여기에서 초점은 이상적이며, 보편적 개념에 관한 지식을 제공하여 특정한 시간이나 맥락에 무관하게 적용될 수 있게 하려는 것이다. 존 롤즈의 『**정의론**(1971)』은 계몽 모델에 해당하는 철학적 윤리학으로 널리 알려진 예이다. 롤스는 실천적으로 이런 제도가 어떻게 창조될 수 있는지 증명하려 않는데, 이것이 상당한 수의 논평에서 주요하게 지적받는다. 이 비판의 기저에 롤스의 저작이 **정의를 향한 행동**이 아니라 **정의에 관한 지식**을 지향한다는 점에 대한 실망감이 위치하고 있다. 만약 롤스의 저작이 실제 변화를 달성하는 데 유용한 것으로 간주되게 할 방법은 정보를 제공하거나 지향점을 제시하는 기능을 수행하는 간접적인 형태다.

대조적으로 윤리학의 '공학' 모델은 추상적 윤리 지식을 밝혀내기 보다는 윤리 문제를 규명하고, 변화와 실천적인 윤리적 결과를 달성할 방안을 제시하려 한다. 예를 들어 아마르티아 센(Amartya Sen)의 『***정의의 개념***(***The Idea of Justice***, 2009)』은 광범위한 철학적 윤리학 전통 내부에서 수행된 작업이지만, 명시적으로 롤스의 접근과 대조된다. 그는 세계에서 실제로 발생하는 부정의의 현상을 규명하고 바로 잡는데 주된 관심이 있다고 기술했다. 센은 롤스 등의 접근이 우리가 살고 있는 세계에는 존재하지 않는 이상적인 조건에 근거하는 동어 반복의 위험을 가진 것으로 본다.

사회 과학계의 윤리학 연구도 느슨하지만 계몽과 공학의 요소를 가진 것으로 분류할 수 있다. 예를 들어 다수의 사회학/인류학자들은 자신들의 작업이 이론적이며, 진리 지향적인 성격을 띠고 있다고 열열히 강조한다. 다른 이들은 작업의 현실 적합성과 행동 지향성, 가치 있는 방향으로 상황을 변화시키는데에 도움이 되는 기능(예를 들어 비판 이론, 행위 연구 또는 참여적 학문)을 강조하고 싶어 한다.

또한 사회 과학계의 윤리학 연구는 넓은 의미에서 '지시'와 '기술'이라는 방법론적 지향점을 구분할 수 있다. 거듭 말하지만, 이 구분이 완전히 명확한 것은 아니다. 그렇지만 지금 하고 있는 논의의 목적에는 유용하다. 우리가 '지시하는 윤리'라고 칭하는 것은 도덕적 주장을 제시하고 논증하는 것을 포함한다. 철학적 윤리학 (최소한 대륙 철학의 전통과 반대되는 분석 철학에서) 이것은 일반적으로 개념 분석 및 논리적 추론을 사용하여 내적으로 일관성 있는 규범적 주장을 만들어 내는 활동을 수반한다. 이런 식의 규범적인 윤리 분석은 어느 정도 추상화를 수반하는데, 이런 주장을 구성하는 데에는 거의 항상 핵심으로 간주되는 사실, 신념, 원칙에 대한 분석이 집중되어 있다. 왜냐하면 그렇지 않은 산만하고 일상적인 세부 사항들은 무시(또는 추상화)하기 때문이다. 이러한 추상화는 형식적 추론 절차에 대한 강조와 결합되어 규범적 윤리 분석이 일상 생활의 현실에서 유리되어 있다는 인상을 준다. 철학적 윤리는 본질적으로 추상적이거나 (또는) 가상의 사고와 개념들의 성격, 혹은 그들 사이의 관계를 다루는 이상적이고, 사변적인 연습으로 간주되고는 한다. 그러나 사회 과학이나 사회 이론의 요소 중에도 '지시'적인 주장을 하며 다소간 윤리적 입장을 취함으로써, 비슷한 규정화를 수행하는 내용들이 있다. 예를 들어 마르크스주의, 페미니스트 및 다른 유사 변형된 비판 이론들은 일반적으로 높은 추상화 수준에서 작동하는 추론과 방법을 활용하여 '마땅히 시행되어야 할 행위' (또는, 좀 더 전형적으로는 '시행되면 안 되는 일')에 관한 판단을 옹호한다.[3]

지시하는 윤리는 계몽이나 공학적 목적 모두에 가치 있게 기여한다. 이론, 즉 추론 절차를 통해 추상적인 도덕 개념의 지식을 만들어 내는 이론과 논변을 평가할 수 있는 방법을 제공하기 때문에 계몽을 목표로 하는 철학적 윤리학자들에게는 지시하는 윤리가 유용한 것은 분명하다. 마찬가지로 지시하는 윤리는 공학적 접근법에서도 핵심적인 역할을 수행한다. 윤리적 주장을 해명하고 옹호할 능력이 없다면 부당하거나 비윤리적인 행동 그리고 관행 및 상황에 이의를 제기하거나, 다른 윤리적 대안을 제공할 근거를 결여하게 되기 때문이다.

이와 대조적으로, 간단히 말하자면, 기술적 방법은 규범적 판단을 자제하면서 윤리적으로 해당되는 사실을 확립하는 작업을 수반한다. 이것은 윤리 문제가 종종 지식의 문제와 연결되어 있기 때문에 중요하다. 따라서 지식의 부족을 해결하면 윤리 문제 해결에 어떤 방식으로든 기여하게 된다. 이것은 결과주의에서 특히 명백하다. 어떤 행동이 행복을 가장 크게 증진(또는 그에 상응하는)시키는지 완벽한 지식을 가지고 있다면 많은 윤리적 문제가 해결될 수 있다. 물론 이것은 넓은 범위의 도덕적 정치적 사유에도 관여된다. 아리스토텔레스적 관점에서는 인간이 어떤 존재에 속하는지 알지 못한다면 인간에게 무엇이 선한 삶인지 완전히 이해할 수 없다(Appiah, 2008; Sayer 2011; Smith, 2010). 이런 견해는 인간의 좋은 삶의 조건과 고통의 원인에 관한 정보가 윤리학이라는 학문에 중요하다는 사실이 매우 명백하기 때문에 기술적 방법을 윤리학의 내재적 부분으로 보아야만 한다고 주장한다.

기술 윤리학은 또한 윤리학의 관심 대상을 드러내는 데 도움이 된다. 인간이 실제로 처한 환경, 관습, 관계 안에 윤리적으로 유의미한 특징을 조명하는 사회학과 정치 이론이 바로 기술 윤리학이기 때문이다. 예를 들어, 푸코의 『광기의 역사 (Maddness and Civilization)』(1988)는 유럽 정신 의학의 발전 과정에서 억압과 권력의 관계를 검토하고 비판함으로써, 정신 의학의 영역에서 윤리적 분석에서 중요성에 비해 탐구되지 않은 장을 개척했다. 윤리적 문제에 대한 사회학, 또는 사회 과학적 접근은 심각하게 관심을 기울여야 하는 문제를 드러내는 동시에, 종종 당연시되는 규범과 관행을 깊이 탐색하고, 새로운 종류의 증거와 잘 알려져서 친숙한 증거를 생각하는 방법을 제공한다. 그럼으로써 윤리에 대한 새로운 이해를 발전시키는 데 도움이 된다.

기술적 방법이 수행할 수 있는 두 가지 기능, 즉 윤리적 논쟁이 존재하는 영역을 살펴보고 규범적 추론 과정에 필수적인 내용을 제공하는 이들 기능 때문에 어떤 윤리학자들은 기술 윤리학 분석에 임하는 연구자들을 규범 윤리학에 봉사하는 '시녀'로 간주하게 되었다(Haimes, 2002). 이렇게 보면 비록 간접적이기는 하지만, 기술적 방법은 계몽의 목적을 달성하는 데 있어 중요한 역할을 수행한다는 것을 알 수 있다. 우리는 이 방법론이 직접적인 의미에서 윤리 이론의 구성에도 도움이 된다고 생각한다. 왜냐하면 상황, 약속, 실천에 대한 관찰이 광범위한 맥락에서 윤리적 실천에 대한 우리의 사고를 지도하는 중요한 역할을 수행하는 것이 분명하기 때문이다. 윤리, 특히 윤리적 실천에 대한 우리의 이해는 흔히 경험과 관찰 그리고 추상적 추론 과정을 통해 달성된다. 이런 주장은 우리가 가진 메타 윤리적 확신을 반영한다. 진리에 부합하는 '자연주의적 윤리학'이 있으며, 의미 있고 변론 가능한 윤리는 윤리적 행위자의 본성과 그들이 처한 세계에 대한 이해와 관련해서만 분명하게 표현될 수 있다는 것이다. 이에 대해서는 다음 절에서 좀 더 다룰 것이다. 이런 의미에서 기술적 방법은 이해라는 목표를 달성하는 데 있어 중요하며, 아울러 직접적인 역할을 수행한다.

또한 기술적 방법은 윤리학에서 보다 실용적인 공학적 목표 달성에도 중요한데, 이는 부정의하거나 비윤리적인 상황의 변화를 이끌어 내려면 그런 상황, 관행 및 약속에 대한 지식이 필요하기 때문이다. 따라서 이론을 지향하는 계몽적 목표와 실용을 지향하는 공학적 목표 모두를 충족하기 위해서는 기술적 접근과 규범적 접근법을 함께 사용할 수 있다. 철학 일반에서 이런 다양한 목적과 방법을 결합하기 위해 철학 전통 사이에서 수행된 연구를 들 수 있다(예: Appiah, 2008; Glover, 1999, 2006; Sayer, 2011). 경험주의 생명 윤리는 이런 다학제 및 학제 간 학문들 중 하나의 광범위한 분야로 간주할 수 있을 것이다.

경험주의 윤리학에서 다원주의의 관리

윤리학을 넓은 범위의 목표와 방법을 포괄하는, 내재적으로 다원적인 분야로 인정하는 주장을 재고해 볼 필요가 있는데, 특히 윤리학의 학문적 엄격성이 희석될 것이라는 우려를 배경으로 그러한 주장을 다시 살펴볼 필요가 있다. 클라우저 (Clouser)는 윤리의 정의가 지나치게 포괄적일 경우 발생하게 될 위험을 경고하면서, 윤리가 '지나친 일반성 때문에 무의미해지는' 것을 피하고자 한다면, 반드시 "실질적 논의를 위한 최소한의 수준으로 다듬어져야 한다."라고 주장한다(Clouser, 1973. p. 787). 모든 사람들에게 모든 것이 되려고 하려다 윤리학의 모든 부분에서 초점을 잃지 않도록 할 필요가 있다. 그러나 이런 위험의 상당 부분은 윤리학의 목적 그리고 방법이 목표를 지지하는지 사례별로 세심하게 주의를 기울이는 접근을 통해 피할 수 있다.

폭넓게 정의된 경험주의 생명윤리학군(群) 내부의 목적과 연구 방법에 관해 더 많은 성찰을 격려함으로써, 윤리학의 형식에 내재하고 있는 다양성을 더 잘 인식하고 받아들일 수 있을 것이다. 근거 없는 환원주의로 불필요하며 도움이 되지 않은 '폐쇄성'를 강요하거나, 모든 윤리학의 갈래 사이 존재하는 일정 정도의 거리나, 이들 사이의 독립성을 지나치게 강조하지 않고도 성찰이 가능하다는 점이 더 중요하다.

우리는 윤리학에 있어 방법론적 순결성이라는 관념이 근본적으로 오도된 것이라고 생각한다. 제시한 대로 계몽과 공학적 목적, 그리고 규범적이고 기술적인 방법은 서로 통한다. 예를 들어 실천 지향적인 윤리학이라도, 여기에는 실제 변화를 달성하기 위해 기술적 방법을 주로 활용하는 학술 활동이 포함되는데, 최소한 규범적 원칙에 암묵적인 방식을 통해서라도 의지할 것이다.[4] 조금 더 논쟁적인 주제와 관련해 기술적 윤리의 어떤 사례는 본질적으로 규범적이라고 주장하는 이들이 있다. 예를 들어 세이어(2011)는 홀로코스트를 "수백만이 죽임을 당했다(killed)."보다 "수백만이 살해당했다(murdered)."라고 표현하는 것이 더 정확하다고 주장한다. 세이어는 이 경우 정확한 기술은 규범적 개념의 사용을 요구할 것이며, 중립적인 '죽음'이라는 용어를 사용할 때 이 중요한 의미를 잘못 묘사하는 결과를 가져올 것이라고 주장한다. 이 주장은 철학 내부에서 개진되는 특정한 형태의 합리주의 윤리 이론에 반대하는 논변과 윤리학에서 '두꺼운 개념'의 중요성(예, Williams, 1985)에 대한 반향이다.[5]

실제로 가장 추상적인 도덕 개념이라도 합리적인 지식을 구축하려면 적어도 해당 개념이 적용될 세계에 대한 최소한의 지식은 필수적으로 요구된다. 도리스와 스틱(Doris and Stich 2005)이 말했듯 "중요한 윤리적 질문에 대한 답변은 경험적 질문에 대한 답변을 요청하며 매우 자주 전제해 왔다."(p.115: Appiah, 2008 참조) 예를 들어, 인간의 죽음에 대한 자연적인 사실이나 인간의 탐욕과 고통의 실제 현실을 전혀 의식하지 못하는 도덕 이론이라면 그것은 어떤 중요한 의미에서도 매우 불충분할 것이다. 윤리는 사람들이 무엇을 해야 하는지에 대한 실천적 질문에 관한 것이다. 그리고 실천되는 것이 전부이므로 무엇이 실천되는지 실천되는 현실에 대한 언급은 필수적이며, 분리될 수 없는 것처럼 보인다.

다양성에 대한 주장들은 윤리학자 개인이 연구의 목적이나 관점을 정당하게 축소할 수 없다는 결론을 의미하지 않는다. 아울러 윤리적 분석의 대체 방법을 수용하기 위해 그들의 방법론의 종류를 확장해야 한다는 암시를 내포하는 것도 아님을 강조하고자 한다. 이런 주장은 비현실적인데다 도움도 되지 않는다. 우리는 특정 분야의 윤리학이 좁은 변수 안에서 수행되는 것에는 아무 문제가 없다고 생각하지만, 이것을 적용하는 경우 어떤 사람이 수행하고 있다는 것을 이해하는 것도 도움이 된다. 어쨌든 다양성과 잠재적인 상호 보완성 인식은 혁신적인 형태의 윤리학을 개발하는 조건을 제공한다.

경험주의 생명윤리학이 바로 이 혁신적인 연구의 범주에 속한다. 2006년 보리 등이 경험적 연구 방법을 사용하는 연구 출판의 증가를 언급하며, 의료 윤리와 생명윤리학의 경험주의적 전환이 도래했다는 증거를 기술했다. 그들은 몰러베이크 등(Molewijk *et al*. 2003)이 사실의 기술과 규범적 지시 과정이 명시적으로 상호 의존적이고, 서로 얽혀 있는 논변을 통해 연구의 각 단계마다 상호 영향을 주고 받는 '통합적인 경험주의 윤리'에 대한 요청을 인용한다. 이런 종류의 윤리에 대한 접근은 흔히 사실과 가치의 구별을 문제시하고 있는 접근에 의존한다. 더 많은 학자들에게 이 접근법은 논쟁의 대상이 되어 가고 있음은 분명하지만, 일부는 이런 문제를 발생시킬 접근이라도 택할 준비가 되어 있는 것 같다. - 사실과 가치 구별을 문제로 삼는 이들이 분명히 있겠지만, 이 구분을 넘을 준비가 되어 있는 학자들이 증가하고 있다(Appiah, 2008; Blackburn, 1998; Doris and Stich, 2005; Gibbard, 1990; Harman, 1999; Putnam, 2004). 힐러리 퍼트넘(Hilary Putnam)의 표현을 빌리자면, 윤리에 대한 경험주의적 접근은 사실과 가치를 분리되어 있지만 동시에 고려되어야 하는 '얽혀 있는(entangled)' 실체로 보는 경향이 있다.[6]

이런 관점의 방법론이 갖는 함의를 탐구한 저자들이 다수 있는데(Borry *et al*., 2008; McMillan and Hope, 2008; Widdershoven *et al*., 2009; Widdershoven and van der Scheer, 2008), 이런 접근은 특징적으로 규범적 그리고 기술적 방법을 계몽과 공학적 목적 모두의 진보를 가져올, 지속적인 과정으로 결합하려는 욕망이 기저에 깔려 있다. 예를 들어 몰러베이크 등은(2003) 경험주의 생명 윤리 접근이 임상 의학에서 의사 결정의 도덕적 측면을 이해하는 맥락에 유용한지 논의한다.

이런 이해는 통합적인 경험주의 윤리학 모델이, 생명윤리학의 좀 더 표준적인 접근법이 할 수 없는 방식으로, 임상적 의사 결정의 복잡성을 포착하는 데 도움을 준다. 임상적 의사 결정은 과학적 사실뿐 아니라 행위 과정에 수반되는 가치를 고려해야 하는 윤리적, 기술적 과제라는 통찰에 의존하며, 이 두 가닥을 서로 얽힌 것으로 취급한다. 몰러베이크 등의 통합적 경험주의 윤리학 접근법은 생명윤리학자와 과학자들이 강력한 협력을 통해 가치 판단과 기술적, 과학적 평가가 서로의 조명 아래에서 동시에 이루어질 수 있게 될 것을 요청한다.

이 과정에서 의사 결정의 윤리적 요소와 과학적 요소 모두가 교정의 대상임을 언급하는 것은 중요하다. 예컨대 비더르스호벤과 반 데르 스헤르(Widdershoven and van der Scheer, 2008)가 '실용적 해석학'이라고 기술한 경험주의 윤리학 접근은, 윤리적 문제를 추상적 추론에 근거한 원칙에 한정하여 규정하는 틀을 찾으려는 시도에 비판적이다. 실용적 해석학은 생의학적 의사 결정이 상황의 도덕적 측면을 고려하여 평가되어야 하는 것처럼, 윤리적 평가는 반드시 특정한 생의학적 (그리고 심리-사회학적) 맥락을 반영하여 진술되어야 한다고 주장한다. 분석의 목적은 특정한 경우에 확고한 근거를 제공하기 위한 것이지, 행위를 위한 일반 규칙과 원칙의 생산은 아니기 때문에 (최소한 일차적 목적은 아니기 때문에) 위데쇼벤과 반 데어 스헤르는 윤리적 분석은 복잡한 구체적 상황에 민감해야 한다고 주장한다. 몇 가지 방식으로 분석의 대상이 처한 상황은 일정 정도의 경험적으로 도출된 지식을 요구한다(또한 란트베르 등(2016) 참조).

환원주의적 관점은 통합된 경험주의 윤리학의 가능성을 질식시킬 가능성이 있다. 우리는 윤리학자들이 생명 윤리에 관한 자신의 관점을 넓혀, 이런 혁신접인 접근법이 성장하고 발전할 기회를 창출하는 것을 보고 싶어 한다. 이를 위해서는 우리가 생각하기에, 다른 연구자의 작업에 대한 관용뿐 아니라 자신의 작업에 대한 안정감을 가져다 줄 수 있는 종류의 윤리학의 목적과 방법에 대한 성찰을 요구한다.

무엇이 경험주의 생명윤리학의 기준인가?

지금까지 우리가 지지해 온 윤리학(생명윤리학을 포함해서)의 개념을 광범위하게 고려한다면, 우리는 다양한 학문 공동체를 인정하는, 상대적으로 탄력적인 경험주의 윤리학 개념을 지지하게 된다. 특히 우리는 철학뿐 아니라 사회학이나 다른 사회 과학 등 다양한 범주의 학문에 정체성과 경력를 두고 있는 사람들이 경험주의 생명윤리학 내에서 활동할 자격을 갖추고 있다고 격려하고 싶다. 우리가 이 점에 대해 취한 노선을 발전시키게 되면 경험주의 생명 윤리로 인정받기 위해 어떤 작업이 갖춰야 할 단 한 가지 중요한 조건은 그 주장에 있어서 엄격성에 관심을 기울이는 것(또는 최소한 엄격성에 대한 문제 제기에 응답할 자료를 포함하고 있을 것)이라고 할 수 있다. 순수하게 기술적 생명윤리학의 경우라면 경험적 주장을 주로 의미하겠지만 대부분의 작업은 경험적, 규범적 주장을 포함할 것이다.[7] 이것은 의도적으로 모호한 경계이다. 특히 우리는 엄격함에 관해 어떤 구체적인 개념을 가지고 있지 않다. 엄격함은 인식론 공동체, 학문의 틀, 그리고 당연히, 고려 대상인 연구 과제의 목표와 초점에 따라 상대적으로 다양해질 것이다. 상당한 정도의 개방성은 공동체 사이에 관용이라는 출발점이 되는 틀과 학제 간 대화를 장려하기 위해 고안된 것이다. 이런 매우 탄력적인 개념에 기초해도 많은 작업이 경험주의 생명 윤리에서 제외된다. 즉, 일차 또는 이차적인 경험 자료를 사용하지 않거나, 의미 있는 경험적인 주장을 하지 않는 것 등이 그렇다. 그러나 적절한 종류의 엄격성에 관심이 없거나 최대한 우호적으로 해석해도 다른 이들이 경험적이며 규범적인 주장이 도출되거나, 근거 기반을 분석할, 구별 가능한 자원을 제공하지 않는 (상당히 많은, 그러나) 얼마나 되는지 그 수를 확정할 수 없는 연구들도 배제될 것이다. 물론 우리가 말하고자 하는 바는, 어떤 형태의 엄밀성 개념이 명시적이거나 암묵적으로 적용되었다고 다른 이들도 자동적으로 그것을 인정하고, 해당 연구가 질적으로 우수하거나 타당한 것처럼 받아들여야 한다는 것은 아니다. 우리가 제안하는 것은 그러한 작업이 확장된 일군의 경험주의 생명윤리학의 일부로 진지하게 받아들여지려면 어떤 문턱을 넘어서야 하는지에 관한 것이며, 학문에 대한 이러한 비판이나 기각은 그저 특정한 장르에 속한다는 것이 아니라 작업 과정에서 기준을 엄격하게 적용하고 준수했는지 여부를 바탕으로 해야 한다는 의미이다.

순전히 기술적인 연구나 본질적으로 비경험적인 작업은 일단 제쳐두고 본다면, 철학이나 사회 과학 배경을 가진 이들은 경험주의 생명윤리학에 입문할 때 다소 상이한 과제를 직면하게 된다. 일반적으로 말해 '철학적 생명윤리학자'들은 그들의 작업에 반드시 경험적 엄격성을 논하거나 (또는 그 방법에 개방되어 있어야) 해야 하며 '사회 과학적 생명윤리학자'들도 반드시 그들의 (다소간 명시적인) 규범적 주장을 설명할 방법을 찾거나 (최소한 그 방법에 개방되어 있어야) 해야 한다. 이 도전을 조금 더 자세히 다룰 것이지만, 그 전에 '철학적'과 '사회 과학적' 작업의 구별이란 절대 직설적이지 않음을 상기시키고자 한다. 이 둘은 경험주의 생명윤리학이나 다른 형태의 학제 간 연구 안에 이 둘을 한데 묶으려는 의식적인 시도를 하기 상당히 오래전부터 이미 중첩되어 있었다. 이제 경험주의 생명 윤리나 학제 간 연구를 계속해서 확장시켜 보자.

철학적 생명윤리학자들이 그들의 작업에 경험주의적 엄격성에 대한 고려를 '추가'하는 것이, 사회 과학자들이 규범적 엄격성에 대한 고려를 '추가'하는 것보다 쉬울 것이라고 가정하는 사람들이 있을 수도 있다. 우리는 이 가정(뿐만 아니라 이 과정이 단순히 '부차적'이라는 생각에 대해서도)에 회의적인 태도를 유지하는 것이 좋을 것 같다. 실제로 우리는 약간은 도발적인 의도로, 따라서 분명히 과장할 위험성은 있지만, 이 상황을 묘사하는 더 나은 방법으로 철학적 생명윤리학자들이 경험적 작업의 철학과 방법론 그리고 규범적 추론을 사회 과학자들에게서 배울 수 있다(당연히, 그리고 더 자주 가정되듯, 그 반대 방향으로도)고 주장한다. 사회 과학은 풍성한 연구의 전통이 포함되어 있고, 그중 다수가 인식론과 (그리고/또는) 가치 주장에 상당히 성찰적이다. 잘 알려진 것처럼, 경험적 연구의 엄격성과 관계된 전문성은 연구 방법론과 인식론의 중심이 되는데 사회 과학의 학문군 내부에서 반복되고, 실천되며 자리 잡고 있다. 그런데 이는 근본적으로 철학적 (물론 작업적이도 한) 질문들이다. 이런 현상이 철학과 사회 과학 사이에 이미 존재하고 있으며, 상당한 정도로 진행되는 상호 침투의 일부이다.

비록 덜 분명하지만, 규범적 추론에 관해서도 비슷하게 설명할 수 있다. 철학과 사회 과학 분야 모두 내재된 사회 및 정치 이론에는 규범적 추론의 흐름이 존재한다. 광범위한 경험적 (또한 이론적) 사회 과학에서 비판 및 후기 구조주의적 흐름을 직접 형성한 대륙 철학의 전통적 규범적 작업에 가장 명백하게 적용된다. 생명윤리학에 직접적인 영향을 미친, 오랫동안 유지되어 왔던 상호-수정(受精)의 예가 페미니스트 철학과 사회 과학에 걸쳐 있다. 주류 분석 철학의 작업에서는 예외적이고, 사회 과학 연구에서도 드물게 내재되는 (센의 '능력' 접근은 경제학과 개발학 내부에서 발생해서 광범위하게 적용되는 예이다) 경우라고 할 수 있겠다.

분석적 철학적 윤리의 관점에서 보면 비판 사회 과학 작업에 내재된 규범적 추론의 형태가 가진 취약점은 우리가 경험주의 생명윤리학에 포함시키는 기준으로 특정한 결정적인 제한선, 즉 규범적 엄격성을 설명할 능력이라고 이름 붙이는, 제한선 상에서 발생한다. 여기에서 문제는 이 비판 사회 과학과 후기 구조주의 사회 과학에서 수행되는 작업의 대부분이 윤리적이고 정치적 입장과 주장을 명시적이라기보다 암묵적으로 제기한다는 점이다.[8] 더욱이 이 작업의 많은 부분(특히 후기 구조주의의 변형들)에서 윤리적, 정치적 주장을 긍정적으로 확인하고 옹호할 수 있지 않다는 회의적 관점이 내재한다. 가장 일반적인 차원에서 이 회의론은 지식에 대한 주장이 필연적으로 사회권력과 결부되어 있으며, 배제와 억압의 형태를 언제라도 (재)생산한다는 걱정을 반영한다. 이런 종류의 문제들이 재키 릭 스컬리 Jackie Leach Scully(2016)가 이 책에 실린 자신의 장에서 논의한다.

그럼에도 불구하고 우리는, 이 장의 내용이 규범적 검토를 회피하는 경향이 있기는 하지만, 이 맥락에서 식별되고 적용될 수 있는 장르 특유의 질적 개념들이 존재한다는 것을 주지하는 바이다. 이 맥락에서 구별 가능하고 적용할 수 있는 수준에 관한 장르-특징적인 관념이 존재한다고 말할 수 있다. 이것을 엄격성이라는 언어로 해석한다면, 어떤 의미에서는 이상하고 환원적으로 들릴 수도 있을 것이다. 그러나 비판 또는 해체 이데올로기를 체화하는 좋은 수준을 갖춘 작업은 그간 당연하게 받아들여진, 독해를 혼란시키고 독자들이 이전에는 문제가 없고, 정상적이며, 자연적 또는 중립적인 것으로 받아들였던 것에 대한 불신을 확대함으로써, 이제는 드러내고 의문을 제기할 수 있게 된 흑백논리, 계층과 권력의 회로를 통해 표현되어 온 방식을 조명하는 것을 포함하여 현상을 이해하는 새로운 가능성을 지시한다고 일반적인 수준에서 말하겠다. 경험주의 방법론에 대한 논쟁에서와 같이, 이런 작업을 뒷받침하는 근본적인 모델과 논변을 비판적으로 검토하고 질문하려는 이들은 하이데거, 프랑크푸르트 학파, 푸코주의 및 관련 학문 작업을 포함하는 (대륙) 철학의 상당한 분량의 검토를 시도할 수 있다.

그 결과 우리는 최소한 비판 사회 과학 작업 중에서 최소한 일부는 경험주의 생명 윤리의 기준을 충족하는 것이 분명하다고 보게 되었다. 이 작업은, 어떤 것을 그들의 범주에서 배제할 것인가에 대한 단순한 논쟁이 아니라, 무엇이 수준 높은 경험주의 생명 윤리로 간주될 수 있는지에 관한 유적(類的) 논쟁에 포함되어야만 한다. 우리는 이런 현재 작업에 관련된 규범적 추론류가 경험주의 생명 윤리에 중요한 기여를 한다는 신념으로 이렇게 말할 수 있다. 경험주의 생명 윤리가 특정한 맥락(예를 들어 충분한 정보에 근거한 동의를 둘러싼 특정 제도적 정책 또는 인구 대상 선별적 중재의 입법 같은)에 실천적인 용어로 적용될 때에는 그들이 수행하는 관행 및 정책의 구성[9]에만 주의를 기울여야 한다. 뿐만 아니라 사례와 자체 분석에 포함된 가치와 윤리적 범주도 염두에 두어야 한다. 이런 관행과 정책 중 최소한 그 설명 중 일부가 성차별적 (또는 '인종 차별적' 또는 '계급적') 과정을 그 안에 두고 있는가? 분석의 범주가 실제로 특정한 경제적 이해관계나 '신자유주의' 이데올로기를 보다 일반화시키는 데 기여하는가?

이런 종류의 문제의식이 예컨대 원칙주의의 이데올로기적 묶음 같은 것을 포함하는 주류 생명 윤리에 대한 사회학적 비판을 생산적으로 만든다. 윤리를 '실천'하는, 보다 사회학적인 방식과 응용 윤리학이라는 주류 철학의 접근 방식 사이에는 분명한 긴장이 존재하지만, 이 둘 사이에는 상당한 유사점과 상호 보완점이 있다. 예를 들어, 원칙주의의 한계를 지적하는 비슷한 방식의 비판은 철학적 생명윤리학 내에 일상적이며 지배적인 윤리 범주에 대한 가정을 뒤짚고, 사회 및 정치 이론(예를 들어 공동체주의 논쟁)에 의존하는 응용 철학 윤리의 유사한 작업 예, 이를테면 현재 성장 중인 공중 보건 윤리 영역가 있다. 다른 말로 학제 간 대화가 구축되는 공통된 근거가 매우 폭넓게 존재한다. 여기에, 그리고 더 일반적으로, 우리는 분과 학문 전통 사이의 내재된 긴장을 서로 다른 작업 사이에 확고한 경계를 그릴 이유가 아니라, 경험주의 생명 윤리 내부에 생산적인 대화를 생산하는 것으로 보아야 한다고 주장할 것이다.

이 절에서 우리는 명확한 규범적 의제가 있는 사회 과학의 (비록 광범위하지만) 한 영역에 집중했다. 이런 접근 방식에 의해 정보를 제공받는 생명윤리학에 관련된 작업은 경험주의 생명윤리학의 범주에 포함되어야 한다고 주장한다. 하지만 현상학적으로 이끌림을 받는, 질적 사회학 연구의 일부 작업이나 산술 정치학 전통과 같은 양적 작업의 일부 등을 포함한 여러 다른 영역에도 유사한 주장을 제기할 수 있다.

결론

요약하자면, 이 장에서 우리는 윤리학 일반, 구체적으로는 경험주의 생명윤리학 내부의 목적과 방법의 다양성을 인정하고 포용할 것을 주장했다. 뚜렷한 학문적 전통 안에서 생명윤리학에 접근하는 사람들 사이에 과거와 긴장이 지속되는 상황에서, 생명윤리학이 본질적으로 광범위한 영역으로, 다수의 접근 방식을 수용할 수 있을 뿐 아니라, 접근 방식 사이의 혁신적인 협업 형태에도 열려 있음을 주장했다. 우리는 목적과 방법에 대한 성찰, 차이에 대한 관용, 학제적인 소통과 우호적인 해석이 진정으로 학제적인 윤리학의 형태 개발에 기여할 요소임을 제안한다. 연구 결과가 엄격한 기준에 의거하여 제기된 엄중한 비판을 수용하고, 대안 형태의 학문의 가능성을 차단하지 않는다면, 이런 다양성을 환영할 것이라고 판단한다.

미주

1. 이 책 McMillan(2016)의 장 참고.
2. 이 책 Sheehan(2016)의 장 참고.
3. 어떤 사람들은 사회학자들과 철학자들의 방어 형식의 구별을 시도할 때, 전자는 규범적 전제를 가정하는 경향이 있고, 후자는 규범적 전제를 명시적으로 설명하고 방어하려는 태도를 가진다고 말할 것이다. 매우 일반적인 의미에서 사실일 수 있지만, 이러한 구별은 쉽게 과장될 수 있다. 사회학자들은 자신의 규범적 전제를 두드러지게 할 수도 있고, 자신의 규범적 입장에 대해, 에를 들어 일반적인 도덕적 직관에 기반하는 방식으로, 다른 종류의 방어를 시도할 수도 있다. 그러나 철학자들이 규범적 주장에 대한 방어를 보다 기초적인 수준에서 수행하려 한다 해도, 그 시도가 실제로 얼마나 성공적인지에 정당한 의문을 제기할 수 있으며, 보다 실천적인 차원에서 철학적 생명윤리학자들의 일상적인 작업이 이러한 기초적 엄밀성에 실제로 얼마나 의존하고 있는지도 물을 수 있다.
4. 예를 들어 이상적 이론이 **지침으로 기능할** 수 있는가에 관해서는 Ashcroft (2008)과 Robeyns(2008) 장 참고.
5. '두터운 개념'이 사실/가치 구분에 미치는 영향에 대해서는 이 책 McMillan(2016)의 장 참고.
6. 이 개념의 표현에 대해서는 이 책 McMillan(2016)의 장 참고.
7. 순전히 기술적인 작업이 '경험주의 생명윤리학'에 포함되어 사용되어야 하는지 합리적으로 의문을 제기할 수 있다. 우리는 이 문제에 대해 강한 선호가 없고, 이것을 구체화의 문제로 인식한다. 아울러 어느 쪽으로든 타당하게 발전시킬 수 있다. 일반적으로 우리는 이 용어를 보다 광범위하게, '포용적인' 의미로 사용하지만, 이 용어가 다른 경우에 어떤 의미로 사용되는지 명확히 하는 것도 중요하다.
8. 이 특정한 차원에서 분석 철학의 논변과 유사한 면이 일부 존재하는데, 대부분의 논증이 논의되기보다, 단순히 수행되기 때문이다.
9. 우리는 이 용어로 특정한 철학적 합리주의를 지시하지 않는다.

참고 문헌

Appiah, K.A. 2008. *Experiments in Ethics*. Cambridge, MA: Harvard University Press.

Ashcroft, R. 2008. Fair Process and the Redundancy of Bioethics: A Polemic. *Public Health Ethics*. 1(1):3-9.

Blackburn, S. 1998. *Ruling Passions: A Theory of Practical Reasoning*. Oxford: Oxford University Press.

Borry, P., Schotsmans, P., Dierickx, K. 2008. The Origin and Emergence of Empirical Ethics. In G. Widdershoven, J. McMillan, T. Hope, L. van der Scheer (eds.), *Empirical Ethics in Psychiatry*. Oxford: Oxford University Press. Pp. 38-51.

Borry, P., Schotsmans, P., Dierickx, K. 2006. Empirical Research in Bioethical Journals: A Quantitative Analysis. *Journal of Medical Ethics*. 32:240-245.

Bosk, C. 1999. *Professional Ethicist* Available: Logical, Secular, Friendly. Daedalus. 128(4):47-46.

Brock, D. 1987. Truth or Consequences: The Role of Philosophers in Policy-Making. *Ethics*. 97(4):786-791.

Clouser, K. 1973. Some Things Medical Ethics Is Not. Journal of the American Medical Association. 223(7):787-789.

Cohen, G. 2003. Facts and Principles. *Philosophy and Public Affairs*. 31(3):211-245.

Cribb, A. 2010. Translational Ethics? The Theory Practice Gap in Medical Ethics. *Journal of Medical Ethics*. 36:207-210.

Davies, R., Ives, J., Dunn, M. 2015. A Systematic Review of Empirical Bioethics Methodologies. *BMC Medical Ethics*. Available online: DOI 10.1186/s12910-015-0010-3.

Doris, J., Stich, S. 2005. As a Matter of Fact: Empirical Perspectives on Ethics. In F. Jackson and M. Smith (eds.), *The Oxford Handbook of Contemporary Philosophy*. New York: Oxford University Press. Pp. 114-152.

Foucault, M. 1988. *Madness and Civilization*. New York: Vintage Books.

Fox, R., Swazey, J.P. 1984. Medical Morality Is not Bioethics - Medical Ethics in China and the United States. *Perspectives in Biology and Medicine*. 27(3):336-360.

Gibbard, A. 1990. *Wise Choices, Apt Feelings: A Theory of Normative Judgment*. Cambridge, MA: Harvard University Press.

Giubilini, A., Minerva, F. 2012. After-Birth Abortion: Why Should the Baby Live? *Journal of Medical Ethics*. Available online: DOI 10.1136/medethics-2011- 100411.

Glover, J. 2006. *Choosing Children: The Ethical Dilemmas of Genetic Intervention*. Oxford: Clarendon Press.

Glover, J. 1999. *Humanity: A Moral History of the Twentieth Century*. London: Random House.

Haimes, E. 2002. What Can the Social Sciences Contribute to the Study of Ethics? Theoretical, Empirical and Substantive Considerations. *Bioethics*. 16(2):89–113.

Harman, G. 1999. Moral Philosophy Meets Social Psychology: Virtue Ethics and the Fundamental Attribution Error. *Proceedings of the Aristotelian Society*. 99:315–331.

Harris, J. 1975. The Survival Lottery. *Philosophy*. 50:81–87.

Hedgecoe, A. 2004. Critical Bioethics: Beyond the Social Science Critique of Applied Ethics. *Bioethics*. 18(2):120–143.

Hoffmaster, B. 1992. Can Ethnography Save the Life of Medical Ethics? *Social Science and Medicine*. 35(12):1421–1431.

Ives, J., Dunn, M. 2010. Who's Arguing? A Call for Reflexivity in Bioethics. *Bioethics*. 24(5):256–265.

Landeweer, E., Molewijk, B., Widdershoven, G. 2016. Moral Improvement through Interactive Research: A Practice Example of Dialogical Empirical Ethics. This volume.

McMillan, J. 2016. Empirical Bioethics and the Fact/Value Distinction. This volume.

McMillan, J., Hope, T. 2008. The Possibility of Empirical Psychiatric Ethics. In G. Widdershoven, J. McMillan, T. Hope, L. van der Scheer (eds.), *Empirical Ethics in Psychiatry*. Oxford: Oxford University Press. Pp. 9–23.

Molewijk, A., Stiggelbout, A., Otten, W., Dupuis, H., Kievit, J. 2003. Implicit Normativity in Evidence-Based Medicine: A Plea for Integrated Empirical Ethics Research. *Health Care Analysis*. 11(1):69–92.

Oswald, M. 2013. Should Policy Ethics Come in Two Colours: Green or White? *Journal of Medical Ethics*. 39(5):312–315.

Putnam, H. 2004. *The Collapse of the Fact-Value Dichotomy and Other Essays*. Cambridge, MA: Harvard University Press.

Rawls, J. 1971. *A Theory of Justice*. Cambridge, MA: Harvard University Press.

Robeyns, I. 2008. Ideal Theory in Theory and Practice. *Social Theory and Practice*. 37(3):341-362.

Sayer, A. 2011. *Why Things Matter to People*. Cambridge: Cambridge University Press.

Scully, J. L. 2016. Feminist Empirical Bioethics. This volume.

Sen, A. 2009. *The Idea of Justice*. London: Penguin Books.

Sheehan, M. 2016. Metaethics, Relativism and Empirical Bioethics. This volume.

Smith, C. 2010. *What Is a Person? Rethinking Humanity, Social Life, and the Moral Good from the Person Up*. Chicago, IL: University of Chicago Press.

Widdershoven, G., Abma, T., Molewijk, B. 2009. Empirical Ethics as Dialogical Practice. *Bioethics*. 23(4):236-248.

Widdershoven, G., van der Scheer, L. 2008. Theory and Methodology of Empirical Ethics: A Pragmatic Hermeneutic Perspective. In G. Widdershoven, J. McMillan, T. Hope, L. van der Scheer (eds.), *Empirical Ethics in Psychiatry*. Oxford: Oxford University Press. Pp. 23-37.

Williams, B. 2006. *Ethics and the Limits of Philosophy*. Abingdon: Routledge.

2부

실천

8장

실천적 관점: 서문

조너선 아이브스, 마이클 던, 앨런 크립(Jonarhan Ives, Michael Dunn, Alan Cribb)

경험주의 생명윤리학은 방법론과 연구 방법에 관한 진지한 고찰과 함께 발전했다. 경험주의 생명윤리학에 관한 광범위한 저술들은 연구 환경 안에서 사회 과학적 탐구와 윤리적 탐구가 결합될 수 있는 실천 방안에 관심을 가지고 있었다. 서문에서 논의한 바와 같이 이들 논의는 실천적으로 타당한 규범적 주장을 제시하려는 목적에서 시도된 것이며, 이는 경험주의 생명윤리학자들 사이에서 제기되는 생명윤리학의 연구 수행 방식에 관한 문제의식 일반을 반영한다. 이 편집자 서문에서는 방법론과 관계된 이론적 논쟁에서 벗어나, 경험주의 생명윤리학 연구가 어떻게 수행될 수 있는가 하는 실천의 문제로 관심을 옮길 것이다. 강조하려는 것은 우리 논의가 이론 문제에 거리를 둔다고 해서 이론에 관한 고려가 우리 시야에서 완전히 벗어나지는 않을 것이라는 사실이다. 경험주의 생명윤리학자들이 연구 수행 과정에서 택한 접근법을 방법론적 차원에서 설명한 내용을 보면 그들이 자신이 지지하는 이론의 전제에 비판적으로 의존하고 있음을 실제로 발견하게 될 것이다.

경험주의 생명윤리학 탐구 활동을 규정할 수 있는 통합적 접근법에 이어지는 또 다른 중요한 질문이 있다. 그것은 연구의 사회 과학적 그리고 윤리적 요소의 잠재력을 최대화할 수 있는 통합 방식이 무엇인가 하는 내용이다. 이러한 통합은 방법론 설계 과정에 무엇보다 참신함이 필요하다고 주장하는데, 이는 옹호가능한 좋은 경험주의 생명윤리학 연구는 연구 활동에서 실증적 단계와 윤리적 단계를 결합하는 것 이상의 것이 요구된다는 의미다.

'통합'이라는 과제 때문에 생명윤리학자들이 이런 종류의 연구의 기반이 될 수 있는 광범위한 방법론 개발과 제안을 포기한 것은 아니다. 경험주의 생명윤리학 방법론을 주제로 한 최신의 체계적 문헌 고찰에 따르면 생명윤리학 출판물에서 서로 구별되는 방법론적 접근법이 32가지 파악되었다고 한다(Davies *et al*, 2015). 이 체계적 고찰 논문에는 방법론과 관련하여 검토할 가치가 있는 내용들이 많이 담겨 있다.

첫째, 체계적 고찰의 저자들에 따르면 경험주의 윤리학의 방법론 유형은 그 성격에 따라 '대화적 방법론(dialogical methodologies)'과 '자문적 방법론(consultative methodologies)'으로 구분되고, 이 식별된 방법론의 대부분이 두 방법을 양 극단으로 하는 연속선상에 위치한다. 대화적 방법론은 연구자가 참여자와 대화할 수 있는 방식으로 연구를 설계하는 방식이다. 이 대화를 통해 연구자들은 (다양한 가능한 방법을 통해) '연구 참여자'와 함께 분석하고 규범적 결론을 공동으로 도출해 냄으로써, 도덕적으로 중요하거나 어려운 실천의 측면을 이해하며 해결책을 함께 개발한다. 이와 대조적으로 자문적 방법론은 연구자와 참가자가 연구 과정에서 각기 다른 역할을 수행하는 방법이다. 연구자는 외부에서 '사상가' 또는 분석자의 역할을 맡아 실증적 자료를 수집하고 분석한 다음, 데이터 수집 과정과는 별개로 규범적 결론 도출을 위해 추가의 윤리적 분석을 수행한다.

경험주의 생명윤리학 연구 수행을 목적으로 개발된 방법론적 접근 방식을 이렇게 분류하는 일은 연구자들에게 규범적 결론에 도달하는 다양한 방법과 그것이 정당화될 수 있는 방법의 다양성을 인식하도록 이끈다는 점에서 유용하다. 또 우리는 이런 식으로 방법론을 성찰하는 일이 실천적 윤리 주장의 형식과 그 주장의 정당화 방법에 관련된, 보다 근본적인 질문을 새로운 관점에서 성찰하도록 한다는 사실을 발견하게 된다. 실제로 앞서 인용한 문헌이 던지는 두 번째 중요한 관찰은 다양한 방법론적 접근이 규범적 정당화 문제에 대해 취하는 서로 다른 태도다.

데이비스 등(Davies *et al.*)(2015)은, 방법론들은 경험적인 탐색과 윤리적인 탐색을 통합하기 위해 서로 다른 설명 방식으로 인식론의 핵심적인 세 가지 질문에 답한다고 주장한다. 첫 번째는 규범적인 결론의 정당화 방식에 관한 것으로, 이를 합의의 생성으로 볼 것인가 아니면 일관성에 대한 호소로 볼 것인가 하는 것이다. 이 질문에 관한 답변에서 방법론은 다양하게 분리된다. 일반적으로 대화적 방법론은 규범적 주장을 연구 활동에 관련된 모든 사람들 사이에서 형성된 합의로 정당화할 가능성이 높고, 자문적 방법론은 일관성에 호소함으로써 도출된 결론을 정당화할 가능성이 높다. 데이비스 등이 기술한 것처럼 '규범적 결론의 정당화를 위해 합의를 활용하는 방법론은 특정한 종류의 합의에서 도덕적 권위를 발견하고,' '반대로 일관성에 호소하는 방법론은 합리성과 일관성에서 도덕적 권위를 찾는다'(p.9). 이런 검토는 윤리에서 규범성이 가지는 성격에 관한 질문으로 연결되는데, 이는 맥밀란과 시한이 이 책 1부에서 상세히 살펴본 문제들이다. 맥밀란의 개념 설명에 따르면 경험주의 생명윤리학에서 규범성은 (합의가 아니라)일관성을 지향하는 도덕적 정당화 시도에 더 가깝다. 그러나 그렇다고 해서, 합의 중심 접근을 지지하는 경험주의 생명윤리학자들이 도덕적 주장을 구성하고 강화하는 데 있어 사회적 과정의 가치와 필요성에 기반한 실질적인 규범 정당화 이론을 직접 제시할 수 없다는 뜻은 아니다.

두 번째 인식론적 문제는 결론에 도달하는 분석 과정과 관련이 있다. 파악된 방법론들은 다음 각각의 역할에 서로 다른 우선순위를 매긴다.

i. 규범적 결론의 형태를 결정짓는 핵심적인 판단을 내리는 연구자 혹은 분석자
ii. 이론과 규범적 결론의 진술에서 시작된 이론의 일관성 있는 발전과 적용
iii. 규범적인 결론을 형성하는 집단적 과정에 참여하는 연구의 이해 당사자

앞에서 개관한 대로 자문적 방법론은 연구 활동에 속하는 분석 및 결론 도출 과정에서 연구자 개인의 역할에 우선순위를 부여하는 경향이 있다. 이론 의존적인 자문적 방법론에서 연구자는 연구 시작 전에 특정한 이론을 확고하게 받아들인다. 그리고 분석은 관련 당사자들의 견해와 경험을 고려

하여 이러한 이론적 입장이 실제 윤리적 문제에 어떻게 적용되어야 하는지 구체화하는 데 초점을 맞춘다. 대조적으로, 대화적 방법론들은 연구에서 이해 당사자를 우선시하는데, 적합한 실천적 경험을 다양한 범주로 연결하여 규범적 결론이 촉진적 또는 합의 도출 절차를 통해 실질적으로 형식화될 수 있게 한다.

인식론의 세 번째 질문은 경험주의 생명윤리학 연구를 통해 도출하려하는 규범적 결론의 종류에 관한 것이다. 결론은 분석 과정의 형식화 방식에 따라 일반화 가능성의 정도에 차이가 있다. 사상가 또는 이론을 우선시하는 방법론은 실증적 연구가 수행된 실천의 맥락을 넘어 확장될 수 있는 일반화 가능한 결론을 목표로 하고 있을 가능성이 높다. 이것은 해당 방법론을 활용하는 연구자는 그들의 일반화 가능한 결론의 표현이 우리가 서론에서 '실용적 조건'이라고 불렀던 것을 만족하는 방식으로 이루어질 수 있게 하는, 현실의 행위자들에게 의미가 있으며, 실천할 수 있는 적절한 방법을 고안해야 한다는 것을 의미한다. 이런 접근법은 실제 이해 당사자 집단의 참여를 지향하거나 합의를 근거로 결론을 정당화하기 위해 노력하는데, 특히 이들 이해 당사자들이 처한 영역이나 합의가 이루어진 영역에 제한된 행위를 지도하는 지침을 도출하는 데 집중한다. 이런 종류의 방법론적 고려는 1부에서 시한이 지적한 도덕 상대주의와 밀접한 관련성을 갖는다. 한편 경험주의 생명윤리학에서 조금 더 '지역적'인 합의-도출과 이해 당사자 지향적 접근을 옹호하는 사람들은 그들이 이끌어 내는 결론이 시한이 제기하는 비판에 응답할 수 있도록 주의해야 한다.

정당화와 방법론적 설계

우리는 이 체계적 고찰에서 확인된 다양한 경험주의 생명윤리학 접근법 중에서 세 가지 이상의 인식론적 질문에 관련하여 다른 입장을 취하는 방법론을 몇 개 선정했다. 우리는 다음 네 가지 방법론이 현재 형태의 경험주의 생명윤리학에서 방법론의 분야를 광범위하게 대표하는 것으로 간주한다. 이제 이 책은 1부의 개념적, 학문적 불일치에 관한 근본적 질문의 심층적인 성찰에서 다음 단계로 옮겨 간다. 그러나 우리는 경험주의 생명윤리학 연구자들이 암묵적 또는 명시적으로 수용한 다양한 철학적 관점을 그들이 연구를 설계하는 방식으로 주의 깊게 고려해야 서로 다른 방법론을 이해할 수 있다고 판단한다. 그런 이유로 2부의 처음 네 장의 저자들에게는 그들의 방법론을 소개할 때 그들이 수용하고 옹호하고 있는 방법론의 상세한 정당화도 함께 제시해 줄 것을 요청했다. 이 네 가지 방법론적 틀은 경험주의 생명윤리학 연구를 수행하는 상이한 접근법들을 대표하지만, 우리는 거듭 이것만이 유일한 설명이 아니라는 점을 주지시키고자 한다. 예를 들어 최근 출판된 연구 결과 중, 공생적 생명 윤리(symbiotic empirical ethics, Frith, 2010), 반성적 비교(reflexive balancing, Ives, 2015), 근거도덕 분석, 도덕 참여, 도덕 대화(Dunn *et al*., 2012), 그리고 상호적-윤리(inter-ethics, Abma *et al*., 2009, 2010) 등도 목록에 포함시킬 수 있다. 우리는 정당화 전략과 그 방법론적 조건을 바탕으로 중첩되지 않는 방법론들을 택했는데, 이때 우리의 전략은 우리가 편집자로서 특정한 접근법을 지지하기보다는 핵심 사상을 다양하게 나열하자는 것이다.

네 가지 방법론적 접근

9장에서 란트베르, 몰러베이크와 비더르스호번(Landweer, Molewijk, and Widdershoven)은 그들이 '대화적 경험주의 윤리학(dialogical empirical ethics)'이라고 칭한 경험주의 생명윤리학의 방법론을 소개한다. 이 방법론은 경험주의 생명윤리학 연구에 해석학적 철학이 어떻게 적합한지 오랜 동안 사유한 최종적인 결과물로 (Widdershoven, 2001; Molewijk *et al*., 2004; Abma *et al*., 2009; Widdershoven *et al*., 2009a, 2009b; Landeweer *et al*., 2011; Voskes *et al*., 2013) 실제 도덕 문제에 관한 성찰과 대화 과정에 이해 당사자를 포함시킴으로써, 도덕적 학습과 직접적인 실천을 향상시키려 한다. 이 방법론은 란트베르 등이 대표적인 경험적 탐색 전략과 윤리적 이해를 교합시킨 것이다. 그 두 가지 방법론은 바로 가다머의 해석철학과 대응적 평가(responsive evaluation)이다. 전자는 철학적 접근으로서, 그 전제는 도덕적 이해와 윤리적 행동이 '융합 지평'의 과정에 참여하는 개인 간의 대화 교환을 통해 형성되고, 의사소통 과정에서 이해의 공통 프레임워크를 구축하게 된다는 것이다. 후자는 경험적 접근으로서 연구 참여자가 탐구와 변화의 동반자이며, 연구 진행 방식과 결론 도출 방식을 함께 이끌어 간다는 관점을 구현한다. 정신과 진료 과정에서 억제대 사용의 윤리성에 관한 연구를 예로 삼아, 란트베르 등은 부적절한 강제 수단을 감소시키는 새로운 종류의 도덕적 해결 방안은 간호팀 사이의 대화 유도와 촉진에 의존함을 보여 준다. 대화는 특정한 진료의 맥락 연구 수행이 가능하게 하는 동시에, 연구 결과를 실행할 수 있게 한다.

10장에서 반 틸과 반 델덴(van Thiel and van Delden)은 경험주의 생명윤리학의 방법론으로 '규범적-경험적 반성적 평형(normative-empirical reflective equilibrium NE-RE)'을 설명한다. 란트베르 등이 제시한 대화적 접근과 대조적으로 NE-RE는, 롤스의 반성적 평형 설명에 많은 부분 의존하는 자문적 접근의 영역에 속하는 것이 분명하다. 즉 실천적 윤리적 문제에 관해 도덕적으로 옹호할 수 있는 논변을 제공하려면 도덕 직관, 도덕 원칙 도덕적으로 관련성 있는 사실, 배경 이론 등 모든 요소가 일관된 방식으로 종합되어야 한다는 것이다. 반 틸과 반 델덴은 직관을 포함시킴으로써 연구자들이 과도하게 주관적이거나 오류가 있는 윤리적 분석을 도출할 수 있다는 관점에 대응하여 실천 생명윤리학의 분석 과정에서 도덕 직관의 역할을 옹호하는 논변을 제시했다. 연구자 개인의 통찰을 뛰어넘는 직관을 포함시키는 작업의 중요성을 강조함으로써, 반 틸과 반 델덴은 자신들의 윤리적 분석이 건전함을 변론하는 한편, 예상치 못한 통찰, 경험의 적절한 묘사, 그리고 도덕적 고려점에 관한 다각적 해석의 가치를 강조한다. 또한 이들은 반성적 평형에 도달하기 위해서 요구되는 일관성의 정도가 불확실하다는 반대에 대응하여 자신들의 방법론적 접근에서 일관성의 사용을 변호한다. 발달 장애를 가진 소녀의 성적 성숙을 지연시키는 목적으로 시행된 일련의 시술이 적절한지를 두고 인터넷 게시판에서 벌어진 논쟁을 실증적으로 분석한 내용을 바탕으로, 반 틸과 반 델덴은 이런 종류의 문제에 관하여 광범위한 직관이 존재함을 증명한다. 그들은 자신들의 윤리적 분석 과정에서 직관을 체계적으로 분석한 내용을 그들이 규정한 관련 도덕 원칙(이 원칙의 근거가 되는 도덕 이론적 고려 사항과 함께) 사이의 '강하'고 '약한' 긍정적, 부정적 추론 관계를 드러내기 위해 고안된 분석 기법을 활용한다.

11장에서 킴(Kim)은 숙의 민주주의 정치 철학에서 발전한 또 다른 방법론적 접근법을 소개한다. 이 접근법은 자유 민주주의 사회의 거버넌스 전략의 하나로, 국가가 정책 결정을 두고 시민들에게 제안의 이유를 설명하고 대화를 촉진시키려 한다. 이때 이 숙의는 공적 영역에 속한 개인들이 접근할 수 있어야 하고, 동시에 문제를 제기할 수 있는 방식으로 이루어져야 한다(Gutmann and Thompson, 2004). 킴에게 정치 영역의 숙의 민주주의적 접근은 공공 정책을 결정하는 과정의 생명 윤리 추론과 자연스럽게 어울린다. "시민의 숙의를 도모함으로써, 공동의 시각을 얻고 갈등을 해결할 수 있다."라는 생각은 직관적 호소력을 가진 것처럼 보인다. 킴은 현재 정치 환경에서 그런 의사 결정을 전문가 패널, 위원회, 또는 특정 이익 단체에 맡기기보다 시민을 이런 공공 정책 결정에 참여시키는 것이 바람직하다고 분명하게 주장한다. 킴은 이런 방법론적 접근이 여러 어려움을 내포하고 있음을 인정한다. 그런 어려움 중 하나는 수준 높은 심의적 의사 교환 방법의 평가 지표를 구체화해서 그가 말하는 '공통선에 기반한' 정책 권고안의 형식화를 가능하게 하고, 양극단에 있는 견해를 조정할 수 있도록 보장하는 일이다. 경험주의 생명윤리학에서 숙의 민주주의를 수용하는 두 번째 어려움은 '공공의 관점' 또는 '공공의 선'에 도달하는 방법과 이 방법을 정당화할 수 있는 능력이 어떻게 구성되는지 찾아내고 제시하는 일이다. 킴은 성인 치매 환자 모집 관련 정책 수립에 관하여 수행된 심의 민주주의적 접근법을 소개하면서 경험적 생명윤리학 연구 내에서 합의점을 찾으려는 시도를 정당화하는 것은 사회 구성원들에게 광범위하게 적용되는, 윤리적으로 방어 가능한 정책을 개발해야 한다는 필요성에 초점을 맞추는 것이다. 이러한 정당화는 정책적 차원이 없는 생명 윤리 문제들(예를 들어, 연구의 목적이 소규모 맥락에서 전문가 실무를 형성하는 것인 경우)에까지 확장되지는 않을 것이라고 주장한다. 그러나 킴은 민주적인 의사 결정을 받아들이게 될 사회 내부에 현실적인 도덕 불일치가 존재하며, 제안된 정책이 필연적으로 경쟁하는 선과 가치의 교환을 요구할 때, 이런 정당화가 실제 윤리적 결론을 정당화할 최선의 방법이라고 주장한다.

12장에서 스컬리(Scully)는 경험주의 생명윤리학에 관련된 포괄적 페미니스트 접근 방식을 설명하여 페미니스트 철학과 사회 과학 분석 사이의 보완적 요소들을 개발, 통합한다. 스컬리의 설명에 따르면, 첫 번째 우려는 생명 윤리를 수행하는 방식이, 윤리적 분석부터 실존하는 실천의 도덕적으로 명백한 측면을 규명하는 데에 이르는 많은 영역에서 존재하는, 근본적으로 성차별적이며 실천 윤리의 이런 차별적 측면이 압제가 실현되도록 기능하고 있다는 것이다. 이것은 생명윤리학 그 자체, 그리고 생명윤리학자들이 제안한 권고안이 기능하도록 설계된 실천의 맥락에서 타당한 지적이다. 페미니스트 경험주의 윤리학은 '윤리적, 생명 윤리적인 생명 정치에 비판적으로 참여하는 도구'를 제시하려 한다. 스컬리는 그 방법론을 활용해서 페미니스트 경험주의 윤리가 억압적인 관행을 드러내고 인간 관계와 보살핌의 도덕적 중요성을 강조한다고 말한다. 아울러 스컬리는 불균형한 권력 구조를 드러내고, 사회 내에서 윤리적 문제를 식별하고 분석하는 과정의 중심에 소외된 목소리를 두어야 한다고 설명한다. 스컬리가 드러내듯, 페미니스트 경험주의 생명윤리학의 정당화 기반은 강력한 반-상대주의이다. 또한 경험적 연구는 착취, 학대와 압제를 예방할 수 있으며, 그렇게 기능하는 방식을 진보시키기 위해 기능한다.

이상의 방법론이 보여 주는 네 가지 접근법은 현재 형태의 경험주의 생명윤리학 연구의 방법론 영역을 개략적으로 소개할 뿐이다. 그러나 이렇게 간단히 살펴보는 것만으로도 몇 가지 중요한 차이점을 발견할 수 있다. 란트베르흐 등과 반 틸과 반 델덴은 실천적 윤리적 지식을 획득할 수 있는가 하는 문제를 해결하기 위해 정당화의 문제를 명확히 설명함으로써 방법론적으로 진척을 이루려 한다. 이들의 메타 윤리적 접근을 보면 전자는 대화적 해석에, 후자는 도덕적 직관과 일관성의 논쟁적 영향력에 주로 의존한다. 이에 반해, 킴의 방법론적 접근은 특정한 정치적 질서에 대한 호소와 생명윤리학적 연구 활동이 공공 정책 권고안을 도출하는 데 목적을 둘 때에는 민주적 정치 참여의 기준이 '먼저' 승인되어야 한다는 점을 명시적으로 인정해야 정당화된다. 스컬리의 페미니스트 경험주의 생명윤리학 방법론은 여성 등 소외받는 집단에 대한 사회적 문화적 편견에 도전할 것을 요구하는, 일련의 규범적 가치에 선험적으로 헌신함으로써, 견인력과 정당성을 얻는다. 스컬리는 억압을 경험하거나 현대 윤리학 분석의 주류 담론에서 소외된 사람들의 목소리를 전면에 내세울 수 있도록, 실증적 근거를 지향하는 생명 윤리가 세계 내에서 실천적인 윤리적 변화를 불러일으킬 도덕 규범을 정립할 유일한 방법이라고 주장한다.

생명윤리학 연구 설계에 이런 접근법 중 하나를 기초로 삼으려고 고려하고 있다면, 이 접근법들 역시 비판을 피할 수 없음을 인식하는 것이 중요하다. 자신의 연구 방법론 선택 과정에서 다양한 접근 방식을 소환함으로써 방법론적 전략의 일부가 되는 정당화와, 설계 결정 전부와 관련된 다수의 질문을 성찰할 위치에 있다. 우리는 생명윤리학자들이 자기 자신의 연구 작업에서 방법론을 선택할 때, 다음과 같은 질문을 던지면 유용하리라 생각한다.

- 특정한 실천적 윤리 문제를 해결하기 위해 경험적 분석과 윤리적 분석이 통합될 필요성과 그 통합 방식을 정당화하는 명료한 설명이 있는가? 이 정당화는 메타 윤리, 정치, 또는 규범적 윤리적 전제에 의존하는가? 정당화 논변에 제기될 수 있는 문제에는 어떤 것이 있으며, 방법론의 근거가

되는 이론에 대한 암묵적 확신은 어떻게 논변할 것인가?

- 방법론의 설계는 이 정당화 설명과 일치하는가? 분석 과정에서 어떻게 해서 건전한 규범적 결론을 도출할 수 있는 방식으로 진행될 수 있는지 명확한가?
- 선택한 방법론 또는 방법에 수반되는 특정한 학문적 규약이 무엇이고, 경험주의 생명윤리학 연구자가 학제 간 연구를 수행할 때 이런 규약의 조정과 수정이 어떻게 가능한가?

새로운 종류의 연구 활동

2부의 마지막 두 장은 특정한 연구 방법론 문제를 벗어나 표준적인 분과 학문의 관행에서 완전히 벗어난 영역에서 탐구하려 할 때 해결해야 할 광범위한 어려움인 연구의 정체성과 진로 구축 문제를 논의한다. 경험주의 생명윤리학자들은, 규범적 결론을 정당화하는 데 가장 적합하게 구성된 방법론적 틀을 갖추고 있다고 판단한 상황이라면 연구를 대체 어떻게 시작할 수 있을까? 또 연구의 결론을 어떻게 확산시키거나 규범으로 확립시킬 수 있는가? 마지막 두 장에서 이 질문에 대한 간략한 답변을 시도한다.

우리는 경험주의 생명윤리학의 초-학제 간 성격 때문에 연구 방법론의 실행 이전에 이런 우려에 대비하는 것이 중요하다고 생각한다. 사회 과학 연구에 통상적으로 채택되는 방법론과 유사한 접근을 택하는 대신, 경험주의 생명윤리학자들은 그들의 새로운 접근법이 추가하는 가치를 입증하기 위해 분투한다. 이와 동시에 더 넓지만 분과 학문적이며, 구획되어 있는 탐구 영역 내에서 정체성을 개발하려 노력한다. 그렇다면 이 균형은 어떻게 맞출 수 있을까?

이 질문에 답하기 위해서는 태도와 실천의 두 측면을 모두 고려해야 한다. 경험주의 생명윤리학은 그 연구자들이 아직 형성 중인 새로운 일련의 방법론적 활동에 참여할 때, 자신의 연구자로서의 정체성을 어떻게 이해하고, 어떤 방식으로 태도와 실천, 취해야 할지 신중히 성찰할 필요가 있다. 이 문제를 다룬 논문에서 메르츠 등(Mertz *et al.*, 2014)은 '평가 기준을 위한 로드맵'이 도움이 될 수 있다고 주장한다. 이들은 경험주의 생명윤리학 연구에 핵심적인 표준을 명확히 함으로써 초-학제적 연구에 수반되는 우려를 해소하려 한다면 이들은 철학과 사회 과학 내부에서 제시되는 평가 기준을 차용하자고 제안한다. 그리고 학문 사이의 분석적 접근을 통합하는 시도에 필수적인 기준도 새로이 밝혀낸다. 그들의 '학제 간 고속도로(interdisciplinary highway)'는 핵심 연구 설계 및 적합성 기준에 집중된다. 전자 설계의 문제에 있어 연구자들은 (i) 연구 질뮤, (ii) 서로 다른 경험적 윤리적 접근의 통합을 형성하고 정당화화기 위해 선정된 이론적 틀, 그리고 (iii) 결과적으로 채택된 방법을 명확화할 필요를 주장한다. 후자(접합성)의 문제들은 연구자들이 이들 설계 결정의 인식론적, 사회적 가치(즉 연구 절차의 암묵적 규범성에 주의할 것)를 주의 깊게 고려할 것을 요구한다.

경험주의 생명윤리학 연구에서 일반화 가능한 표준을 수립하는 데 집중하는 것은, 특히 경험주의 생명윤리학 연구에서 방법론적 다양성이 그토록 중요한 측면인 상황에서 공통의 실천을 중심으로 결합하는 일의 가치를 고려한다면, 가상한 목표이다. 그러나 조금 가까이서 들여다보면 메르츠 등의 제안은 연구 수행에서 명확하게 옹호할 수 있는 기준을 명확하게 하기보다는 경험주의 생명윤리학 연구자들이 연구 과정에서 선택한 사항을 신중하게 반영하도록 자극한다는 점에서 더 큰 가치가 있다. 경험주의 생명윤리학 연구의 실천 기준에 관한 추가적인 작업이 완결되기 전까지[1] 우리들은 이런 입장을 강력히 지지할 것이다.

따라서 경험주의 생명윤리학 연구 수행은 연구 활동에 참여하기 시작할 때 가졌던 성찰적인 자세를 분명하고 꾸준하게 유지할 것을 거듭 요구한다. 실제로 이것은, 선정된 연구 전략이 활용되는 방법론의 통합적 측면을 어떻게 옹호할 것인지 관심을 기울이는 것이 타당하다는 메르츠 등의 주장과 결을 함께한다. 또한 경험주의 생명윤리학자들이 새로운 방식, 새로운 상호간 연구 공간 안에서 윤리 추론 수행을 위해 자신의 정체성, 불확실성 그리고 연구 환경 내에서 연구 참가자와의 상호 작용을 협상하고 관리하는 방식을 고려해야 함을 의미한다. 연구 과정의 단계마다 이런 방식으로 윤리적 추론을 수행하는 것은 연구 참가자의 도덕적 정체성을 잠재적으로 변형 시키고 파괴시킬 수도 있음을 암시한다. 경험주의 생명윤리학자와 접촉하는 개개인들은 모두 연구자 자신만큼 윤리적 주장을 발전, 정당화, 비판하는 과정에 익숙하지 않을 것이기 때문에 결국에는 연구가 중단될 가능성도 농후하다. 이런 우려가 반영되어 방법론적 과정이 적절하게 수정되고, 연구의 각 단계가 문서화되고 연구 보고서에 기록되도록 보장하는 일 역시 건전한 경험주의 연구의 필수적인 요소일 것이다.

생명윤리학 연구에서 성찰성은 다른 글(Ives and Dunn, 2010)에서 옹호된 바 있는데, 이런 반성은 경험주의 생명윤리학 연구 환경이라는 맥락 안에서 훨씬 더 중요한 의미를 갖는다. 이런 정당화를 위해 싱(Singh)이 이 책에서 설명한 것과 같은 사회 과학 연구 과정의 표준적 연구 관행에 주의를 기울일 필요가 있다. 이런 성찰을 설명하는 더 적절한 방법으로 파커(Parker, 2012)가 제안한 '도덕적 장인 정신(moral craftsmanships)'이라는 문구도 이런 성찰을 잘 표현한다. 파커는 임상 유전학자가 상담 과정에서 도덕적 차원에 어떻게 주의를 기울이는지 설명하려고 해당 개념을 활용하는데, 장인 정신이란 개인이 도덕적 사건에서 문제점과 해결책 모두를 적극적으로 찾고, 관리하고, 지속적으로 재평가하기 위해 노력하는 방법에 초점을 기울이는 것을 뜻한다. 따라서 경험주의 생명 윤리 연구 수행의 맥락에 적용되는 것도 타당하다. 이런 의미에서, 우리는 경험주의 생명윤리학 연구자들은 새로운 형식의 연구를 위한 노정에서 정체된 분과 학문의 경계를 통과할 때 경험하는 새로운 난점과 불확실성을 관리하여, 새롭고 창조적인 방식으로 실천적인 힘을 가진 윤리 논변을 빚어내기 위한 길을 가는 '도덕적 기예'에 참여하는 것이라고 이해할 수도 있을 것이다.

13장은 이런 성찰의 기준을 적극적으로 옹호한다. 이 장에서 파사이드와 윌리엄즈(Farsides and Williams)는 의료 윤리학자와 의료 사회학자로서 글을 쓴다. 그들은 도덕적으로 논쟁적인 많은 생의학 연구를 다룬 경험을 폭넓은 관점에서 상세하게 성찰한다. 자신의 방법론적 접근을 개발하고 연구 수행 시 특정한 방법을 적용하는 과정에서 저자들은 그들이 직면한 많은 문제가 높은 수준의 방법론적 어려움을 넘어서 광범위한 무엇에 연결되어 있음을 증명한다. 대신 파사이드와 윌리엄스는 관련 활동이 표준적인 분과 학문 패러다임 안에 포함될 수 없을 정도로 새로울 때 학술 지원 단체, 연구 기관, 연구 윤리 위원회, 보건 의료 제공 환경 등) 연구 제도 내에서 이 연구가 왜 선정되기 어려운가를 설명한다. 또한 그들은 다양한 유형의 이해 당사자들이 활발한 토론을 하게 하는 작업을 포함했던 경험주의 생명윤리학 연구 과정에서 경험했던 조직 구성에 따른 어려움도 설명한다. 파사이드와 윌리엄즈는 의사, 관리자, 환자 및 돌봄 제공 가족이 함께 모여 윤리 문제를 논의할 수 있는 시간 등을 조직하는 문제는, 기존 권력 관계와 기대로 특징 지을 수 있는 집단을 촉진하는 지적이면서도 인간관계에 도전하는 것일 수 있다는 점을 지적한다(이 문제는 란더비어 등과 킴의 글에서도 다루어진다).

2부의 마지막 장은 연구 활동의 순간을 넘어서 경험주의 생명윤리학이 직면한 도전에 초점을 맞춘다. 프리스와 드레이퍼(Frith and Draper)는 새로운 학제 간 연구라는 특성을 고려할 때 경험주의 생명윤리학 연구가 어떻게 보고되고, 출판에 이를 수 있는지 탐색한다. 그들은 경험주의 생명윤리학에서 연구 조사가 더 경험적인 단계와 윤리적인 단계로 나뉠 가능성을 고려해서 연구자가 각 학문적 접근 방식과 일치하는 학술지에, 이들 연구 구성 요소별로 결과물을 각각 출판하는 것이 가능할 것이라고 조언한다. 물론 프리스와 드레이퍼는 그런 분리가 실행 가능한지 분명히 고민하고 있으며, 이 책에 소개된 방법론에서 확인할 수 있듯 경험주의 생명윤리학 연구의 경험적, 윤리적 요소의 통합은 활동의 대상들과 결과물을 더 이상 분리할 수 없게 만드는 것이 분명하다. 저자들은 또한 경험주의 생명윤리학 연구 결과를 분할하고, 분리하여 출판하는 것의 가능성도 고려한다.

이런 접근에는 실천적, 윤리적 우려가 따를 수밖에 없음은 프리스와 드레이퍼도 언급한 바 있다. 여기에는 실용적 이유로 인해 데이터의 풍성함을 희생시킬 가능성이 포함된다. 그들의 결론은 최소한 당분간은 경험주의 생명윤리학이 출판되는 것에 비관적이라는 것이다. 주류 패러다임 내에서 생명 윤리 연구를 확산시키기 위한 출판 전략에는 필연적으로 타협 과정이 포함될 것이다.

결론

경험주의 생명윤리학에서 연구 방법론의 개발은 과거뿐만 아니라 지금도 여전히 이 분야에서 논의의 중심에 있다. 특히 정당화와 연구 설계 문제에 있어 서로 다른 방법론의 옹호자들과 소통하지 않는다면 경험주의 생명윤리학이 기존 철학과 사회 과학의 분열했던 전철을 밟아 파편화된 방법론들의 저장고로 전락할 위험이 상당히 크다.

앞으로 이어질 장들을 통해 경험주의 생명윤리학의 연구 방법론 개발 과정에서 주요한 인식론이 무엇이며, 어떤 메타 윤리적 확신을 전제하고 있는지 주의해야 한다. 아울러 이것이 다른 정당화와 방법론적 틀을 제시하는 이들에 대응하여 자신들의 방법론을 변론하는 과정을 통해 발전될 수 있음을 확인하게 될 것이다. 이 분야의 발전을 보장할 방법은 경험주의 생명윤리학 방법론을 형식화하는 데 관여하는 이들이, 분야에서 활동하는 사람들의 주요한 철학적 차이점과 무관하게, 합의할 수 있는 공통의 연구 방법론을 제정하기 위해 노력하는 일이다. 이에 있어 추가적인 작업이 지난 10여 년 경험주의 생명윤리학 연구의 방법론적 발전이 누려 온 진보의 추세를 유지하는 데 기여할 것이라는 사실은 의심할 여지가 없으며, 우리는 이 책이 그 연구 방법론의 발전을 촉진할 관심과 논의를 자극할 수 있기를 바란다.

미주

1. 경험주의 생명윤리학 연구의 기준 설정을 위한 유럽의 합의안 도출 프로젝트는 Brochure 재단의 지원으로 2015년 5월 개최되었고, Jonathan Ives, Michael Dunn, Bert Molewijk, 그리고 Jan Schildmann이 주관했다.

참고 문헌

Abma, T., Baur, V., Molewijk, B., Widdershoven, G. 2010. Inter-Ethics: Towards an Interactive and Interdependent Bioethics. *Bioethics*. 24(5):242–255.

Abma, T., Molewijk, B., Widdershoven, G. 2009. Good Care in Ongoing Dialogues. Responsive Evaluation and Moral Deliberation. *Health Care Analysis*. 17(3):217–235.

Davies, R., Ives, J., Dunn, M. 2015. A Systematic Review of Empirical Bioethics Methodologies. *BMC Medical Ethics*. 16. 15

Dunn, M., Sheehan, M., Hope, T., Parker, M. 2012. Towards Methodological Innovation in Empirical Ethics in Research. *Cambridge Quarterly of Healthcare Ethics*. 21(4):466–480.

Frith, L. 2012. Symbiotic Empirical Ethics: A Practical Methodology. *Bioethics*. 26(4):198–206.

Gutmann, A., Thompson, D. 2004. *Why Deliberative Democracy?* Princeton, NJ: Princeton University Press.

Ives, J. 2014. A Method of Reflexive Balancing in a Pragmatic, Interdisciplinary and Reflexive Bioethics. *Bioethics*. 28(6):302–312.

Ives, J., Dunn, M. 2010. Who's Arguing? A Call for Reflexivity in Bioethics. *Bioethics*. 24(5):256–265.

Mertz, M., Inthorn, J., Renz, G., Rothenberger, L., Salloch, S., Schildman, J., Wohlke, S., Schicktanz, S. 2014. Research across the Disciplines: A Road Map for Quality Criteria in Empirical Ethics Research. *BMC Medical Ethics*. 15:17.

Molewijk, B., Stiggelbout, A., Otten, W., Dupuis, H., Kievit, J. 2004. Empirical Data and Moral Theory. A Plea for Integrated Empirical Ethics. Medicine, *Health Care and Philosophy*. 7(1):55–69.

Parker, M. 2012. *Ethical Problems and Genetics Practice*. Cambridge:

Cambridge University Press.

Voskes, Y., Kemper, M., Landeweer, E.G.M., Widdershoven, G.A.M. 2014. Preventing Seclusion in Psychiatry: A Care Ethics Perspective on the First Five Minutes at Admission. *Nursing Ethics*.21(7):766-73. doi: 10.1177/0969733013493217.

Widdershoven, G. 2001. Dialogue in Evaluation: A Hermeneutic Perspective. *Evaluation*. 7(2):253–263.

Widdershoven, G., Abma, T., Molewijk, B. 2009a. Empirical ethics as a dialogical practice. *Bioethics*. 23:236–248.

Widdershoven, G., Molewijk, B., Abma, B. 2009b. Improving Care and Ethics: A Plea for Interactive Empirical Ethics. *American Journal of Bioethics*. 9(6–7):99–101.

9장

상호 작용을 허용하는 연구를 통한 도덕적 개선: 대화적 경험주의 생명윤리학의 실천 사례

—

엘레케 란트베르, 베르트 몰러베이크, 기 비더르스호번
(Elleke Landweer, Bert Molewijk, Guy Widdershoven)

경험주의 윤리학에서 연구는 어떻게 수행되는가? 또한 연구를 통해 무엇을 드러내는가? 이론적인 차원에서 경험주의 윤리학 관련 개념을 다룬 논의는 많다. 그러나 연구 수행 방식이나 보건 의료의 실천에 기여할 수 있는 방법에 관한 관심은 적다고 할 수 있다. 이 장에서 우리는 사회 과학적 방법론과 규범적인 목적의 성찰을 결합한 경험주의 윤리학 연구 기획을 소개하고자 한다.

이 장은 경험주의 윤리학의 한 종류인 **대화적** 경험주의 윤리학(*diaological* empirical bioethics)을 소개한다. 대화적 경험주의 윤리학은 이해 당사자들이 실천에 관련된 도덕적 문제를 성찰하는 대화 과정에 참여하도록 하고, 그 결과로 '연구자와 참여자' 모두가 도덕적인 깨달음을 얻음으로써 행위를 개선시키는 것을 목적으로 한다. 이 글이 방법론 적용의 예시로 제시한 연구는 억제대 적용이 도덕적으로 타당한지 검토하는 한편, 이와 관련하여 간호진 내부의 대화를 촉진시키고 이 대화를 통해 억제대 적용을 감소시키는 도덕적 해결책을 개발하도록 유도하는 것이 연구의 목표였다. 이 글에서 우리는 먼저 연구의 이론적 틀과 연구 방법론의 규범적 기반을 설명한 후, 연구 환경과 활동을 소개할 것이다. 연구의 주요 결과를 소개한 다음에는 도덕 지식을 공동으로 창출하고 실천 방안을 개선할 수 있는 방법론의 시행 절차를 살펴볼 것이다.

우리는 경험적 윤리 연구가 어떻게 행위의 도덕적 개선에 기여했는지 요약하고, 동시에 경험주의 윤리학 연구를 의학적 실천의 도덕적 개선을 위한 좋은 연구의 기준으로 발전시키는 과정에서 직면하는 어려움들을 제시할 것이다.

이론적 틀: 대화적 경험주의 윤리학 연구

지난 10여 년 간 경험주의 윤리학에 대한 관심의 증가로 이론적(규범적) 근거와 (기대되는) 방법론의 성격(Molewijk and Frith, 2009; Solbakk, 2012)[1]에 관련하여 광범위한 입장들이 등장했다. 대조적으로 그 방법론을 명시하고 구체적으로 다룬 문헌은 상대적으로 소수에 불과했다(Molewijk *et al*., 2004; Molewijk and Widdershoven, 2012; Widdershoven *et al*., 2009a, 2009b; Frith, 2012; Dunn *et al*., 2012). 잘로흐(Salloch)와 그의 동료들은 “이들 연구는 자신들의 규범적인 진술이 논변의 근거로 사용되는 것을 암묵적으로 가정하고 있다. 그러나 그 논변의 근거를 성찰하지는 않는다.”라며 많은 경험주의 윤리학 연구들이 규범적 분석 차원에서 부족한 점이 있음을 지적한다(Salloch *et al*. 2012:3). 이 문제를 피하기 위해 우리는 이 절에서 ‘대화적 경험주의 윤리’라고 명명한 접근법을 개발했는데, 이 장에서는 그 이론적 규범적 근거와 규범성을 다루는 방식, 그리고 우리가 가진 연구자의 역할에 대한 인식을 기술할 것이다.

대화적 경험주의적 윤리학 연구의 이론적 규범적 기반

대화적 경험주의 윤리 연구 개념은 해석학적 철학(Gadamer, 1960)과 경험적 연구 방법론인 반응적 평가(responsive evaluation) (Guba and Lincoln, 1989)에 기반을 두고 있다. 우리의 접근은 해석학을 바탕으로 하며, 실제 대화의 경험을 바탕으로 다양한 규범적 관점을 결합하는 것을 목표로 한다. 연구 과정 전반(즉 실증적 연구 설계, 연구 질문 개발, 결과 해석, 그리고 규범적 결론 도출)에서 ‘이해 당사자’ 또는 연구의 협력자로 간주되는 연구 참여자(연구 대상)와 밀접하게 작업하는 것을 의미한다는 점에서 반응적 평가에 해당한다. 이것은 이 연구 과정에서 연구자들이 (때로 다른 연구자가 수집한) 경험적 데이터를 성찰하고, 이를 바탕으로 연구자가 단독, 또는 동료들과 함께 규범적 결론을 도출한다는 점에서 다른 경험주의적 윤리학 연구와 구별된다. 이때 '대화'란 실천과 이론, 윤리와 경험적 연구, 윤리와 실천 사이의 대화를 지시하는 개념이다. 그러나 무엇보다도, 우리의 경험주의 생명윤리학 연구에서 '대화'란 다양한 역할을 가진 여러 사람들 - 실무자와 연구자를 포함한 - 이 무엇이 도덕적으로 옳은 것인지 함께 탐색해 나가는 상호 작용을 의미한다.

가다머에 따르면 해석학은 인간의 삶이 해석 과정이라는 관점에서 출발한다. 따라서 해석학적 윤리는 인간이 '자신이 처한' 상황을 도덕적으로 어떻게 해석하는지 이해하는 데 집중한다. 이때 해석은 지속적이며, 근본적으로 맥락과 경험에 의존한다. 해석학적 윤리 개념을 구성하는 핵심 요소는 관점, 학습 과정으로서의 대화 그리고 실천적 합리성의 세 가지이다. 관점은 인간이 이전 경험에 근거한 특정한 시각에서 상황을 해석한다는 사실에 연관된다. 관점은 암묵적이거나 명시적이며, 항상 부분적이다. 이것은 문제가 되지 않는다. 왜냐하면 모든 성찰과 규범적 판단이 여기에서 출발하기 때문이다.

대화는 관점을 보완한다. 관점의 차이는 대화를 유도하고, 대화는 타인에 대한 개방성과 그 시점의 타당성에 관한 탐색을 준비하도록 요구한다.

> 대화적 이해란 상대방이 강조하는 것을 이해하려고 노력하는 것이다. 그것은 (반응을 무시하는 대신) 다른 사람이 말하는 것에 개방된 태도를 가지고, 그것이 타인에게 타당할 수 있다고 받아들일 준비가 되어 있다는 의미다.
>
> (Widdershoven *et al.*, 2009a:238)

대화는 도덕적 의사 결정 과정에서 의사 결정 절차에 따르거나, 도덕적으로 더 나은 결정에 도달하기 위해 사용되는 단순한 도구에 불과한 것이 아니다. 대화는 또한 추론에 불과한 것도 아니다. 그보다 대화는 타인의 감정을 고려하고, 그를 인격체로 인정하고 만나는 것을 포함하는 이성적, 인지적 과정이다. 대화에는 새로운 해석과 이해를 바탕으로 상황을 제고하고 재평가하는 도덕적인 학습이 포함되며, 이 과정에서 처음 가졌던 가정은 도전받거나 다른 관점으로 강화된다.

대화의 장에 도달하도록 사람들은 서로 다른 공간을 거쳐 왔다. 즉 서로 다른 역사적 문화적 배경을 갖고 있으며, 결과적으로 다른 가치와 의미가 체화된 전이해(pre-understanding)를 갖는다. 모든 대화 참여자들은 그/그녀의 역동적 지평을 갖는다.

> 지평(horizon)은 특정한 관점에서 관찰할 수 있는 것을 모두 포함하는 일정한 범위의 시각이다. …(중략)… 철학에서 이 단어는 사유가 관점에 구속받지만 점진적으로 그 범위가 확대되는 방식을 묘사하기 위해 사용되었다.
>
> (Gadamer, 1960: 286)

지평은 유동적이지 고정되어 있지 않다. 현재의 관점은 다른 입장을 가지고 다른 각도에서 바라보면 더 멀리까지 닿을 수 있다. 대화의 참여자들은 자신의 관점에서 상대의 관점을 해석하지만, 상대방의 관점을 이해하고 타당한지 확인한다. 가다머에 따르면 성공적인 대화는 지평의 융합으로 이어진다.

> 대화에서 이해에 도달한다는 것은 단지 자신을 앞세우고 관점을 주장하는 문제가 아니다. 우리가 과거의 우리에 정체되어 있지 않은 공동체로 변모하는 것이다.
>
> (Gadamer, 1960: 360)

새 번째 핵심 요소인 실천적 합리성에 따르면 이해 당사자들은 일반적으로, 도덕적으로 중요하고 옳은 것이 무엇인지에 관한 실천적 지식을 가지고 있다고 간주된다. 이 실천적 지식은 맥락적, 지역적이다. 이해 당사자들은 경험을 통해 도덕적으로 관련성이 있는 것이 무엇인지 알고, 특정 상황 안에서 무엇이 중요한지 분별해 낸다. 이는 이해 당사자들이 도덕적으로 정당화될 수 있는 것을 결정하는 최종적 이해를 가지고 있다는 의미가 아니다. 도리어 합리성은 경험과 대화를 통해 더욱 향상된다. 실천되는 도덕(morality in practice)은 실천적 합리성이 표현되고, 검토받고 더욱 개발되는 지속적 협상 과정으로 간주된다.

경험주의 윤리학 연구에서 반응적 평가는 다양한 이해 당사자들이 관련된 문제들을 지속적으로 대화하고 공동으로 성찰하도록 유도함으로써, 해당 상황에 대한 개인적인 동시에 상호적인 이해를 증진시키는 것을 목적으로 한다(Abma *et al*., 2009a). 경험주의 윤리와 관련시키면 이것은 다양한 이해 관계자(경험주이 윤리학 연구자도 포함된다.)들이 연구하는 실천의 맥락에 일정한 영향을 미치는 암묵적·명시적인 도덕 문제를 성찰하는 것을 의미한다. 심층 면담, 자유 발언(브레인스토밍), 토론, 도덕 사례 숙고와 초점 집단 면접 등을 포함해서 다양한 기법들 중 무엇이라도 도덕적 문제를 식별하는 데 활용할 수 있다. 대화식 접근 방식은 이해 당사자가 자신의 문제와 우려 사항을 제기하는 한편, 공유된 이해에 도달하기 위해 다른 사람의 문제에도 반응한다는 의미다. 공유된 이해라고 할 때, 이것이 자동으로 의견이 일치하게 되거나 상호 합의가 존재한다는 (또는 존재해야 한다는) 의미는 아니다. 차이가 학습으로 이어질 수 있다(Widdershoven, 2001). 경험주의 윤리학 연구자들은 연구 진행 상황을 도표화하며, 그 과정에서 자신의 역할을 추적한다. 대화적 태도는 상대방의 도덕 사고와 판단을 능동적이고 비판적으로 탐구한다는 의미이다. 반응형 평가를 활용하려는 연구자는 개방성, 존중, 포용 및 참여를 촉진하고 지지하고자 노력한다(Greene, 2001).

요약하면 대화적 경험주의 윤리학의 이론적·규범적 기반은 다음을 의미한다. 도덕 지식은 실천 경험의 관점에 기반하며, 대화를 필요로 하는 동시에 대화를 통해 함양될 수 있다. 도덕적 통찰은 한시적이고 지속적인 과정의 일부라는 통찰에 대한 인식을 가지고, 이 통찰에 개방적이어야 한다. 한편, 이 인식은 경험적 윤리학 연구를 통해 촉진되고 향상될 수 있다. 따라서 다른 관점 사이의 대화를 촉진하는 일은, 대화적 경험주의 윤리학 연구를 수행하는 학자에게 중요한 규범적 조건이자 과제이다.

대화적 경험적 윤리 연구 내부의 규범성

대화적 경험주의 윤리학은, '윤리'라는 용어의 의미대로 도덕 문제와 도덕 추론 및 판단에 초점을 맞춘다. 일차적으로는 이해 당사자들의 도덕 문제와 도덕 추론 그리고 도덕 판단에 관심을 가진다. 그러나 대화적 경험주의 윤리는 단순히 '기술적 연구'가 아니다. 그것은 규범에 의존하여 연구 질문 및 연구 환경을 설정하고, 그리고 누가 연구 질문에 관련성을 가진 이해 당사자로 간주될 수 있을지 결정하는 것으로 시작된다. 여기에는 이해 당사자들의 도덕 문제에 대한 규범적 분석과 결론이 포함된다(Molewijk and Widdershoven, 2012). 대화적 경험주의 윤리학에서 연구 질문과 이해 당사자의 선택, 데이터의 규범적 분석 및 결론 도출은 연구 대상인 도덕적 실천 속에서 그리고 그 실천을 통해 도출된다. 한편, 분석과 규범적 결론 도출 과정에는 다른 '외적' 고려 사항도 나름의 역할을 수행한다. 예를 들어 연구자는 지금까지 고려되지 않았던 특정한 관점이나 개념을 도입할 수도, 대상이 된 도덕 문제를 조명할 수 있는 특정한 도덕 이론을 참고할 수 있다. 그러나 이런 고려 사항의 관련성은 참여자들에 의해 인정받아야 하며, 대화에 참여하고 있는 사람들의 실제 경험에 관련되어야 한다(Landeweer *et al*., 2011).

대화적 경험주의 윤리 연구에서 결론을 공동으로 도출해 내는 과정을 평가하는 두 가지 중요한 기준이 있다. 우선 규범적 결론은 공동 탐색 과정을 통해 개발되어야 한다. 대화 참여자들은 관점 교환을 통해 도덕적 문제를 발견하는 새로운 관점을 공동으로 발전시킨다. 둘째는, 규범적 결론 도출 과정에서는 어떤 사람이 다른 이들보다 인식론적이나 도덕적으로 우월하지 않다는 사실이다. 결국 규범적 결론을 도출한다는 것은, 대화의 결과물이 옳다는 것을 입증할 증거를 찾는 일(즉 정당화를 추구하는 것)이 아니라, 주어진 상황에서 도덕적으로 적절한 것이 무엇인지에 대해 더 나은 설명에 다가가고 상호 이해를 심화시키는 과정이다(Frith, 2012; Hughes, 2001; Beauchamp, 2000). 규범적 결론 도출의 과정은 원칙과 논변의 토의에 제한되지 않고, 실제 경험을 공유하고 성찰하는 활동이다. 따라서 규범적 결론은 추상적이지 않으며, 공동의 탐구에 개방된, 구체적으로 자리잡은 직접적인 통찰에 근거한다.

대화적 경험적 윤리연구에서 연구자의 역할

대화적 경험주의 윤리 연구에서, 연구자는 특정 실천의 이해 당사자들의 문제를 해석할 뿐 아니라, 이해 당사자 사이에서 해석과 협상의 촉진자 역할을 한다. 연구 목표와 계획을 수립하고 규범을 평가하는 과정은 연구자가 단독으로 수행하는 것이 아니라, 실제 연구에 참여하는 참여자들과의 상호 작용을 통해 이루어진다(Widdershoven *et al*. 2009a). 이는 곧, 해석자, 교육자, 촉진자와 산파(소크라테스적 지도자) 등 다양한 역할을 수행하는 것을, 해석자는 연구자가 문제의 의미에 집중하고 환경, 연구 결과와 결론에 관련된 다양한 관점에 민감해야 한다는 것을 의미한다. 교육자는 연구자가 참여 집단에 다양한 경험을 설명함으로써 학습 과정과 이해 형성을 적극적으로 지원해야 하고, 촉진자는 이해 당사자 간의 대화를 조직하고 필요한 조건을 만들어야 한다는 것을 뜻한다. 산파로서 평가자는 당연하게 간주되는 사상, 참된 사실과 확실성을 탐색하여 새로운 의미와 관점을 이끌어 낸다(Schwandt, 2001; Abma *et al*., 2009a).

대화적 경험주의 윤리 연구에서는 연구자에 관한 정립된 규범이 필요하며, 이 규범은 명시화되고 지켜져야 한다. 첫째, 연구자는 자신의 규범적 동기를 가질 것이다. 이것은 대화가 도덕적 학습에 중요하다는 확신에 관련된다. 따라서 연구자는 도덕적 실천을 향상시키는 과정에서 경험의 계기를 만들고, 관계된 모든 이해 당사자들을 포함시키는 것이 중요하다는 전제에 근거해서 행동한다. 평등과 민주주의는 연구자가 실천을 관찰하고, 발생하는 현상에 대응하는 방식에 영향을 미치는 이상이다. 그렇다면 연구자는 개인과 특정한 관점에 관하여 권력의 차이에 민감하고, 과정에서 누군가를 배제하는 데 대해 비판적일 것이다. 원칙적으로 연구자는 실천의 조건과 도덕적 기대에 초점을 둠으로써 개방성과 상호 학습을 촉진한다. 둘째, 연구자는 연구 대상에 대해 규범적인 고려나 사상 또는 의견을 가질 수 있다. 연구자는 연구를 시작할 때 주도적으로 이것을 제시하기보다 이해 당사자들이 제시하거나 표현하는 것에 대응하며 탐색할 것이다. 그렇게 함으로써 연구자는 자신의 관점을 우월한 것으로 제시하지 않고 현존하는 규칙과 관계에 의문을 제기하며, 가정을 비판적으로 검토할 수 있다. 연구자는 최종적 조정자로 고려 중인 실천을 판단하지 않고 질문을 던지고, 참여자들이 더 평등하고 개방적인 방식으로 성찰하고 숙고하도록 이끎으로써, 규범적 영향을 미칠 것이다.

대화적 경험적 윤리의 예: 정신과 병동의 간호사 상호 교환 프로그램을 통한 치료적 격리의 개선

배경

2006년 네덜란드의 한 정신 보건 기관에서 정신 질환자에 대한 강제 치료와 억제대 사용을 줄이는 사업을 시작했다. 사업은 환자와 의료진의 상호 작용의 첫 단계에서 양측의 접촉과 의사소통을 개선시키는 데 초점을 맞추었다. 이 계획을 '첫 5분(the first five minutes)'이라고 불렀는데, 이는 모든 상호 작용에 있어 처음부터 환자에게 적절한 관심을 기울이는 것이 중요함을 의미했다(Voskes *et al*. 2013). 이 사업에 채택된 슬로건은 "첫 인상을 남길 두 번째 기회는 없다."였다.

이 사업의 일환으로 연구에 참여하는 격리 병동 세 곳에서 근무 중이던 의료진들은 환자와 병동 간호진과의 접촉 개선을 목표로 창조적인 중재 기법의 개발과 실천에 참여해 달라는 제안을 받았다. '최선의 의료 행위'라고 불리던 이 기법은 의료진의 태도, 업무 관행과 치료 절차의 개선에 집중되었다. 각 병동은 강제 조치의 사용 예방 전략과 이를 위한 의료 행위를 개발할 것을 요청받고, 관리 비용을 지원받았다.

이 사업은 병동 간호사들이 다른 병동의 성공적인 실천과 전략을 수용한다는 가정에 기반했다. 그러나 수용은 자발적으로 일어나지 않았는데, 무엇보다 각각의 폐쇄 병동의 사업에 대한 열의의 정도가 달랐다. 성공적인 중재 기법의 확산을 촉진하고 강제력 사용 감소에 대한 관심을 불러일으키기 위해 연구진들 및 병원 운영자들은 병동 간 간호사 교환 근무 프로그램을 기획했다. 이 아이디어의 목표는 간호사들이 도덕적으로 성찰하고, 서로의 전략에서 학습하도록 자극하며 영감을 제공하는 것이었다.

교환 프로그램은 간호사들이 병동 사이의 차이점을 통찰할 수 있도록 하고, 대화를 촉진함으로써 상대의 관행을 이해하고 도덕적 개선을 서로에게서 학습하도록 하는 것을 목표로 했다. 간호사가 다른 팀이 어떻게 일하는지 경험하고, 다른 간호사가 무엇을 억제대 사용 예방을 위한 최선의 의료 행위로 간주하는지 듣고 경험할 수 있게 함으로써, 자신이 소속된 병동에서 어떻게 실천될 수 있을지 성찰할 기회를 제공하는 것이었다. 연구자는 이 프로젝트에서 무엇을 교환했고, 어떤 변화가 실현되었는지 기록하고 과정을 지지·감독했다. 이 프로젝트의 핵심 요소는 연구자들이 간호사들 사이에서 최선의 의료 행위를 성찰하고 대화하도록 조직하고, 이를 통해 격리 조치를 예방하는 동시에 사용과 관련된 복잡한 도덕적 문제를 다룰 방법을 학습하도록 촉진하는 것이었다.

연구 참여 조직

교환 프로그램은 두 달 동안 진행되었다. 첫 달에는 병동별로 2인의 간호사가 다른 병동으로 근무처를 변경했다. 두 번째 달에는 또 다른 두 명의 간호사가 또 다른 병동에서 근무했다. 이런 방식으로 총 12명의 간호사가 교환 프로그램에 참여했다. 교환 프로그램에 참여한 게스트 간호사는 2일의 적응기간(즉 학습 기간)을 가진 후 호스트 팀의 일원으로 간호에 참여했다. 다양성을 촉진하기 위해 참여 의지와 업무 경험의 다양성을 바탕으로 참여자를 선정했다. 그들에게는 개방성을 갖고 통상적인 업무의 차이점과 자기 병동에서 적용이 가능한 학습 내용을 찾아 달라고 부탁했다.

연구 방법

교환 프로그램을 촉진시키고 모니터하기 위해 질적 연구 방법을 사용했다(Abma *et al*., 2009a). 이 방법은 프로그램 참가자들이 성찰과 대화를 통해 돌봄의 질을 향상시키는 과정을 촉진하는 것이었다. 데이터는 간호사 12명이 주간 일지에 기록해 두도록 했는데, 해당 데이터는 개별 면접과 초점 집단 면접을 통해 수집되었다. 교환 프로그램에 참여한 간호사들은 자신의 경험과 관찰 내용을 매주 일지로 작성했다. 교환 근무 전후에 간호사들과 면담을 실시했다. 매월 근무를 마친 간호사들(n=6)의 초점 집단을 구성하여 그들의 경험을 평가하고 공유된 통찰을 논의했다. 면접에서 우리는 병동 간의 차이점에 초점을 맞추고, 간호사들에게 어떤 관행과 병동의 특성이 그들에게 새로웠는지 물었다.

모든 개별 면접과 초점 집단 면접 내용은 녹취, 전사되었다. 이후 모든 이해 당사자가 참여하는 유효성 평가를 네 차례 수행했다. 먼저, 연구자들이 동료 브리핑과 구성원 확인을 거쳐 중앙 해석(central interpretations)의 신뢰성을 증진하였다. 그 다음으로, 요약지를 활용하여 반응자들에게 이 해석의 유효성을 확인했다. 그런 다음, 면접에서 찾은 핵심 주제를초점 집단 그룹에서 토의했다. 이어서 결과를 사업 집단의 구성원과 참여하는 병동의 팀 관리자들과 논의하였다. 마지막으로 잠정 결론을 병동에서 발표하여 경험을 진실성 있게, 잘 대변하는지 확인하였다. 1년 후 교환 프로그램의 장기적인 결과에 대한 통찰력을 얻기 위해 팀 관리자의 자문을 받았다.

결과

참여자 전원이 교환 프로그램이 유익했고 변화의 동기를 부여받았다고 응답하였는데, 이는 특정한 결정이 이루어지는 과정과 그 이유를 새롭게 통찰할 수 있었고, 그 통찰을 통해 의료 행위를 개선할 기회를 얻었기 때문이라고 했다. 간호사들은 병동 사이에서 많은 차이점을 발견했고, 다른 병동에서 근무했던 것이 유용했다고 답했다.

> 제가 속한 병동에 관해 새로운 관점을 형성해 주었습니다. 돌아와서 우리가 잘하고 있는 것과 개선할 수 있는 것을 더 많이 발견할 수 있었습니다.
>
> (간호사)

간호사가 경험한 차이점은 병동의 문화적 측면(즉 지배적인 가치와 규범)과 통상적 절차, 병동의 구조(조직)와 관련성이 있었다(Abma *et al.*, 2009a). 모든 병동에서 억제대 사용을 줄이는 것이 중요하다고 선험적으로 동의했지만, 규범적 견해(예를 들어 안전의 중요성 또는 환자에 대한 세심한 배려)는 병동별로 달랐다. 예를 들어 환자와 의료진 사이에 긴장이 생겼을 때 개입하는 시점, 안전 지침의 내용과 활용 정도, 환자의 요청과 반응 사이의 간격과 같은 절차 및 통상적인 절차도 달랐다. 구조적 차원에서 병동마다 물리 환경, 시설, 환자의 편안함 수준에 차이가 있었다.

문화와 구조의 차이는 병동의 업무 절차와 병동의 일과에 긍정적인 동시에 부정적인 영향을 미쳤다. 이 두 가지 측면 때문에 어떤 중재술이 다른 병동보다 쉽게 개발, 시행, 보장되는 병동이 있었다. 예를 들어, 좀 더 외곽에 있는 병동은 팀 관리자와 정신과 전문의가 상호 긴밀하게 협력하는 간호팀이 존재했다. 그 정신과 의사는 의사 결정에서 간호사를 신뢰했고, 억제대를 언제 어떻게 사용할지 결정하는 책임을 간호사와 정신과 의사가 공유했다. 그러나 이들 사이의 친밀성 때문에 다른 팀과 비교해 병동보다 사무실에서 보내는 시간이 더 많았다. 따라서 이 병동에서는 직원과 환자 사이의 상호 작용을 촉진하는 중재 기법의 시행이 어려웠다.

초점 집단 면접을 통해 병동 사이에 있는 차이점을 논의하고 분석하여, 이를 도덕적인 학습으로 발전시켰다. 도덕적 학습과 새로운 관행의 공동 형성 과정을 설명할 수 있는 두 가지 예가 있다. (i) 환자가 격리실 이탈을 허용하는 시점의 결정, (ii) 간호사를 위한 별도의 공간을 없애고 간호사와 환자 사이 상호 작용을 개선하는 방법이 그 두 가지이다. 이 둘은 교환 프로그램에서의 만남이 연구원의 분석을 통해 지지를 받을 때, 간호사가 기존의 일상을 재고하도록 자극했던 방식을 보여 준다. 초점 집단 면접의 토론 주제는 연구원과 사업 관리자(즉 기관의 이사와 사업 책임자)가 공동으로 선택했다. 그들은 사업의 목표와 관련하여 병동 사이에 중재술에 관한 최선의 의료 행위를 공유하는 절차를 상호 분석하고 촉진시켰다.

격리실 이탈 결정

환자가 격리 병실을 떠나 일반 병동으로 돌아올 수 있도록 허용하는 결정은 격리에 관계된 도덕적으로 중요한 문제다. 이 결정은 위험한 결정이므로, 담당 의사는 해당 환자가 더 이상 다른 사람에게 미칠 위험이 없는지 확인해야 한다. 그러나 안전에 대한 판단은 불확실하고 어렵다. 교환 프로그램 진행 과정 동안 간호사들은 환자의 이탈을 허용하는 결정이 병동별로 차이가 있음을 발견했다. 초점 집단 면접에서 다양한 방식의 장점과 단점이 논의되었다.

첫 번째 병동에서는 의료진이 환자가 격리실을 이탈할 수 있는지 매시간 평가하는 프로토콜을 적용했다. 그들은 더 많은 위험을 감수하는 경향이 있었고, 결국 다시 격리되는 경우가 있었다

> 환자를 다시 병동의 환자 그룹에 포함시키는 결정을 내릴 때 우리는 위험을 더 많이 감수하는 경향이 있습니다. 다른 병동을 보면 이런 결정이 권한이 있는 사람(당직 정신과 의사)마다 다른 것 같았는데, 그것은 문제라고 생각합니다. 그들은 나쁜 경험 때문에 우리보다 더 주의를 기울이는 것 같습니다.
>
> (간호사)

두 번째 병동에서는 약물 복용을 환자가 그룹으로 돌아갈 수 있도록 허용하는 전제 조건으로 고려했다. 이 조건은 상황이 심각하게 통제되지 않

을 경우, 비자발적인 투약과 처치가 허용된다는 주장으로 정당화되었다.

> 우리는 격리실에서 약물 복용을 시작하는 것을 중요하게 여깁니다. …(중략)… 그렇지 않으면 환자가 다시 격리실로 돌아오고 말 것이기 때문입니다. 우리 정신과 의사는 이런 방식으로 생각해요.
>
> (간호사)

세 번째 병동에서는 프로토콜을 엄격하게 따르지 않았다. 환자의 격리실 이탈 결정 과정에서 업무 경험에 근거한 직관을 중요하게 간주했다. 몇 차례 나쁜 사건을 경험한 간호사들의 경우 환자를 격리실에 더 오랫동안 억류시킬 위험이 있음을 알게 되었다.

> 양면성이 있습니다. 직감을 따르는 것이 중요하지만, 잘못되는 경우도 있습니다. 불편한 감정이 있을 때 귀를 기울여야만 해요. 프로토콜은 직관을 보완하는 데 정말 큰 도움이 됩니다.
>
> (간호사)

병동별 접근 방식의 차이를 검토함으로써, 간호사들은 반복적 일상뿐 아니라 나쁜 경험이 결정 과정에 영향을 미치고, 결과적으로 결정이 자의적으로 이루어진다는 것을 발견했다. 환자의 억류 기간은 병동에 따라 다르다. 각 병동의 의료인들은 격리실 사용을 절대적으로 필요한 경우로 한정하려 했지만, 격리 중단 시점 결정에는 서로 다른 선택 기준이 활용되었다. 초점 집단 면접에서 얻어진 결론은 각 병동이 환자가 격리실을 떠날 수 있도록 허락하는 결정에 관련해서 명확한 정책과 절차를 개발해야 한다는 것이었다. 이런 정책과 절차 적용 과정에서 개별적 판단이 수반되지만 직감이 유일한 결정의 근거가 되어서는 안 된다. 특히 환자를 격리실에 더 오래 억류시키는 결정이라면 더더욱 절대로, 직감이 결정의 근거가 되게 해서는 안 된다. 또 반복적 일상과 나쁜 경험이 부정적인 영향을 미치는 것을 방지하기 위해 프로토콜을 정기적으로 의사과 간호사가 공동으로 평가해야 한다는 결론을 내렸다. 따라서 격리 이탈 결정에 관련된 다른 업무 방식을 알게 되어 간호사의 시야가 넓어졌고, 의사 결정 절차를 개선하는 새로운, 그리고 공유된 방식을 개발하는 것이 가능해졌다.

간호사실 없이 일하기

한 병동은 교환 프로그램 직전에 간호사실을 폐쇄하고 병동에 카운터 형태의 책상을 설치했다. 다른 두 병동의 간호사들은 관리 업무를 수행하고 동료들과 대화를 나눌 독립된 사무실이 따로 없다는 점에 의아해했지만 교환 기간 동안 그 궁금증이 해소되었다. 그들은 별도의 사무실 없이 근무하는 것의 긍정적인 효과를 경험했다.

> 사무실 없이 일하는 것이 낯설었지만 곧 긍정적인 경험을 했습니다. 훨씬 더 많은 것을 보고, 더 빨리 예상할 수 있었고, 환자의 증상 악화를 훨씬 잘 예방할 수 있었습니다.
>
> (간호사)

카운터 형태의 책상은 일상 업무에 영향을 미쳤다. 간호사는 환자와 더 많은 시간을 보낼 수 있었지만, 간호 기록을 작성해야 하기 때문에 언제나 도움을 즉각적으로 제공할 수 없다는 점을 환자에게 설명해야 했다.

> 간호사실 없이 일하는 데 곧 익숙해졌지만, 환자에게 간호 기록을 작성할 시간이 언제 필요한지 명확하게 알려야 한다는 것을 알게 되었습니다. 긍정적인 측면은 '문제'를 빨리 알아차리게 된다는 것이었습니다.
>
> (간호사)

교환 후 다른 2개 병동의 간호사들도 카운터 형태의 데스크에서 업무하는 방식을 열정적으로 환영했다. 그들은 자기 병동에도 이런 방식을 적극적으로 소개했다. 다른 두 병동도 사무실을 별도로 설치하지 않고 폐쇄한 병동의 경우를 따르기로 했다. 추적 관찰 과정에서 팀 관리자 중 한 명은 교환 프로그램이 사무실 폐쇄의 이점을 근무자들에게 확신시키는 데 도움이 되었음을 강조하는 내용의 답변을 했다.

> 저는 교환 프로그램이 변화를 만드는 강력한 도구라 봅니다. 예전부터 사무실을 폐쇄하려 했지만 간호사들이 반대했습니다. 교환 프로그램 이후 참여 간호사들이 매우 긍정적인 인식을 갖게 되어, 다른 사람들에게 사무실 폐쇄의 이점을 납득시키는 것이 가능해졌습니다.
>
> (간호국 관리자)

이 경우는 새로운 통찰이 경험을 통해 발전하게 된 사례이다. 다르게 수행되는 일상적인 업무를 경험함으로써, 간호사들은 카운터 책상 사용에 관한 선입견을 극복하고 자기 병동의 장점이 무엇인지 고려하도록 촉진되었다.

교환 프로그램의 규범적 목표는 경험과 대화를 통한 학습 과정을 만드는 것이었다. 환자가 격리실에서 이탈하도록 하는 시점을 결정하는 문제와 관련해서 접근 방식의 차이를 잘 인식하게 됨으로써, 반복적 일상 업무를 재고하고 새로운 프로토콜을 개발하기 위한 출발과 논의의 장을 얻었다. 별도의 사무실이 아니라 개방된 카운터에서 업무를 수행하는 것은 동기를 부여하고, 다른 병동의 구조를 변경하는 결과를 가져왔다.

논의

대화적 경험주의 윤리학 연구는 중요한 가치와 가치의 내재화에 관련된 새로운 관점을 개발하도록 참여자들이 지평을 확장하도록 돕는 것이다. 대화는 경험을 드러내고 관점의 교환을 촉진함으로써, 참여자들이 자기 업무의 도덕적 측면을 더 넓은 시각으로 살펴보고, 행위에 관련된 도덕 문제의 더 나은 해결 방법을 개발하도록 이끈다. 논의한 교환 근무 사업에서 지평의 융합을 통해 도덕적 발전이 가능함을 확인할 수 있다. 언제 환자를 격리실에서 이탈시킬 것인지 결정하는 과정에서 서로 다른 경험을 한 간호사들은 실천적 지식과 프로토콜을 결합하고 결정 과정을 평가할 수 있는 절차가 필요함을 인식하게 되었다. 이들이 공유한 새로운 관점은 각 병동에서 변화를 일으켰고, 강제 치료 종료의 판단 과정에 적용될 더 일반화되고, 공유된 결정 기준을 개발하는 데 기여했다. 실제로 간호사실이 없는 병동에서 근무해 봄으로써, 파견 간호사들은 위계를 강조하는 형태에서 환자와의 접촉을 강조하는 구조의 장점을 알게 되었다. 세 병동 중 한 병동의 관점이 유효한 것으로 평가되었고, 그것이 최종적으로 다른 두 병동에 수용, 채택되었다. 그러나 이 통찰은 간호사실 폐쇄에 찬성하는 논변에 의해 얻어진 것이 아니었다. 간호사실 폐쇄에 관한 주장은 정립되어 있었지만, 경영진이 이를 제안했을 때 다른 두 병동은 설득되지 않았다. 이 예는 지평 융합 과정이 주로 논증의 문제가 아니라 구체적인 업무 경험에 대한 성찰이 중요한 실질적인 학습 과정임을 보여 준다.

대화적 경험주의 윤리학 연구는 연구자들에게 실천 과정의 도덕적 문제와 규범적 고려 사항에 대한 통찰력을 제공한다. 또한 현장에서 도덕적 문제를 실천하는 연구 참여자들에게는 견해를 교환함으로써, 무엇이 도덕적으로 옳은지에 대한 새로운 공동의 결론에 도달하도록 동기를 부여한다는 점에서 보람 있는 활동이다. 더욱이 대화적 경험주의 윤리학의 두 가지 요소들은 분리되지 않는다. 연구 참여자들에게 자신의 경험을 이야기하도록 권하고, 그들과 경험을 실제로 공유해야 연구자들은 실제 도덕 문제에 대한 통찰을 얻을 수 있다. 한편, 통찰된 내용은 보고와 향후 대화를 목적으로 하는 의제로 바뀌어 피드백된다. 대화의 과정에서 구조적인 절차를 통해 의료 행위의 경험이 드러나고 공유될 때, 연구자들은 이미 행위를 변화시키고 있는 것이다. 그들은 개방과 성찰이 가능한 조건을 만들어 내며, 결과적으로 새로운 관점과 행위의 제안을 이끌어 낸다. 연구자들은 이해 당사자들을 초청하고, (비공식적 만남이나 공식적 면담에서 제기된 문제를 분석한 내용을 바탕으로) 대화 의제를 설정하며, 숙고의 결과를 어떻게 해석할지 제안한다는 점에서 학습과정에 적극적으로 참여한다. 연구자들의 영향은 대화에 필수적인 민주적 조건 창조를 목표로 하는 규범적인 배경을 갖는다. 연구자들은 비록 문제를 선험적으로 형식화하지 않는다고는 해도 실천에서 도덕적으로 중요한 것이 무엇인지에 있어서는 분명한 입장을 취한다. 위에서 설명한 프로젝트에서 연구자들은 환자 격리는 예방되어야 하며, 각 병동마다 이 분야에서 개선이 필요하다는 규범적 관점을 관리자들과 공유했다. 이는 두 병동이 다른 한 병동에서 개발된 적극적 조치를 자발적으로 순순히 이행하지 않았기 때문이다.

대화적 경험주의 윤리학은 실제 경험에 대한 체계적인 조사와 참여자 간의 성찰과 대화를 만들어 내는 목적을 가진 조직적인 연구 과정이다. 주기적인 절차 과정의 개발과 향상을 목표로 하는 과학적 연구 방법이라는 점에서 행동 연구(Reason and Bradbury, 2001)와 유사성을 보인다. 이 연구는 실천의 참여자들이 문제를 다루는 새로운 방식을 개발하도록 응원하기 위해 반복되는 일상 행위 및 문화와 실천의 구조를 통찰하도록 촉진한다. 아울러 데이터를 체계적으로 수집하며, 행위 참여자들에게 피드백을 제공한다는 점에서 행동 연구와 같다. 대화적 경험주의 윤리학 연구는 여기에서 더 나아가는데, 언제나 연구 과정에서 대화적 연구 과정에서, 실제 개선 여부를 평가함으로써 실천의 개선을 시도한다. 모든 이해 당사자들은 이를 달성하기 위해 실천의 변화를 통해 도덕적 개선을 유도하기 위한 도덕적 성찰, 공유된 도덕적 학습의 촉진을 목표로 협력한다.

대화적 경험주의 윤리학의 연구에는 몇 가지 어려움이 따른다. 그중 첫 번째는 방법론에 관련된 문제로, 연구 질문을 올바르게 형식화하고 여기에 부합하는 집단을 연구 과정에 참여시키는 것과 관련된다. 연구 질문이 규범적 가정을 기반으로 한다는 점에서, 연구 계획 개발에 참여하는 연구자와 실천하는 참여자들은 연구 사업의 핵심이 되는 질문의 선택 과정을 되짚어 보고, 그들의 가정에 대하여 투명해야 한다. 간호사 교환 근무 사업은, 격리는 도덕적 문제이며 이를 감소시켜야 한다는 전제에서 출발했다. 또 행위의 개선으로 이어지는 변화 과정에는 병동 사이 문화적 조직적 차이에 대한 통찰이 필요하다는 전제도 있었다. 이와 같은 규범적 가정에 기반해서 설정된 연구 문제는 병동 간 간호사 교환을 통해 응답자들이 위협을 받는다고 느끼거나, 그들의 실천 변화를 강요받지 않고 도덕적 개선에 대한 대화에 참여를 유도할 수 있을지 여부를 파악하고, 이를 촉진할 수 있는 가능한 방법을 조사하는 것이었다. 간호사들은 관리자들이 지원하는 교환 사업 참여를 제안받았다. 따라서 간호사와 병동 관리자는 사업의 주요한 이해 당사자로 간주되었다. 이 두 이해 당사자 집단이 연구 목표에 대해 비전을 공유할 수 있도록, 교환 사업에 참여하기로 결정한 간호사들과 함께 연구 질문과 그 규범적 전제에 대해 공개적으로 논의했다. 또 각 병동에서 근무하는 다른 직원들에게도 이것을 알리고 동의를 구했다. 이렇게 관리자, 직원 및 연구자 사이에서 연구 목표와 설계 및 질문의 규범적 측면이 공유되고 합의되었다. 환자 및 환자 가족과 같은, 다른 잠재적 이해 당사자의 관련성은 간접적인 것으로 간주하였다. 따라서 이들은 이 과정에 참여하지 않았다. 이런 접근 방식에 대하여 환자가 연구 질문의 형식화와 추가 연구 활동에도 모두 참여해야 한다는 주장이 제기될 수 있다. 그러나 우리가 보기에는 사전에 그런 결정을 내릴 수는 없으며, 다만 투명성이 보장되고, 개선 가능성이 열려 있어야 한다.

두 번째 어려움은 규범이라는 의미와 규범적 결론을 이끌어 내는 방법과 관련이 있다. 위에서 살펴본 것처럼 우리는 대화적 경험주의 연구의 연구자를 학습 과정에 참여하는 규범적 행위자로 간주한다. 연구의 규범성은 연구의 규범적 목표인 억제대 사용의 도덕적 개선에 반영되고, 그 목표에 따라 연구 설계가 이루어지고 도구가 선택된다. 규범적 목표와 연구자들의 가정에 관해 투명성(즉 이해 당사자의 숨겨진 의제나 조작이 없음)과 연구자와 연구 참여자 모두의 도덕적 학습의 상호 작용 촉진(즉 일방향적 학습 과정이 아닌 것)과 같은 다른 두 가지 규범성도 중요하다. 마지막으로, 규범적 결과나 연구 과정의 결론에 관한 개방성 역시 대화적 경험주의 연구의 기본적인 규범적 요소이다. 연구는 규범성을 가진 목표와 연구 질문에서 시작되지만, 연구자와 연구 참여자는 최종적인 규범적 답변에 대해 개방적인 사고를 가지고 있어야 한다.

대화적 경험주의 윤리 연구의 세 번째 어려움은 결과 검증에 관련되어 있다. 대화적 경험주의 윤리의 목표 중 하나는 어떤 상황에서 도덕적으로 타당한 답변에 대한 상호적 이해 증진이다. 그렇다면 문제는 상호 이해가 향상되었고, 이것이 도덕적으로 더 나은 실천으로 이어지는지 확인하는 방법에 있다. 교환 사업에서는 일상 행위에 대한 높은 수준의 인식이 수립될 수 있었고, 이와 동시에 '의학적 판단' 프로토콜을 다루는 새로운 방법을 개발하고 분리된 간호사 사무실을 폐쇄함으로써, 실천을 바꾸겠다는 의도도 강해졌다. 그러나 이런 변화가 실제로 도덕적 개선으로 이어졌는지 확인되지 않았다. 대화적 경험주의 윤리를 반대하는 입장에서 상호 이해를 촉진하는 것이 실제로는 도덕적으로 잘못된 어떤 실천을 강화하거나 정당화할 수 있다고 주장할 수 있다. 예를 들어, 환자를 격리실에 더 오래 입원시키는 결과를 야기하는 절차를 정당화할 수 있다. 이런 비판은 어떤 결론이 도덕적으로 옳고 그른지 외부의 규범적 프레임을 사용해서 결정할 수 있다는 것을 전제로 한다. 대화적 경험주의 윤리 연구 과정에서 외부의 규범이나 최종 중재자의 존재를 가정하지 않는다. 그러나 연구자는 이런 비판이 가능함을 인식하고, 이해 당사자와 함께하는 도덕적 탐색 과정에 이를 통합할 것이다. 또한 "이 결론이 도덕적으로 옳다는 것을 어떻게 알 수 있는가?"라는 질문은 연구 진행 중 이해 당사자와 함께 다루게 된다. 대화적 경험주의 윤리학은 조직화된 다양한 관점들의 상호 작용을 통해 가능한 결론을 비판적으로 탐색할 것을 촉진하는 것을 목표로 한다(Landeweer *et al*., 2011). 앞서 소개한 연구에서 우리는 다양한 이해 당사자를 참여시켜 다양한 관점에서 비판적 반성 절차가 가능하게 고안했다. 그럼에도 불구하고 참여자들이 개선을 위한 자신의 아이디어를 비판적으로 검토하고, 대화에 참여할 수 있는 한경을 조성하는 것은 어려운 일이다. 연구자는 실천을 둘러싼 문화와 반복적인 일상에 민감해야 하며 건설적인 의견 차이, 비판적 변화에 열린 마음을 유지할 수 있는 방법을 찾아야 한다. 실천을 이끌 가치나 규범 설정은 연구자의 역할이 아니지만, 연구 과정에서 참여자들의 제안을 받아 불가피하게 기존의 규칙이나 새로운 규칙에 관련하여 어떤 관점을 갖게 된다. 다른 이해 당사자와 그 관점에 대해 들은 후에도 의심이 해소되지 않는다면, 연구자는 곤란한 문제들을 해결하고 비판적인 질문을 제기하는 방식으로 개입할 수 있다. 이 비판은 이해 당사자와의 지속적인 대화로서 연구 틀과 실천 내에 위치한다(즉 '연구 종류' 이후, 또는 연구의 틀 외부에 비판을 두지 않는다). 대화적 경험주의 윤리학 연구 과정에서 이런 행동은 실천에 대한 최종적인 규범적 판단이 아니라, 실천에서 규범적 문제를 다루는 새롭고 더 나은 방법을 찾는 과정에 대한 기여로 간주할 수 있다. 결국 대화적 경험주의 윤리학 연구의 목적은 연구 보고서나 논문에 쓸, 실천에 대한 최종적인 규범적 판단 도출이 아니라, 실천 내부에서 실천을 통해 상호적인 도덕 학습 과정을 만들어 구체적인 보건 의료 환경 내에서 돌봄의 수준을 향상시키는 것이다.

대화적 경험주의 윤리 연구 프로젝트에 관해 남아 있는 마지막 어려움은 얻어 낸 '개선'의 결과를 유지하는 것이다. 이해 당사자 사이에서 대화를 촉진하고 자극함으로써 새로운 통찰을 얻을 뿐, 아니라 도덕적 문제에 있어 개방성과 성찰을 지속시키는 실천의 온상을 창조하는 것이다. 이를 위해서 더 많은 관리자들이 참여할 필요가 있다. 대화적 경험주의 윤리학 연구의 결과는 이행하는 데에는 의료진에서 시작되는 상향식 참여와 중간 및 최고 관리자에서 시작되는 하향식 지원 모두가 필요하다. 연구자와 이해 당사자들이 통찰력과 논변 및 도덕적 참여를 향상시키는 일은 아예 새롭거나, 아니면 조정된 업무 프로세스 및 구조를 통해 이를 구현하는 방법에 대한 관심으로 이어져야 한다. 이러한 실행 과정은 후속 연구를 조직하여 학습된 교훈이 실제 적용되는지, 적용된다면 어떻게 적용되는지 모니터링함으로써 촉진될 수 있다.

결론

이 장에서 우리는 경험주의 윤리학의 특정 접근법인 대화적 경험주의 윤리학 연구를 소개했다. 이런 종류의 경험주의 윤리학 연구는 업무를 수행하는 참여자들을 도덕적 문제에 관한 성찰과 대화의 과정에 포함시킴으로써, 공동의 도덕적 학습과 행위의 개선을 이끌어 내는 목적을 갖는다. 우리는 대화적 경험주의 윤리의 이론적 배경과 규범적 가정을 상세히 살펴보고, 실제로 어떻게 작동하는지 설명했다. 우리는 세 곳의 정신과 병동에서 간호사 상호 교환 근무를 포함한 연구 사례를 소개했는데, 이 연구는 강제 치료와 억제대 사용에 관해 학습하는 과정을 창출하고, 강제력의 사용을 감소시키는 것을 가능하게 하는 새로운 업무 방식을 육성하는 것을 목적으로 했다. 우리는 또한 대화적 경험주의 윤리의 실천에 관련된 어려움을 논의하였다.

대화적 경험주의 윤리학 연구는 이해 관계자들이 관점을 체계적으로 교환하는 과정을 만들어 내어 자신들의 접근방식에 내재한 전제를 인식하고 다른 업무 방식에 대한 개방성을 육성하는 것을 목표로 했다. 연구자의 역할은 성찰과 교환의 조건을 창조하고, 이에 관해 질문하고, 차이의 해석을 제안하며, 새로운 행위와 실험을 통해 유도한 규범적 결론을 이끌어 내도록 참여자들에게 제안하는 일이다. 실천 과정의 도덕적 규범을 명료하게 드러내고, 의료인들이 관점을 성찰하고 교환하도록 초청함으로써, 대화적 경험주의 윤리학 연구는 실천적인 도덕의 개선에 기여할 수 있다. 그러나 이것은 도덕적 논변을 제시하고 건실한 이론적 결론을 도출함으로써가 아니라, 참여자들이 도덕 경험을 명료화하고 문제가 된 상황을 공동으로 성찰하도록 도움으로써 가능하다. 경험에 근거한 데이터를 수집하고 성찰과 대화의 체계적 절차를 구성함으로써, 대화적 경험주의 윤리학 연구는 실천에서 도덕적 향상에 기여하고 일상, 문화, 구조의 수준에서 변화를 촉진한다.

감사의 글

교환 프로그램과 연구에 참여한 병동과 간호사들에게 감사한다. 특히 세실 헤이스베르스 반 웨이크(Cecile Gijsbers van Wijk)와 레미 벨러만(Remy Welleman)이 자신이 소속된 정신 보건 시설에서 교환 사업의 확산을 지지하고 도와준 것에 감사한다. 또한 우리는 편집자들의 건설적인 피드백에도 감사한다.

미주

1. 생명윤리학에 있어 경험주의 윤리학의 주요 연구 주제에 관해서는 2009년 *Bioethics*와 2012년 *Cambridge Quarterly*를 살펴보라.

참고 문헌

Abma, T.A., Molewijk, B., Widdershoven, G.A.M. 2009a. Good Care in Ongoing Dialogues. Responsive Evaluation and Moral Deliberation. *Health Care Analysis*. 17(3):217–235.

Abma, T., Voskes, Y., Landeweer, E., Emmaneel, R., Scholten, M., Kuijpers, E., Richartz, B., Bijnens, L., Herrmann, G., Widdershoven, G. 2009b. Lerende netwerken. Uitdagingen en oplossingen voor dwangreductie in de praktijk [Learning networks. Challenges and solutions for the reduction of coercion in practice]. *Maandblad Geestelijke volksgezondheid*. (64)6:571–582.

Beauchamp, T. 2000. Reply to Strong Principlism and Casuistry. *Journal of Medical Philosophy*. 25(3):342–347.

Dunn, M., Sheehan, M., Hope, T., Parker, M. 2012. Towards Methodological Innovation in Empirical Ethics in Research. *Cambridge Quarterly of Healthcare Ethics*. 21(4):466–480.

Frith, L. 2012. Symbiotic Empirical Ethics: A Practical Methodology. *Bioethics*. 26(4):198–206.

Gadamer, H.G. 1960. Wahrheit und Methode. Tübingen: Mohr.
Greene, J. 2001. Dialogue in Evaluation: A Relational Perspective. *Evaluation*. 7(2):181–203.

Guba, E.G., Lincoln, Y.S. 1989. *Fourth Generation Evaluation*. Beverly Hills, CA: Sage.

Hughes, G.J. 2001. *Aristotle on Ethics*. London: Routledge. 115.

Landeweer, E.G.M., Abma, T., Widdershoven, G., 2011. Moral Margins Concerning the Use of Coercion in Psychiatry. *Nursing Ethics*. 18(3):304–316.

Molewijk, B., Frith, L. 2009. Empirical Ethics: Who Is the Don Quixote? *Bioethics*. 23(4):ii–iv.

Molewijk, B., Stiggelbout, A., Otten, W., Dupuis, H., Kievit, J. 2004. Empirical

Data and Moral Theory. A Plea for Integrated Empirical Ethics. *Medicine Health Care Philosophy*. 7(1):55–69.

Molewijk, B., Widdershoven, G. 2012. Don't Solve the Issues! A Plea for ambiguity within Empirical Ethics. *Cambridge Quarterly of Healthcare Ethics*. 21(4):448–456.

Reason, P., Bradbury, H. 2001. *Handbook of Action Research: Participative Inquiry and Practice*. London: Sage.

Salloch, S., Schildmann, J., Vollmann, J. 2012. Empirical Research in Medical Ethics: How Conceptual Accounts on Normative-Empirical Collaboration May Improve Research Practice. *BMC Medical Ethics*. 13(5).

Schwandt, T.A. 2001. A Postscript on Thinking about Dialogue. *Evaluation*, 7(2):264–276.

Solbakk, J.H. 2012. Guest editorial. Embedded Ethics or Fictitious Facts? *Cambridge Quarterly of Healthcare Ethics*. 21(4):419–425.

Voskes, Y., Kemper, M., Landeweer, E.G.M., Widdershoven, G.A.M. 2014. Preventing Seclusion in Psychiatry: A Care Ethics Perspective on the First Five Minutes at Admission. *Nursing Ethics*.21(7):766-73. doi: 10.1177/0969733013493217.

Widdershoven, G. 2001. Dialogue in Evaluation: A Hermeneutic Perspective. *Evaluation*. 7(2):253–263.

Widdershoven, G., Abma, T., Molewijk, B. 2009a. Empirical Ethics as a Dialogical Practice. *Bioethics*. 23:236–248.

Widdershoven, G., Molewijk, B., Abma, B. 2009b. Improving Care and Ethics: A Plea for Interactive Empirical Ethics. *American Journal of Bioethics*. 9(6–7):99–101.

10장

규범적 경험주의 모델로서 반성적 평형: 애슐리 X (Ashley X)의 사례

—

힐슬레인 J. M. W. 판 틸, 요하네스 판 델덴
(Ghilslaine J. M. W. van Thiel, Johannes J. M. van Delden)

애슐리는 심각한 발달 장애가 있는 소녀다. 6세가 되도록 앉거나 걷지 못했고, 말하지도 못했다. 애슐리는 타인에게 소리를 내거나 미소로 답했다. 인지나 신경학적 능력이 향상되지 않을 것으로 예측되었다. 2006년 애슐리의 담당 의사들은 그녀의 신체와 성적 성숙을 중단시켰다고 보고했다(Gunther and Diekema, 2006). 치료는 성장을 지연시키는 호르몬 요법과 성적 성숙의 초기 단계에 있는 유두와 자궁을 절제하는 시술로 구성되었다. 애슐리는 이제 영원히 아이 크기로 남을 것인데, 그녀의 부모에 따르면, 그녀의 삶에 있어 그것이 최선일 것이다. 그녀는 부모에게 '머리 맡 천사'로 남을 것이다(Pillow Angel website, 2014). 애슐리 이야기는 인터넷에 급속히 확산되었다. 반응은 엄청나게 다양했다. 일부는 다른 이들에게도 적용되기를 바랐고(Allen *et al*, 2009), 또 다른 일부는 의구심을 표시했다(Isaac *et al*., 2011). 그리고 그녀가 부모의 필요 때문에 '난도질' 당했다는 관점도 있었다(MSNNBC, 2007). 2012년 3월 영국 일간 신문 <가디언>에 '애슐리 치료'를 받은 아동이 최소한 12명에 이르고, 수천 가정이 고려하고 있다는 장애인 단체의 인터뷰가 보도된 후 이런 집단에 속하는 아동을 대상으로 성장 지연 치료를 하는 것이 정당한가 하는 문제가 새로운 관심사가 되었다(The Guardian, 2014).

애슐리와 같은 경우에 문제를 해결하려면 치료의 허용 가능성을 좋은 윤리적 분석을 거쳐 근거를 제시할 수 있는 결정이 필요하다. 다행히 이 결론에 도달하는 과정에 몇 가지 방법을 적용할 수 있다. 논의의 중심에는 무엇이 가장 적합한 방법론인가 하는 질문이 자리 잡고 있다(Anon., 2007; Ives and Draper, 2009). 이 장에서는 존 롤즈의 반성적 평형(*reflective equilibrium*) 개념에서 출발하는 도덕적 추론 방법을 제시한다. 우리는 이 방법을 **규범적-경험적 반성적 평형**(*normative empirical reflective equilibrium, NE-RE*)이라 명명하였다. 이어서 반성적 평형에 대해 제기되는 주요한 비판을 검토하고, 그 비판이 NE-RE에 갖는 의미를 설명할 것이다. 그 이후 애슐리의 사례를 분석함으로써, 윤리적 딜레마 상황에서 윤리적으로 수용 가능한, 정당화된 관점 도출에 NE-RE가 활용될 수 있는 방식을 제시할 것이다.

규범적 경험적 반성적 평형 (NE-RE)[1]

반성적 평형(RE)은 정의에 대한 가장 적절한 개념을 이론적으로 구성하기 위한 목적으로 존 롤즈가 발전시킨 개념이다(Rawls, 1971). 이것은 이상주의적인 정당화 방법으로 온건한 이론 개발이나(van Willigenburg, 1991), 실천 맥락에서 의사 결정을 주관하는(Arras, 2007) 비-이상적 모델과 구분된다. '반성적 평형'이라는 용어는 도덕 추론에서, 특정 도덕 사례와 관련된 (가능하면 폭넓은) 신념들의 집합이 하나의 정합적인 전체를 이루는 지점을 의미한다. 또한 RE는 도덕적 견해의 정당화를 목표로 하는 도덕 추론 과정의 설명이다. 처음에는 RE에 숙고된 도덕 판단과 도덕 원칙이라는 두 가지 종류의 신념이 채택되었다. 저자에 따라 일부 요소를 변경하거나 새로운 요소를 도입하는 수정안을 제안한다(Daniels, 1979; van Willigenburg, 1991). 현재 RE에 적합한 신념들은 잠정적으로 다음 네 가지로 구분될 수 있으며, RE의 목적에 따라 이들 사이에서 가장 나은 요소들의 조합이 결정된다.

(i) 숙고된 도덕 판단 또는 도덕 직관

(ii) 도덕적으로 관련성이 있는 사실들

(iii) 도덕 원칙들

(iv) 배경 이론 또는 이상

NE-RE는 RE의 수정 버전으로 도덕 직관, 도덕 원칙들, 도덕적으로 관련성 있는 사실들과 배경 이론으로 구성된다. 그리고 다음 두 가지 구별되는 특성을 갖는다.

(1) 이론가(the Thinker)가 아니라 관련된 행위자의 도덕 직관이 채택된다.

RE에 기반을 둔 대부분의 방법론은 숙고된 도덕 판단 또는 도덕 직관이 추론을 수행하는 사람(우리는 이 사람을 '이론가'로 부른다)의 생각에서 나온 것으로 본다. 경우에 따라 이론가는 '형성적 경험'을 추구하여 자신의 관점을 적극적으로 확장시키거나 과정을 통해 관련성을 가질 수 있는 모든 것을 탐구하도록 제안받는다(Ives, 2014). NE-RE의 주장은 이론가가 아니라, 보통 사람들의 도덕 직관을 탐구함으로써 관련된 신념들의 출처를 확장하자는 것이다(van Delden and van Thiel, 1998).

(2) 실증적 연구로 도덕 직관이나 도덕적으로 관련성 있는 사실 정보를 얻는다.

이런 연구는 다른 관점 또는 시각에서 얻어지는 예상하지 못한 통찰, 경험과 해석의 묘사를 얻는 데 가치가 있다.

RE는 환영과 격렬한 비판을 동시에 받았다. 그 비판 중 두 가지가 매우 중요한 것처럼 보이고, 따라서 NE-RE에도 해당될 것 같다. 그것은 바로 직관의 역할과 일관성의 성격이다.

NE-RE에서 직관: 균형 잡힌 도덕적 지혜

도덕적 문제를 직면하게 되면 보통은 기저의 정신적 과정이 명시적으로 의식되지 않는 상황에서 자동적으로 도덕 판단이 주어진다. 이 판단은 사례에 대한 판단이 어떻게 진행되어야 할지에 관련된 예비적 감각을 제공한다(Musschenga, 2008; Haidt, 2001). 이 예비적 판단을 우리가 '도덕 직관(moral intuition)'이라는 말로 부른다. 이 직관은 반성-이전(pre-reflective)과 반성-이후(post-reflective)에 모두 주어질 수 있다. 반성-이전의 해석이란 어떤 사람이 익숙하지 않은 도덕 상황에 직면했을 때 발생한다. 반면, 다른 경우에는 개인의 해석이 과거 사례에서 사실들을 구조화한 방식에 기반하며, 이러한 구조화는 경험된 인식(exprienced perception)에 의해 영향을 받는다. 이것을 반성-이후 해석이라고 부른다(Haidt, 2001). 도덕 직관은, 첫째, 보통 숙고 과정의 출발점이기 때문에 윤리적 판단과 관련성을 갖는다. 둘째, 어떤 사람이 도덕 직관을 가질 때 사례를 더 면밀히 살피고, 상황에 대한 대안적 해석을 추구할 강한 욕구를 느끼게 된다(van Willigenburg, 1991). 마지막으로 도덕 직관은 윤리적 성찰과 우리의 일상적 도덕 경험을 연결한다.

직관과 도덕 추론의 통합에 대한 주요한 반론은 도덕 이론이 단지 개인의 주관적이고 편향된 판단 위에 구출될 위험성이 있다는 것이다(Daniels, 1979; Strong, 2010). 좀 더 구체적으로 살펴보면 이 비판은 다음과 같이 해석할 수 있다. 만약 RE의 결과가 신념들의 일관성에 근거하여 정당회될 수 있으려면, 각각의 신념이 추론 과정을 이끌어 갈 수 있을 정도로 신뢰할 수 있어야 한다는 것이다. 그러나 직관은 주관적이며 오류의 가능성이 있다. 따라서 직관은 RE와 같이 도덕 추론 과정의 일관성을 주장하는 모델에서 판단의 정당화를 이끌어 내는 데 필수적인 신뢰성이 결여된다. 이를 극복하기 위해 추론의 출발 지점에서 최초 판단을 엄격하게 선택함으로써, '나쁜' 것들이 추론 과정에 개입하지 못하도록 예방하자고 제안하는 학자들도 있다(Swanton, 1991; Neilson, 1982; Singer, 2005). 예를 들어 비첨과 칠드리스 (2013)는 공통 도덕을 추론 과정에 개입하도록 허용할 수 있는, 신뢰할 만한 도덕 직관의 출처로 **공통 도덕**을 사용하자고 주장했다.

NE-RE에서 우리는 RE가 갖고 있는 주관성과 보수성이라는 문제를 교정하기 위해 다른 접근법을 제안한다. 우리는 드폴의 주장을 수용해서 **추론의 시작 시점**에서 요소들의 신뢰성이 RE를 통한 도덕적 숙고의 결과가 정당한지 결정하지 않는다고 생각한다(DePaul, 1993; van Thiel and van Delden, 2009). NE-RE의 결과로 도출되는 도덕 관점의 정당화 능력은 일반적으로 추론 과정의 수준과 질에 의존한다. 따라서 NE-RE는 추론 과정에서 일관성을 확보하기 위해 제시되는 추론의 힘에 초점을 맞춘다. 더 나아가 우리는 실증적 연구를 통해 이론가가 아닌 보통 사람들의 도덕 직관을 포함하도록 관련성 있는 직관의 범위를 넓힐 것을 제안한다(van Thiel and van Delden, 2009). 특정한 실천에 관여하는 사람들의 도덕 판단은 통상적으로 직관 단계에 있을 것이고, 바로 이런 직관을 통해서 이들의 도덕적 이론은 보건 의료 행위 맥락 밖에 있는 사람들은 일반적으로 발견하지 못하는 도덕 경험에 접근할 수 있다. 애슐리 사례의 실증적 분석을 통해 우리는 다른 관점과 시각으로 얻을 수 없는 통찰과 경험 그리고 해석을 얻었다. 이런 '경험과의 만남'이 갖는 가치는 다른 연구자들 역시 묘사한 바 있다(Ives *et al*., 2008).

일관성 측정과 그 충분성의 평가

신념들의 일관성은 NE-RE를 통해 획득된 도덕 관점을 정당화하는 데 있어서 필수적이다. 그러나 이것은 NE-RE의 수행 있어서 해결할 두 가지 문제를 안긴다. 먼저, 일관성이 무엇이며, 어떻게 일관성을 기준으로 신념을 평가할 수 있는지에 대한 설명이 매우 부족하다(Beauchamp and Childress, 2013; DeGrazia, 2003; Rauprich, 2008). 우리는 NE-RE에서 주어진 신념들 사이에 다양한 유형의 일관성 분석을 위해 **추론 관계(*inference relations*)** 개념을 사용할 것을 제안한다. 앞으로 우리는 신념들 사이에 존재(혹은 부재)하는 일관성의 종류를 면밀히 찾아볼 것이다. 이어 애슐리 치료에 대한 신념들 사이의 일관성을 찾는 작업 과정에서 이런 아이디어를 실제로 사용할 수 있는 방법을 개관할 것이다.

둘째, 반성적 평형에 도달했는지 결정하기 위해 얼마만큼의 일관성이 필수적인지 불명확하다(Peterson, 1998). 모순이 없다고 해서 일련의 신념이 반성적 평형에 있다고 인정하는 데는 한계가 있다. 따라서 포괄적인 결과를 희생시킨 채 최소한의 일관성을 추구해서는 안 된다. 신념 사이의 연결성은 신빙성있는 RE에 도달하는 데 필수적이다(Syare-McCord, 1996). 이런 사항들을 어느 정도의 지침으로 고려할 수 있겠지만, 어느 정도의 일관성이면 충분한가라는 질문에는 여전히 명확한 답을 낼 수 없다. NE-RE에서 우리들은 다른 수준의 정당화 능력을 가진 일관성이라는 개념을 탐색했다(van Theil, 2009). 이것은 단일한 신념의 정당화 가능성의 정도가 해당 신념과 그 조합을 구성하는 다른 신념들과의 추론 관계로 이해되는 일관성 이외의 추가적 요인에 따라 달라진다는 주장에 근거한다. 예를 들어 어떤 신념들은 초기 상태에서도 다른 것들과 구별 가능하고, 이런 구별 가능성을 바탕으로 신념마다 일정한 비중을 둘 수 있다. 그 예로 유지 가능성이 있는데, 우리는 일련의 사례들에서 '거듭' 확인된 판단을 더 많이 확신하는 경향이 있다. RE에서 각 요소들의 상대적 가중치를 평가하면, NE-RE를 통해 달성된 관점의 정당화 능력을 평가하는 데 도움이 될 수 있다.

사례: 애슐리 X 사례에서 NE-RE

(NE)-RE 추론은 흔히 몇 가지 숙고된 도덕 판단과 도덕 직관에서 출발한다. 애슐리 사례에서 최초의 도덕적 신념을 풍성하게 조합하기 위해 다른 보통 사람들의 직관을 탐색함으로써, RE에 도달하는 작업을 시작했다.

질적 경험적 연구: 방법과 결과

우리는 애슐리 치료가 보도된 직후 토론을 위해 개설된 인터넷 게시판을 선택했다. 출판 후 3개월째 되는 2007년 1월 18일에 구글(google)에 '애슐리 성장 지연에 관한 토론(discussion on growth attenuation Ashley)'을 검색어로 입력했다. 46,000개의 검색 결과가 제출됐다. 우리는 자료원으로 게시판 세 개를 선택했다. 우선 게시물의 수가 가장 많은 게시판은 MSNBC(2008)의 ***Kids and Parenting*: *All in the Family***(2,334 게시물) 게시판이었다. 두 번째로 우리는 ***Have Your Say***(BBC, 2008)를 택했다. 30개국 이상의 사람들이 497개의 자기 보고 형태의 게시물을 올렸다. 마지막으로 우리는 ***Ouch!***(BBC, 2014)를 택했는데, 장애인의 삶을 반영하는 목적을 가진 웹사이트이다.

우리는 총 3,004개의 게시물에서 438개의 텍스트를 추출했다. 세 가지 기준에 따라 선택했는데, (1) 텍스트가 사례에 대한 해석을 포함하고, (2) 작성자가 옳음과 그름, 수용 가능성, 칭찬할 만함 등의 측면에서 판단을 표현했으며, (3) 텍스트가 길거나 사례를 충분히 다루지 않은 것은 제외하는 것이었다. 이 기준을 적용하여 이들 기고글에서 도덕 직관을 추출할 수 있기를 기대했다. 마지막으로 우리는 텍스트마다 하나 또는 그 이상의 표식을 배정했다. 339개의 텍스트에 표식자를 붙인 단계에서 포화 지점에 도달했다고 판단했는데, 그 이유는 더 이상 새로운 표식이 추가되지 않았고, 새로운 표식이 추가되지도 않을 것으로 보였기 때문이다. 다음 [표10.1]이 그 결과를 정리한 것이다.

[표10.1] 애슐리 치료에 관련된 도덕 직관

찬성(Positive): 애슐리 치료에 긍정적인 도덕 직관들	
P1	치료는 윤리적인데 부모가 해를 입히려는 것이 아니라 도우려는 동기를 가지고 있기 때문이다.
P2	애슐리의 부모가 감당할 부담은 최대한 줄여야 한다. 따라서 치료는 정당화된다.
P3	가족 내 서로 다른 당사자들의 필요의 균형을 잡는 윤리적 방법이다.
P4	치료는 옳다. 그녀가 더 나은 돌봄을 받을 것이기 때문에 삶의 질을 증진시킨다.
P5	그녀가 어린이라면 사람들이 더 잘 반응할 것이기 때문에 그녀에게 최선의 이익에 해당한다.
P6	부모는 딸을 대신해서 의학적 치료를 선택할 권리를 갖는다.
P7	사회가 애슐리를 돌보는 부모를 돕지 않는다면, 그들은 딸을 돌보기 위해 필요한 조치를 자유롭게 취할 수 있어야 한다.
P8	부모는 그녀를 돌봄으로써 책임감을 증명했다. 그 보상을 받아야 한다.
P9	부모와 의사는 애슐리에게 좋은 것을 판단할 최선의 위치에 있다.
P10	이 치료로 애슐리는 의미 있는 어느 것도 빼앗기지 않았다.
P11	치료는 옳은데, 왜냐하면 위해(월경, 욕창, 성적 착취 등)를 회피하기 때문이다.
P12	이것은 허용할 수 있는데, 왜냐하면 대안적 치료 – 애슐리를 가정이 아닌 곳에서 돌보는 것–가 더 나쁘기 때문이다.
P13	교정적 수술을 받는 사람들이 많이 있다. 따라서 이 경우도 비윤리적인 것이 아니다.
P14	의사와 부모는 주의 깊게 진행했고, 윤리 위원회의 지지를 받았다. 정당화하기에 충분하다.
P15	의학적 치료는 사람의 이익을 위해 시행된다. – 여기에서도 그렇다.

반대(Contra): 애슐리 치료에 부정적인 도덕 직관들	
C1	이것은 잘못인데, 왜냐하면 부모가 편의를 위한 이기적인 동기를 가졌기 때문이다.
C2	수술을 뒷받침하는 확고한 의학적 근거가 없다. 따라서 비윤리적이다.
C3	치료는 애슐리의 인격권을 무시하고 침해하는 것이다.
C4	치료는 성인으로서 얻을 수 있는 애슐리의 가치 있는 경험을 부정한다.
C5	이 사례는 다른 동의하지 않는 사람을 대상으로 불필요한 의학적 치료를 시행할 전례가 된다.
C6	이것은 잘못인데, 부자연스럽기 때문이다.
C7	애슐리가 예측과 다른 방식으로 성장할 가능성을 배제하지 못한다. 복구할 수 없는 치료는 따라서 잘못이다. 가족과 의사는 그녀가 성숙할 것이라고 선택한 것이다.
C8	이떤 결징은 우리가 사유로이 내릴 수 없다. 어떤 근거가 있더라도 말이다.
C9	부모는 애슐리를 돌볼 책임을 감수하거나, 다른 이들에게 맡겨야 한다.
C10	치료는 장애인이 '정상성'을 모사해야 이익을 얻게 된다는 온정적이며 잘못된 가정에서 비롯했다.
C11	장애인을 너무 오랫동안 살아 있게 한 사례이다. 그녀를 죽도록 내버려 두어야 한다.
C12	치료는 비윤리적인데, 이보다 덜 침습적인 방식이 있기 때문이다.
C13	애슐리는 사회나 돌봄 제공자의 필요를 충족시키기 위해 변형되어서는 안 된다. 사회나 돌봄 제공자들이 사람들의 필요를 충족시키기 위해 변화되어야 한다.
C14	어느 누구라도 (직접) 이런 치료를 선택하지 않을 것이고, 이것이 애슐리에게 이런 조치를 취하지 않아야 할 충분한 이유가 된다.
C15	여성 할례다!
C16	사회는 취약한 개인을 보호해야 한다.
C17	자원 낭비다.
C18	논쟁을 유발하기 위해 이 소녀를 두고 실험을 하고 있다.

경험적으로 발견한 직관과 도덕 원칙의 대조

질적 연구를 통해 최초의 도덕적 신념[표10.1]들의 조합을 얻었다. RE의 다음 단계는 도덕 원칙과 도덕 직관을 대조하는 것이다. 이론적으로 새로운 원칙을 사용할 수도 있지만, 분석가는 일반 상식적인 도덕 원칙 중 일부를 제안하는 정도에서(즉 약속을 지키라, 자율적인 선택을 존중하라) 만족할 수도 있을 것이다(Arras, 2007). 대조 과정에는 직관과 원칙을 동시에 고려하는 성찰이 수반된다. 이 과정에서 원칙의 포기, 개정 또는 재진술이 이루어지거나 직관이 원칙과의 일관성을 유지하기 위해 원칙의 신뢰성이 생기거나 의심받을 수 있다. 애슐리 사례에서 우리는 자율성(존중) 원칙, 선행원칙, 악행 금지 원칙, 인간 존엄 (존중) 원칙을 도덕 직관과 비교했다.

자율성

인터넷의 많은 논평자들이 "애슐리에 관한 결정을 내릴 권리를 가진 사람은 누구인가?"라는 질문에 강한 직관을 갖고 있었다. 우리는 의사 결정에 있어 대리인의 권한을 강조하는 도덕 직관을 만났다. (예를 들어 [표10.1]: P6,P7) 또 다른 이들은 부모가 돌봄 책임이 있으며, 애슐리의 부모는 사회가 자녀를 사랑하는 부모에게 기대하는 바에 충실하게 살아 왔음을 증명했다고 썼다(P8). 환자 자율성 존중 원칙은 우리가 우리의 개인적 가치관과 신념으로 어떤 삶을 살아가게 될 자율적인 사람의 권리를 방해하지 않도록 노력할 것을 요구한다. 애슐리는 그녀에게 계획된 치료에 적합한 동의를 내릴 능력이 없고, 부모가 딸의 합법적 대리인이라는 사실은 의심할 여지가 없다. 그들이 애슐리를 사랑하는 돌봄 제공자라는 점은 그들이 어떤 방식을 선호하는지에 중요성을 더한다.

반면, 부모의 권한은 애슐리의 이익을 보호할 의무에 의해 제한된다(C8). 어떤 논평자들은 대리인들이 역할 수행을 실패할 때 취약한 사람들을 보호할 사회 전체의 책임을 지적한다(C16). 이것은 "부모는 어떤 기준에 따라 결정을 내려야 하는가?"라는 질문을 던진다.

대리 판단(*substituted judgement*) 기준은 이런 경우에 따라야 할 원 원칙이고, 이것에 따르면 애슐리의 부모는 그녀가 의사 결정 능력이 있었다면 직접 택했을 것과 같은 일련의 선택을 내려야 한다(C14). 그러나 이 경우의 대리 의사 결정 과정에서는 애슐리의 선택, 좀 더 일반적으로 그녀의 입장에서 내릴수 있는 선택을 전혀 추측할 수 없기 때문에 어려움이 따른다(Beauchamp and Childeress, 2013). 어떤 사람의 선호를 신뢰할 수 있는 수준으로 예측할 수 없다면 대리 의사 결정은 최선의 이익 기준에 의거해서 내려져야 한다. 이것은 치료의 이익과 부담 평가를 필요로 한다.

선행

우리는 부모와 의사의 의도가 애슐리 치료를 긍정적으로 평가하는 데 결정적인 고려라는 도덕 직관을 발견했다(P1). 이 경우 핵심 질문이 부모가 그들의 좋은 의도에도 불구하고 잘못된 선택을 내렸는가에 관한 것이므로, 이 직관은 일단 유예했다.

애슐리 치료를 옹호하는 많은 논평자들은 치료가 그녀의 안녕을 증진시키기 때문에(P4, P5) 애슐리에게 좋은 것이라고 가정한다. 선행 원칙은 그들의 중요하고 정당한 이익을 증진시키도록 타인을 도울 도덕적 의무를 의미한다(Beauchamp and Childeress, 2013). 성인으로 성숙하는 것은 가족이 애슐리를 돌보는 데 있어 가장 큰 장애로 언급된다. 이 주장은 모든 어린이는, 장애 유무와 상관없이, 가족의 일원이라는 신념에 더해진다(Gunther and Diekema, 2006). 애슐리가 필요로 하는 돌봄의 양을 생각하면, 돌봄의 부담이 최대한 덜어진다면 이익을 얻게 된다는 추정은 타당해 보인다(P2). 무엇보다 애슐리가 '관리 가능한 크기' - 주치의의 묘사대로 - 로 유지된다면, 부모는 집에서 그녀를 더 오랜 동안 돌볼 수 있을 것이다. 치료는 욕창이나 근육 경련도 예방할 것이다(P11). 이 이익은 애슐리가 다른 환경에서 돌봄을 받는 경우라도 유지될 것이다.

악행 금지

악행 금지 원칙은 다음과 같은 두 가지 질문에 주의를 기울인다.

(1) 기대되는 이익과 비교하여 치료에 포함되는 위험과 부담은 적절한가?
(2) 이 이익을 성취하는 데 최소한의 위해를 선택했는가?

애슐리가 작은 몸을 지닌 채로 남는다면 필수적인 돌봄 활동이 좀 더 쉽게, 더 잘, 또는 더 자주 수행될 수 있다는 것이 현실적인 가정이다. 애슐리의 정신 능력을 고려한다면, 끝내 우리는 알 수 없겠지만, 그녀가 그녀의 비정상적인 성숙 과정을 부정적으로 경험할 것 같지 않다. 애슐리 치료의 외과적 부분은 추가적인 목적에 기여한다. 이것은 '일반적으로 사춘기에 발생하는 부작용을 장기적으로 감소시키고, 구체적으로는 부작용을 치료하는' 필요에 의해 정당화될 수 있다고 주장된다(Gunther and Diekeman, 2006:1014). 유방의 성숙과 관련해서, 부모는 애슐리가 불편해할 수 있고 큰 유방은 그녀를 '여성화'하고 집 밖에서 돌봄을 제공할 (장래) 돌봄 제공자의 성적 착취에 취약하게 만들 수 있다고 진술했다. 직관 수준에서 애슐리가 자그마한 아이와 같이 남아 있다면 해를 입지 않을 것이라고 믿을 수도 있다(P10). 반면, 우리는, 애슐리의 신체적 외양을 조작하는 것이 돌봄을 용이하게 만드는 수준을 넘어서는 것처럼 보인다는 사실에 도덕적으로 의미를 두는 도덕 직관도 가지고 있다. 이 직관을 더 탐색하기 위해 인간 존엄성 존중 원칙을 살펴보고자 한다.

인간 존엄성 존중

애슐리의 치료에 관한 우리의 도덕 직관에 비추어 존엄성의 의미를 이해하려면 존엄성의 두 가지 관념을 살펴보아야 한다. 그것은 바로 절대적 존엄성과 도덕적 지위로서의 존엄성이다(van der Graaf, 2009; Nordenfelt, 2004). 절대적 존엄성은 모든 인간의 본성에 것으로, 것으로 그들의 성취나 상태와 무관하다. 절대적 존엄성은 예컨대 어떤 인간이 동물이나 사물과 같이 비인간 대우를 받을 때 침해당한다. 애슐리의 사례에서 이 직관은 "치료가 그녀를 존중하지 않음으로써, 애슐리의 인간으로서의 권리를 침해하였다."라는 방식으로 진술된다(C3). 치료는 '부자연'적이고 '실험적'인 것으로 또는 허용될 수 없는 '돌봄을 제공하는' 방식으로 간주된다(C6,C18,C19). 두 번째 도덕 지위로서의 존엄성이라는 관념은 돌봄 제공자의 입장에 적용된다. 반 데어 그라프는 이 종류의 존엄성을 '관계적'이라 부른다. 이것이 타인과의 관계에서 좋은 수행을 통해 얻어지기 때문이다. 애슐리는 자신을 스스로 존엄성의 침해에서 보호할 수 없으며, 이 사실은 돌봄 제공자들에게 일정한 도덕 기준을 유지할 보통 이상의 책임을 부과한다. 이 사례에 적용하면 애슐리의 신체를 변화시키고, 그녀의 '자연적 성숙을'을 차단하는 것은 존엄한 돌봄 제공자라면 선택하지 않을 것이라는 주장도 가능하다(C7). 일부 논평자들은 부모가 분명히 편의를 동기로 이기적인 선택을 했을 것이며, 이것은 또한 존엄성을 존중하는 부모 역할과 상반된다는 관점을 유지했다(C1). 치료가 존엄성을 침해할 수 있다는 생각은 부모가 아동의 이익에 가장 부합하는 적합한 돌봄을 도모하는 것, 그 이상을 하고 있는 것처럼 보인다는 사실로 강화되었다. 애슐리를 비여성화하려는 욕구는 특히 부모의 동기가 가정에서 제공하는 돌봄의 개선을 넘어선 지점에 도달했다는 가정을 지지한다. 이런 동기의 정당화에 관해 아동의 신체적 외양을 갖는 것이 다른 사람이 아니라 애슐리에게 도움이 된다는 증거가 없다. 보통은 정신 장애를 가진 아동에게 성인보다 더 우호적인 반응을 보인다. 그러나 애슐리가 실제로 그 차이를 경험할 수 있을까? 그렇지 않다면 그녀의 외양을 바꾸는 것은 애슐리가 아닌 사람들을 편안하게 만드는 데 기여할 뿐이다. 우리 자신의 필요를 충족시키기 위해 동의하지 않은 사람을 의학적으로 치료하는 일은 무조건적 존엄성의 침해이다. 또한 존엄한 돌봄 제공자로서의 부모와 의사들의 도덕적 지위의 위반이다.

추론의 시작에서 우리는 다양한 직관과 원칙을 확인했다. 나아가 각각을 비교하여 이 사례에 대한 포괄적이며 일관된 관점에 맞추기 위한 조정과 해석을 시도했다.

추론의 2단계: 배경 이론과 도덕적 이상

직관과 원칙를 상호 대비한 후, 추론의 두 번째 단계에서는 배경 이론과 도덕적 이상을 추가한다. 배경 이론을 언급하는 목적은 도덕 직관과 원칙의 수용성을 독립적 차원에서 평가하여 주관주의의 위험성을 감소시키는 것이다(St John, 2007). 이것을 '독립적 제한(independent constraint)'이라고 칭한다. 현재 이론가가 배경 이론의 선택에 대한 비판에 대응할 때 제시할 수 있는 구체적인 선택 기준으로 더할 것은 없다. 애슐리 사례에서 적합한 배경 이론을 선택하기 위해 우리는 직관과 원칙의 비교를 통해 '호르몬을 사용'한 성 발달 억제는 윤리적으로 옹호할 수 있지만, 외과적 치료는 그렇지 않다는 최초의 관점을 만들어 냈다는 사실을 숙고했다. 윤리적 평가의 차이는 애슐리의 성장에 영향을 미치는 의학적 중재술에 관한 논변이 '내과적 중재술'을 정당화한다는 가정에 근거한다. 그러나 월경과 유방 성숙을 예방하려는 외과적 치료를 지지하는 논변은 우리의 관점에 충분히 정당화되지 않았다. 이 지점에서 타당한 질문은, 애슐리 사례에서 돌봄에 대한 부담 경감을 위한 선택지를 의학의 영역 내에서 찾는 것이 적합한가에 관련된다. 달리 말하면, 의학적 중재술의 적응증인가, 아니면 비의학적-심리적, 사회적-문제와 해결책이 이 사례에 관한 판단 과정에서 결정적인가와 같은 질문들은 의학의 목적이라는, 더 일반적인 이론을 제기한다. 따라서 애슐리 치료에 관한 우리의 일차적 관점을 평가하기 위해 우리는 건강, 질병과 의학의 역할에 대한 일반적 관점을 추론 과정에 도입하기로 결정했다.

애슐리는 질병에 대한 의학적 치료를 받은 것인가

일부 저자들은 의학의 목적은 다차원적으로 삶의 질을 향상시키고 수명을 연장하는 것이라고 주장한다(Brulde, 2001). 그러나 **건강**은 여전히 의료의 핵심 목표를 차지한다(Nordenfelt, 2007). 의학의 목표가 건강이라면, 건강과 질병의 개념을 바탕으로 정당한 의료 행위와 정당하지 않은 변형된 행위를 구별할 수 있는 특징을 표시할 수 있을 것이다. 이 구분이 바로 애슐리 치료를 둘러싼 규범적 토론에서 우리에게 필요한 것이다. 일반적으로 건강에 관해서는 서로 경쟁하는 두 가지 이론이 있다. 그 한 가지 이론은 부어스(Boorse)의 건강의 생명 통계 이론이다. 이 이론은 어떤 사람의 장기가 그 사람의 생존, 또는 그가 속한 종의 생존에 최소한 통계적으로 정상적인 기여를 한다면 건강하다는 것이다. 병든 사람은 의학적 방법으로 확인되는 기능의 부전이 있다. 두 번째 이론은 전인적 건강 이론으로, 어떤 사람이 최소한의 행복에 기여하는 핵심적 목표에 도달할 능력이 있다면 건강하다고 간주한다. 한편 이 행복의 핵심 목표란, 역사적 발달과 동시에, 개인에 관련된다(Khushf, 2007). 생명 통계적 건강 이론은 중재술을 통해 애슐리가 얻을 가능성이 있는 이익과 무관하게 그녀의 건강 기능 - 신체적 성장과 성숙 같은 - 이 회복되거나 보호되지 못했다는 불편한 사실을 인식하도록 이끈다. 전인적 건강 개념에 의하면 부모가 신체적 기능 이외의 가치를 의료 영역에 도입시킬 수 있다고 허용할 수 있다. 이 관점은 발달 지연은 정당한 목적 달성을 돕는다는 우리의 일차적 결정에 부합된다. 월경과 성적 학대에 대한 부모들의 우려는 애슐리가 성인이 되는 것에 대한 공포 또는 부모가 애슐리와 같은 조건에서 극히 취약해진다는 사실을 인식한 사실에 의해 증폭되었다. 중재술의 필요성을 논변하면서 부모와 의사들은 애슐리에게 가치 있다고 우리가 합리적으로 가정할 수 있는 것에서 멀어진 것이다. 그리고 그렇게 함으로써, 그들은 정당한 의료 행위의 영역을 벗어난다.

반성적 평형의 추구: 일관성의 수준 검토

NE-RE를 실제로 적용하는 마지막 단계는 애슐리 사례에서 우리가 확인한 신념의 조합들 내부에 존재하는 모든 관계를 철저히 분석함으로써, 평형을 이루고 있는 것으로 간주되는 신념의 조합이 정당화 능력을 가지고 있는지 평가하기 위한 것이다. 이 장에서 우리는 이론가들이 이 과정을 어떻게 진행하는지 독자들의 이해를 돕기 위해 다소간 정돈되지 않은 추론 관계 분석에 제한하여 제시하고자 한다.

강한 긍정적 추정 관계

우리는 NE-RE를 통해 애슐리 치료를 분석한 후 채택한 도덕적 관점을 결정한 세 가지 강한 긍정적 연결 고리를 대강 분리할 수 있었다.

(i) 성장 억제와 좋은 돌봄 (선행)

우리는 성장 억제와 애슐리에게 최상의 돌봄을 제공하는 목표 사이에 긍정적인 추론 관계를 발견했다. 따라서 성장 억제 행위와 좋은 돌봄의 목표 사이에는 일관성이 있다.

(ii) **성장 억제와 좋은 돌봄을 달성하기 위해 최소 침습적인 선택을 내릴 의무**
악행 금지 원칙은 최소 침습적인 선택을 통해서 애슐리를 위한 치료 목표 달성을 추구하도록 요구한다. 성장 억제는 좋은 돌봄을 제공하기 위한 신체 억제나 입원 치료와 같은, 다른 치료법보다 더 침습적이지 않은 것으로 볼 수 있다. 이 판단은 원칙과 긍정적 관계에 있고, 이렇게 하는 것은 이들 신념 사이에 일관성을 형성한다.

(iii) **성장 억제와 안녕의 향상 목표**
애슐리 사례에서 성장 억제의 이유와 해당 치료에 관한 승인된 적응증을 비교했다. 애슐리 치료를 옹호하는 논리는 애슐리와, 사회적 또는 미용상의 이유로 더 이상 키가 크지 않기를 바라는 키가 큰 사춘기 소녀의 유사성에 기반한다.

약한 긍정적 추정 관계

강한 연결 외에 우리는 전체적으로 일관성을 더하지만, 그 자체로는 확정능력이 적은 긍정적 추론 관계들을 몇 개 발견했다.

(i) **외과 치료와 최소 침습적인 사춘기의 부작용 예방 조치의 선택 의무**
두 가지 이유로 외과 치료와 이 의무 사이의 연결 고리는 훨씬 약하다. 첫째, 사춘기의 부작용이 여전히 모호하고, 둘째, 침습성이 덜한 선택이 가능한 것으로 보이기 때문이다.

(ii) **애슐리 치료와 그녀의 행복에 기여하는 핵심 과제 실현을 위한 의학의 목표**
우리는 반성적 평형에 도달하는 과정에서 의학의 목표에 관한 다양한 관점을 분석했다. 전인적 관점에 따르면, 치료와 애슐리를 사랑으로 돌보는 가치 사이에 긍정적인 연결 고리를 확인할 수 있었다.

부정적 추정 관계

우리의 신념의 조합을 숙고하면, 최소한 세 가지의 부정적인 연결을 발견하게 된다.

(i) **외과 치료와 해악의 예방(성적 학대와 같은)**

외과 치료는 애슐리의 부모가 성적 학대의 위험성을 언급하면서 옹호했던 것이다. 그러나 외과 치료가 해악을 예방한다는 증거가 없다. 따라서 이 연결은 일관성을 생산하지 않는다.

(ii) **애슐리 치료와 건강의 보호와 회복이라는 의학의 목표**

의학의 중심 목표는 건강이다. 애슐치 치료와 의학의 목표 사이에는, 애슐리의 건강한 기능이 저해된다는 사실로 인해, 부정적 연결이 존재힌다. 외과 치료에 대한 우리의 부정적 판단은 악행 금지 원칙과 일관성을 갖는다.

(iii) **인간 존엄성 존중과 애슐리 치료**

애슐리의 치료가 애슐리 신체 크기에 영향을 미치는 것을 넘어 전체적 외양을 조작하는 데에 이르렀다. 이것이 애슐리에게 도움이 되는지 의심스럽다. 이것은 인간 존엄성의 존중과 애슐리의 치료에 대한 긍정적 판단 사이의 일관성을 약화시킨다.

토론: NE-RE를 통한 애슐리 사례의 윤리적 분석

NE-RE 모델은 윤리적 의사 결정에서 경험적 요인과 규범적 요인의 결합을 가능하게 한다. 애슐리 치료를 찬성하거나 반대하는 논변의 목록을 살펴보면 이 실증적 작업이 고려된 신념/직관의 조합들을 얼마나 가치가 있게 추가했는가 하는 질문을 던진다 "이론가 단독으로도 특별한 조사 없이 이런 신념들을 얻을 수 있지 않을까?"라는 질문은 실험 없이 답하기 어려운 경험적 질문이다. 그러나 학문적 논쟁에서 치료의 성장 억제 부분과 수술을 구별하는 도덕적으로 의미 있는 구분이 드러났지만, 더 깊이 탐색되지는 않았다(Stein, 2010). 또한 치료를 선호하는 사람들은 외과적 치료에 집중할 것을 특별한 설명 없이 주장했다(Allen *et al*., 2009; Diekema and Fost, 2010; Wilfond *et al*., 2010). 이들 논변들이 다른 관련성 있는 신념과 동일한 조건부적 지위를 배정받는다면, 그렇게 쉽게 기각되지 않을 것이다.

다른 문제는 배경 이론의 선택이다. 우리는 건강과 의학 이론의 관점에서 도덕 직관과 원칙을 분석하는 선택을 했다. 그러나 사회적 책임이나 인격에 대한 이론을 대신 탐구했어야 한다는 주장도 가능하다. 예를 들어 브로스코(Brosco 2006)와 페더 키테이(Feder Kittay 2011)는 각기 장애의 사회적 모델과 돌봄 윤리를 참조하여, 애슐리 치료에 대한 도덕적 평가에 이들 관점의 적합성을 설득력 있게 보여 주었다. RE(그리고 NE-RE)는 요소 선택에 대한 지침을 제공하지 않는다. 다른 철학자들은 다른 결과를 제시할 수 있고, 이는 (NE-)RE의 약점으로 인식되었다(Knight, 2006; Strong, 2010).

애슐리 치료의 규범적 분석에 NE-RE를 사용한 우리의 시도는 다른 도덕 문제를 숙고할 때 타인들이 활용할 수 있는 RE 적용의 예로 기능할 것이다. 이 예는 비판적 토론을 추가로 자극할 수 있으며, 이를 통해 NE-RE 모델의 가치를 개선하는 과정의 출발점이 될 수 있다.

미주

1. van Thiel and van Delden (2010)도 참고 바람.

참고 문헌

Allen, D.B., Kappy, M., Diekema, D., Fost, N. 2009. Growth-Attenuation Therapy: Principles for Practice. *Pediatrics*. 123(6):1556-1561.

Anon. 2007. The Method in Bioethics Research. *Kennedy Inst Ethics J*. 17:277-278.

Arras, J.D. 2007. The Way We Reason Now: Reflective Equilibrium in Bioethics. In Steinbeck, B. (ed.), *The Oxford Handbook of Bioethics*. New York: Oxford University Press.

BBC. 2014. http://bbc.co.uk/dna/mbouch/F2322273?thread=3779612 [Accessed 3 February 2014].

BBC. 2008. http://newsforums.bbc.co.uk/nol/thread.jspa?sortBy=1&threadID=51 41&start=75&tstart=0&edition=2&ttl=20070110125922&#paginator [Accessed 16 April 2008].

BBC. 2008. www.bbc.co.uk/ouch/opinion /mining_the_disability_market.shtm.

Beauchamp, T., Childress, J.F. 2013. *Principles of Biomedical Ethics* (7th ed.). New York: Oxford University Press

Brosco, J. 2006. Growth Attenuation: A Diminutive Solution to a Daunting Problem. *Archives of Pediatrics & Adolescent Medicine*. 160(10):1077-1078.

Brulde, B. 2001. The Goals of Medicine: Towards a Unified Theory. *Health Care Analysis*. 9:1-13.

Daniels, N. 1979. Wide Reflective Equilibrium and Theory Acceptance in Ethics. *Journal of Philosophy*. 76:256-282.

DeGrazia, D. 2003. Common Morality, Coherence and the Principles of Biomedical Ethics. *Kennedy Inst Ethics J*. 13:219-230.

van Delden, J., van Thiel, G. 1998. Reflective Equilibrium as a Normative-Empirical Model in Bioethics. In W. van der Burg, T. van Willigenburg (eds.), *Reflective Equilibrium*. Dordrecht: Kluwer Academic Publishers. 251-259.

DePaul, M.R. 1993. *Balance and Refinement: Beyond Coherence Methods in Moral Inquiry*. London/New York: Routledge. 145-146.

Diekema, D., Fost, N. 2010. Ashley Revisited: A Response to the Critics. *The American Journal of Bioethics*. 10(1):30-44.

Feder Kittay, E. 2011. Forever Small: The Strange Case of Ashley X. *Hypatia*. 26(3):610-630.

van der Graaf, R. 2009. Clarifying Appeals to Dignity in Medical Ethics from a Historical Perspective. *Bioethics*. 23(3):151-160.

The Guardian. 2014. www.theguardian.com/society/2012/mar/15/ashley-treatment -rise-amid-concerns/print [Accessed 16 October 2014].

Gunther, D.F., Diekema, D.S. 2006. Attenuating Growth in Children with Profound Developmental Disability. *Archives of Pediatric and Adolescent Medicine*. 160(10):1013-1017.

Haidt, J. 2001. The Emotional Dog and Its Rational Tail: A Social Intuitionist Approach to Moral Judgment. *Psychology Review*. 108(4):814-834.

Isaacs, D.A., Tobin, B.C., Hamblin, J.D., Slaytor, E.D., Donaghue, K.C.B., Munns, C.B., Kilham, H.A.A.C. 2011. Managing Ethically Questionable Parental Requests: Growth Suppression and Manipulation of Puberty (Review). *Journal of Paediatrics and Child Health*. 47(9):581-584.

Ives, J. 2014. A Method of Reflexive Balancing in a Pragmatic, Interdisciplinary and Reflexive Bioethics. *Bioethics*. 28(6):302-312.

Ives, J., Draper, H. 2009. Appropriate Methodologies for Empirical Bioethics: It's All Relative. *Bioethics*. 23:249-258.

Ives, J., Draper, H., Pattinson, H., Williams, C. 2008. Becoming a Father/ Refusing Fatherhood: An Empirical Bioethics Approach to Paternal Responsibilities and Rights. *Clinical Ethics*. 3(2):75-84.

Khushf, G. 2007. An Agenda for Future Debate on Concepts of Health and Disease. Medicine, *Health Care and Philosophy*. 10:19-27.

Knight, C. 2006. The Method of Reflective Equilibrium: Wide, Radical, Fallible, Plausible. *Philosophical Papers*. 35(2):205-229.

MSNBC Message Board. 2008. http://boards.msn.com/MSNBCboards/thread.aspx? BoardID=762&ThreadID=115796&BoardsParam=HIPDelay%3d1 [Accessed 16 April 2008].

MSNBC Message Board. 2007. Message #1861MSNBC Message Board, posted 01/06/07 11:02 PM. http://boards.msn.com/MSNBCboards/thread.aspx? BoardID=762&ThreadID=115796&BoardsParam=HIPDelay%3d1 [Accessed 16 April 2008].

Musschenga, A.W. 2008. Moral Judgement and Moral Reasoning: A Critique of Jonathan Haidt. In Düwell, M. *et al.* (eds.), *The Contingent Nature of Life. Bioethics and the Limits of Human Existence*. Dordrecht: Springer. 131–147.

Nielsen, K. 1982. Grounding Rights and a Method of Reflective Equilibrium. *Inquiry*. 25:277–306.

Nordenfelt, N. 2007. The Concepts of Health and Illness Revisited. Medicine, *Health Care and Philosophy*. 10:5–10.

Nordenfelt, N. 2004. The Varieties of Dignity. *Health Care Analysis*. 12:69–81.

Petersson, B. 1998. Wide Reflective Equilibrium and the Justification of Moral Theory. In van der Burg, W., Willigenburg, T. (eds.), *Reflective Equilibrium*. Dordrecht: Kluwer Academic Publishers. 132.

Pillow Angel. 2014. www.pillowangel.org [Accessed 3 February 2014].

Rauprich, O. 2008. Common Morality: Comment on Beauchamp and Childress. *Theor Med Bioeth*. 29:43–71.

Rawls, J.A. 1999. *Theory of Justice* (revised ed.) Cambridge: Harvard University Press. xiii.

St John, J. 2007. Problems with Theory, Problems with Practice: Wide Reflective Equilibrium and Bioethics. *South African Journal of Philosophy*. 26:204–215.

Sayre-McCord, G. 1996. Coherentist Epistemology and Moral Theory. In Sinnot-Armstrong, W., Timmons, M. (eds.), *Moral Knowlegde? New Readings in Moral Epistemology*. New York/Oxford: Oxford University Press. 137–189.

Singer, P. 2005. Ethics and Intuitions. *Journal of Ethics*. 9:331–352.

Stein, G.J. 2010. Ashley's Case: The Ethics of Arresting Growth of Children with Serious Disability. Journal *of Social Work in Disability and Rehabilitation*. 9:99–109.

Strong, C. 2010. Theoretical and Practical Problems with Wide Reflective Equilibrium in Bioethics. *Theoretical Medicine and Bioethics*. 31:123–140.

Swanton, C. 1991. The Role Played by the Method of Wide Reflective Equilibrium in Moral Epistemology. *Dialogue*. 30:575–589.

van Thiel, G. 2009. Moral Wisdom in the Balance. Reflective Equilibrium as a Normative Empirical Model for Bioethics. Thesis, Utrecht University, Utrecht.

van Thiel, G., van Delden, J. 2010. Reflective Equilibrium as a Normative

Empirical Model. *Ethical Perspectives*. 17(2):183-202.
van Thiel, G., van Delden, J. 2009. The Justificatory Power of Moral Experience. *Journal of Medical Ethics*. 35:234-237.
Wilfond, B.S., Miller, P.S., Korfiatis, C., Diekema, D.S., Dudzinski, D.M., Goering, S. 2010. Navigating Growth: Attenuation in Children with Profound Disabilities. *Hastings Center Report*. 40(6):27-40.
van Willigenburg, T. 1991. *Inside the Ethical Expert*. Kampen: Kok Pharos. 191.

11장

생명윤리학 연구에서 숙의 민주주의 이론과 그 실천

스코트 킴(Scott Kim)*

의사 결정 능력을 상실한 사람을 대신해서 가족 중 다른 사람이 침습적 절차가 포함된 연구에 참여할지 결정할 수 있는가(Kim, 2011)? 보험 상품에 포함되어야 할 '필수적 의료 보장'이 무엇인지 결정하는 방법은 무엇인가(Institute of Medicine, 2011)? 합성 생물학 같은 새로운 기술과 관련해서 예상되는 효과와, 악용 또는 의도하지 않은 악결과의 발생 위험성을 어떻게 비교할 것인가? 대부분의 정책 문제도 그렇지만, 이런 질문에 대한 답변은 책상머리에 앉아 상상만 해서는 얻을 수 없다. 그럼에도 이 문제들이 포함하고 있는 윤리적 성격을 염두에 둔다면, 특정 이익 집단이 이해 당사사 자격으로 참여하는 통상적인 정치를 넘어서는 무엇이 필요하다. 이런 종류의 정책 논의는 최소한 대중의 도덕적 관점에 근거를 두고 있어야 한다. 그러나 대중이 정보에 바탕을 둔, 동시에 잘 숙고된 도덕적 의견을 형성하기 어려울 때가 많다. 이런 문제에 익숙하지 않을 수도 있고 복잡한 과학적, 법적 그리고 역사적, 윤리적 측면들이 관계되기 때문이다. 전통적인 설문 조사는 의심스러울 정도로 피상적이고, 정보에 근거하지 않은 의견을 형성할 위험성이 있다.

이 장은 **숙의 민주주의(*deliberative democracy, DD*)**의 이론과 실천

* 이 장의 일부는 Kim *et al*. (2009) Assessing the Public's Views in Research Ethics Controversies: Deliberative Democracy and Bioethics as Natural Allies. *Journal of Empirical Research on Human Research Ethics* 4(4):3-16에서 발췌하였다.

이 이런 상황에서 특히 어떻게 유용한지 설명한다. 첫 절에서는 DD가 특히 생명 윤리 정책 질문에 근거를 제공하는 데에 특별히 유용하다는 이론적 근거를 간략한 활용법과 함께 제시한다. 두 번째 절에서는 생명윤리학에서 실제 DD 연구 수행의 지침을 상세하게 소개할 것이다. 다양한 방법론이 있지만 그 방법론을 모두 설명할 수는 없다. 대신 일반 원칙을 파악할 수 있도록 사례를 상세하게 제시했다. 독자들은 이를 통해 자신의 구체적 필요에 어떻게 적용할지 가늠할 수 있을 것이다. 마지막 절에서는 숙의 절차에 내재된 위험성과 이를 예방할 수 있는 방법을 논의한다.

생명윤리학과 민주적 숙의의 본질적 협력 관계

민주적 숙의: 근거

정책 형성의 실제 과정은 광범위하고 복잡한 주제로(Kingdon, 2002), 이것은 정책의 근거를 형성하기 위해 다양한 방식의 DD를 활용하고 있다는 사실에서도 확인할 수 있다. 어떤 종류의 DD 연구는 정부 기관이 주도적으로 수행한다. 예를 들어 2001년부터 2005년 사이에 서부 오스트레일리아 '기획과 기반 형성부(Ministry of Planning and Infrastructure)'는 DD 방법을 사용하여 대중을 대상으로 거의 40가지 방식의 숙의적 참여를 수행하고, 이를 통해 정책의 **근거를** 직접 제시했다(Gregory *et al*., 2008). 시민들의 관점을 구체화하고, 이를 정책 논의의 근거로 삼기 위해 설계된 방법론의 스펙트럼 반대편에는 자문 모델이 있다. 이 모델에서는 정책 개발 주체가 전혀 관여하지 않는다. 이 장에 소개된 DD 자문 모델에서 연구자는 규범적 의견 설문을 통해 독립적인 평가를 얻어 내는 것을 목표로, 생명 윤리 문제에 관한 대중의 숙고된 도덕 판단을 조사했다. 그런데 대중의 도덕적 의견을 어떻게 추적해야 할까? 어떻게 설문을 통해 구체화된 의견이 대중의 숙고된 도덕 판단이라고 확신할 수 있을까?

방법론의 문제는 이와 같은 광범위한 두 가지 질문의 교차점상에 위치한다. 먼저 응답자가 정확하고 편향되지 않았으며, 합리적으로 이해한 정보에 근거해서 설문에 응답했다고 확신할 수 있을까? 두 번째 구체적인 윤리적 의견은 어떤 타당한 의미에서 '숙고된' 의견이라고 확신할 수 있을까? 보통 사람들은 주어진 윤리 문제에 익숙하지 않거나, 분파주의적 이해 집단이 생산한 대중 정보에만 익숙할 가능성이 있다. 또 인간은 그 성향상 자신의 관점에 의문을 품고 생각을 개방적으로 유지하기 어렵다. 그리고 일단 갖게 된 기존의 직관에 관해서는 그것을 뒷받침하는 정보를 찾기 때문에(일종의 '확증편향'이라 할 수 있다)(Haidt, 2012), 응답자들이 관점을 스스로 개발하고, 자신의 관점을 의심하고 검토할 동기를 부여하는 절차를 제공할 수 있는 기회가 필요할 것이다. 이 기회는 상담과 숙의, 다시 말해 다양한 관점을 대표하는 전문가들과의 상담 및 신중하게 숙고하며 예의를 지키는 대화를 증진시키는 환경 안에서 이루어지는, 동료들과의 공동 숙의가 되는 것이 바람직하다.

하지만 이것은 규범적 설문 조사를 수행하려는 생명윤리학 연구자들에게는 상당히 어려운 요구다. 물론, 이 기준을 충족시키는 데 필요한 작업의 양은 과제의 성격에 따라 다양할 것이다. 어떤 문제는 언론을 통해 대중이 그 내용을 학습하고, 그래서 다수의 시민들이 이 문제에 관한 논변에 충분히 노출되었을 수도 있다. 그러나 대부분의 생명 윤리 문제에서 이 기준을 충족시키기란 쉽지 않은 일이다. 지난 수십 년간 정치 철학자들과 정치 과학자들은 **숙의 민주주의** 이론을 발전시켜왔는데, 이것은 정책 형성 과정에 대중의 견해를 포섭하려는 시도이다(Chambers, 2003). 이 학자들은 다양한 정책 문제에 정책 연구자, 시민 활동가뿐만 아니라 대중 역시 참여시키기 위해 다양한 실증적 방법을 활용해 왔다(Carson *et al*., 2005; Gastil and Keith, 2005; Fishkin, 1997; Thompson, 2008).

DD의 범주와 정의는 일반적으로 명료하지 않지만, 모든 DD 이론에서 정보에 근거하고 숙의를 거친 시민의 참여는 민주적 통치의 이상으로 간주된다는 사상은 공통적이다(Bohman and Rehg, 1997). 이런 숙고된 의견 참여는 어떤 조정에 의해 의견을 조합하거나, 누계를 내는 것 이상이다. 어떤 DD 이론가들은, 예를 들면 역행적 정당화(reciprocal justification)라는 이상을 주장한다. 구트만과 톰슨(Gutmann and Thompson, 1997)은 DD가 생명윤리학에 갖는 의미를 고찰한 초기 연구에서 DD 이론은 '시민들과 정책 담당자들이 집합적 행위에 관해 어떤 요건을 제시하려 할 때 그들은 자신들의 제안을 그 행위에 의해 규율받게 될 사람들이 수용할 만한 좋은 이유를 제시함으로써 정당화'할 것을 요구한다고 주장했다(p.38).

표면적으로 숙의 민주주의라는 이념은 정치적 과정에서 시민이 참여해야 한다는, 이견이 없는 비전의 구체화처럼 보인다. 그러나 정치 과학과 철학에서 숙의 민주주의 이론의 유행은 비교적 최근의 현상이다. 보만과 리(1997)가 언급한 것처럼 20세기 중반에 이르도록 주류 민주주의 이론은 대중의 숙의에 회의적이었고, 이성을 가장 효율적인 수단으로 간주하며 이를 사용하면 이해 집단의 정치보다 나은 관점에서 반대자와 협상하거나, 집합적 선호를 효율적으로 통합할 수 있다고 생각했다. 이와 달리 숙의 민주주의 이론은 시민들의 관점을 정책에 정보를 제공하는 것으로서 중요하게 여기는 규범적 이론이다. DD에 관한 정치적 문건의 대부분은 시민 숙의를 통치의 근간으로 보는 핵심 사상의 핵심 요소와 그 비판을 다루었다(Bohman and Rehg, 1997; Elster, 1998; Freeman, 2000; Chambers, 2003). 숙의 민주주의 이론은 시민들이 숙의하고 함께 추론하여 공동선을, 최소한 어느 정도라도 공유할 수 있다는 생각에 대해 낙관적이다.

숙의 민주주의와 생명윤리학

DD 이론이 생명윤리학에 중요한 함의점을 가진다는 것은 쉽게 짐작할 수 있다. 이런 이론은 광범위한 이론적 틀을 제공하는데, 이를 통해 생명윤리학 내부의 암묵적 합의 내용을 살펴볼 수 있다. 논쟁적인 생명 윤리 문제를 공공 정책은 어떻게 해결해야 하는가? 한 가지 접근 방법은 몇 가지 배경 규칙(폭력 금지, 속임수 금지 등)을 도입하지만, '공공선' 관점을 확산시키려는 시도를 하지는 않는다. 이런 입장에 따르면, 규칙 안에서 활동하기만 한다면 자금이나 영향력이 큰 이해 당사자 집단이 평가 과정에 관여하고, 결과적으로 승리하는 것이 허용된다. 대안적으로 공동의 관점을 발견하려고 시도하는 시민들 사이에서 숙의를 이끌어 냄으로써 갈등 해소를 시도하는 방법도 있다. 사람들이 주어진 이유나 타인의 의도를 평가함으로써, 생각이 바뀔 가능성은 열려 있다.[1] 이 관점은 시민들이 개인적인 이익만을 보호하려 할 것이라고 가정하는 대신에 공공 정책 수립과 실현에 필수적인 절충안을 고려할 수 있는 능력을 소유하고 있다고 가정하고, 이 능력은 존중한다. 상호 작용의 목적은 영향을 미치는 데 한정되지 않는다. 즉 어떤 이유를 듣고, 평가하고, 반응할 기회를 제공하는 것은 타인을 존중받아 마땅한 의사 결정자로 대우한다는 의미가 있기 때문이다.

현대 생명 윤리의 딜레마에 대한 정책적 해결책이 특정 이해 당사자 집단의 정치나, 경제적 고려, 또는 다른 종류의 권력 행사의 결과에 불과하다면 매우 실망스러울 것이다. 만약 이런 형성 과정을 규범적으로 윤리 문제를 해결하는 것이라고 주장한다면, 이 문제들을 '윤리적' 문제라고 보아야 할 어떤 이유가 있는지 가늠하기 어렵다. 암묵적으로나마 이런 우려가 생명 윤리 문제 해결 과정에서 통상적으로 전문가 패널·위원회를 운영해 온 역사적 사실에 반영되었다고 추측할 수 있다(Jonsen, 1998). 이런 위원회의 영향력은 엄청났다. 예를 들어 현행 미국 '인간 연구 대상 규제'는 이 의원회들의 활동의 산물이다(Levine, 1986). 이 위원회들은, 상충하는 다양한 관점을 포섭하기 위해 증거와 논증의 평가를 거치고, 제한적이지만 대중이나 환자 운동 집단의 대표를 참여시켜 다학제적 관점을 반영했다는 점에서 DD의 핵심 요소를 구체화했다. 그러나 패널은 소수의 도덕 직관에 기반하기에 대중의 도덕적 관점을 반영하는지 불분명하다는 제약이 있다. 또한 DD를 환자 운동 집단과 같은 일반인 대표자 참여와 혼동하지 않는 것도 중요하다. 환자 운동 집단의 정치적 행위는 민주 정치 제도의 핵심 요소이지만, 그들은 본질적으로 이해 집단으로 기능한다. 따라서 이런 집단을 윤리 정책 문제의 숙의 과정에 포함하는 것이 그 자체로 **민주적** 숙의를 의미하지 않는다.

숙의 민주주의의 실천

공적 숙의는 정치 철학 분야 내의 이론적 발전과는 상당 부분 무관하게 기능한, 유구한 역사를 가지고 있다(Gastil and Keith, 2005). 현재 다수의 모델이 정책 수립에서 숙의 민주주의 방법을 시행하기 위해 고안되었다. 이 모델들은 다음과 같은 이름을 가지고 있다. '숙의적 투표(Deliberative Polling)' (Fishkin, 1997), '시민 배심원(Citizens Jury)' (Crosby *et al*., 2005), '21세기 타운 미팅(Twenty-First-Century Town Meetings)' (Lukensmeyer *et al*., 2005), 그리고 '국가적 문제 포럼(National Issues Forums)' (Melville *et al*., 2005) 등이다(Gastil and Kelshaw, 2000).따라서 **유일한(*the*)** 숙의 민주주의 방법을 운운하는 것은 잘못이다. 일부는 정책에 대중의 숙의적 의견 반영을 향상시키려는 과정에서 이 방법들을 적용, 통합하기도 한다(Carson *et al*., 2005). 실제로 DD에서 실증적 작업이 확장되어 왔다. DD의 이론과 실천 사이의 관계에 대한 검토와 이론적 성찰은 이제 찾기 쉬워졌고(Chambers, 2003; Carpini *et al*., 2004; Ryfe, 2005; Thompson, 2008), 잘 알려진 생명윤리학 학술지가 최근 호에서 DD에 관한 몇편의 논문을 게재하기도 했다(Goold *et al*., 2012).

보건 의료 정책과 생명윤리학에서 숙의 민주주의 연구

DD 방법이 가장 활발한 생명윤리학 영역은 공공 의료의 우선순위 결정과 자원 분배이다. 1981년과 2006년 사이에 미국과 영국, 캐나다 그리고 오스트레일리아와 뉴질랜드에서 수행된 대중이 참여한 190개의 공적 연구 결과가 175편의 논문으로 간행되었다(Mitton *et al*., 2009). 모든 연구에서 숙의적 방법을 사용하지는 않았지만, 저자들은 '각각의 연속적인 시기에 있어서 최소한 하나 이상의 숙의적 방법을 활용한 사례의 비율이 증가'하여 2000~2006년 사이에 연구의 37퍼센트가 숙의를 포함하고 있다고 분석했다(Mitton *et al*, 2009:224). 기간을 최근으로 옮겨, 2000년부터 2012년 사이에 동료 심사를 거친 건강 정책이나 생명 윤리 문제에 대한 공적 숙의를 다룬 연구(제목이나 초록에 '숙의', '숙의적', 또는 '숙의의'라는 단어가 있는 논문으로 제한된)를 리뷰해 본 결과 15개의 서로 다른 의학, 사회 과학 그리고 정책 학술지에 31편의 논문이 발표되었음을 확인할 수 있었다(Abelson *et al*., 2013). 매우 최근, 「의학 연구 및 질향상(정량) 연구원(the Agency for Healthcare Research and Quality)」은 네 가지 상이한 숙의 모델을 대조군과 비교하는 시범 연구를 완료했다(Carman *et al*., 2013). 연구자들은 보건 의료 의사 결정에 영향을 미치는 연구 근거의 활용에 대중의 견해를 반영하는 방식을 명시적으로 정리했다. 그 방법은 2.5일간 진행된 시민 패널에서 서면 자료를 통한 대조군 연구까지 다양했다.

DD 방법은 생명윤리학의 다른 영역에서도 활용된다. 다음에 살펴볼 내용이지만, DD 방법은 치매 연구에 의사 결정 능력을 잃은 성인을 등록하는 딜레마를 해결하는 데에도 활용되었다(Kim *et al*., 2010, 2011). 동의를 얻지 못한 응급 임상 연구에 관한 미국 연방 규제(21 CFR 50,24)를 준수한 다양한 방법이 '공동체 자문' 요건을 충족시키는 데에 활용되었다(Baren and Biros, 2007). 생체 시료 은행 자원 또는 의무 기록을 활용한 연구에 공공 숙의 연구가 점점 집중된다(Damschroder *et al*., 2007; Secko *et al*., 2009; Botkin *et al*., 2012). 최근 미국 생명 윤리 문제 연구를 위한 대통령 자문 위원회는 저명한 숙의 민주주의 학자가 이끌고 있으며, 위원회 보고서 출판이나 생명 윤리 정책 난제에 정보를 제공하는 방법으로 민주적 숙의를 눈에 띌 정도로 활용하고 있다(Gutmann, 2011).

숙의 민주주의 사례 연구

치매 연구의 윤리: 주제와 DD의 적합성

치매 연구에는 인지 기능 장애가 상당히 진행되어 충분한 정보에 근거한 동의가 어려울 수 있는 인구 집단의 참여가 필요하다(Kim *et al*., 2001; Okonkwo *et al*., 2007). 수십 년간 논쟁이 계속되었지만, 대부분의 미국 주 정부에는 의사 결정 능력에 장애가 있는 성인의 임상 연구 참여에 관한 통일되고 명확한 법 정책이 없다(Saks *et al*., 2008). 미국 법률은 의사 결정 능력이 없는 성인을 대상으로 하는 연구를 그들의 법적 권한을 가진 대리인(legally authorised representatives, **LAR**, 45 CFR46 102c, 111.a4 and 116)의 동의에 근거하여 허용하지만, 이 규정은 LAR의 요건을 각 주의 재량하에 두었고, 소수의 주만이 실질적인 결정을 내렸다(Hoffmann and Schwartz, 1998; Saks *et al*., 2008). 캘리포니아와 버지니아 그리고 뉴저지 세 개의 주에는 이 문제를 다루는 현대적 법률이 있지만, 이 법률들 사이에도 잠재적 이익과 위험을 비교하는 방법에 차이가 있다(Saks *et al*., 2008). 영국에서는 적용 가능한 세 가지 규정이 독립적으로 존재하고 있으며, 치매를 가진 사람을 대상으로 하는 경우에 그 종류와 시행 지역에 따라 달리 적용된다(Nuffield Council on Bioethics, 2008). 명확하고 통일된 정책이 없기 때문에, 알츠하이머 질환 연구 기관들(Cahill and Wichman, 2000; Karlawish *et al*., 2002)과 연구 윤리 심의 위원회(Bravo *et al*., 2010; Gong *et al*., 2010)들은 그 실무에 상당한 차이가 있다.

DD는 이 논쟁적 주제에 잘 맞는다. 이 문제에 대한 DD 연구 전까지, 이 문제에 대한 연구는 모두 전통적인 설문 방법을 활용했다(Wendler *et al*., 2002; Bravo *et al*., 2003; Kim *et al*., 2005, 2009; Karlawish *et al*., 2009). 이런 설문 과정에서는 몇 가지 범주의 전문적 지식이 전달되어야 하는데, 알츠하이머병(AD) 연구의 과학적 절차와 그 목적, 현재 사람 대상 보호 체계의 근거와 조직(여기에는 착취의 역사, 현재의 연구 윤리 위원회를 통한 감시 체계, 현재 법률 규정의 배경이 되는 윤리적 틀), 현재 AD 연구의 맥락(중등도 AD환자에게 남아 있는 실질적 능력, 가족의 역할 등) 등이 포함된다. 이 모든 필수적인 배경 자료를 이해하고, 포괄적인 방식으로 제시하는 일은 상당히 어렵다. 게다가 대중들 사이에서는 광범위하게 논의된 주제가 아니므로, 대중이 정책에 대한 다양한 찬성 반대 논변에 노출되었을 가능성도 낮다.

이어진 내용에서는 치매 연구의 사례 분석을 통해 생명윤리학에서 DD 연구자들에게 주어진 핵심적인 방법론적 문제를 상세히 다룬다. 그것은 설계, 연구 자료의 개발, 민주적 숙의 과정 그 자체, 그리고 진행자 및 DD 과정의 수준 감시와 평가의 필요성 등이다.

간략한 연구 소개

우리 연구는 위험과 잠재적 이익 수준에서 차이가 있는 네 가지 치매 연구 시나리오(진단 검사 개발을 위한 척추 천자, 무작위 약물 임상 실험, 백신의 효과, 그리고 신경외과적 유전체-전이의 초기 연구)에 관련해서 대리인 동의 정책에 관한 대중의 관점을 도출했다(Kim *et al*., 2013; Kim *et al*., 2011).

미시간 주 앤아버(Ann Arbor) 시 60 마일 반경 내 거주자를 대상으로 무작위 전화 통화를 통해 51세 이상의 일반인 중에서 참여자를 모집했다. 그들은 세 연구 집단에 무작위로 배정되었는데, 설문만을 작성한 사람들(전통적인 설문을 따른 것으로 '설문-단독군'), 대리인 기반 연구의 윤리와 과학에 관한 문서로 된 교육 자료를 받은 사람들(교육 자료와 설문 집단, 앞으로 '교육군'), 그리고 하루 동안 진행된 민주적 숙의 세션에 참여한 사람들('DD 세션군')이다.

측정은 세 번 이루어졌다. DD 세션 한 달 전 모든 참여자들에게(이후 대상자들은 세 군으로 무작위 배정되었다), DD 군은 DD 세션 이후에, DD 세션에 참여하지 않은 두 가지 대조군(설문 단독군과 교육군)은 DD 세션과 비슷한 시기에, DD 세션 한 달 후 마지막으로 모든 군에게 설문이 발송되었다.

DD 세션군에 배정된 대상자들은 종합 세션 및 훈련받은 진행자가 진행하는 소그룹 세션으로 구성된 회의에 참석했다. 회의는 하루 종일 진행되었다. 두 명의 전국적 수준의 전문가(AD 연구와 연구 윤리)가 정보를 상세하게 발표했고, 회의장에 상주하며 질의에 응답해 주었는데, 이들은 조별 회의 탁자를 돌아다니며 질문에 답변했다.

연구 설계의 근거

DD는 생명 윤리 연구에서는 상대적으로 새로운 방법이기 때문에, DD 절차가 사람들의 의견에 어떤 영향을 미치는지 평가하는 것이 중요하다. 무작위 대조군 시험에서는 숙의 외적 요인에 의해 야기되는 모든 경향을 설명함으로써 내적 타당성을 최대화했다. 설문 단독 대조군은 전통적인 횡단 비교 결과를 제공했다. 교육군은 DD의 영향의 기전을 이해하는 데 도움이 될 비교 정보를 제공했다. 즉, DD 세션이 응답자의 관점에 차이점을 가져온다면, 그것은 응답자에게 제공된 정보의 증가로 설명할 수 있는가, 아니면 숙의 과정 역시 작용했는가? DD 세션의 비용과 노력, 그리고 연구 윤리에서 DD 활용의 상대적 참신함을 고려한다면, 이 추가적인 비교 집단을 추가함으로써 상대적으로 적은 추가 비용으로 가치 있는 연구 질문에 응답했다고 느꼈다.

더 나아가, 연구 설계는 외적 타당성을 제한하는 것이 불가피한 조건에서는 내적 타당성을 최대화했다. 우리와 같은 숙의적 자문 방법을 실천하는 이들은 일반화 가능성을 강점으로 언급하지만(Fishkin and Luskin, 2005), 대상자 모집의 한계를 인정하는 것이 중요하다. DD 방법론은 연구 대상자의 상당한 시간과 노력을 요구한다. 예컨대 우리 경우에는 연구 대상자들에게 하루의 시간과 여러 가지 조사에 응답할 것을 요구했다. 연구 참여를 위해 하루를 비우는 일은 필연적으로 일정 정도의 선택 착오를 야기한다. 그러나 연구가 자원자를 대상으로 하는 한 이것은 불가피하다. 그렇지만 무작위 설계를 활용함으로써, DD의 개입을 통한 영향을 평가할 수 있도록 엄격함을 증가시킨다.

연구 자료의 개발

DD Day에 대한 영상 소개

종일 진행된 현장 참여 세션에서 참여자들에게는 창조적인 정보 제공 방식을 활용한 특별한 교육 기회가 제공되었다. 우리는 알츠하이머병에 관한 실험적 내용을 잘 전달한 것으로 비평가들의 호평을 받은 공공 TV 다큐멘터리 'The Forgetting: A Protrait of Alzheimer's'(Arledge, 2004)에서 30분을 발췌하여 상영했다. 이 발췌분에 이어 개인적으로 AD와 관련한 경험이 있는 일반인 4명이 토론한 내용이 덧붙여졌는데, 그 4명은 우리가 수행한 이전 연구에 참여했던 이들이었다.

기조 발제

AD 임상 연구의 소개와 이런 연구에서 대리인 동의의 윤리의 중요성에 대한 발제 애용이 균형 있고 공정하도록 매우 주의 깊게 조정할 필요가 있다. 여기에 DD 방법론의 충실성이 달려 있다. 발표는 또한 청자에게 친근하게, 충분한 정보에 근거한 의견을 형성, 수정하거나 정교화하기에 충분하도록 포괄적이어야 한다. '슬라이드와 노트'는 원래 이전 DD 연구에서 개발된 것이다(Kim *et al*., 2010). 연구진은 숙의 민주주의 방법론 전문인 정치 과학자, AD 선임 연구자, 생명윤리학-사회학자, 노년 의학 전문의, 대학의 인간 대상 연구 보호 프로그램 책임자, 질적 연구 전문가, 노인 의학 간호사와 AD 환자의 돌봄 제공자로 구성된 자문단과 긴밀히 협력했다. 발표자료의 개발과정 마지막 버전은 자문단과 외부 전문가(AD 연구와 생명윤리학), 그리고 일반인의 체계적 검토를 거쳤다.

대리인-기반의 연구에 대한 태도

설문은 이전 연구에서 검증되고 활용된 도구의 축약형이었다(Kim *et al*. 2005). 설문 조사는 요추 천자 연구, 무작위 약물 임상 시험, 백신 시험 및 유전자 전달의 초기 단계 시험을 묘사하는 각 120개의 단어 내외의 4 가지 연구 시나리오를 사용하여 치매 연구의 대리인 동의에 관한 응답자의 태도를 이끌어 낸다.

DD Day 절차

DD 세션일 2주 전, DD 세션군에 소속된 이들에게 전문가 발표 자료 사본이 제공되었다. 참여자들은 발표 내용을 회의 전 통독하고, 전문가에게 할 질문을 준비하라는 요청을 받았다.

DD 세션일, DD군 참여자들은 각 테이블에, 6명씩 배정될 수 있도록 5에서 7명 사이의 규모로 무작위로 배정되어 진행자와 함께 앉았다. 행사의 순서는 집단 내 개방성, 존중과 협력의 분위기를 조성하도록 기획되었다(휴식과 점심은 언급하지 않는다).

- **본회의 소개.** 당일의 의제를 제시한다
- **1차 소그룹 세션.** 참석자들은 자기소개를 별도로 하지 않고, 활동을 통해 자신을 소개한다. 진행자는 자신의 역할을 설명한다. *The Forgetting* 영상물을 상영하고 토론한다.
- **1차 본회의.** 청중은 각 발표 직후 질문하도록 격려받는다.
  - '알츠하이머병의 임상 연구' 발표
  - '대리인 동의 기반 연구의 윤리적 문제들' 발표
- **2차 소그룹 세션.** 참석자들에게 본회의 발표를 검토하고 그 내용을 토론할 수 있는 기회를 제공한다. 이것은 발표 자료의 내용 이해를 교정하고 반응하며, 치매 연구의 대리인 동의의 윤리적 딜레마 전반을 토론할 기회를 허락한다.
- **3차 소그룹 세션.** 이 시점에 참석자들은 서로를 편안하게 여길 수 있게 되었고, 문제에 관련된 사실과 정보를 논의했다. 이어서 대리인-기반 연구 전반에 관해 자기 의견을 표현하고, 다른 참석자들의 관점을 들을 기회를 가졌다. 이 세션에서 참석자들은 그룹별로(각 연구 시나리오에 대한) 답변을 요청받았다. "환자가 이런 연구에 참여할지 직접 결정할 수 없다면,

우리 사회는 가족이 그들 대신 결정하는 것을 허용/허용하지 않아야 하는가?" 그룹은 또한 그들의 근거를 제공할 것을 동시에 요청받았다. "대리인 동의가 허용 또는 허용되지 않아야 하는 이유는 무엇인가?"

제기되는 모든 질문에 균형 잡힌 전문적인 답변을 제공하기 위해, (AD 임상 연구와 생명윤리학) 전문가들은 종일 테이블 사이를 다니며 요청이 있을 때 질의를 진행했다. 당일의 광범위한 상호 작용 요소는 참석자들이 잘못되었거나 불완전한 정보로 관점을 구성할 가능성을 최소화한다.

소그룹 진행자의 주요한 역할

DD의 절차는 논쟁적인 윤리 문제에 관한 엄격하고 수준 높은 숙의를 이끌어 내려면 최선의 조건이 제공되어야 한다는 전제에서 출발한다. 이 조건은 소그룹 내에서 우연히 발생할 수도 있지만, 최적의 조건을 보장하기 위해 진행자를 두었다. 훈련받은 진행자는 내용의 전문가로 활동하기보다는 과정을 최적화한다. 이들이 받은 훈련은 두 부분으로 구성되었다. (1) 진행자 역할 검토, 어려운 상황 대처, 그리고 세 번의 소그룹 숙의 진행에 관한 해설이 달린 지침, 그리고 (2) 이전 DD 소그룹 세션 분석을 통해 수집된 시나리오를 활용한 심화 토론과 역할극이다. 시험 연구는 잠재적으로 문제가 될 다양한 측면과 특히 좋은 진행의 사례 개발에 도움이 될 수 있다.

진행자 역할을 표준화함으로써, 수준 높은 숙의를 촉진하고 기대하지 않은 집단 역동의 영향을 최소화할 수 있다(Crosby *et al*., 2005). 진행자들은 반드시 토론의 기본 규칙을 개관하고, 그룹이 과제를 벗어나지 않으며, 존중하는 태도로 정보를 교환하도록 촉진해야 한다. 아울러 진술을 명료화해서 화답하고, 반대 관점의 표현과 모든 사람의 참여를 권장하며, 어떤 참여자가 토론을 독점하는 것을 제한한다.

동시에, 비전문가들은 자연적으로 '전문가' 의견을 출발선으로 삼기 때문에(Levine *et al*., 2005), 진행자들에게 이것의 잠재적인 위험성을 일깨워야 한다. 진행자들은 자신을 토론에 참여시켜 자신의 의견이 그룹의 결과 내용을 이끌게 하면 안 된다. 진행자가 특정 상황에 개입할 것인지 결정할 때 염두에 두도록 권장받는 경험칙은 '내용에는 중립적으로, 과정에는 능동적으로'이다.

숙의의 질 평가

DD 방법 참여자들이 정보를 바탕으로 하는 사려 깊으며 교양 있는 생각의 교환으로 구성된 합리적으로 높은 수준의 숙의에 능동적으로 참여하는가? 결과의 타당성은 이 전제를 충족하는지에 달려 있으므로, DD 연구는 반드시 숙의의 수준을 감시하고 보고해야 한다. 이것은 단순한 현상으로 측정할 수 있는 것이 아니며, 단일한 평가적 접근으로는 충분하지 않다(Steiner *et al*., 2004; Fishkin and Luskin, 2005; Neblo, 2007; Thompson, 2008).

우리는 숙의의 수준을 다양한 방법으로 평가했다(De Vries *et al*., 2010, 2011). 첫 번째로 우리는 DD 세션 종료 시점에 참여자들의 자기 보고 설문을 활용하여 교양 있는 태도와 존중, 공정성에 대한 인식, 참여자의 신뢰, 그리고 참여자들이 정보와 숙의에 둔 가치를 평가했다(Steiner *et al*., 2004; Thompson, 2008). 두 번째, 포함의 정도와 참여의 질을 평가하기 위해(Cohen, 2007; Thompson, 2008), 몇 가지 단순한 수치를 추적했다. 전문가 발표 과정 중 청중이 한 질문의 수와 종류, 소그룹 숙의 과정에서는 적극적 참여 정도를 측정했다. 우리는 또한 각 참여자가 소그룹 숙의 과정 중 발언 횟수와 시간 길이(텍스트 길이)를 녹음했다. 모든 참여자들이 같은 횟수나 같은 길이로 발언하도록 하는 것이 좋은 숙의와 그 수준을 보장하는데 필수적인 것은 아니지만, 개인 한두 명이 토론을 독점하지 않고 모든 사람이 자기 생각을 말할 기회를 갖는 것은 필수적이다(Neblo, 2007).

세 번째, 소그룹 숙의를 질적으로 분석하여 숙의의 수준을 향상시키기 위한 다양한 질문을 도출했는데, 그것은 다음과 같다. 의견 불일치가 어떻게 해소되었는가? 중재와 타협이 흔했는가(Steiner *et al*. 2004)? 그룹의 정책 권고안의 흔한 테마와 근거는 무엇인가(De Vries *et al*., 2013)? 사실은 정확히 활용되었는가, 그렇지 않다면 참여자들은 서로를 교정했는가?

참여자들은 과제에 집중했는가? 양극화의 증거가 있는가? 논평이 '공동선' 관점에 호소했는가, 아니면 의견의 이유로 제시된 것들은 극단적 관점에 주로 근거했는가?

DD 방법의 잠재적 약점을 통제하기

숙의 절차의 잠재적 위험은 숙의를 다루는 학자들 사이에서 주로 집단 역동의 요인에 집중되어 광범위하게 논의되었다(Mendelberg *et al*., 2002; Carpini *et al*., 2004; Levine *et al*., 2005; Ryfe, 2005). 주된 우려는 '공공선에 근거한' 정책 권고 형성에 도달하지 못한 채 그룹의 양극화를 야기한다는 것이다(Sunstein, 2002, 2007). 그룹의 양극화를 거치면서 숙의 참여자들은 그들이 숙의 이전에 가졌던 의견의 더 극단적 방향으로 이동하게 된다(Sunstein, 2002). 이것은 참여자들이 그들이 이전에 유지해 온 관점을 지지하는 정보를 같은 생각을 가진 동료들로부터 선택적으로 수집하기 때문에 발생한다. 따라서 그들의 이전 의견은 도전받지 않고 사실상 더 극단적으로 발전한다. 양극화는 또한 사회적 비교/동료 압력(집단에게 우호적으로 인식되려는 단순한 욕구)과 강화(집단의 지지를 느끼면 확신을 갖고, 더 극단적인 관점을 표현할 수 있다)에 의한 확신 때문에 발생한다(Sunstein, 2007).

양극화를 최소화하기 위해 취할 수 있는 절차가 있다. DD 참여자들은 친근한 정도가 아니라 무작위로 선정되어야 한다. 균형 잡힌 정보를 주의 깊게 제공하는 DD 절차는 취약성이 적을 수 있다(Sunstein, 2002). 한 관점을 다른 관점보다 이미 선호하고 있는 그룹 내에서 논변의 총량이 감소되는 것에 대처하기 위해 균형 잡힌 전문가 정보는 결정적이며, 다양한 관점에 의한 주의 깊은 검토도 중요하다. 독립적인 진행자에 의한 그룹 논의 촉진은, 참여가 평등하며 소수 관점을 존중하도록 보장하고 강하게 유지되는 입장을 그저 인정하는 것보다 이유나 근거를 제시하는 것을 기반으로 하는 논변을 촉진함으로써 자연스로운 그룹-양극화 경향을 완화시키는 데 도움이 된다.

의견을 도출하는 완벽한 방법이 없고, 모든 방법은 자체의 잠재적 위험을 가진다는 것을 지적하는 것이 중요하다. 질문은 상대적인 것이다. DD 방법이 완벽한가에 대한 질문이 아니다. 대신 전통적인 설문 방법과 비교하여, 그 추가 비용, 노력과 잠재적 위험성이 참여자들의 숙고되고 교육받은 의견 도출 능력으로 상쇄될 수 있는가, 또 언제 그런가에 관한 질문이다.

결론

생명윤리학의 많은 문제들이 DD에 기반을 둔 방법을 활용하여 해결될 가능성이 있다. 이 주제 중 일부를 잘 다룬 문헌이 있다(Gutmann and Thompson, 1997). 일반적으로 광범위한 정책적 함의를 가진 모든 생명윤리 문제로는 선과 가치(예를 들어 개인의 프라이버시와 통제권 대 공동체의 복지) 사이의 진정한 교환을 요구하는 것들은 잠재적인 대상이 될 것이다. 그러나 DD 연구는 어렵고 비용이 많이 들며, 연구자들은 자신의 DD 연구에서 방법론적 문제를 계속해서 해결해 나가야 한다. 앞으로의 정교화는 특히 비용을 최소화하면서 타당성을 최대화하는 데 집중되어야 한다. 예를 들어 종일 행사(심지어 수일에 걸친)에 사람들을 동원함으로써 제기되는 외적 타당성의 문제 제기를 고려하면, 만약 일반화 가능한 관범위한 데이터가 특정한 정책 문제에 필요할 때 DD 연구에서 상대적으로 비용이 저렴하지만 더 대표성이 있는(즉 국가 확률 샘플 national probabilistic sample) 횡단면적인 전통적 설문과 조합하는 것도 타당한 방식이다.

민주적 숙의와 생명윤리학은 본질적으로 동반자다. 둘 다 일반 대중의 규범적 의견을 심각하게 받아들이고, 이 의견을 도출하고 지침으로 삼으려 한다. 이런 의견들은 규범적 분석 단독으로는 충분한 정책적 지침을 제공하지 못하고, 특정 이익 정치를 넘어서는 관점을 추구할 때 특히 가치가 있다. 물론 이런 의견을 도출하는 데 있어 제한점과 잠재적 위험이 없는 방법은 없다. 그러나 DD 방법은 전통적 방법보다 일반 시민들의 어렵고 논쟁적인 생명 윤리 정책 문제에 대해 숙고된 도덕 판단을 도출할 가능성이 높다.

미주

1. 편집자 주: 이 책 Sheehan(2016)과 Landeweer *et al.*(2016)의 글 참조.이 질문에 대한 서로 다른 두 관점을 제시한다.

참고 문헌

Abelson, J., Blacksher, E., Li, K., Boesveld, S., Goold, S. 2013. Public Deliberation in Health Policy and Bioethics: Mapping an Emerging, Interdisciplinary Field. *Journal of Public Deliberation*. 9(1).

Arledge, E. 2004. The Forgetting: A Portrait of Alzheimer's. USA, PBS Paramount. Baren, J.M., Biros M.H. 2007. The Research on Community Consultation: An Annotated Bibliography. *Academic Emergency Medicine*. 14(4): 346-352.

Bohman, J., Rehg, W. 1997. *Deliberative Democracy: Essays on Reason and Politics*. Cambridge, MA: The MIT Press.

Botkin, J.R., Rothwell, E., Anderson, R., Stark, L., Goldenberg, A., Lewis, M., Burbank, M., Wong, B. 2012. Public Attitudes Regarding the Use of Residual Newborn Screening Specimens for Research. *Pediatrics*. 129(2):231-238.

Bravo, G., Dubois, M.F., Wildeman, S.M., Graham, J., Cohen, C.A., Painter, K., Bellemare, S. 2010. Research with Decisionally Incapacitated Older Adults: Practices of Canadian Research Ethics Boards. *IRB: Ethics & Human Research*. 32(6):1-8.

Bravo, G., Paquet, M., Dubois, M.F. 2003. Opinions Regarding Who Should Consent to Research on Behalf of an Older Adult Suffering from Dementia. *The International Journal of Social Research and Practice*. 2:49-65.

Cahill, M., Wichman, A. 2000. Research Involving Persons with Cognitive Impairments: Results of a Survey of Alzheimer Disease Research Centers in the United States. *Alzheimer Disease and Associated Disorders*. 14(1):20-27.

Carman, K.L., Mallery, C., Wang, G., Garfinkel, S., Richmond, J., Gilmore, D., Windham, A., Yang, M., Mangrum, R., Ginsburg, M., Sofaer, S., Fernandez, J., Gold, M., Pathak-Sen, E., Davies, T., Siu, A., Fishkin, J.,

Rosenberg, M., Fratto, A. 2013. *Community Forum Deliberative Methods Demonstration: Evaluating Effectiveness and Eliciting Public Views on Use of Evidence: Executive Summary. AHRQ*. Rockville, MD: Agency for Healthcare Research and Quality.

Carpini, M.X.D., Cook, F.L., Jacobs, L.R. 2004. Public Deliberation, Discursive Participation, and Citizen Engagement: A Review of the Empirical Literature. *Annual Review of Political Science*. 7(1):315–344.

Carson, L., Hartz-Carp, J. Gastil, J. Levine, P. 2005. Adapting and Combining Deliberative Designs. *The Deliberative Democracy Handbook*. San Francisco: Jossey-Bass. 20–36.

Chambers, S. 2003. Deliberative Democratic Theory. *Annual Review of Political Science*. 6(1):307–326.

Cohen, J. 2007. *Deliberative Democracy. Deliberation, Participation and Democracy: Can the People Govern?* S. Rosenberg (ed.). Basingstoke: Palgrave Macmillan. 219–236.

Crosby, N., Nethercut, D., Gastil, J., Levine, P. 2005. *Citizens Juries: Creating a Trustworthy Voice of the People. The Deliberative Democracy Handbook*. San Francisco: Josey-Bass. 111–119.

Damschroder, L.J., Pritts, J.L., Neblo, M.A., Kalarickal, R.J., Creswell, J.W., Hayward, R.A. 2007. Patients, Privacy & Trust: Patients' Willingness to Allow Researchers to Access Their Medical Records. *Social Science & Medicine*. 64(1):223–235.

Elster, J. 1998. *Deliberative Democracy*. New York: Cambridge University Press.

Fishkin, J.S. 2006. Beyond Polling Alone: The Quest for an Informed Public. *Critical Review*. 18(1–3):157–165.

Fishkin, J.S. 1997. *The Voice of the People*. New Haven, CT: Yale University Press.

Fishkin, J.S., Luskin, R.C. 2005. Experimenting with a Democratic Ideal: Deliberative Polling and Public Opinion. *Acta Politica*. 40(3):284–298.

Freeman, S. 2000. Deliberative Democracy: A Sympathetic Comment. *Philosophy & Public Affairs*. 29(4):371–419.

Gastil, J., Keith, W.M. 2005. A Nation That (Sometimes) Likes to Talk: A Brief History of Public Deliberation in the United States. In *The Deliberative Democracy Handbook*. J. Gastil, P. Levine (eds.). San Francisco: Jossey-Bass. 3–17.

Gastil, J., Kelshaw, T. 2000. *Public Meetings: A Sampler of Deliberative*

Forums That Bring Officeholders and Citizens Together. Dayton, OH: Kettering Foundation.

Gong, M.N., Winkel, G., Rhodes, R., Richardson, L.D., Silverstein, J.H. 2010. Surrogate Consent for Research Involving Adults with Impaired Decision Making: Survey of Institutional Review Board Practices. *Critical Care Medicine*. 38(11):2146–2154.

Goold, S.D., Neblo, M.A., Kim, S.Y.H., De Vries, R., Muhlberger, P. 2012. What Is Good Quality Public Deliberation? *Hasting Center Report*. 42(2):24–26.

Gregory, J., Hartz-Karp, J., Watson, R. 2008. Using Deliberative Techniques to Engage the Community in Policy Development. *Australia and New Zealand Health Policy*. 5(1):16.

Gutmann, A. 2011. The Ethics of Synthetic Biology: Guiding Principles for Emerging Technologies. *Hastings Center Report*. 41(4):17–22.

Gutmann, A., Thompson, D. 1997. Deliberating about Bioethics. *Hastings Center Report*. 27(3):38–41.

Haidt, J. 2012. *The Righteous Mind: Why Good People Are Divided by Politics and Religion*. New York: Pantheon Books.

Hoffmann, D.E., Schwartz, J. 1998. Proxy Consent to Participation of the Decisionally Impaired in Medical Research: Maryland's Policy Initiative. *Journal of Health Care Law and Policy*. 1(1):123–153.

Institute of Medicine. 2011. *Essential Health Benefits: Balancing Coverage and Cost*. Washington, DC: Intitute of Medicine of the National Academies.

Jonsen, A.R. 1998. *The Birth of Bioethics*. New York: Oxford University Press.

Karlawish, J.H.T., Knopman, D., Clark, C.M., Morris, J.C., Marson, D., Whitehouse, P.J., Kawas, C. 2002. Informed Consent for Alzheimer's Disease Clinical Trials: A Survey of Clinical Investigators. *IRB: Ethics and Human Research*. 24(5):1–5.

Karlawish, J., Rubright, J., Casarett, D., Cary, M., ten Have, T., Sankar, P. 2009. Older Adults' Attitudes toward Enrollment of Non-Competent Subjects Participating in Alzheimer's Research. *American Journal of Psychiatry*. 166(2):182–188.

Kim, S.Y.H. 2011. The Ethics of Informed Consent in Alzheimer Disease Research. *Nature Reviews Neurology*. 7:410–414.

Kim, S.Y.H., Caine, E.D., Currier, G.W., Leibovici, A., Ryan, J.M. 2001. Assessing the Competence of Persons with Alzheimer's Disease in

Providing Informed Consent for Participation in Research. *American Journal of Psychiatry*. 158:712-717.

Kim, S.Y.H., Kim, H.M., Knopman, D.S., De Vries, R., Damschroder, L., Appelbaum, P.S. 2011. Effect of Public Deliberation on Attitudes toward Surrogate Consent for Dementia Research. *Neurology*. 77(24):2097-2104.

Kim, S.Y.H., Kim, H.M., Langa, K.M., Karlawish, J.H.T., Knopman, D.S., Appelbaum, P.S. 2009. Surrogate Consent for Dementia Research: A National Survey of Older Americans. *Neurology*. 72:149-155.

Kim, S.Y.H., Kim, H.M., McCallum, C., Tariot, P.N. 2005. What Do People at Risk for Alzheimer's Disease Think about Surrogate Consent for Research? *Neurology*. 65:1395-1401.

Kim, S.Y.H., Kim, H.M., Ryan, K.A., Appelbaum, P.S., Knopman, D.S., Damschroder, L., De Vries, R. 2013. How Important Is 'Accuracy' of Surrogate Decision-Making for Research Participation? *PLoS ONE*. 8(1):e54790.

Kim, S.Y.H., Uhlmann, R.A., Appelbaum, P.S., Knopman, D.S., Kim, H.M., Damschroder, L., Beattie, E., Struble, L., De Vries, R. 2010. Deliberative Assessment of Surrogate Consent in Dementia Research. *Alzheimer's and Dementia*. 6(4):342-350.

Kingdon, J. W. 2002. The reality of public policy making. In: *Ethical Dimensions of Health Policy*. M. Danis, C. Clancy and L. R. Churchill (eds.). New York: Oxford University Press. 97-116.

Landeweer, E., Molewijk, B., Widdershoven, G. 2016. Moral Improvement through Interactive Research: A Practice Example of Dialogical Empirical Ethics. This volume.

Levine, P., Fung, A., Gastil, J. 2005. Future Directions for Public Deliberation. *Journal of Public Deliberation*. 1(1): Article 3, 1-13.

Levine, R.J. 1986. *Ethics and Regulation of Clinical Research*. New Haven: Yale University Press.

Lukensmeyer, C.J., Goldman, J., Brigham, S., Gastil, J., Levine, P. 2005. A Town Meeting for the Twenty-First Century. In *The Deliberative Democracy Handbook*. J. Gastil, P. Levine (eds.). San Francisco: Jossey-Bass. 154-163.

Melville, K., Willingham, T.L., Dedrick, J.R., Gastil, J., Levine, P. 2005. National Issues Forums: A Network of Communities Promoting Public Deliberation. In *The Deliberative Democracy Handbook*. J. Gastil, P. Levine (eds.). San Francisco: Jossey-Bass. 35-58.

Mendelberg, T., Delli Carpini, M.X., Huddy, L., Shapiro, R. 2002.*The Deliberative Citizen: Theory and Evidence. Research in Micropolitics: Political Decision-Making, Deliberation, and Participation*. Greenwich, CT: JAI Press. 151-193.

Mitton, C., Smith, N., Peacock, S., Evoy, B., Abelson, J. 2009. Public Participation in Health Care Priority Setting: A Scoping Review. *Health Policy*. 91(3):219-228.

Neblo, M.A. 2007. Change for the Better? Linking the Mechanisms of Deliberative Opinion Change to Normative Theory. Annu. Meet. Int. Soc. Polit. Psychol. Toronto.

Nuffield Council on Bioethics. 2008. Dementia: Ethical Issues (Consultation Paper).

Okonkwo, O., Griffith, H.R., Belue, K., Lanza, S., Zamrini, E.Y., Harrell, L.E., Brockington, J.C., Clark, D., Raman, R., Marson, D.C. 2007. Medical Decision-Making Capacity in Patients with Mild Cognitive Impairment. *Neurology*. 69(15):1528-1535.

Ryfe, D.M. 2005. Does Deliberative Democracy Work? Annual Review of *Political Science*. 8(1):49-71.

Saks, E.R., Dunn, L.B., Wimer, J., Gonzales, M., Kim, S.Y.H. 2008. Proxy Consent to Research: The Legal Landscape. *Yale Journal of Health Law, Policy, and Ethics*. 8(1):37-78.

Secko, D.M., Preto, N., Niemeyer, S., Burgess, M.M. 2009. Informed Consent in Biobank Research: A Deliberative Approach to the Debate. *Social Science & Medicine*. 68(4):781-789.

Singh, I. 2016. Evidence, Epistemology and Empirical Bioethics. This volume.

Steiner, J., Bachtiger, A., Sporndli, M., Steenbergen, M. 2004. *Deliberative Politics in Action: Cross-National Study of Parliamentary Debates*. Cambridge: Cambridge University Press.

Sunstein, C.R. 2007. Group Polarization and 12 Angry Men. *Negotiation Journal*. 23(4):443-447.

Sunstein, C.R. 2002. The Law of Group Polarization. *Journal of Political Philosophy*. 10:175-195.

Thompson, D.F. 2008. Deliberative Democratic Theory and Empirical Political Science. *Annual Review of Political Science*. 11(1):497-520.

De Vries, R.G., Ryan, K.A., Stanczyk, A., Appelbaum, P.S., Damschroder, L., Knopman, D., Kim, S. 2013. Public's Approach to Surrogate Consent for Dementia Research: Cautious Pragmatism. *American Journal of Geriatric*

Psychiatry. 21:364-372.

De Vries, R., Stanczyk, A., Ryan, K., Kim, S.Y.H. 2011. A Framework for Assessing the Quality of Democratic Deliberation: Enhancing Deliberation as a Tool for Bioethics. *Journal of Empirical Research on Human Research Ethics*. 6(3):3-17.

De Vries, R., Stanczyk, A., Wall, I.F., Uhlmann, R., Damschroder, L.J., Kim, S.Y. 2010. Assessing the Quality of Democratic Deliberation: A Case Study of Public Deliberation on the Ethics of Surrogate Consent for Research. *Social Science & Medicine*. 70(12):1896-1903.

Wendler, D., Martinez, R.A., Fairclough, D., Sunderland, T., Emanuel, E. 2002. Views of Potential Subjects toward Proposed Regulations for Clinical Research with Adults Unable to Consent. *American Journal of Psychiatry*. 159(4):585-591.

12장

페미니스트 경험주의 윤리학

—

재키 리치 스컬리(Jackie Leach Scully)

이 장은 페미니즘 이론이 활용하는 경험적 방법론이 윤리학, 특히 생명윤리학의 실천에 어떻게 기여할 수 있을지 검토한다. 특히 이 장에서는 생명윤리학 분야에서 페미니스트 연구자들의 수준 높은 경험주의적 연구 활동을 반영하도록 할 것이다. 생명윤리학 외의 다른 윤리학의 분야에서 페미니스트 연구가 진행되고 있지 않다는 의미는 아니다. 페미니스트 관점은 특히 현대 도덕 철학과 사회학 및 정치 이론 등 응용 윤리학 영역 전반에 영향을 미치고 있다. 생명윤리학의 실천은 참신한 연구 방식과 개방적인 것으로 높은 평가를 받고 있는데, 지난 20년 동안 수행된 소위 경험주의 전환(empirical trun, Borry *et al*., 2005)이 그 예라고 할 수 있다.

이런 개방성은 생명윤리학이 다루는 대상의 특징과 관계가 있을 것이다. 대부분의 연구 과제는 생명 과학 분야에 등장하는 새로운 이론, 임상 의학의 실천, 또는 이론과 실천 모두를 변화시키는 생의학 지식의 진보와 관련된다. 이런 진보에는 흔히 새로운 도덕적 딜레마가 따르는데, 완전히 새롭거나 익숙한 것이 변형된 형태의 행위, 관계, 자기 인식이 포함되기 때문이다. 예를 들어, 보조 생식술에 관련해서 아이들이 새로 태어나는 것으로 문제가 종결되지 않았음을 생각해 보라. 아기를 바라보는 새로운 방식, 부모가 되는 새로운 방식, 그리고 공적인 의료 정책과 사적인 가족 생활이 연결되는 새로운 방식까지도 등장하게 되었다. 이러한 상황에서는, 사태가 과거에 어땠는지 혹은 겉보기에 어떠한지에 근거해서 윤리적 추론을 시도하는 대신, 실제로 진행되고 있는 일들을 바탕으로 규범적 윤리 판단을 내려야 할 필요성이 분명해진다. 변화와 그술이 상호 작용함으로써 형성된 새로운 사회적 영역에서, 페미니스트 철학자 마거릿 어반 워커(Margaret Urban Walker)가 '실제 도덕적·사회적 질서(actual moral and social orders)'라고 부른 것을 올바로 이해한다는 것은 곧 경험적 연구를 수행하는 것을 의미한다(Walker, 2008: 195). 새로운 기술과 이에 수반되는 사회적 실천들은 단지 새로운 경험적 현실 창조에서 그치지 않고, 경험적 기반 위에서 새로운 윤리적 사고를 전개할 수 있는 개념적 공간 또한 열어 준다. 그러므로 생명윤리학은 절대 '평소와 같은 윤리(ethics as usual)'의 형태를 취하지 않는다(만약 그렇다면 그것은 아마도 제대로 된 생명윤리학이 아닐 것이다).

내가 말하려는 페미니스트 경험주의 접근법에 관한 설명의 대부분이 윤리학 일반에 적용될 수 있지만, 페미니스트 생명윤리학 내에서 활발하게 진행되는 최근의 작업이 구체적 예가 될 것이다. 나는 또한 확고한 이념적 목표를 가진 활동(즉 페미니즘)에서 도출된 학문 분과(즉 페미니스트 윤리학)의 특징과 함께 분과 학문 자체로서 윤리학에 갖는 함의점도 몇 가지 언급할 것이다. 이 장 전반에 걸쳐 '경험적'이라는 개념은 매우 넓은 의미로 이해되는데, 실제-세계의 대상에 대해 의미 있는 방식으로 접근하는 윤리적 탐구라면 모두를 포함할 것이다. 이것은 많은 사회학자들을 불편하게 만들 느슨한 정의지만, 이것은 '경험적'인 방식으로 윤리학을 수행하는 것과 윤리학자 개인에게 설득력이 있는 추상적 논변에 의존하는 접근을 선명하게 구별한다. 따라서 나는 사회 과학의 표준적 방법론을 사용한 원저 형태의 윤리학 문헌이라면 인터뷰와 설문 그리고 인류학적 방법론이든, 양적이든 질적이든, 무엇이든 포함할 것이다. 나는 또한 다른 연구자에게서 획득한 실제-세계의 실천에 관한 실증적 데이터를 의식적이고 의도적으로 활용하여 이론적 확증과 건전하고 수행 가능한 정책안의 실체적 근거를 제시한 것도 경험주의 윤리학에 포함시킬 것이다.

생명윤리학에서 경험주의적 전환

생명윤리학의 경험주의 전환은 일반적으로, 적어도 부분적으로는 사회과학으로부터 제기된 우호적이지 않은 비판에 의해 촉발된 것으로 설명된다(Zussman, 2000; Holm and Jonas, 2004; De Vries *et al*., 2007; Turner, 2009; Hoeyer, 2006 등을 보라). 여기서 사회 과학적 관점에서 제기되는 비판이 생명윤리학자들의 주장 중 다수가 건전한 경험적 근거를 결여하고 있다는 사실에만 초점을 맞추고 있지 않음은 지적해 두어야겠다. 일반적인 비판은 인식론직 자료원, 도덕 행위자와 주체성의 개념화, 그리고 특히 도덕 철학자들이 선호하는 형태의 합리성과 1세대 철학적 생명윤리학까지 확장된다. 의학과 보건 의료의 최일선에서 더 많은 사실에 관련된 지식을 축적하는 단계를 넘어 생명윤리학의 '일상 생활의 사회-정치적 현실의 추상화'를 치유하기 위해서는 생명윤리학적 사유에 대해 근본적으로 달리 접근할 필요가 있다(Twine, 2010: 53). **비판 생명 윤리(*critical bioethics*)**라고 (최소한 그 옹호자들 사이에서는) 지칭되는 접근법이 경험주의 전환이 그 동력을 얻기 시작한 시점에 등장했다. 생명윤리학자들이 '그들의 탐구를 실증적 연구에 뿌리를 내리'는 것 이상이 필요하다고 주장했는데, 그들은 '증거를 사용하고, 이론에 회의적인 태도를 가지고 도전함으로써 다른 윤리학자, 사회학자 그리고 의료인의 주장을 성찰해야만 한다(Hedgecoe, 2004: 120). 이것은 일차적으로 윤리적 상황과 결정을 기록하는 것을 넘어 그 분석의 방법론을 제공하고, 궁극적으로 (더 나은) 규범적 판단을 내리는 것을 목표로 하는 실증적 접근의 하나이다.

보다 경험적 기반을 갖추고 비판적으로 성찰하는 생명윤리학 접근에 대한 이러한 요구들은, 그와 같은 작업에 기여해 온 페미니스트 윤리학 및 생명윤리학의 선구적이며 지속적인 공헌을 간과하는 경향이 있다(Tong, 1997; Scully *et al*., 2010). 실제 세계에서 진행되는 것에 대한 경험적인 지식을 근거로 삼지 않으면 좋은 규범적 윤리 판단을 내릴 수 없다는 주장은 수십 년간 페미니스트 사회·정치 윤리의 핵심이었다. 또 페미니스트 인식론과 윤리학은 어떤 경험적인 질문을, 누가 묻는지 결정짓는 사회-경제-정치 구조를 의심하며 엄밀하게 검토해 왔다.

페미니스트 윤리학과 생명윤리학

> 페미니스트 생명윤리학이 구체적으로 어떻게 무엇인가 하는 질문에 자명한 답변은 없을 뿐 아니라, 페미니스트적이라고 주장하는 접근 방식을 분류할 수 있는 규정도 없음이 분명하다.
>
> (Shildrick, 2008: 29)

기본적으로 페미니스트 윤리학과 생명윤리학의 중심에는 윤리학과 생명윤리학을 수행하는 주도적인 방식이 젠더화되었다는 관찰이 존재한다. 이것은 대부분의 직업 윤리학자들이 남성(대부분의 경우가 그렇지만)이라는 것 이상의 의미를 갖는데, 이 주장은 윤리적 사유가 실현되는 사회의 성격과 실천의 방식, 생명 윤리학계의 제도에 대한 것이다. 이것은 보건 의료나 생명 과학에서 도덕적 난제와 윤리적으로 의미가 있는 특성을 포착해 내는 생명윤리학의 관점 자체가 젠더에 따라 다른 형태로 구성됨으로써 왜곡될 수 있음을 함의한다. 추가적 함의점은 이런 오류가 '문화적으로 새겨진 압제적 관습에 기여'할 수 있다는 것이다(Fitzpatrick and Scully, 2010: 3).

그렇다면 **페미니스트 경험주의 윤리학**은 윤리적이며 생명 윤리적인 일상 정치에 비판적으로 참여할 때 필요한 전통과 도구들을 제공할 수 있다. 페미니스트 윤리학은 현장에서 경험적으로 구분할 수 있는 사실들이 어떤 설명 가능한 의미에서 '자연적'인 것이 아니라는 전제에서 출발한다(Jaggar, 1991; Tong, 2013a). 사실은 자연적으로 생긴 것이 아니라, 사회적 삶의 특정한 측면과 가치들이 당연한 것으로 받아들여지고, 어떤 결과가 다른 것보다 더 흔히 발생할 것임을 의미하는 사회적 구성의 결과다. 페미니스트 연구는 따라서 권력 관계를 그것이 사회적으로 정치적으로 도출되고 철학적 사유 내부에서 앎의 방식에 내재화되는 과정 전반에 걸쳐 꼼

꼼하고 철저하게 검토한다.

물론 이것은 노골적으로 정치적인 입장이다. 페미니즘은 여성(그리고 다른 소외 집단)의 평등과 정의의 성취를 궁극적 목표로 하고 있으며, 이것은 페미니즘의 영감을 받은 모든 윤리학적 접근들의 상당히 중요한 성과라고 해야 공정하다(Jaggar, 1991). 우선, 상대주의자가 되는 위험을 감수할 수밖에 없다. 그러나 최소한 일반적으로 이해되는 윤리 상대주의 아니다.[1] 보건 의료의 제공이나 생명 과학 지식의 활용이 억압적인 관행에 따라 이루어지는 방식을 진단한다는 것은 상대적이지 않은, 그래서 선호할 만한 대안이 존재한다는 것을 의미한다. 따라서 분과 학문으로서 페미니스트 생명윤리학은 끊임없이 엄격한 학문적 탐구의 가치에 부합하는 한편, 성별 간 정의와 평등이라는 전략 목표에 대한 헌신을 반영하는 데 노정한다. 이 둘 사이의 균형 잡기는 언제나 어렵다.

페미니스트 존재론과 인식론

부분적으로 페미니스트 윤리학은 그 내부에 내재된 정치적 지향성에 의해 이 책에서 다루는 경험주의적 방법론에 이끌린다. 분명히 해 둘 것은, 모든 형태의 페미니스트 윤리학이 경험적 접근을 택하지 않으며, 많은 페미니스트 이론 윤리학자들은 이런 주장을 불쾌하게 여길 것이 분명하고, 이것은 정당한 반응이다. 그럼에도 앞에서 언급된 이들 실질적 (그리고 실제로 압제적인) 도덕적 사회적 질서를 생산하는 구조를 드러내려는 목적에 가장 잘 부합하는 것은 실제 생활에서 무엇이 발생하는가에 관한 엄격한 실증적 탐구다. 한편 페미니스트 윤리학의 경험적 근거를 수립하는 과정에서 페미니스트 이론에 특징적인 존재론과 인식론은 같은 정도로 중요하다. 이 독특한 이론의 특성 때문에 도덕적 자아, 행위 능력, 자율성 개념 같은 도덕 철학의 중심 개념과 선호되는 정보 수집 및 추론 방식을 재고하게 된다.

페미니스트는 철학적 생명윤리학이 채택한 자아나, 도덕 행위자의 모델이 근본적으로 그것이 고안되던 시점의 젠더화된 정치적·지적 환경의 모양을 채택하고 있다고 주장한다(Stanley and Wise, 1993; Mackenzie and Stoljar, 2000). 전통적인 도덕·정치 철학은 도덕적 자아를 육체성과 사회적 관계로부터 분리된 추상적 존재로 간주한다. 그리고 이 자아는 타인과의 합리적이고 상호적인 합의를 통해 자기 이익의 극대화를 추구한다고 본다. 이런 도덕적 자아 모델의 비판자들은, 모두가 페미니스트인 것은 아니지만, 이것이 실제 도덕적 자아 인식과 행위 능력의 핵심적, 근본적 측면을 간과한다는 이유로 반대한다. 이들은 또한 도덕적 주체는 호혜적이거나 합리적으로 숙고하는 존재라기보다 의존성과 책임성 그리고 필요를 통해 더 넓은 개인과 사회적 관계망 안에서 서로 연결된, 체화되고 감정적인 존재들이라고 주장한다(Lindemann Nelson, 2000).[2]

전통적인 존재론적 규범은 특정한 인식론적 관점을 수반하게 마련이다. 고전적 도덕 철학은 주체가 이성적이고 (생명)윤리적으로 타당한 결정을 스스로 내리기 위해 필요한 지식을 의식적으로 탐구한다는 인식론적 규범을 전제로 한다. 이런 인식론적 주체는 일차적으로 관련 정보원에게서 얻은 정보를 조합하고 그 정확성과 권위를 결정하며, 활용 이전에 정보 수집이나 해석 과정의 오류를 회피하는 노력을 기울인다. 그리고 합리적으로 논증 가능한 윤리적 판단을 지지하기 위해 그 정보를 사용한다. 이 도덕적 주체와 주체가 취하는 윤리적 평가라는 큰 틀에 따르면, 경험주의적 접근은 **그 자체로는** 주류 철학적 생명 윤리의 인식론적 틀에 눈에 띄는 도전을 제기하지 않는다는 것을 언급해 둘 필요가 있다.

그러나 주체성과 행위 능력이 사회적 역할과 관계를 통해 형성된다는 페미니스트의 이론은 도덕 주체가 규범적 추론 과정에서 활용할 수 있는 자원과 그 과정을 재고해야 한다는 함의를 가진다. 사회적으로 구성된 자아는 전통적 도덕 철학의 고립된 자아와는 상당히 다른 정보원을 가질 것을 인식론적으로 가정할 수 있다. 그녀에게 도덕적 추론 과정에서 비당파성이나 객관성으로 간주되는 것도 다를 수 있다.

따라서 페미니스트 존재론은 규범적 판단, 특히 우리들과 매우 다른 경험을 가진 사람들의 관습과 가치관에 관한 판단을 뒷받침하기 위해 요구되는 지식의 **종류**와 형성된 규범적 판단의 **성격**에 회의적이다. 윤리학을 '추상적이며, 일반적인 형태를 가지고, 유일무이한 환경, 사회적 맥락이나 문화적 배경에서 독립된' 이상적으로 것으로 간주하는(Rehmann-Sutter, 2010:38) 철학 전통은 필연적으로 여성들의 관점을 부정할 뿐 아니라, (인식론적, 도덕적) 관점이라는 개념도 부정한다. 페미니스트 윤리학은, 대조적으로, 모든 윤리적 평가는 경험과 담론화에 근거하고, 모든 경험은 역사적이고 문화적으로 규정된 맥락 안에서 발생하며, 모든 담론은 어떤 개인적 관점 내에 자리한다고 주장한다. 생명윤리학이 관심을 가진 경험이나 생명윤리학 그 자체인 담론도 절대 예외는 아니다.

특징적으로 페미니스트 인식론은 정보를 획득하고 처리하는 개인으로부터 지식이 형성, 교환, 가치를 획득하거나 거부되는 사회적 구조로 그 관심을 옮긴다. 그런 의미에서 페미니스트 인식론은 사회적이다. 구체적으로 페미니스트 인식론은 사회적 유불리가 젠더화되고, 동일한 방식으로 인식론적 권위 분배를 젠더화한다는 점을 공격한다. 페미니스트 등 다른 외부자적 관점의 이론가들은 주로 사회적 위치의 인식론적 영향, 즉 특정한 사회적 범주에 속한 차이가 그들이 가진 지식, 그리고 또한 그런 지식이 다른 위치에 있는 타자에게 비춰지는 신뢰성에 관심을 갖는다. 그들은 특정한 사회적 범주에 속하는 것이 사람들의 경험에 영향을 미치며, 결과적으로 특정한 감수성이 증진되고 어떤 가치관과 결과가 우선시된다고 주장한다.

입장 인식론(standpoint epistemologies)은 사회적 비대칭성이 인식론적 비대칭성에도 반영된다고 주장한다. 사건들이 인식되고 해석되는 차이는 관찰자의 사회적 정체성에서 비롯된 것이 아니다. 예컨대 당신이 여자여서 어떤 인식론적, 감정적 특성을 드러낼 수 밖에 없는 것이 아니라, 여성이라는 정체성에 수반되는 사회적 규범과 행위의 영향을 받아 다른 정체성에는 없는 특정한 관점을 갖게 된 것이다(Harding, 1991; Hartsock,

1987; Hekman, 1997; Wylie, 2003). 사회적 소수자 집단의 구성원은 구속당하는 사회적 위치의 영향을 받는 삶의 영역에 특별히 예민한 통찰력을 가질 수 있다. 페미니스트는 일차적으로, 그러나 이에 국한되지는 않게, 여성임의 결과로 초래되는 사회적 위치의 인식론적이며 윤리적 영향에 관심을 갖는다. 페미니스트 관점론적 인식론은, 따라서 여성의 통찰력이 우월하다고 주장하지 않으며, 단지 젠더화된 부정의로 인해 가장 많이 영향받는 이들이 어디에서 어떻게 발생하는지 지적할 능력을 가질 가능성이 높다고 주장할 뿐이다.

비판적 사회 인식론의 정당성을 발전시킨 최초의 구체적인 페미니스트 텍스트는 마가렛 어반 워커의 『**도덕적 이해**(Moral Understanding, 1998)』다. 이 책에서 워커는 모든 종류의 윤리적 분석이 사전에 역사적으로 결정된 틀 안에서 수행되며, 이 틀은 무엇이 도덕 문제를 구성하고, 신뢰할 수 있는 윤리적 평가는 어떻게 입증하며, 누가 결정할 권위를 소유하고 있는가 같은 내용을 결정한다고 주장한다. 또 이 사실은 중요하지만 일반적으로 인정되지 않는다고 한다. 워커는 전형적인 분석적 도덕 철학이 그녀가 이론적-사법적 주형(theoretical-juridical template)이라고 부른 것을 활용하여 작동한다고 설명한다. 그것은 도덕 이론을 '압축되고, 명제적으로 신조화될 수 있으며, 비인격적으로 행위를 인도하는 신조' 또는 '행위자의 도덕적 행위를 적절한 방식으로 '설명(explain)'하는 압축된 법조문 같은 명제들의 조합'으로 본다(Walker, 1998: 7-8). 그녀는 실제 삶에서 윤리는 관계, 책임과 헌신이 합의되고 강화되는 협력적 사회적 행위이기 때문에, 이 주형은 실제 도덕적 삶의 행위들과는 거의 관계가 없다고 주장하며 이를 비판한다. 그녀는 윤리학자들이 그 관심의 도덕적 삶의 매우 부수적 부분을 형성할 뿐인 윤리적 최종-판결과 결정을 내리는 데에서 방향을 옮겨 인식론적이며 윤리적인 도덕 인식, 기술, 서사, 변론과 설명 등의 사전 세계를 향해야 한다고 주장한다.

이런 도덕적 삶의 특성들은 실증적 검토에도 활용될 수 있다는 점은 특히 중요하다. 실제로 워커는 진정한 윤리적 분석은 도덕 이론과 규범적 판단이 실천과 담론를 통해 의미를 갖게 되는 방식에 대한 깊이 있는 이해가 없다면 불가능하다고 가정한다. 만약 도덕적 선과 도덕적 자아에 대한 관념이 관계와 공동체가 위치하는 구체적인 환경으로부터 창출된다면, 이런 선과 자아들을 규범적으로 평가하기 위해서는 이들이 이해되는 맥락 안에서 어떤 특정한 방식을 통해 이해되는지 간파할 필요가 있다. 특히 생명윤리학에서, 예를 들어 새로운 생의학적 기술 수용을 통해 맥락에 관한 이해가 변화하는 방식을 이해할 필요가 있다. 물론 이것은 경험주의적 연구 과제이며 과업이고, 워커와 다른 영향력 있는 페미니스트 철학자 아네트 바이어(Annette Baier, 1995) 등은 이런 '경험적으로 포화된' 분석의 창출이 모든 윤리학에서 간과되고 있는 핵심이라고 보았다.

윤리학자들이 지식의 사회적, 문화적, 정치적 맥락에 주의를 돌리려면 권위를 가진 것으로 간주되는 (도덕) 지식의 종류에 더 비판적인 입장이 필요하다. 표준적인 경험주의 윤리학적 접근에 대한 페미니스트 비판은 이들 접근 방식이 이미 당연하게 받아들이는 익숙해진 행위자와 그의 행위 및 태도를 윤리적으로 평가하려 한다는 것이다. 이것은 일종의 인식론적 근시안, 또는 교만일 수도 있는데, 그들은 도덕적으로 어려운 상황, 문제를 다양한 관점에서 구성하거나, 두드러진 특징을 확인하거나 비중을 부여하지 않는다는 비판에 노출되어 있다. 이 가정에 오류가 있을 수 있음을 인식하는 것은 생명윤리학이 의료와 생명 과학의 혁신으로 창출되는, 근본적으로 새로운 사회적 행위와 존재를 탐구 대상으로 한다면 특히 가치가 있다. 예를 들어 난자 기증에 대해 규범적 판단을 시도하기에 앞서, 난자 기증이 **실제로 어떻게 이루어지는지** 아는 것이 필수적이다. 즉, 난자 기증이 어떻게 제도적으로 규율되고 조직되는지뿐만 아니라, 여성들이 난자를 기증하거나 받는 과정을 어떻게 경험하는지, 관련된 결정을 어떻게 내리는지, 누구와 이야기를 나누는지, 정보를 어디에서 얻는지, 어떤 문제가 발생할 수 있는지, 그리고 어떤 언어, 의견, 실천이 난자 기증자, 특히 참여자들이 윤리적으로 책임 있는 방식이라 여기는 방식으로 난자를 기증한 '좋은' 난자 기증자의 새로운 사회적 정체성을 형성하는지를 이해해야 한다.

더욱이, 어떤 행위에 관해, 또는 어떤 정체성 때문에 체계화된 오해를 갖게 되기 쉽다는 경험적 증거가 있다면, 생명윤리학을 책임감 있게 수행할 또 다른 이유가 있다. 다수의 페미니스트 생명윤리학자들은 직업 생명 윤리학자와 일반 대중의 규범적 사유에 활용되는 인식론적 자원을 제공하는 대표성, 서사와 문화적 관습을 비판적으로 검토하고 개선하는 일이 그들 과업의 일부라고 주장할 것이다. 입장 인식론에 내재된 인식론적 겸손함은 윤리적 관찰자(즉 우리)가 생명윤리학적으로 관련된 실천에 대한 실증적 데이터를 가지고 행위에 직접 관여된 행위자나 그 실천에 영향을 받는 사람들의 인식론적, 또는 도덕적 공간을 동일하게 차지하게 될 것이라는 가정의 덫에서 조금이나마 우리를 보호할 수 있다.

그런데 바로 이런 이론적 확신 때문에 페미니스트 윤리학은 모종의 경험주의적 지향점을 갖는다. 이것은 모든 페미니스트 윤리학의 접근이 경험적이어야만 한다는 것이 아니다. 그러나 경험이 젠더화되어 있으며 관계는 권력과 의존성이라는 측면에서 매우 흔하게 비대칭적이고, 많은 경우 어떤 사람의 사회적 문화적 위치가 경험적, 분석적인 편향으로 이어진다는 이론적인 논의는 결국 어떤 페미니스트 생명윤리학자들이 '자연주의적 생명윤리학(naturalised bioethics)'이라고 칭한(Lindermann *et al*., 2008) 접근의 필요성으로 이어진다. 이것은 자연적, 사회적, 정치적이며 조직화된 세계에 더 잘 뿌리를 내린 윤리학적 접근이다. 윤리적으로 탐구되는 실천의 경험적 실체를 인식하는 것이 생명윤리학이다. 이는 우리만의 생각이 아니라 실제로 진행되는 일에 대한 잘 다듬어진 이해인 동시에, 어떤 특정한 실천들, 특히 윤리적으로 문제점이 많은 실천들이 왜 발생하는가의 이유에 대한 더 넓고 더 회의적인 관점이다.

이런 종류의 존재론적이고 인식론적인 확신은 페미니스트 윤리학의 전체 기획이 윤리적으로 타당하고 적합한 정보로 간주되는 것, 윤리적 문제가 기술되는 방법, 데이터로 간주되는 경험의 소유자, 그리고 대체 어떻게 한 문제가 '윤리적' 문제라고 규정되는가 하는 과정를 재검토할 것을 요구한다. 이 윤리적 정통주의에 대한 재검토는 최근의 '비판 생명윤리학'의 요청에 선행한 것으로, 최종적으로는 그 궤를 함께 한다. 초기부터 페미니스트 이론은 윤리학에 사회적 위치와 지식 생산의 관계를 검토할 도구를 제공했는데, 바로 권력의 사회적 구조가 사람들이 무엇을 알고 생각하는 방식을 결정하는가를 파악하는 수단이다. 윤리학에 있어 비판적 접근은 '타당한' 윤리적 평가로 간주되는 사상이라도 실천, 담론과 제도 내에서 생산된 합의이고 사회적, 정치적 역동의 결과물임을 인정한다. 워커에 따르면 이런 주도성과 권위의 관계는 '어떤 사람들이 … 누군가에게 왜 어떤 일이 실제 생기는지 숨길 수 있'다. 이 아이디어는 페미니스트 윤리학의 독특한 실증적 윤리 탐구의 이해를 뒷받침한다. 실증적 연구는 '일반적으로 설명되는 한편, 특정 연구에서 확장되고 이론적으로 표현되어야 하는, 차별화된 사회적 삶 속에서 서로 다른 상대적 도덕적 위치에 관한 지식의 기반'을 제공하는 목표를 갖는다(Walker, 1998: 219).

독립적인 방법론이라기보다는 독자적인 특성들

앞에서 나는 페미니스트 경험주의 윤리학의 이론적 근거와 독자적인 측면을 논의했는데, 이 과정에서 경험적 연구 수행 과정에서 채택하고 있거나, 채택해야만 하는 방법론이 규정되어 있다는 암시를 피하려 했다. 윤리적 문제에 대한 페미니스트 탐색을 구분하는 것은 주로 경험적 조사를 위해 우선시하는 측면들, 바로 그것(페미니스트적 탐색)이 특히 면밀한 주의를 기울이는 서사의 요소들에 더 많이 관련되어 있다.

권력 구조에 대한 관심

현대 페미니스트 생명윤리학은 젠더 규범에 대한 '타자(other)'로서의 경험, 그리고 그러한 '타자'의 위치가 어떻게 생성되고 안정화되는지를 깊이 있게 탐구해 온 하나의 문제의식에서 출발한 이 연구 전통이다. 따라서 이제 "우리는 사회를 그리고 특정한 목소리가 주도하고 다른 목소리를 도덕과 윤리의 문제에 대한 사회적 전문가적 대화에서 배제시키는 것을 주목해야 한다."라고 요청한다(Walker, 2010:3). 그 결과 페미니스트 윤리학은 여성들에게 (그리고 모든 범주의 다른 소외된 집단들에게도) 차별적으로 불이익을 주는 사회적 정치적 경제적 구조를 관통하는 비대칭적 권력관계에 예리하다.

페미니스트 윤리학은 주류 철학적 윤리학이 지금까지 추상화를 통해 맥락을 배제시킨 채 보편화를 바라 온 것이 그 자체로 과오는 아닐지라도 이런 윤리적 분석이 이루어지는 인간 집단의 오류를, 최선의 경우에는 약화시키는 데 머무르고, 최악의 경우 악화시켜 왔다고 주장한다. 따라서 페미니스트와 다른 생명윤리학의 경험주의적 접근 일반 사이에 있는 주요한 차이는 전자가 실증적으로 풍성한 내용을 갖춘 상황과 맥락적 지식 제공을 넘어 '서양 윤리 전통의 개념, 이상과 방법론'에 내재된 오류를 해부해야 한다는 확신을 유지한다는 점이다(Jaggar, 2000:462). 이 오류는 이 전통이 발전한 사회 내부의 인식론적, 여타 다른 구조를 반영하고 있다.

그 결과 페미니스트 생명윤리학 연구에는 연구 대상이 되는 상황 내부의 권력 및 권위의 관계에 대한 예리한 조사가 수반된다. 그 대상에는 전문가적 지위, 사회적 지위, 지식, 의존성과 취약성의 차이점 등이 포함된다. 이 차이는 보건 의료 또는 지식의 (또는 다른 종류의) 제공자와 의료 또는 지식의 수여자 사이의 상호 작용을 규정한다. 전통적으로 임상 윤리나 연구 윤리는 의사 또는 다른 보건 의료 전문가 개인과 그들의 환자(경우에 따라서는 그 가족들) 사이의 임상 또는 연구 맥락에서 존재하는 권력과 권위의 불균형에 마땅한 주의를 기울였다. 생명윤리학은 이러한 일반적으로 쌍방향 관계 내에서 착취나 폭력을 예방할 수 있는 보호 원칙과 지침을 정교화하는 작업을 수행했다. 그러나 아주 최근까지 주류 생명윤리학은 계급, 민족성, 성적 지향성 및 장애를 포함한 사회적 계층화에서 비롯된, 포괄적인 윤리적 설명에 필수적인 제도적 수준의 권력 분배 문제에 대한 인식은 페미니스트 윤리학보다 현저하게 부족했다. 예를 들어 줄기세포 연구의 윤리에 대한 탐색은 배아의 도덕적 지위에 집중되는 경향이 있었으며, 때로는 줄기세포에 기반을 둔 치료법의 도움을 받을 수도 있을 사람들의 도덕적 주장에 반대하기도 한다(예를 들어 Hollan *et al*., 2001; Brown, 2013). 반대로 페미니스트 분석은 이들 사이의 권력 불평등에 초점을 맞춘다. 즉 줄기세포 연구자와 연구에 배아를 기증하는 여성들 사이뿐만 아니라, 대규모의 사회적 정치적 압력이 여성들을 난자나 배아의 국제적 거래와 같이 윤리적으로 문제가 있는 관행에 취약하게 만드는 사안에도 관심을 갖는다 (Baylis and McLeod, 2007; Dickenson, 2006).

고전적인 페미니스트 생명윤리학 연구들은 보건 의료 또는 의생명 과학 연구의 젠더화된 경험에 관계되어 있다. 여기서 '젠더화된 경험'이란 여성이 남성과 다른 사건들을 마주한다는 사실(명백한 예로 월경과 임신)과 일상적인 사건들도 남성과 달리 겪는다는 사실(예를 들어 임상 시험 참여 기회의 차별)을 모두 포함한다. 적어도 여성들의 자기 경험에 대한 특정한 설명이 생명 윤리 담론에서 배제 또는 포함되는 방식에 관한 관심이 있다. 만약, 많은 페미니스트 윤리학자들의 주장처럼, 도덕적 이해가 증거와 해석이 아니라 사회와 공동체의 숙고에 의해 생성되는 것이라면, 이 공동체와 사회는 이 숙고에 참여할 권위를 누구에게 주었는가(누가 차지했는가), 그리고 그 결과로 생긴 인식론적 윤리적 권위의 분배가 정당한가 하는 질문이 필수적이다. 이런 의구심은 일차적으로 젠더화된 권력 구조를 차별받는 다른 사회적 범주와 그 구성원들의 경험과 설명을 다루는 데 적용될 수 있는 방법(그리고 책임이라고 말하는 이들도 있다)을 같은 엄격함으로 비판하는 시선을 페미니스트 생명윤리학에 부여한다.

관계성과 돌봄에 대한 관심

페미니스트 윤리학은 특히 더 나아가 인간이 타인과 연결되어 살아간다는 사실에 관심을 갖는다. 페미니스트 생명윤리학은 보통 가족 성원 사이, 보건 의료 인력과 환자, 또는 연구자와 연구 대상자 사이의 친밀한 인격적인 관계에 집중하지만(또는 집중하고 있다는 점에서 심한 비판을 받고 있지만), 사회 조직과 공식 제도를 통해 구축된 큰 규모의 관계에도 관심을 갖는다(Gilligan, 1982; Tronto, 1993; Carse and Lindemann Nelson, 1996).

결과적으로 관계성에 대한 이런 관심은 페미니스트 윤리학과 돌봄 윤리를 융합시킨다. 모든 페미니스트 윤리학자들이 돌봄 문제에 관심을 기울이지는 않으며, 모든 돌봄의 윤리가 페미니스트 윤리는 아니다. 그럼에도 불구하고 페미니스트 생명윤리학이 보건과 생명 과학에서 발생하는 돌봄의 문제에 특별히 관심을 갖는 몇 가지 이유가 있다. 한 가지는 돌봄 실천의 젠더화된 성격이다(Kittay, 1999; Kittay and Feder, 2002; Eckenwiler, 2013). 돌봄의 윤리는, 도덕적 숙고는 타인에 대한 관심과 돌봄을 바탕으로 할 수 있고, 그래야 하며, 경험적으로도 그렇다고 주장한다. 이 맥락에서 돌봄은 누군가 어린이나 쇠약한 사람처럼 신체적으로 의존적인 타인들을 직접 돌보는 노동인 동시에 도덕적 핵심 가치로서 타인에 대한 윤리적 지향으로 이해될 수 있다. 돌봄을 개념화할 때, 그 핵심은 개인 사이와 공동체 내부, 그리고 그들이 창출하는 취약성을 전면에 내세우는 것이다. 돌봄의 윤리는 의존성과 상호 의존성 모두를 도덕적 반응의 핵심 반응으로 강조한다. 더 나아가, 돌봄의 윤리는 인간의 관계가 호혜적이라기보다 종종 비대칭적임도 인정한다.

분명히 여성과 돌봄의 행위 사이의 연결성에 주목함으로써, 여성이 돌봄 노동의 상당 부분을 수행하게 되는 사실이 더 복잡한 사회적 경제적 구조의 결과가 아니라, 여성의 타고난 돌봄에 헌신하는 본성을 암시한다는 비난을 받는 돌봄 윤리의 형태도 있다. 즉 본성을 강조함으로써 돌봄의 윤리가 성 역할에 관한 고도로 보수적인 관점을 강화한다는 것이다. 그러나 전 지구적으로 돌봄 제공자의 대부분이 가정 내에서 급여를 받지 못하는 돌봄

이든, 고용된 돌봄 제공이든, 여성이라는 것은 실증적으로 확인된다. 상당한 양의 초창기 경험주의 페미니스트 연구는 전 세계에 걸쳐, 여성과 남성에게 미치는, 돌봄 실천의 윤리적 결과에 집중되었다.

전 세계적인 규모로 돌봄 관계를 연구한 리사 이큰와일러(Lisa Eckenwiler, 2013)의 최근 작업은 남성보다 여성에게 더 큰 영향을 미치고 있음을 증명할 수 있는 주제를 다루는 경험주의적 페미니스트 생명윤리학의 한 예가 된다. 이 연구는 존재하는 실증적 데이터를 활용하여, 복잡하고 때로는 예측 못 한 방식으로 젠더화된 전 지구적인 경제적, 정치적 불평등을 입증하는 데 사용할 수 있는 방법론을 보여 준다. 이큰와일러는 학술 연구, 정책 문서, 미출간 자료 및 기타 자원을 광범위하게 활용하여 전 세계 대부분의 국가에서 연령 구조의 급격한 변화로 장기 요양의 경제가 변모하는 과정을 설명한다. 물론 고령화와 장애인 인구 증가의 결과를 처음 지적한 것은 그녀가 처음은 아니다. 공중 보건 분야의 다른 연구자들은 요양 보호에 주어진 낮은 지위와 요양 부분에 대한 과소 투자가 만성화됨으로써 점점 더 많은 노동자들이 극단적으로 부족한 자원 조건에서 근무하고 생계를 의존하게 되는 현상을 기술한다(Eckenwiler, 2013:2). 페미니스트 윤리학자들은 또한 사회적 지원의 거의 또는 전혀 없이 '사랑하는 사람을 부양하기 위해 분투하고'(Eckenwiler, 2013) 그 결과 '종종 그 자신도 좋지 않은 건강으로 고통받을 수밖에 없'는(Lanoix, 2013; Tong, 2013b) 그들의 역할을 탐구한다. 그러나 이큰와일러의 연구는 경험적 연구 수행을 전 지구적으로 확장함으로써 돌봄 제공자와 돌봄을 필요로 하는 이들 모두에 미치는 함의를 고려하였는데, 여기에는 보건 의료 인력이 아프리카, 필리핀, 인디아, 중국과 남한과 같은 '자원국'에서, 이들 지역의 많은 지역에서 그 자체가 급속도로 장기요양 수요가 증가함에도, 다른 국가로 이동하는 것을 촉진하는 현상 분석도 포함된다. "미국 그리고 다른 선진국의 장기 요양 정책의 상황이, 비록 간접적이고 의도한 것은 아니지만, 전 지구적인 노동력 부족에 기여하고 있으며 건강 불평등을 심화시키고 있다."(Eckenwiler,

2013:2). 이 일은 심각하게 젠더 특이적인 보건 의료의 측면과 함께 연구의 중요성에도 불구하고 관련된 당사자가 여성이라는 이유로 생명윤리학의 젠더 레이더 아래로 숨겨진 채 남아 있는 영역에 집중한다는 점에서 가장 분명한 의미로 페미니스트적이다. 이큰와일러는 '성인 딸이 가장 많은 돌봄을 제공'하고 가족이 '불충분하게 문서화되거나 이해되지 않은 전 지구적인 보건 인력이라는 비판적 관점을 증명'한다고 주장하기 위해 다수의 구체적인 경험적 자료를 근거로 인용한다(2013:21). 이 계산에 급여를 받지 않는 돌봄 노동을 포함하는 것은 고전적인 페미니스트 접근이다. 즉 젠더화된 사회적 관계 생산의 이론가들은 급여를 받지 않는 돌봄 노동이 생산 과정에 필수적인 기여를 제공함에도 표준적 경제 이론에서 폄하되는데, 이는 경제 이론이 가정에서 생산되는 것이 시장에서 교환 가능한 생산품에 반대되는 것으로 무시하기 때문이다. 마지막으로 이큰와일러러의 작업은 권력의 비대칭에 의식적으로 맞춰져 있다는 점에서 전형적인 페미니스트 연구다. 그것은 축적된 경험적 정보의 분석을 '권력과 특권, 압제와 희생자 만들기, 희소성과 많음의 광범위한 형태' 안에 확고히 자리매김을 한다(Code, 206: 280).

신체화에 대한 관심

페미니스트 경험주의 작업의 세 번째 두드러진 특징은 신체와 경험된 신체화를 도덕 생활의 구성적 요소로 진지하게 간주한다는 것이다. 페미니스트 윤리학이 가진 경험적 연구에 대한 관심은 여성의 경험들이 남성과 심각한 방식으로 다르다는 점을 관찰한 데에서 출발한다. 가질 수 있는 경험, 그리고 그것이 만들어 내는 감각은 그 사람이 여성인가 남성인가에 따라 상당한 정도로 다르다. 이 차이의 상당 부분이 젠더화된 사회적 구조의 결과임을 인식하는 것은 경험의 젠더화된 차이가 직간접적으로 체화된 것이라는 사실을 계속 주목하는 것이다(Alcoff, 2006; Bartky, 1990; Young, 2005). 도덕적 주체는 다른 신체적 특징을 가진 사람이고, 그 결과 다른 종류의 생물학적 요인에 의해 직접적으로, (예를 들어, 신체적 경험으로써 임신은 현재는 여성에 제한된다), 여성 또는 남성으로 분류된 신체에 사회가 부여한 분화된 위치에 의해 직간접적인 경험이 생긴다.[3] 페미니스트들을 생명윤리학의 분석 활동에 유용한 신체화에 주의하도록 만드는 것은 체화된 경험이 규범적 탐구의 대상이 될 수 있고, 진지하게 탐구될 수 있다는 것이다.

비록 입장 인식론은 특정한 사회적 위치가 인식에 미치는 영향에 일차적인 관심을 갖고 있지만, 페미니스트 이론은 젠더화된 **사회적** 위치는 신체화의 결과로 발생한다는 인식을 유지해 왔다. 나는 여성이라는 사회적 정체성을 가지고 있는데, 왜냐하면 내가 표현형적으로는 여성인 신체를 가지고 있기 때문이다. 하지만 항상 정확한 설명이라고는 할 수 없는 것이, 지식은 복잡하고 섬세한 방식으로 체화될 수 있으며, 일차적으로 신체적 특성과 관계 없는 계급, 종교, 그리고 다른 특성의 결과로 나타날 수도 있기 때문이다. 그러나 젠더와 관찰 가능한 인종, 또는 장애와 같이 다른 많은 소외의 경우에서, 신체의 물질적인 현재성과 그 신체가 가지는 맥락화된 지식 사이에는 직접적인 관련성이 있다.

경험의 체화를 고려할 때 더 많은 인식론적 논점이 드러난다. 페미니스트 윤리학은 신체화의 물질성이 윤리학자에게 진정한 한계가 된다고 본다. 즉 아무리 좋은 실증적 데이터를 사용해도 '타인의 신을 신고' 타인이 생활하는 삶과 타인의 윤리적 관점을 이해하는 데에는 한계가 있다고 주장한다(Mackenzie and Scully, 2007). 특정한 종류의 몸을 갖거나 그런 몸이 되는 것과 그에 따른 경험 사이에는 타인에게 전해질 수 없는 부분이 남는다.

페미니스트 생명윤리학에서 신체를 도덕적으로 관련성 있는 차이의 기원으로 포함시키는 것에 관해 일부 페미니스트 연구자들이 문제를 제기하고 있음을 언급해 둘 필요가 있겠다. 이들은 논의 중인 접근법 때문에 생물학적 기원에 의한 차이를 필연적인 것으로 간주하고, 그렇게 하여 젠더화된, 다시 말해 체화에 관련된 사회적 존재를 변화시키는 페미니스트 목표를 위험하게 할 수 있다고 우려한다. 그럼에도 불구하고 페미니스트 이론은 신체가 전적으로 물질적이거나, 역으로, 전적으로 담론의 산물이라는 주장으로 되돌아가지 않고 신체의 특이성에 의해 발생한 (경험적으로 발견할 수 있는) 가능성과 불가능성에 대한 감각을 유지한다.

주변화된 목소리에 대한 관심

리사 이큰와일러는 전 세계적인 돌봄의 실천 자체로는 페미니스트적이지 않은 실증적 자료를 사회적이고 정치적 근거를 갖춘 설명의 근거로 활용한다. 일부 페미니스트 윤리학 탐구는 이렇게 접근한다. 그러나 직접적이고 실제적인 실증적 작업을 포함하는 페미니스트 윤리학 연구도 있다. 이런 접근은, 예를 들어 새로운 생명 공학 기술 혁신의 도래로 인해 장기적인 보건 의료와 사회적 돌봄 관행이 재편되는 영역에서 필요하다. 이것은 '평소와 같은 작업'이 아니며, 도출할 경험적 자료가 존재하지 않을 수도 있다. 따라서 이런 종류의 페미니스트 생명윤리학은 윤리적 성찰과 규범적 주장의 근거를 최대한 정확히 제공하는 정보 수집을 위해, 질적·양적 방법 모두 일련의 사회 과학적 방법을 활용한다.

페미니스트 경험주의 윤리학은 경험적 사회 과학이라는 익숙한 형태를 넘어서 광범위한 범주의 기원에서 지식을 끌어내는 경향이 있다(Harding and Norburg, 2005; Hughes and Cohen, 2010; Letherby, 2003; Ramazanoglu and Holland, 2007). 그것은 제도적으로 조직된 자연 과학적 지식에 특권을 부여하지 않겠지만(비록 분명히 활용한다), 개인의 인격적 경험을 체계적이고 엄격한 방식으로 포함시키려 시도한다. 예를 들어, 생활 경험의 이론의 '근거'로 제공하기 위해 현상학 또는 서사적 설명에 의존하는 강한 전통이 페미니스트 내부에 존재한다(이에 못지않게 개별화되고 주관적인 설명의 이론적 유용성에 관한 강력한 페미니스트 논쟁도 있음을 언급하는 것이 좋겠다).

사회적으로 소외된 집단의 생명 윤리적 경험에 대한 페미니스트 경험주의 연구의 한 예가 내가 뉴캐슬, 더럼 대학의 동료들과 함께 2011년부터 2014년 사이에 수행한 과제이다.[4] 이 연구는 스스로를 종교적이라고 간주하는 일반인이 새로운 생식 및 유전 기술(new reproductive and genetic technologies, NRGTs)에 대한 윤리적 평가를 내리는 방식을 검토하기 위해 수행되었다. 연구 방법론에는 다양한 기독교와 이슬람 종교 집단의 구성원으로서 개인적으로 NRGT를 불임이나 유전 질환의 해결에 사용하기로 (또는 사용하지 않기로) 결정한 경험을 가진 이들과의 면담이 포함되어 있었다. 우리는 아직 NGRT를 직접 사용한 경험이 없지만 추상적인 상황에서 그 사용의 윤리를 토론하기로 한 사람들을 대상으로 집단 면접을 수행하거나 대화 집단(dialogue groups)도 구성했다(Banks *et al*., 2006). 개인적 경험이 있는 이들로부터 추가적인 정보를 얻었는데, 예를 들어 실제로 선택을 하게 되는 과정이 어땠으며 이후 그들의 삶, 신앙에 영향을 미친 방식, 돌아보면 무엇을 달리했을 것이 있는지, 그리고 과정을 개선하기 위해 제안할 것이 있는지 같은 것들이었다(Scully *et al*, 2017).

이 연구를 페미니스트 경험주의 생명윤리학 연구의 한 형태라고 말했는데, 이것은 여성들에게 특별히 드러나는 문제를 다루기 때문이 아니라(비록 새로운 재생산 중재술의 다수에서 그런 것은 분명하지만), '종교적'인 사람들의 생명윤리학적 관점을 체계적으로 탐구하려 했기 때문이다. 이들은 영국과 유럽 본토 인구 집단의 일부로 사회적, 인식론적으로 소외된 사람들이다. 영국은 점점 세속화되고 있으며 신앙 공동체에는 명목상으로만 참여하고 있다. 영국 내에서 대부분의 생명 윤리 담론이나 공적 생명 윤리 숙의는 공개적으로는 세속적이고, 정치적으로는 진보적이어서 공적 생명 윤리 영역에 신학적, 종교적 신념을 바탕으로 의견을 개진하려는 시도는 보건 의료나 생명 과학 기술에 대한 특정 종교 집단의 신자 개인이 아닌 공식적 입장을 반영하는 경향이 있다. 신앙 집단의 일반 구성원이 그들의 신앙의 공식적 입장을 어떻게 해석하는지, 그리고 NRGT에 관한 자신의 윤리적 입장을 형성하는 데에 이 해석을 사용하는지, 사용한다면 또 어떻게 사용하는가에 관한, 명백히 존재하지만 전반적으로 잘 해결되지 않는 문제들이 있었다. 더 넓은 맥락에서 동일한 신앙을 가진 사람들이, 불임이나 유전 질환 치료법을 사용할 것을 고려할 필요에 직면했을 때, 그들의 개인적 바람과 더 넓은 사회의 윤리적 합의, 그리고 종교 집단의 가르침 사이를 어떻게 헤쳐 나가는지에 관해 알려진 것은 거의 없었다.

이 과제에 우리는 탐색하는 종교 집단의 인식론적, 윤리적 자원을 파악하려는 연구자로서 참여했다. 전 과정에 걸쳐 우리는 권위와 지위의 차이가 - 이는 종종 성별화된 차이일 뿐만 아니라, 구조적 위계나 다양한 종교 집단 간의 차이를 따라 나타나기도 한다는 점에서 - 다음과 같은 여러 측면에 어떤 영향을 미치는지에 주의를 기울였다. 예컨대, 기술에 대한 자신의 종교적 입장을 충분히 파악할 수 있는 정보 접근성, 임상 환경에서의 개인적 편안함, 자신의 신앙 관행과 관련된 문제를 얼마나 쉽게 제기할 수 있는가에 관한 용이성, 그리고 신앙을 지닌 사람으로서 공적 생명 윤리 논의에 자신의 견해를 기여할 수 있는 역량 등이 그것이다. 예를 들어 우리 중 기독교인인 연구 참여자들은 국교 신자로 대부분(전부는 아니지만) 백인이고 영국에 수 세대 동안 거주해 왔다. 대조적으로 무슬림 연구 참여자들은 대부분이 영국에서 성장한 종교적 소수자이고, 그 가족들은 이란이나 방글라데시 같은 국가 출신이다. 그러므로 그들의 사회적 지위는 기독교 연구 참여자들과 매우 달랐다. 우리는 연구를 통해, 무엇보다 연구 대상자들 다수가 그들의 신앙적 헌신 때문에, 간접적인 방식으로, 모든 사람들에게 허용된 NRGT 시술로부터 배재되었다고 느낀다는 점을 밝혀냈는데, 이것은 그들이 적극적으로 접근을 부정당했기 때문이 아니라 그들이 느끼기에는, 의료 서비스 제공자들이 일상적으로 기독교인 또는 무슬림이라는 그들의 정체성에 따라오는 - 불임, 유전 질환 그리고 그 치료에 관련된- 가치관과 태도를 무시하고 있기 때문이었다. 전체적으로 보면, 우리 참여자들은 그들의 종교나 인종적 정체성에 대한 적대감보다 그들의 종교적 고백을 사소하거나 부적절하다는 이유로 무시하는 태도를 보고했다. 이것이 공공 생명 윤리 담론에 기여할 수 있는 역량에도 영향을 미친다. 다수의 (전부는 아니지만) 피면접자들과 대화 집단 참여자들은 공공 자문이나 논쟁에 특정 신앙의 관점을 제시하기를 주저한다고 말했다.

경험주의 생명윤리학의 페미니스트 윤리: 책임성과 성찰성

이 마지막 절에서 나는 경험주의 생명윤리학에 대한 페미니스트 접근이 갖는 독특한 특징을 하나 더 제시하려 한다. 페미니스트 경험주의 연구는 연구 수행의 윤리적 정치적 책임을 오랫동안 수용해 온 학술적 페미니스트의 전통의 혜택을 입었다(예를 들어 Finch, 1984; Edwards and Mauthner, 2012; Wilkinson, 1998; Ackerly and True, 2008). 페미니스트 연구자가 소속된 학문, 재직하는 학술 기관뿐 아니라 그녀가 연구하고 있는 개인과 집단에 대해 가지게 되는 도덕적 책임감에 대한 질문들은 페미니스트 연구자들에게는 익숙한데, 특히 개인이나 집단 면접이나 인류학적 관찰과 같은 질적 연구 방법을 활용하는 과정에서 연구자와 피연구자 사이의 관계로 인한 어려움을 경험하게 되는 이들에게 그렇다.

모든 경험적 연구는 실제 실천과 신념 그리고 근거의 사실적 부정확성을 수정하고 더 나은 정보를 획득할 기회다. 페미니스트 생명윤리학은 비판적인 에토스를 가지고 있으며, 이는 전통적으로 무시되거나 모호한 채 남아 있던 실천과 신념 그리고 근거로 관심을 돌리고, 이렇게 해야 이론적 정당화가 사실 정보를 잘 반영할 뿐 아니라 정의를 더 많이 담보한다고 주장하게 만든다. 즉 실증적 정확성은 방법론이면서, 아울러 윤리적 우선순위를 취한다. 연구자 개인에게 페미니스트 윤리학은 인식론적 권위가 사회적 관계 내에서 분배되는 방식을 비판적(조사 중인 상황에서 권위가 어떻게 분배되는지 살펴봄)으로 검토하는 동시에, 자기 비판적 방식(윤리학자가 소유한 인식론적 권위와 그 결과를 성찰)으로 민감해져야 할 책임을 부과한다.

비판과 자기 비판, 이 두 가지 측면은 내가 여기 소개하는 사례에서 찾을 수 있다. 생명윤리학 교수법과 논쟁에서 일종의 훈련장이 된 것이 '청각 장애 아기의 선택' 사례이다(Mundy, 2002; Scully, 2008). 대부분의 비장애인들과 많은 장애인들에게는 신체적, 정신적 장애는 그것이 미미한 경우라도 불편함이나 불리함을 야기하므로, 좋은 부모라면 누구라도 아기들이 그런 장애를 피하기를 바랄 것이라는 것이 공유된 도덕적 이해다. 장애를 유발하는 신체적 변이를 절대적으로 바람직하지 않다고 여기는 것이에는 이견이 없을 것이다. 이에 일부 부모들이 자녀에게 장애를 **피하기보다 오히려 선택하고자** 할 수도 있다는 가능성에 대해 생명윤리학자들과 대중이 경악하는 것이다. 대부분의 비장애인에게 이런 선택은 심각하게 반직관적이다.

장애인의 삶에 있는 결함에 대한 생명윤리학적 담론이 미치는 실질적 영향을 고려하면, 널리 논의된 이 사례를 주의 깊게 검토할 것이 요구된다. 현재 존재하는 증거(여기 신뢰할 만한 정보의 희소성은 생명윤리학에 판단을 내리도록 묻는 현상에 대한 우리의 경험적 지식이 심각하게 제한되었다는 점을 강조한다)에 따르면 어떤 장애인들은 자신들과 같은 결함을 가진 아이를 가지고 싶어 한다고 한다. 가장 잘 알려진 경우로, 농아 공동체(Deaf community)에 공식 가입한 회원들의 경우가 있는데[5] 회원 대부분은 자신을 장애인이 아니라 소수 언어 집단으로 인식한다. 그러나 청각 장애인이 특정 장애를 가진 아기를 낳기 위해 선호를 표현하는 것을 넘어 적극적인 조치를 취한 경우로 밝혀진 사례는 거의 없다. 이들 중 가장 널리 알려진 사건으로 금세기 초 미디어와 생명윤리학자들의 관심을 불러온 최초의 경우가 캔디스 매큘러프와 샤론 두키너(Candace McCullough and Sharon Ducheneau) 사례다(Mundy, 2002). 이들 두 명의 청각 장애 여성들은 의도적으로 유전적으로 관련된 청각 장애를 가진 정자 기증자를 조사해서 청각적으로 장애가 있는 아동을 가질 확률을 높이려 했다.

이 사례에 대한 페미니스트 분석은 두 가지를 드러내고 있다. 하나는 익숙하지 않은 공동체에 속한 소수자의 관점을 가진 사람들이 내린 생명 윤리적 선택(이 경우 장래 아동의 특성을 선택하는 것)이 상황적 지식과 특정한 맥락에 대한 경험을 바탕으로 한다는 것이다. 이런 관점을 전혀 조사하지 않고 무시하거나 평가 절하하는 것은 인식론적 부정의다. 무엇보다 이들의 관점이 윤리적 분석을 통과할 수 있는가 하는 판단 과정을 거치지 못한 부정의가 남게 된다는 것이 심각한 문제다.[6] '청각 장애(또는 장애) 아동 선택' 사례는 미디어와 생명윤리학 문헌에서 널리 토론되었다(그중 다음을 참조. Anstey, 2002; Levy, 2002; Savulescu, 2002, 2007; Hayri, 2004, 2010; Johnston, 2005; Scully, 2008, 2011). 그러나 예를 들어 장애가 있거나 청각 장애가 있는 사람들 사이에서 장애아를 갖겠다는 선호를 가진 사람들은 얼마나 되는지, 그런 선호가 어떻게 실천되는지, 또는 어떤 근거로 선호하는지 데이터가 함께 제시된 적이 없다.

이 지점에서, 많은 철학적 생명윤리학자들은 이런 경험적 사실은 철학적 논변과 관련성이 없다고 응답할 뜻이다. 윤리학자로서 그들이 수행하는 것은 선호가 일반적인가 하는 여부, 이를 표현하는 이유가 아니고 그들의 학문의 지적 도구를 사용해서 선호에 대한 규범적 옹호 가능성을 검토하는 것이라는 것이다. 그들은 정보에 오류가 있거나, 일부만 대표하는 경우라도 제대로 된 조직적 평가에는 문제가 아니라는 입장이다.

대조적으로 페미니스트 윤리학은 윤리학자들이 추상과 추상적 이론화가 실제 사람에게 미치는 결과에 대해 정치적이며 도덕적 책임을 져야 한다는 입장이다. 의도한 것이든 그렇지 않은 것이든, 많은 생명윤리학적 사유는 결과적으로 공적 영역으로 스며들어 대중적 견해와 정책에 영향을 미친다. 이론가들은 자신들이 그저 두려움 없이 철학적 논변을 결론으로 이끌어 가는 것 이상은 아니라고 믿을지 모른다. 그러나, 윤리학자 다음에 이론적으로 도출된 결론을 실천으로 옮길 권한, 심지어 의무가 있다고 간주하는 사람들이 기다리고 있을 수 있다.

페미니스트 연구의 관점에서 철학적 논점을 만들기 위해 실제 사람들의 경험을 착취-또는 최소한 경험적으로 왜곡된 버전을 만드는 것-하는 것은 무책임할 뿐 아니라 심각하게 비윤리적이다. 나는 '듣지 못하는 아이 선택'

의 사례를 들어 정체성 정치의 문제부터 미래의 후회를 예측하는 의미론에 이르는 여러 가지를 묘사한 여러 학회와 세미나에 참석해 보았다. 각 사례에서는 청각 장애나 장애를 지닌 부모가 청각 장애인 또는 장애를 지닌 자녀를 원한다는 주장을 뒷받침(반박)하는 추론이 제시되었으나, 이 주장들이 실제로 그러한 부모들이 제시할 법한 이유들과 어떠한 관련이 있는지 그 근거는 제시되지 않았다. 이런 논의는 주장을 강화시키기 위해 사용된 입증되지 않은 생각이, 일단 그 주장이 생명 윤리 문헌에 통합되고 시간이 지나면, 자문과 정책 기관의 심의에 영향을 미칠 수 있다 점에서 위험하다.

이것이 단지 가상의 위험이 아니라는 사실은 2008년에 수정된 영국 인간수정 및 발생학법(HFEA, 2008)의 경우에서 드러난다. 개정 내용에는 면허를 받은 불임 클리닉은 대안이 있는 경우 심각하고 알려진 유전질병을 가진 생식 세포나 배아의 사용을 금지하도록 강제하는 규정이 삽입되었다(Scully, 2011). 어떤 문제가 알려지거나 발생했다고 의심할 수 있는 경우가 극히 드물고 '심각한' 같은 논란이 있는 어휘에 대한 합의가 부재한다는 점이 문제라는 점을 고려하면 해당 규정의 삽입은 의외였다. 그것은 확실히 '듣지 못하는 아기를 선택'하는 것이 낯설게 인식된다는 점에서 미디어의 관심을 받았던 것의 영향이 있었을 것이다. 하지만 철학적 생명윤리학 논의가 이 선택의 배후에 있는 경험적으로 구분할 수 있는 이유들이 아니라 반직관적인 윤리적 선택의 구조를 불균형하게 다룬 것과 더 관련되어 있을 것이다. 법에 삽입된 이 제한에 관해 삽입 즉시 해당 공동체와 청각 장애 공동체 그리고 장애인 공동체 구성원의 매우 적대적인 반응을 불러일으켰다는 점은 이해가 가능했다(Emery *et al*., 2008).

생명윤리학자로서, 용어를 정의하고 사건에 대해 특정한 해석을 제시하며 자신의 주장과 논거가 실질적 영향력을 가진 결정권자들에 의해 진지하게 받아들여지는 권한을 가진다는 것은 곧 타인의 삶과 안녕에 영향을 미치는 권력을 갖는다는 것을 의미한다. 페미니스트 윤리학자들은 이 권력이 책임을 낳는다고 주장한다. 윤리학과 인지 장애에 관해 폭넓게 저술해 온 철학자 에바 페더 키테이(Eva Feder Kittay)는 2008년 출판된 논문에서 윤리적 이론화의 모범적 사례 4가지(인식론적 책임과 겸허, 겸손과 책임성)를 제안하고 이론가들이 논쟁 과정과 그들이 사용하는 사례의 윤리적 실천적 결과에 주의를 기울여야 한다고 요청했다(Kittay, 2008).

윤리적 책임의 또 다른 영역은 연구자로서 자신의 위치에 대한 성찰과 관계된다. 페미니스트 인식론은, 타인의 도덕적 실천과 선택을 평가할 때, 사회적·문화적·역사적 위치가 고유한 인식론적 관점을 형성하는, 반드시 고려되어야 하는 중요한 요소라고 본다. 그러나 페미니스트 인식론은 또한 도덕 철학과 철학적 생명윤리학이 당연시하는 지식이 이런 인식론적 왜곡에서 면역된 것이 아니라고 인식한다. 페미니스트 생명윤리학 접근은 필연적으로 생명윤리학자로서 우리가 경험적 탐색을 수행하는 입장, 사용된 경험론적 방법, 방법론의 활용이 드러내는 인식론적이며 사회적 가정 등을 비판적으로 검토할 것을 포함한다. 우리 모두가 분명히 드러난 도덕적 신념뿐 아니라 경험적, 사회적, 제도적, 문화적으로 당연하게 받아들이는 것에 의해 형성되는 상황에 처해 있는, 내부의 관찰자라는 점은 피할 수 없는 인간의 현실이다. 페미니스트를 포함해서 다른 어떤 접근이라도 속임수 예방 조치 같은 것을 사용할 수 없고, 결국 모든 사상은 특정한 권위적 관점에서의 사유라는 것을 끊임없이 재확인할 수밖에 없다. 여기에는 도덕 철학자들의 사유도 그 대상으로 포함된다. 생명윤리학자들은, 그들이 경험주의적이든 이론적이든, 생명윤리학자 자신의 개인적 배경과 성장, 또한 학문적이며 직업적 확신, 그리고 그들의 국가적 문화적 환경 내의 소속 기관이 갖는 역할에 따라 자신들의 업무를 수행한다.[7] 무비판적, 무-자기-비판적 경험주의 생명 윤리는 '농아 공동체'와 같이 익숙하지 않은 공동체가 새로운 생명 과학 기술을 평가하고 도덕 철학의 규범적 판단의 프레임 내에서 검토하려는 방식을 조사할 수도 있다. 이럴 때 회의적인 태도로 거리를 둔 접근이 생명윤리학자의 시선을 형성하는 문화적 경제적 정치적 조건을 검토하기 위해 필수적일 수 있다. 페미니스트 관점에 따르면 입장 인식론 내에서 이런 형태의 자기 검열이 '강한 객관성'이라 부르는 것에 기여하는데 (Harding, 1993), 인식적 중립성에 대한 어떤 시도에 의존하지 않는다. 대신에 비록 완전하지는 않지만 보다 나은 이해를 형성하기 위해 다양한 상황적 지식을 검토하는 것이다.[8]

페미니스트 경험주의 윤리학의 미래

페미니스트 생명윤리학을 포함하여 전반적인 페미니스트 윤리는 현재 전환점에 있다. 페미니스트 접근의 몇 가지 특징적인 측면, 특히 실증적 방법론의 사용이 주류 생명윤리학에 흡수되었고, 더 이상 페미니스트적이라고 언급되지 않는다(Scully *et al*., 2010). 페미니스트 윤리학의 일부 측면은 정당한 대안적 관점으로 남아 있다. 페미니스트 생명윤리학을 대안으로 인정한다는 말이 그 통찰을 주류에 통합한다는 의미는 아니다. 때로 학문 연구의 경쟁적 태도 때문에 가려지지만, 페미니스트 생명윤리학에서는 변화의 결단을 기본적인 정치적 입장으로 내세우고 있다. 주류 생명윤리학이 페미니스트 생명윤리학의 경험주의적 추동력을 흡수했을 수 있지만 그것의 구체적인 정치적 목적은 - 우리는 그것이 인식론적 방법론적 입장의 정보를 제공하는 것을 본 적이 있지만 - 여전히 주류 외곽에 있다. 그럼에도 불구하고 페미니스트 생명윤리학자들은 이런 접근법이 제공하는 독측한 통찰력이 전체 생명 윤리 작업에 필수적인 가치를 가지고 있다고 여전히 믿고 있다.

경험주의 전환를 취한 생명윤리학자들은 만약 규범 윤리학이 기술하는 가치와 규범이 실제 세계의 실천에 적실성을 가지려 한다면 사실에 어떤 관련성이 있어야 한다고 생각한다. 여기서 어떤 형태를 취하든지 경험적 자료와 윤리의 규범적 내용 사이의 관계는 잘 인식된 문제이다. 일반적으로 이해된 방식에 따르면 실증적 탐구는 자연적, 사회적, 과학적 사실을 다루는 반면, 윤리학은 규범과 가치를 행위를 지시하기 위해 다룬다. 실질적인 경험적 요소를 다루는 윤리적 작업은 언제나 전적으로 기술적이며 그로 인해 윤리적 탐구의 규범적 목표를 시선에서 놓치고 규범적이 될 능력을 상실한다는 비판의 위험에 있다. 예를 들어 펠레그리노는 "'사실'서 '당위'" 외삽하는 것은 규범 윤리를 파괴하지 않으며 가능하지 않다고 했다(Pellegrino, 1995: 162).

기술적인 사실과 규범적 가치 사이 구분이 얼마나 실질적이고(/또는) 유지 가능한가 하는 정도는 지식 사회학과 철학의 일부로 상세히 다뤄져 왔고 여기는 특정한 논란을 되풀이할 장소는 아니다.[9] 내가 말하려는 요점은 윤리의 규범적 요소를 침식하는 경험적 연구에 관한 이런 종류의 독특한 우려를 많은 페미니스트 윤리학자들도 갖고 있다는 것이다. 이들은 그 정의상 여성에 대한 특정한 형태의 태도와 행위가 잘못되었다고 생각한다. 여성에 대한 특정한 관점은 더 일반적인 주장으로 확장되어야만 한다. 앞서 언급했지만, 페미니스트 윤리는 다원주의적일 수는 있지만, 궁극적으로 상대주의적일 수는 없다. 페미니스트 윤리학자들은 도덕적으로 잘못되고 옳은 행위를 규정하여 보건과 생명 과학 맥락에서 여성(그리고 다른 소외된 사람들)에 대한 착취 학대와 억압을 예방하기 위해 규범적 범주를 설정하고 싶어 한다. 그리고 이 규범적 윤리적 목표는 경험적 데이터가 착취적이거나 억압적인 관행의 빈도에 관해 어떻게 말하든, 그리고 사회의 권력 집단의 인정 여부와 무관하다.

페미니스트들은 타인의 삶에 대한 경험적으로 얻어진 지식도, 또한 우리 자신과 타인의 윤리적 신념의 근원에 대한 더 비판적인 접근 능력도, 우리에게 생명윤리학의 보건 의료와 생명 과학 연구에서 도덕적으로 선호할만한 행위 과정을 규정하는 규범적 기능을 포기하도록 요구하지 않는다고 주장한다. 그리고 현재 이들 영역에서 기술적 사회적 변화 추세를 고려하면 생명윤리학의 규범적 작업에 대한 요구가 장래에 감소할 것 같지 않다. 아직 생소한 생의학 영역의 규범에 관한 작업을 수행하는 생명윤리학에 경험적 연구를 통해 더 많은 정보를 제공할 수 있다는 주장은 옹호할 수 있다. 페미니스트 접근법은 더 많고 더 나은 경험적 탐구의 방법을 제공한다. 즉 소외된 목소리와 소수자 경험을 포함하는 윤리학은 공정한 것으로 간주되는 성찰을 탈선시킬 수 있는 숨겨진 인식론적, (우리 자신을 포함한) 사회적 오류에 주의를 기울이고, 부정의에 예민하고, 규범적 능력의 윤리적이며 정치적 중요성에 대한 명확한 인식을 유지하는 방법 말이다.

미주

1. 도덕 상대주의에 관한 논의와 이를 어떻게 이해할 것인가에 관해서는 이 책 Sheehan's (2016)의 장 참조.
2. 더 전통적인 존재론을 옹호한다면, 약간의 정당화를 거쳐, 이런 비판이 시대에 뒤처진 허수아비를 대상으로 하고 있을 뿐이며, 현대 도덕 철학에서 인정받는 도덕 직관은 더 균형잡힌 형태라고 답변할 것이다. 그러나 나는 생명윤리학은 도덕적 자아의 본성이 논의되기 때문에, 여전히 초연하고 비-체화된 도덕 주체라는, 재구성되지 않은 관점에 많이 의존하고 있다고 주장한다.
3. 양성의 범주에 쉽게 속하지 못하는 신체는 최근까지도 생명윤리학, 그리고 사회 일반에서 간과되어 왔다.
4. 이 연구에 관한 상세한 사항은 다음 웹사이트를 참고. www.ncl.ac.uk/peals/research /project/3979.
5. 나는 여기에서 수화를 주요 의사소통 방식으로 사용하고, 종종 장애라는 정체성을 거부하는 청각 장애가 있는 사람들을 나타내기 위해 대문자 D를 사용하는 관례를 채택하였다.
6. 인식론적 정의에 관한 다른 형태의 논의에 관해서는 Fricker(2007), Hookway (2010), Code (1991) 와 Alcoff (2010)를 참조.
7. 이것은 비록 명시적으로 페미니즘적인 관점은 아니지만, 경험적 생명윤리학 방법론에 관여하는 다른 연구자들이 이 사실을 완전히 간과한 것은 아니다. 사례는 Ives 및 Dunn(2010)을 참고.
8. 더 나은, 그러나 불완전한 도덕적 지식을 향해 나아가는 개념은 Ives(2014) 'Reflexive Balancing', Landeweer *et al.*(2016) Dialogical Empirical Ethics(이 책) 및 Sheehan(2016)이 개괄한 온건한 객관주의에 대한 설명에서 다양한 정도로 반영되었다.
9. 이 문제에 관한 상세한 논의를 위해서는 McMillan(2016)과 Sheehan (2016)을 살펴볼 것.

참고 문헌

Ackerly, B., True, J. 2008. Reflexivity in Practice: Power and Ethics in Feminist Research on International Relations. *International Studies Review*. 10(4):693-707.

Alcoff, L. 2010. Epistemic Identities. *Episteme*. 7:128-137.

Alcoff, L.M. 2006. *Visible Identities, Race, Gender, and the Self*. New York: Oxford University Press.

Anstey, K.W. 2002. Are Attempts to Have Hearing-Impaired Children Justifiable? *Journal of Medical Ethics*. 28:286-288.

Baier, A. 1995. *Moral Prejudices. Essays on Ethics*. Cambridge: Harvard University Press.

Banks, S., Scully, J.L., Shakespeare, T. 2006. Ordinary Ethics: Lay People's Deliberations on Social Sex Selection. *New Genetics and Society*. 25:289-303.

Bartky, S.L. 1990. *Femininity and Domination: Studies in the Phenomenology of Oppression*. London: Taylor and Francis.

Baylis, F., McLeod, C. 2007. The Stem Cell Debate Continues: The Buying and Selling of Eggs for Research. *Journal of Medical Ethics*. 33(12):726-731.

Borry, P., Schotsmans, P., Dierickx, K. 2005. The Birth of the Empirical Turn in Bioethics. *Bioethics*. 19:49-71.

Brown, M. 2013. No ethical bypass of moral status in stem cell research. *Bioethics*. 27(1):12-19

Carse, A.L., Nelson, H.L. 1996. Rehabilitating Care. *Kennedy Institute of Ethics Journal*. 6(1):19-35.

Code, L. 2006. *Ecological Knowing: The Politics of Epistemic Location*. Oxford: Oxford University Press.

Code, L. 1991. *What Can She Know*? Ithaca, NY: Cornell University Press.

De Vries, R., Turner, L., Orfali, K., Bosk, C. 2007. *The View from Here: Bioethics and the Social Sciences*. Oxford: Wiley-Blackwell.

Dickenson, D. 2006. The Lady Vanishes: What's Missing from the Stem Cell Debate. *Journal of Bioethical Inquiry*. 3(1-2): 43-54.

Eckenwiler, E. 2013. *Long-Term Care, Globalization, and Justice. Baltimore*, MD: Johns Hopkins University Press.

Edwards, R., Mauthner, M. 2012. Ethics and Feminist Research: Theory and Practice. In *Ethics in Qualitative Research*, T. Miller, M. Birch, M. Mauthner, J. Jessop (eds.). London: Sage. 14-28.

Finch, J. 1984. 'It's Great to Have Someone to Talk To.' Ethics and Politics of

Interviewing Women. In *Social Researching: Politics, Problems, Practice*, C. Bell, H. Roberts (eds.). London: Routledge. 70–87.

Fitzpatrick, P., Scully, J.L. 2010. Introduction to Feminist Bioethics. In *Feminist Bioethics: At the Center, on the Margins*, J.L. Scully, L.E. Baldwin-Ragaven, P. Fitzpatrick (eds.). Baltimore, MD: Johns Hopkins University Press. 1–9.

Fricker, M. 2007. *Epistemic Injustice: Power and the Ethics of Knowing*. Oxford: Oxford University Press.

Gilligan, C. 1982. *In a Different Voice: Psychological Theory and Women's Development*. Cambridge, MA: Harvard University Press.

Harding, S. 1993. Rethinking Standpoint Epistemology: What Is 'Strong Objectivity'? In *Feminist Epistemologies*, L. Alcoff, E. Potter (eds.). London: Routledge. 49–82.

Harding, S. 1991. *Whose Science? Whose Knowledge*? Ithaca, NY: Cornell University Press.

Harding, S., Norburg, K. 2005. *New Feminist Approaches to Social Science Methodologies. An Introduction*. Signs. 30:2009–2015.

Hartsock, N. 1987. The Feminist Standpoint: Developing the Ground for a Specifically Feminist Historical Materialism. In *Feminism and Methodology: Social Science Issues*, S. Harding (ed.). Bloomington: Indiana University Press. 157–180.

Hayri, M. 2010. The Moral Contestedness of Selecting 'Deaf Embryos'. In *Arguing about Disability: Philosophical Perspectives*, K. Kristiansen, S. Vehmas, T. Shakespeare (eds.). London: Routledge. 154–168.

Hayri, M. 2004. There Is a Difference between Selecting a Deaf Embryo and Deafening a Hearing Child. *Journal of Medical Ethics*. 30:510–512.

Hedgecoe, A.M. 2004. Critical Bioethics: Beyond the Social Science Critique of Applied Ethics. *Bioethics*. 18:120–140.

Hekman, S. 1997. *Truth and Method: Feminist Standpoint Theory Revisited*. Signs. 22(2):341–365.

Hoeyer, K. 2006. 'Ethics Wars': Reflections on the Antagonism between Bioethicists and Social Science Observers of Biomedicine. *Human Studies*. 29(2):203–227.

Holland, S., Lebacq, K., Zoloth, J. 2001. *The Human Embryonic Stem Cell Debate: Science, Ethics and Public Policy*. Cambridge: MIT Press.

Holm, S., Jonas, M. 2004. *Engaging the World: The Use of Empirical Research in Bioethics and the Regulation of Biotechnology*. Amsterdam: IOS Press.

Hookway, C. 2010. Some Varieties of Epistemic Injustice: Reflections on Fricker. *Episteme*. 7:151-163.

Hughes, C., Cohen, R.L. 2010. Feminists Really Do Count: The Complexity of Feminist Methodologies. *International Journal of Social Research Methodology*. 13(3):189-196.

Ives J. 2014. A Method of Reflexive Balancing in a Pragmatic, Interdisciplinary and Reflexive Bioethics. *Bioethics*. 28(6):302-312.

Ives, J., Dunn, M. 2010. Who's Arguing? A Call for Reflexivity in Bioethics. *Bioethics*. 24(5):256-265.

Jaggar, A.M. 2000. Ethics Naturalized: Feminism's Contribution to Moral Epistemology. *Metaphilosophy*. 31:452-468.

Jaggar, A. 1991. Feminist Ethics: Projects, Problems, Prospects. In *Feminist Ethics*, C. Card (ed.). Lawrence, KS: University Press of Kansas.

Johnston, T. 2005. In One's Own Image: Ethics and the Reproduction of Deafness. *Journal of Deaf Studies and Deaf Education*. 10:426-441.

Kittay, E.F. 2008. Ideal Theory and the Exclusion of People with Severe Cognitive Disabilities. In *Naturalized Bioethics: Toward Responsible Knowing and Practice*, H.N. Lindemann, M. Verkerk, M.U. Walker (eds.). Cambridge: Cambridge University Press. 218-237.

Kittay, E.F. 1999. *Love's Labor: Essays on Women, Equality, and Dependency*. New York: Routledge.

Kittay, E.F., Feder, E.K. (eds.) 2002. *The Subject of Care: Feminist Perspectives on Dependency*. Totowa, NJ: Rowman & Littlefield.

Landeweer, E., Molewijk, B., Widdershoven, G. 2016. Moral Improvement through Interactive Research: A Practice Example of Dialogical Empirical Ethics. This volume.

Lanoix, M. 2013. Labor as Embodied Practice: The Lessons of Care Work. *Hypatia*. 28(1):85-100.

Letherby, G. 2003. *Feminist Research in Theory and Practice*. London: McGraw-Hill.

Levy, N. 2002. Deafness, Culture and Choice. *Journal of Medical Ethics*. 28:284-285.

Lindemann Nelson, H. 2000. Feminist Bioethics: Where We've Been, Where We're Going. *Metaphilosophy*. 31(5):492-508.

Lindemann, H.N., Verkerk, M., Walker, M.U. 2008. *Naturalized Bioethics: Toward Responsible Knowing and Practice*. Cambridge: Cambridge University Press.

Mackenzie, C., Scully, J.L. 2007. Moral Imagination, Disability and Embodiment. *Journal of Applied Philosophy*. 24:335-351.

Mackenzie, C., N. Stoljar (eds.) 2000. *Relational Autonomy: Feminist Perspectives on Autonomy, Agency, and the Social Self*. New York: Oxford University Press.

McLaughlin, J. 2003. *Feminist Social and Political Theory*. Basingstoke: Palgrave Macmillan.

McMillan, J. 2016. Empirical Bioethics and the Fact/Value Distinction. This volume.

Mundy, L. 2002. A World of Their Own. *Washington Post Magazine*. 31 March 2002.

Pellegrino, E. 1995. The Limitation of Empirical Research in Ethics. *The Journal of Clinical Ethics*. 6:161-162.

Ramazanoglu, C., Holland, J. 2007. *Feminist Methodology: Challenges and Choices*. London: Sage.

Rehmann-Sutter, C. 2010. 'It Is Her Problem, Not Ours': Contributions of Feminist Bioethics to the Mainstream. In *Feminist Bioethics: At the Center, on the Margins*, J.L. Scully, L. Baldwin-Ragaven, P. Fitzpatrick (eds.), Baltimore MD: Johns Hopkins University Press. 23-44.

Savulescu, J. 2007. In Defence of Procreative Beneficence. *Journal of Medical Ethics*. 33:284-288.

Savulescu, J. 2002. Deaf Lesbians, 'Designer Disability', and the Future of Medicine. *BMJ*. 325(7367):771-773.

Scully, J.L. 2011. 'Choosing Disability', Symbolic Law, and the Media. *Medical Law International*. 11(3):197-212.

Scully, J.L. 2008. *Disability Bioethics: Moral Bodies, Moral Difference*. Totowa, NJ: Rowman & Littlefield.

Scully, J.L., Baldwin-Ragaven, L.E. and Fitzpatrick, P. (eds.) 2010. *Feminist Bioethics: At the Center, on the Margins*. Baltimore: Johns Hopkins University Press.

Scully, J.L., Banks, S., Song, R. and Haq, J. 2017. Experiences of faith group members using new reproductive and genetic technologies: a qualitative interview study. *Human Fertility*. 20(1):22-29

Sheehan M. 2016. Metaethics, Relativism and Empirical Bioethics. This volume.

Shildrick, M. 2008. The Critical Turn in Feminist Bioethics: The Case of Heart Transplantation. *International Journal of Feminist Approaches to*

Bioethics, 1:28-47.

Stanley, L., Wise, S. 1993. *Breaking Out Again: Feminist Ontology and Epistemology*. London: Routledge.

Tong, R. 2013a. *Feminist Thought: A More Comprehensive Introduction*. Boulder, CO: Westview Press.

Tong, R. 2013b. International Migrant Eldercare Workers in Italy, Germany and Sweden: A Feminist Critique of Eldercare Policy in the United States. *IJFAB*. 6:41-59.

Tong, R. 1997. *Feminist Approaches to Bioethics: Theoretical Reflections and Practical Applications*. Boulder, CO: Westview Press.

Tronto, J. 1993. *Moral Boundaries: A Political Argument for an Ethic of Care*. New York: Routledge.

Turner, L. 2009. Anthropological and sociological critiques of bioethics. *Bioethical Inquiry*. 6:83-98.

Twine, R. 2010. Broadening the Feminism in Feminist Bioethics. In *Naturalized Bioethics: Toward Responsible Knowing and Practice*, H.N. Lindemann, M. Verkerk, M.U. Walker (eds.). Cambridge: Cambridge University Press. 45-59.

Twine, R. 2005. Constructing Critical Bioethics by Deconstruction Culture/Nature Dualism. *Medicine, Health Care and Philosophy*. 8(3):285-295.

Walker, M.U. 1998. *Moral Understandings: A Feminist Study in Ethics*. New York: Oxford University Press.

Walker, M.U. 2010. Groningen Naturalism in Bioethics. In *Naturalized Bioethics: Toward Responsible Knowing and Practice*, H.N. Lindemann, M. Verkerk, M.U. Walker (eds.). Cambridge: Cambridge University Press. 1-20.

Wilkinson, S. 1998. Focus Groups in Feminist Research: Power, Interaction, and the Co-Construction of Meaning. *Women's Studies International Forum*, 21(1):111-125.

Wylie, A. 2003. Why Standpoint Matters. In *Science and Other Cultures. Issues in Philosophies of Science and Technology*, R. Figueroa, S. Harding (eds.). Oxford and New York: Routledge. 26-48.

Young, I.M. 2005. *On Female Body Experience: 'Throwing Like a Girl' and Other Essays*. Oxford: Oxford University Press.

Zussman, R. 2000. The Contributions of Sociology to Medical Ethics. *Hastings Center Report*. 30:7-11.

13장

경험과 교훈: 혼합 연구 방법론을 활용한 학제 간 생명윤리학 연구

바비 파사이드, 클레어 윌리엄스(Bobbie Farsides, Clare Williams)

이 장에서 우리는 1999년부터 웰컴 재단(Wellcome Trust)과 경제 사회 연구 위원회(the Economic and Social Research Council, the ESRC) 등의 지원으로 공동 수행한 다양한 연구 경험을 되짚어 볼 것이다. 이들 연구는 일반적으로 우리가 '도덕적 경합이 존재하는' 것으로 묘사하는 의생명분야에 집중되었다. 우리의 작업은 혁신적인 출산 전 선별 검사, 착상 전 유전 검사(PGD)와 인간 배아 줄기세포(hESC) 연구를 위한 배아 기증과 같이 윤리적인 논쟁을 야기하는 의학 기술을 수용 또는 확장할 것인가 하는 문제에서 출발했다. 일반적으로 이 연구들은 환자보다 임상가, 과학자, 제공자들의 관점에 초점을 맞추었다는 공통점이 있다. 우선 역사적으로 임상가들을 대상으로 한 연구가 환자 집단을 대상으로 하는 연구와 비교할 때 상당 부분이 간과되고, 무엇보다 연구도 많이 진행되지 않았기 때문이다. 윤리적으로 논쟁적인 기술을 활용하려는 이들의 관점과 경험에 기반한 연구를 진행하는 작업도 여전히 중요하지만(Franklin, 2013), 서비스를 제공(또는 제공하지 않기로 결정)하는 이들의 관점과 실천을 이해하는 것은 무엇보다 더 중요하다.

우리 작업의 특징은 의료 사회학자인 클레어 윌리엄즈(Clare Williams CW)와 의료 윤리학자인 바비 파사이드(Bobbie Farsides, BF) 사이에 오랫동안 유지되어 온 학제 간 협력이 중요하다는 사실이다. 무엇을 위해 협력할지 결정하는 일은 즉각적으로 해결할 수 있었지만 보다 광범위한 협업을 구축할 수 있도록 신중하게 방안을 숙고할 필요를 인식하게 되었다. 필요한 기술들의 확인, 우호적인 작업 분위기를 보장하기 위해 요구되는 기본 규칙과 참여자의 익명성 보호, 데이터 공유의 문제 같이 공동 작업의 기준을 세울 때 필요한 '철학' 등이 우리가 숙고해야할 중요한 인식에 속한다. 공동 연구 과제 진행의 초기에 학제 간 연구진 내부에 불일치가 생길 수 있음이 드러났고, 이 문제 상황을 해결한 경험과 이 경험을 신중하게 성찰하여 얻은 교훈이 후속 과제들로 이어진 협업의 원칙을 수립하는 데 매우 큰 도움이 되었다(Williams *et al*., 2005).

1999년에 공동 작업을 시작한 이후 우리들은 법률가, 임상가, 배아 연구자, 인류학자, 과학자와 의사 등 다양한 분야에 속한 다른 연구자들과 협력해 왔다. 모든 과제에서 우리의 목표는 각 분야가 전체의 과제에 기여하고, 연구자 개인적으로는 고품질 데이터에 접근함으로써 자신의 학문 연구를 확장하고 향상시킬 수 있는 기회를 제공하는 것이었다. 이어지는 내용에서 우리는 혁신적인 방법론을, 특히 윤리 토론 그룹(ethics discussion groups, EDGs)에 초점을 맞추어 설명할 것이다. 이 방법론은 경험적으로 풍성한 혁신적인 학제 간 연구로 실제로 영향력을 가졌다고 생각한다.

윤리 토론 그룹: 개념과 목표

윤리 토론 그룹(EDGs)은 의료인 집단에서 데이터를 수집하는 방법으로 면접, 관찰이 종료된 후 추가 기간 동안 연구와 별개로 운영되었다. 이 토론 그룹에는 그들의 업무와 관련된 주제로 면접에 참여한 경험이 있는 의료인이 포함된다. 우리는 EDG를 다양하게 활용했다.

먼저 인터뷰 과정에서 수집된 정보를 보완할 수 있는 혼합 연구 방법론적 접근의 일부다. 중요한 것은 의료진의 일원이라는 정체성이 강조되는 환경 안에서 면접 대상자가 문제를 검토한 후 자신의 견해를 숙고할 두 번째 기회를 제공한다는 것이다.

둘째, EDG는 집단의 규범과 가치, 직장 문화를 조명한다는 점에서 매우 유용하다. 위계가 분명하게 고착된 환경도 있지만, 집단의 민주적 성격이 분명한 환경도 있다. 한 팀이 더 큰 제도 안에서 자신의 위치를 인식하는 방식을 확인하면 많은 것을 발견할 수 있는데 개별 진료 센터가 전문가 네트워크 안에서 그 문화와 규범을 어떤 방식으로 조절하는지를 탐색할 수 있었다. 우리가 다수의 기관에 익숙하고 그들에 관해 아는 내용이 있다는 점은 도움이 되었는데, 연구 참여자들이 '다른 곳에서는 어떻게 되는지' 이야기할 때, 종종 참가자들에게는 알리지 않았지만, 우리는 그 '다른 곳'에 대한 상세한 지식을 갖고 있었다.

셋째, EDG는 공유된 일반적인 지식을 찾아내는 데 탁월한 방식인 동시에, 직원들이 공유하고 있다고 가정하고 있지만 실제로는 그렇지 않은 지식을 밝혀낼 수 있다. 우리의 관심은 특히 아이디어와 부서의 운영 정책이 구성되는 방식, 그리고 사람들이 자신의 행위에 관해 생각하는 것을 실천하게 만드는 것에 있었다. 예를 들어 CW의 연구 관심사 중에는 전문가의 개인적인 도덕적 관점과 이것이 임상 환경에서 발현되는 방식 사이의 접점이 포함되는데, EDG는 이 접점을 잘 조명한다. 또 우리는 팀 내부에 도덕적 관점이 동일하다는 가정에 문제를 제기하는 편인데, 이는 수년간 좋은 지원을 받은 팀이 그들의 업무에 관련하여 다양한 활동과 관점을 잘 적응시킬 수 있었다는 것을 본 것에 기인한다(Farsides *et al*, 2004).

지금까지 우리는 4개의 연구 과제를 수행하는 동안 서로 다른 의료 기관 종사자들을 혼합하여 구성한 EGD를 20개 넘게 운영했다. 보통 그룹마다 6~8명이 배정되었으므로 도합 150명 정도의 보건 의료 종사자들이 참여한 것이다. EDG 운영이 초점 집단 면접에 관한 표준적 이해나 수행 방식과 동일하지 않다는 점을 강조해야 하겠다. 이 둘을 구분하는 요소 중에는 그룹 미팅을 갖기 전 수행되는 작업이 있다. EDG는 '인문학 배경'의 연구진이 과학 연구소 내부에 성공적으로 적응하고, 과제 수행을 위해 관찰하고, 면담을 시행한 다음, 전사한 내용을 일차적으로 분석한 이후 개최된다. EDG가 구분되는 다른 측면은 운영 방식과 진행자의 역할이다.

EDG의 진행

우리 과제에서 모든 EDG는 BF가, 이전에 면담을 진행한 회 과학 연구자와 공동으로 진행했다. '사회 과학자들'은 공식적으로는 참관인인데, 동시에 그룹 참여자가 면잡장에 모이는 동안 이들을 환영하고 서로에게 소개해주어 친화적인 분위기를 만드는 '친근한 얼굴'로서 중요하다. 초점 집단 면접과 달리 EDG의 접근법은 진행자들이 개입하고 반대 논변을 제시함으로써 그룹 내에 속해 있는 개인을 자극한다는 점에서 철학 세미나에 더 가깝다. BF는 윤리학자로 철학을 배경으로 한다. 그녀는 20년 이상 대학과 대학원에서 윤리학을 강의한 경험이 있다. 이러한 경험은 집단 토의를 진행하는 데 매우 소중한 자산이 되었으며, 세미나 형식의 토론을 진행해 본 경험 없이 과연 이 작업이 가능했을지를 되묻게 만들었다. 우리, 특히 BF는 사람들이 자기 업무를 설명하는 내용을 녹음하는 데 주의를 기울이는 동시에 개념과 선택 과정의 일관성, 통일성과 가치를 찾고 있다. 또한 우리는 그들이 집단에 속한 환경에서 말한 내용과 이전 면담에서 말한 내용을 비교함으로써 동료와의 토론 과정에서 의견이 발전하며 변화가 시작되는 방식을 관찰하는 데 관심이 있다. 우리는 이론과 실천을 연계시키는 데 관심이 있었고, 또 임상 현장에서 관찰한 것과 집단이 언급하는 것이 일치하는지에도 관심이 있었다. '철학 세미니' 접근 방식에 따르면 우리는 참가자들에게 그들이 언급한 내용의 불일치를 인정하고 설명하라고 요구할 수도 있다. 흥미로운 부분은 어떤 종류의 윤리 문제인지 우리가 직접 분류하지 않고 참여자들에게 결정을 남겨두기도 한다는 점이다. 그러나 결정적으로 중요하다고 생각하는 문제가 토론 과정에서 등장하지 않을 때 우리는 참석자들이 그 문제를 다루도록 유도한다. 수년에 걸친 경험을 통해 우리는 연구자들에게 자신의 업무와 관련하여 '윤리적' 문제를 찾아내라고 요구함으써 그들이 '윤리적' 문제를 찾기 위해 노력하게 되고, 그 과정에서 제기되는 주제와 이어진 토론의 범위를 좁힐 수 있음을 깨달았다. 연구자들이 자기들은 업무 과정에서 윤리적 문제를 마주하지 않는다고 말하는 경우가 많았지만, 우리가 '윤리'를 대화 과정에서 삭제하면 즉각적으로 윤리적, 임상적, 과학적이며 정책적 딜레마를 길게 늘어놓았다(Brosnan *et al*., 2013).

집단이 토론의 기본 원칙과 적합한 행위 등에 익숙해지고 안정감을 느낄 수 있게 만드는 진행자의 역할은 결정적이다. 또 진행자는 집단이 비록 개별 구성원을 노출시키지 않도록 보호하면서도 그들이 안전한 공간에서 벗어나도록 압박하기도 한다. 복잡한 경로로 업무는 연결되어 있으나 같은 토론에 참여한 적이 없고, 경우에 따라서는 서로 만난 적도 없는 사람들이 토론을 위해 회의실에 모이기도 한다. 그룹 단위로 모였기 때문에 이미 잘 형성되어 있는 팀은 새로운 관점에서 서로를 관찰하고, 평소에는 모든 관심을 흡수하는 임상 진료를 넘어서는 기회도 얻을 수 있다. 그룹을 비-계층적으로 구성하면 하급자가 우려의 목소리를 낼 수도 있고, 상급 동료들이 있는 곳에서 문제를 제기할 수도 있도록 독려할 수 있다. 그러나 우리는 참여자가 EDG를 떠나서 매우 고된 임상 업무로 바로 돌아가야 한다는 사실을 항상 염두에 둔다. 진행자의 중요한 임무 중 하나는 문제가 제기되거나 다루어지지 않은 경우가 없도록 하고, 토론 때문에 연구자들이 자신의 업무나 동료 또는 기관에 대해 불안하거나 부정적인 느낌을 갖지 않도록 하는 것이다. EDG에 대한 설명문은 참여자들이 필요를 느낄 때 지원이나 상담을 어디에서 받을 수 있는지 조언한 내용이 포함된다. 추가로 진행 과정에서 BF는 이 정보를 EDG 전후에 강조하고 근무자가 추가로 토론하고 싶을 경우 '접촉'할 수 있도록 자신의 연락처를 제공한다.

EDG의 결과물

EDG를 통해 우리는 동일한 사람들로 구성된 집단에 관해 최소한 두 가지 종류의 데이터를 갖게 된다. 우선, 우리는 관찰을 통해 데이터를 추가할 수 있다. 그러나 집단 토론은 그 자체로 참여자들이 특정한 주제에 대한 자신과 타인의 관점을 성찰할 독특한 기회를 제공하기 때문에, 이들은 자신들을 분석하게 되며, 그런 의미에서 데이터 분석에 레이어를 더한다. 데이터는 과제 수행 기간 동안 다학제 연구팀 미팅에서 정기적으로 논의된다. 예를 들어 우리는 특정한 전사 내용을 두고 논의할 수도, 연구진이 관심을 가진 특정한 주제를 여러 전사에서 발췌하여 논의할 수도, 다른 환경(개인 면담)에서 진술된 내용과 EDG를 비교하거나, 다른 기관에 소속된 참여자들의 전사 중 발췌하여 비교할 수도 있다. 다학제적 팀의 토론은 팀 구성원의 철학적, 개념적, 학문적 차이점과 유사점을 생생하게 살려 낸다는 점에서 특히 많은 것을 밝혀냈다. 팀원들의 상호 신뢰가 갖는 중요성은 아무리 강조해도 지나치지 않다. 우리가 찾아내려는 것은 흔히 '정상'적인 윤리 탐구의 감시망 아래 있다. 그러나 잘 알다시피 그것은 잘 탐색되지 않는다. 그럼에도 우리는 이 접근 방식이 현재 형성되고 있는 윤리학 내부의 사회학을 가능하게 만든다는 점에서 독특하다고 생각한다(Williams and Waingwright, 2013).

과정에서 배운 성공적인 학제 간 작업에 관한 교훈

연구자들의 관점과 실천에 관한 과제를 성공적으로 수행하는 첫 번째 단계는 탐구의 대상이 되는 업무를 수행하는 기관이 우리를 '지지'해 주는 것이다. 이를 위해서는 보통 연구비를 확보하기 전부터 협의를 위한 상세한 논의를 통해 당사자들이 이해하고 수용하도록 해야 한다. 이렇게 하면 과제의 시작과 함께 면담 대상자 모집이 가능해지도록 보장할 수 있다. 우리 작업은 보통 혁신적 기술에 관련되어 있고, 관련 기관의 수는 제한되어 있으므로 비밀 유지나 익명성 같은 요소가 핵심 이슈로 매우 초기부터 논의되어야 한다. 국내 여러 지역에서 기관들을 참여시키게 될 경우 기획과 비용 산정 과정에서 어떤 출장이 필요할지 아는 것도 실제로는 중요하다. 기관마다 핵심 협력자를 찾아내고 최소한 한 명의 임상의를 공동 연구자로 포함시키는 것도 매우 중요하다. 또한 우리는 연구를 추가로 수행하려면 기관에 다시 돌아가는 것이 생산적임을 발견했고, 실제로 참여 기관의 요청에 반응하며 발전한 과제도 있었다.

과제 이전의 협력에 따르는 추가적인 가치는 연구 질문을 명료화해서 확인된 문제들이 참여자에게 해당되는지 확인할 수 있다는 것이다. 우리가 처음 공동으로 웰컴 재단에서 후원받은 연구의 명칭은 'Cross Currents in Genetics and Ethics around the Millenium: 1999-2001'이었다. 그런데 우리가 막상 연구 대상으로 선정한 기관에 도착했을 때 바로 알게 된 것은 임상 의료진이 당시 가장 일반적으로 수행되고 있던 다운증후군 선별 검사 프로토콜에 관해 말하고 싶어 하고, 새로운 선별 검사와 산전 진단 맥락에서 수행되는 검사 방식에 대해서는 별로 이야기하고 싶어 하지 않는다는 것이있다. 의료인들에게 해결되지 않은 문제가 많았기에 과제는 그들의 필요에 맞춰 조정되었다. 이러한 사실은 이를 연구하고 작성한 논문에서 볼 수 있을 것이다. 지원 기관이 이 변경을 인정해 주어 과제는 크게 성공했는데, 이것은 우리 연구 의제가 참여자들과 '화음을 맞추'기 위해 얼마나 최초 기획에서 벗어날 수 있는가라는 흥미로운 문제를 제기한다.

사실 이것은 그리 간단한 문제가 아니다. 무엇보다 잠재적 참여자의 관심을 유도하고 시간을 유용하게 사용했다고 느끼게 만드는 것은 매우 중요하다. 이런 이유로 연구 계획서에 포함되는 연구 질문은 잠재적인 참여 기관에 호응을 일으킬 수 있도록 작성되어야 한다. 그러나 또한 연구자는 의료진에게는 보이지 않는 문제, 이들이 직면하지 않고 회피하거나 습관적으로 처리하는 문제를 과제에 반영할 책임이 있다. 참여 기관과 좋은 관계를 유지하는 것도 중요하고 생산적인 일이지만, 일정한 독립성을 유지하며 정직하게, 그리고 필요하다면 관찰한 것에 기반해서 비판적으로 보고하겠다는 결심도 필요하다.[1] 이들 기관들은 종종 잠재적인 환자 등으로부터 칭송과 격려를 받을 만한 혁신적인 작업을 시도하는 경우가 많다는 점도 반드시 염두에 두어야 한다. 따라서 우리는 조사 이전과 조사 과정 중 시간을 할애해서 잠재적인 결과의 영향과 지속적, 과제 종료 후 피드백과 지원을 개별 기관에 제공할 최선의 방법을 생각했다.

기관 종사자의 참여도 중요한데, 그것은 우리가 개발한 방법론이 상대적으로 까다롭기 때문이다. 흔히 우리는 반-구조화된 면담을 관련된 직종 종사자 중 상당수를 대상으로, 상급 및 하급 직원을 포함시켜서 진행했다. 또 우리는 폭넓은 접근의 일부로 비형식적 면담이나 관찰을 진료 현장에서 수행했는데, 임상 면담, 실험 절차, 팀 미팅 등이 포함되었다. 우리가 면담하고 관찰을 마치면 근무자들에게 바로 EDG에 참여할 의향을 물었는데, 이를 통해서 그들과 그들 기관의 시간 할애가 의미를 갖게 하도록 했다. 또한 반-구조화된 면접과 관찰이 연구자와 의료진의 신뢰성을 유지하고 강조하는 방식으로 이루어지도록 보장하는 것도 중요하다. 실제로 이것은 연구자들이 진행 중인 업무를 이해할 뿐 아니라 업무 환경을 조성하는 데 도움이 될 만한 실질적 문제를 인식하는 것을 의미한다. 우리는 연구 중인 기술을 잘 이해하지 못하는 경우 기관이나 의료진에게 접근하지 않으려 했고, 기술을 학습하는 과정에서 임상 분야에 속한 공동 연구자나 연구 참여 지원자들로부터 상당한 도움을 받았다. 그러나 이런 도움으로 해결되지 않는 경우도 있었다. 그래서 인류학적 관찰과 면담을 수행하던 연구자는 기관 중 하나가 제공하는 대학원 과정에 등록하기도 했다. 이런 '노력' 없이는 과제 면담 및 EDG 참여에 동의하는 수가 줄어들 것이다. 참여자는 매우 바쁘고 자기 일에 몰두하여 연구자가 속도를 쫓아오도록 안내할 시간이 없기 때문이다.

우리가 연구하는 기관들의 사업을 고려하여 우리는 EDG를 다양한 시간대에 배치했는데, 오전 8시와 오후 7시, 즉 이른 시간과 늦은 시간을 포함시킴으로써 일상적인 근무 패턴에 맞추고 임상적 우선순위를 존중했다. 기관의 일상적인 일과에 포함됨으로써 최대한 많은 참석뿐 아니라, 연구가 정당하다고 인정되고, 참여자들에게 그렇게 받아들여졌다는 의미를 갖는다. 이 시간에 근무자들이 기꺼이 참석했다는 사실은 또한 상호 신뢰를 바탕으로 좋은 업무 관계를 형성하는 일과 연구팀에 대한 지속적인 신뢰의 유지가 얼마나 중요한지 드러낸다.

초반부터 기관과 연락망 및 관계를 구축하는 것이 지역 건강 기금(NHS

기금 운영 기관)과 기관의 윤리 승인 및 연구 감독 승인을 확보하는 데 도움이 되는 것도 확인할 수 있었다. 매우 실제적인 수준에서 연구 윤리 위원회는 모집 문제의 여러 사항이 충분히 고려되었으며, 연구자들이 참여 기관의 신뢰를 받고 있다고 확신할 수 있게 된다. 우리가 고려하는 문제의 민감한 성격에도 불구하고 윤리 승인을 얻는 데 어떤 어려움도 없었는데, 이것은 기관 및 근무자와 맺은 좋은 업무 관계에서 기인했던 것이 분명하다. 그러나 경우에 따라 위원회의 요구 사항을 수용하기 위해 약간의 계획 수정이 필요했다. 예를 들어 윤리 위원회가 연구 대상 기관의 상급 의사가 연구 과제의 공동 연구자라는 사실을 불편하게 생각한 적이 있다. 위원회는 관련된 개인이 원자료를 보거나 언제, 어디서 누가 참여하여 면담과 EDG를 가졌는지 알지 못할 것을 요구했다. 이전 연구에서 EDG에 기관의 리더를 포함시켜 큰 성공을 거둔 적이 있었으나, 이 제한을, 불만족스럽지만, 받아들였다.

이 기관들이 세상으로부터 격리되어 있지 않다는 점을 깊이 인식하였기 때문에 우리는 다양한 외부의 이해 당사자들과 면담하고, 연구 중인 기술에 대한 이들의 다른 관점을 얻는다. 이해 당사자를 대상으로 EDG를 추가로 운영하는 것도 가능하지만, 현재까지 우리 관심은 서비스를 제공하는 임상 의료진에게 초점이 맞춰져 있고, 임상 의료진을 이해 당사자로 하는 면담이 주요한 연구 자료를 구하는 공간이다. 주요한 장애 인권 활동가들은 PGD에 관하여 대조적인 관점을 제공할 수 있기 때문에 구체적인 정책 권고안을 개발하거나 참여하는 의료진들이 정책 권고안을 요청하는 경우에는 이런 절차를 공식화했다. 이것의 성공적인 예는 영국 내 20 개의 이해 당사자 단체(예를 들어 우리가 면접한 환자 권리 운동가, 다양한 정책 및 규제 기관 대표, 그리고 임상가와 과학자들을 포함하는)를 초청하여 배아 기증자들이 그들의 배아로부터 얻은 인간 배아 줄기세포의 장래 활용에 제한을 둘 수 있도록 해야 하는지를 고려하는 다학제 간 윤리 및 정책 워크샵을 개최한 것이었다. 워크샵에는 다학제 연구진이 모두 참여하였고 BF가 과제의 면접, 관찰과 EDG에서 얻은 정보를 바탕으로 진행했다. 이들 정보는 워크샵에서 활용하는 것에 관해 의료진과의 논의를 거쳤다. 참여자들은 완전한 이타주의와 기증에 관한 호혜적인 입장 사이의 갈등, 기초 연구(여기에서 유전 물질은 다른 인간의 일부를 형성하는 데 절대 사용되지 않을 것이다)와 치료 및 응용 사이에 존재하는 갈등을 언급했다. 배아 기증에 대한 사전 동의를 획득하는 과정에서 제기된 구체적 윤리 문제를 인정하기 위해 두 가지 제한 모델에 대한 합의에 도달했다(Ehrich *et al*., 2011). 이 모델이 해당 영역의 주요한 주요 이해 당사자(그리고 참가자의 이름과 소속이 권고안을 설명하는 논문에 등장했다)에 의해 토론되고 합의되고 이어서 촉진되었다는 사실은 이 모델에 다른 방식으로는 얻을 수 없었을 정당성을 제공했다.

면접 참여자 모두가 EDG에 참여하고 싶어 하지 않았다는 사실은 그 자체로 흥미롭다. 예를 들어 한 원목들은 일대일 면접에서는 매우 개방적으로 이야기할 수 있어도 그룹 내에서는 그렇게 할 수 없다고 생각했다. 또 어떤 사람이 자기 견해가 동료들의 견해와 매우 동떨어져 있다고 가정해서 '자신을 노출하는 것을' 불편하게 느끼기도 했다. 이런 상황에서 우리는 어떤 관점 때문에 걱정하고 있는 가정하는 압력을 받지 않으리라는 (참여자나 다른 사람들과의 면접에서 얻어진) 지식을 바탕으로 참여를 격려할 수 있을 것이다. 그렇다고 압력을 주어서는 절대 안 된다. 우리는 회의실에 들어오는 개인의 관점을 알고 있고 어떤 특정한 개인이 '조화'를 이룰지 일정 정도 예측할 수 있었며 지지할 준비도 되어 있었다.

EDG 구성은 쉽지 않고, 시간이 많이 소비된다. 우리는 각 집단에 누가 참여하면 좋을지 아이디어를 가질 수 있지만, 이것은 누가 언제 참여할 수 있을지 파악한 후 조정될 수 있었다. 각각의 EDG에 누가 참여할지 알고 나서 연구진은 참가자의 면담 녹취록을 살펴보고 관련된 관찰 내용을 논의하고 EDG 맥락에서 논의할 잠재적으로 흥미로운 주제를 선택한다. 또한 면담을 마칠 때 대상자에게 EDG에서 유용하게 논의될 만한 주제를 제안할 수 있는지 물어 보았다. 따라서 이 EDG들은 어떤 의미에서 특정한 참여자들에게 '맞춤'된 것이며, 우리 경험에 따르면 이것은 논의를 타당하게 만드는 중요한 요소이다. 경우에 따라 우리는 그룹 참여에 앞서 그들을 추적해 나갈 수 있는 어떤 주제나 사례를 포함시켜도 될지 승낙을 구하기도 했다. 이것은 그것을 언급할 준비가 되어 있으며 편하게 느끼지 않는다면 그 주제에 다른 방식으로 접근할 것임을 의미한다. 의료진 미팅에서 특정한 관찰을 통해 기관의 정책 결정에 도달하는 방식을 확인하는 데 특별히 유용함이 증명되었다. 이들 미팅을 관찰함으로써 획득된 지식은 근무자 개인 면담과 EDG의 핵심 주제를 제공하는 데 또한 매우 유용하다. 바로 그 성격으로 인해 이 기관 내의 근무자들은 예를 들자면 그들이 어떤 검사를 제공하는지, 어떤 환자를 치료하며 새로운 전문가 지침에 반응하는지 등에 관해 할 말이 많을 때가 있고, 의료진 회의는 이런 중요한 결정이 이루어지는 공간이다.

면담과 EDG 녹취록을 살펴보면 전문가들이 자신의 경험을 전달하고 실천을 성찰하는 과정에서 스토리텔링의 역할과 힘을 발견하게 된다. 종종, 과제 참여자들은 (가끔 매우 실제적이고 현재적이며, 경우에 따라서는 신뢰성이 조금 떨어지는) 원형 사례(paradigm case)를 들어 어떤 주장을 하거나 반박함으로써 전문가들이 공유하는 경험에 대해 개인적 입장을 표현한다. 어떤 경우 이야기의 주제는 예측할 수 없지만 반복되기도 했는데, 예를 들면 줄기세포 과학자가 초기 동물 실험으로 돌아가 다시 성찰하고 싶어 하는 것 같은 것이다. 어떤 경우들은 특별히 도전적인 윤리 문제의 표상이었는데, '사소한' 이유로 중절을 원하는 여성이나 '완전한' 배아를 바라는 부부가 배아 연구자의 관점을 흔드는 경우 등이다. 이것은 필요한 경우 참여자가 그룹 내에서 자신의 '윤리적 의제'를 어느 정도 설정할 수 있다는 점에서 EDG를 실행할 때 윤리에 초점을 맞춘 경직된 틀은 불필요하다는 사실의 추가적 증거이다.

의료진의 관점

1999년 우리의 공동 작업을 시작하던 시점에 우리가 완전히 평가할 수 없었던 것은 근무자가 EDG에 참여함으로써 얻는 이익이었다(Alderson *et al.*, 2002). 아직 언급되지 않은 방법론의 한 요소는 비형식적이지만 엄격한 연구 경험의 평가이다. EDG에 참가한 개인들은 전화로 과제 의료진 중 하나와 간략한 보고를 위한 대화를 가지며, 이 대화는 방법론에 대해 유용한 피드백을 제공한다. 이것은, 초점 집단 면담과 관찰 등을 포함하는 연구 참여에 관해 확립된 문헌이 존재함에도 불구하고 EDG 경험이 독특하기 때문이다. 참여자들은 지지를 포함하여 많은 이익을 언급한다. 예를 들면,

> 때로 힘든 시간을 보내고 있음을 인정하고 싶지 않은 그런 때나 사건이 있습니다. 다른 사람들도 나만큼 불확실하다는 것을 알게 되니 안심이 되었고 ... 우리는 보통 내가 억눌렀던 문제들을 토론할 수 있었습니다.
>
> (산부인과 전문의)
>
> 나는 다른 사람들이 같은 문제를 걱정하고, 좋은 의료가 얼마다 광범위하고 다양할 수 있는지 들었을 때의 안도감이 좋았습니다.
>
> (신규 조산사)

그들은 또한 자기 업무를 성찰하고 생각을 명료화한 것을 감사하게 여겼다.

> 나는 보통 시간이 없어서 앉아서 고민하고, 문제를 진지하게 토론하고, 다른 사람들의 생각을 들는 기회는 드물었습니다.
>
> (선임 조산사)
>
> 이것들은 우리가 항상 다루는 문제들이지만 토론하지 않았는데, 부분적으로 우리가 할 수 없다고 생각했기 때문이었습니다. 그러나 이것, EDG는 우리가 생각하는 것을 형식화할 시간을 얻게 해 주었습니다. 생각을 정리하는 데 개인적으로 엄청나게 도움이 되었습니다. 환자들에게 더 명확해지도록 도움이

되었습니다.

(산부인과 전문의)

다수의 참여자들은 이 기회를 활용해 연구팀이 당초 계획한 범위를 넘어서 프로젝트에 관련된 여러 사안에 관여해 줄 것을 요청하기도 했는데, 이를 통해 일종의 실행 연구(action research) 영역에 들어서게 되었다. 예를 들어 소아과 의사 한 사람은 이전에 청각 장애를 가진 아기를 가졌던 가족을 위해, 청각 장애를 유발하는 유전자에 대한 산전 검사를 도입하는데 열성적이었다. 도입하려는 목적은 유전자를 가진 태아의 가족이 청각 장애를 가진 아이가 하나 더 태어나는 것을 준비할 수 있게 하려는 것이었다. 그러나 그녀와 개인 면담을 하면서 그 부부가 이 정보를 임신 중절에 사용할 수도 있겠다는 것을 분명히 깨달은 것 같다. 그녀의 요청에 의해 그녀의 EDG의 토론 주제의 하나로 이 문제가 선정되었는데 여기에서 그녀는 정말 검사를 제공하면 임신 중절도 할 수 있음을 깨달았다. 평가 과정에서, 그녀는 BF와 추가 토론을 요청했고 그 결과 그녀의 임상 의료진이 회의를 열기 전까지 검사법 도입을 유예하기로 결정했다. 더 많은 예로 우리 과제 중 하나에 참여한 의료진이 우리가 돌아와 지속적으로 우려를 낳는 문제에 그룹 토의를 진행해 달라고 요청했다. 한번은 지역 개업의가 다기관 워크숍에 우리의 참여를 요청했는데, 그 워크숍은 EDG 과정에서 확인된 문제의 결과로 개최된 것이었다.

맺음말

마틴 피커스킬(Martyn Pickerskill, 2013)은 '윤리학과 통합된 사회학(sociology in ethics)'이 유용성을 갖는 세 가지 방식을 제시한다. 첫째, 면접과 같은 사회학적 연구 방법은 윤리적 분석의 일부로 활용 가능하며 그는 이를 '경험적 윤리'라고 기술한다. 두 번째로 그는 사회학적 틀이 어떻게 윤리적 고려의 대상이 되는 문제를 재구성하는 데 활용될 수 있는지 묘사한다. 예를 들어 면접을 바탕으로 웨인라이트 등은 '윤리적 경계짓기' 개념을 사용해 *h-ESC* 연구자들이 어떻게 특정 배아가 다른 것보다 더 '윤리적'이라고 생각하고, 사용할 수 있는 것과 그렇지 않은 배아 사이에 경계를 그려내는지 증명한다(Wainwright *et al*, 2006). 마지막으로 피커스킬은 윤리적 문제에 대한 사회학적 분석이 법적, 생명윤리학적, 임상적 그리고 구제적 고려에 있어 핵심 문제를 조명하는 데 도움이 될 수 있다고 주장한다.[2] 우리 연구에서 윤리학 내부의 사회학이 갖는 가치를 드러내는 많은 예를 발견할 수 있다. 그러나 우리는 이 장에서 다양한 과제에서 사회학적 방법의 사용을 일차적으로 다루고, 우리가 개발한 특정한 방법론이 표준적인 사회학적 방법론을 확장시킬 수 있는가 하는 문제에 집중했다.

우리는 혼합 방법을 활용한 학제 간 접근이 다양한 혁신적 보건 기술의 개발과 실현에 관계된 복잡한 사회적 세계를 폭넓은 동시에 상세하고 맥락화된 방식으로 이해할 수 있게 한다고 생각한다. 돌아보면 우리는 우리의 학술 활동이 그 기간 동안 성공적으로 출판한 학술 논문 외에 영향을 꾸준히 주어 왔다는 사실에서 우리의 연구가 한발 앞서고 있다는 것을 발견하게 되었다. 그 작업은 어려움이 없지 않지만, 생산된 데이터만큼은 다양한 측면에서 뛰어나다. 이 과제를 실천하는 데에는 '믿음의 도약'이 우리 연구 참여자들에게 요구되었다. 우리는 그런 도약의 준비가 되어 있던 모든 이들에게 크게 감사한다. 우리는 이 장이 학제 간/다학제적 연구의 중요성과 다양한 학문 분과의 사람들이 특정한 주제를 함께, 협력적 정신과 지적 호기심으로 다룰 때 얻을 수 있는 이익을 드러냈기를 바란다. 결정적으로 여기에는 자기 자신의 학문적 배경에 비판적 태도를 유지하는 능력이 요청된다. 이 작업의 이익은 윤리학, 임상과 과학 실천, 정책, 규제와 사회학에 대한 기여가 포함된다. 수집된 데이터는 도서, 많은 논문, 규제 및 정책 개발 그리고 많은 학술 대회의 발표 자료가 되었다. 그러나 그 이익은 또한 개인적인 면도 있어서 과제 수행 자체가 자극이 되기도 하고, 즐겁고, 재미도 있었다. 마지막으로 이 장이 흥미로우며 보람이 있는 학제 간 연구와 방법론의 세계에 뛰어들기를 주저하는 사람들을 격려하기 바란다.

미주

1. Landeweer 등(2016)이 이 책에서 소개한 접근과 대조되는데, 그들은 집단 활동 중에 표현되는 관점이나, 활동에서 도출된 결론을 외부 관점으로 인정하는 것을 명시적으로 회피하려 했다.
2. 예를 들어 인간 배아 기증 동의의 타당성과 질에 관해서는 예를 들어 Scott *et al.*(2012)을 참조.

참고 문헌

Alderson, P., Farsides, B., Williams, C. 2002. Examing Ethics in Practice: Health Service Professionals' Evaluations of In-Hospital Ethics Seminars. *Nursing Ethics*. 9:508–521.

Brosnan, C., Cribb, A, Williams, C., Wainwright, S. 2013. Neuroscientists' Everyday Experiences of Ethics: The Interplay of Regulatory, Professional, Personal and Tangible Ethical Spheres. *Sociology of Health and Illness*. 35:1133–1148.

Ehrich, K., Farsides, B., Williams, C., Scott, R. 2011. Constructing an Ethical framework for Embryo Donation to Research: Is It Time for a Restricted Consent Policy? *Human Fertility*. 14:115–121.

Farsides, B., Williams, C., Alderson, P. 2004. Aiming towards 'Moral Equilibrium': Health Care Professionals' Views on Working within the Morally Contested Field of Antenatal Screening. *Journal of Medical Ethics*. 30:505–509.

Franklin, S. 2013. *Biological Relatives: IVF, Stem Cells and the Future of Kinship*. London: Duke University Press.

Landeweer, E., Molewijk, B., Widdershoven, G. 2016. Moral Improvement through Interactive Research: A Practice Example of Dialogical Empirical Ethics. This volume.

Pickerskill, M. 2013. From 'Implications' to 'Dimensions': Science, Medicine and Ethics in Society. *Health Care Analysis*. 13:31–42.

Scott, R., Williams, C., Ehrich, K., Farsides, B. 2012. Donation of 'Spare' Fresh or Frozen Embryos to Research: Who Decides that an Embryo Is 'Spare' and How Can We Enhance the Quality and Protect the Validity of Consent? *Medical Law Review*. 20:255–303.

Wainwright, S., Williams, C., Michael, M., Farsides, B., Cribb, A. 2006. Ethical Boundary Work in the Embryonic Stem Cell Laboratory. *Sociology of Health and Illness*. 28:732–748.

Williams, C., Alderson, P., Farsides, B. 2005. Multidisciplinary Research: Culture Clash or the Best of All Worlds? In *Reflecting upon Research: The Perils, Pitfalls and Pleasures of Doing Social Science*, N. Hallowell, J. Lawson, S. Gregory (eds.). London: Open University Press. 91–94.

Williams, C., Wainwright, S. 2013. Bioethics. In *Key Concepts in Medical Sociology*, J. Gabe, L. Monaghan (eds.). London: Sage. 140–143.

14장

경험주의 생명 윤리 연구의 출판: 질적 수준, 분과 학문과 전문성

—

루시 프리트, 헤더 드레이퍼(Lucy Frith, Heather Draper)

이 장에서 우리는 응용 윤리학 연구의 새로운 방법론인 경험주의 윤리학에서 연구 결과를 보고하고 출판 과정에서 흔히 경험하게 되는 어려움을 살펴볼 것이다. 경험주의 윤리학을 정의하는 방식, 그리고 다른 학문과 관련짓는 방식에 따라 어려움의 성격이 결정된다. 따라서 우리는 생명윤리학과 경험주의 윤리학의 관계를 생명윤리학이 분과 학문인가를 두고 벌어진 논쟁 안에서 살펴볼 것이다.[1] 우리는 분과 학문의 일반적인 구조를 살펴보고, '생명윤리학이 그 자체로 분과 학문인가?' '철학의 한 분야인가?' '특정한 질문에 답하기 위해 협력하는 여러 분과 학문들의 조합인가?' 같은 질문들을 검토할 것이다. 이어서 생명윤리학의 전문성을 어떻게 간주할 것인지 고려할 것인데 이것이 경험주의 윤리학 연구 수행 과정에 생명윤리학자가 어떻게 기여할 수 있는가에 관해 함의를 갖기 때문이다. 이 통찰은 경험주의 윤리학의 보고 방식에 적용될 수 있다. 우리는 경험주의 윤리학이 성장함에 따라 보편적인 질 평가와 보고 기준이 등장할 것이고, 경험주의 윤리학이 확고히 정립될수록 널리 인정받게 될 것이라는 결론에 도달할 수 있을 것이다.

분과 학문(an academic disicipline)은 무엇인가

'분과 학문(discipline)'은 학문 활동의 범주를 구분하기 위해서 흔히 사용한다. 이때 우리는 플라톤의 이데아와 같은 이상적인 유형이 존재한다고 간주한다. 특정한 규칙과 절차를 따르고 특정 이론을 바탕으로 적합한 학술지와 논의의 장을 통해 확산되어야 그 분야에 속한다고 할 수 있다.

분과를 나누는 관행은 수용 가능하거나 불가능한 학술 활동을 구분하는 경계를 설정하는 데 활용될 수 있다. 이런 관습들은 공식적으로는 학술지나 학회 발표 요건 공지 등에서, 아니면 비공식적으로 지원자를 평가하거나 차 마시며 나누는 어떤 사람의 작업에 관한 대화 속에서 사용된다. 예컨대 "제대로 된 철학자가 아니야." "제대로 된 사회학이 아니야" 같은 말이다. 이 '제대로 되지 않은' 이라는 언급은 경멸적인 가차 평가인데, 생명윤리학자들은 종종 이런 비평을 받는다. 루엔스(Lewens)가 관찰한 대로, 어떤 사람들은 종종 생명윤리학의 문제는 '생명윤리학자 상당수가 "진지한 철학"에 대한 이해가 제한되'었기에(2004:121) '제대로 된' 철학자가 아니라는 데 있다는 말을 한다.

영국의 경우 특정 영역의 연구를 평가하는 주제 분야 패널을 중심으로 구성된 연구 평가 활동(the research assessment exercises, RAEs) 출현 이후 학문 분야 경계의 중요성이 증가했다고 볼 수 있다.[2] 학문적 경계 안에 있는 '적합하고(appropriate)' '수준 높으며(good quality)' '의미 있는(meaningful)' 연구가 무엇인지에 대한 자체적인 규정의 중요성은 증대되는 동시에 '둘이나 그 이상 학문들의 대화 또는 상호 작용의 형태'로 정의되는 학제-간 연구에 대한 요구로 상반되는 압력을 받고 있다(Moran, 2002). 간-학제성은 기후 변화와 식량 부족처럼 인류가 직면한 거대한 도전을 해결하기 위해 과목 사이의 인위적인 경계를 허무는 것을 목적으로 수행된 이후 연구 지원 기관, 결국 대학들이 열정적으로 추진했다. 예를 들어 영국 연구 위원회(the Research Councils UK, RCUK)는 다음과 같이 말한다.

> 연구 위원회는 다양한 기초 연구의 통찰과 접근법을 끌어와 활용하는 많은 학제 간 연구를 이미 지원하고 있다. ... RCUK는 영국 내에서 학제 간, 다학제 간 연구 문화의 향상을 지원하고 그 동료 심사와 연구비 지원 인프라가 이런 작업에 지지적 입장을 갖도록 주의를 기울일 것이다.
>
> (RCUK, 2014)

학제 간 활동에는 대가가 따른다. 결과를 어디에 출판할지 모른다는 불확실성, 기존의 표준적인 평가 체계에 부합하지 않기 때문에 학문 결과에 대한 질적 평가가 어렵다는 어려움을 경험하게 되는 것이다. 이 모두가 학제 간 연구를 이해하고 존중하는 데 제한 요소이다. 마릴린 스트라던(Marylin Strathern)이 언급했듯이 "진행하는 연구에 저항이 있다면 자신이 학문 사이의 영역에 있음을 깨달아야 한다(2005:130)." 이런 문제들이 경험주의 윤리학에도 해당되므로 우리는 이제 그것을 고려할 것이다.

간학제성이 학문 사이의 경계를 넘는 것이라면, 이 경계가 무엇인가 하는 질문이 제기된다. 학문이 무엇인지에 대해 많은 설명이 있는데, 이 장에는 상세히 다룰 공간이 없다. 크리쉬난(Krishnan)이 언급한 것과 같이(2009), 학문 분과를 개념화하는 사회학적, 인류학적, 철학적, 역사적, 경영/조직 관점 등 다양한 접근이 있다. 분과 학문의 핵심을 결정하기 위해 크리쉬난은 다음 요소를 제시한다.

- 분과 학문은 특정한 연구 대상(예를 들어 법, 사회, 정치)이 있다. 그러나 연구 대상은 다른 학문 분과와 공유될 수 있다.
- 분과 학문은 연구 대상과 관련하여 축적된 전문화된 지식의 축적된 집합체가 있는데, 이것은 다른 학문 분야와 공유되지 않는다.
- 분과 학문은 축적된 전문 지식을 효과적으로 조직할 수 있는 이론과 개념이 있다.
- 분과 학문은 특정 용어, 또는 연구 대상에 맞춰 조정된 특정한 기술적 언어를 사용한다.
- 분과 학문은 특정한 연구 조건에 따라 특정한 연구 방법들을 개발했다.
- 분과 학문은 대학이나 단과 대학, 각 학과 및 이에 연계된 전문가 단체에서 가르치는 과목의 형태로 일정하게 제도화되어야 한다.

(Krishnan, 2009: 10)

어떤 학문이 이들 요소 중 더 많은 특징을 주장할수록 학술 체계를 생산하는 학문 분과로 간주될 가능성이 높다(Krishnan, 2009). 마지막 요소가 핵심인데, 그 이유는 다음과 같다.

> 제도화를 통해서만 분과가 재생산된다. ... 따라서 새로운 분과 학문은 보통 인정받는 대학에 전공 교수 직위를 수립함으로써 수립된다.
>
> (Krishnan, 2009: 11)

퍼스(Pierce)는 다음과 같이 언급한다.

> 대부분의 연구가 분과 학문이라는 용어를 명시적으로 정의하지 못하지만, 일반적으로 연구들은 학문의 경계는 학과 사이의 경계를 밀접하게 따른다고 가정한다. ... 학과의 중요성 때문에 학문 공동체를 만들고 유지하는 데 있어 학과를 기존 단위로 삼는다.
>
> (1991:22-23)

기관에 초첨을 맞추면 영국에서 학문으로서의 철학의 역사는 새로운 교수직의 창설로부터 시작하는 발전 과정을 추적하면 된다. 최초의 '철학 교수' 직은 1683년 케임브리지 대학에 창설된 나이트 브릿지 석좌 교수(the Knightbridge Professor)로 처음에는 도덕 신학 또는 결의론 분과로 칭해졌으며, 흔히 결의론 교수직으로 알려져 있다. 19세기 초반 이전에 캠브리지 대학의 유일학 학위-또는 학과(tripos)-는 수학이었다. 1822년 전통적인 학위 취득자 명단 제도가 도입되었지만, 오직 수학과 졸업자만 명단에 등록될 수 있었다. 철학은 도덕 과학 moral science(도덕 철학, 정치 경제학, 현대 역사학, 일반적 법학과 영국 법학을 포함했다)의 하위 연구 분야로 출발했는데, 이중 도덕 과학은 1848년 도입되어 1851년 학과가 되었고, 1861년부터 학위 취득자 명단에 표시되었다. 19세기 중반 무렵부터 과목들은 전문화되기 시작했다. 법학과 역사학은 1858년 공동으로 (철학과에서) 독립하였고, 1870년 각기 개별 학과로 분립하였다. 경제학은 1903년 독립적인 학위를 가진 학과가 되었다. 처음 도덕 과학과를 구성한 학문 중 유일하게 남은 것이 이름을 1970년 '철학과'로 개명한 후 유지되었다. 1881년 논리학, 정신과 도덕 철학, 그리고 정치 경제학 교수직이 리버풀 대학에 창립되었고 1891년 철학과 교수직이 개설되었다. 따라서 현재의 제도화된 철학은 존재한 지 겨우 100년이 넘은 정도다. 19세기에 심리학과 철학은 별개의 학문으로 간주되지 않았다. 오늘날 철학자로 간주되는 이론가들 - 흄, 홉스와 로크-은 심리학을 주제로 정교한 논의를 생산했고, 밀에게 논리학은 심리학의 일부 또는 분과였으며, 윌리엄 제임스는 심리학자와 철학자의 조상으로 간주된다. 학술지 『Mind』는 1878년 개간 당시 오늘날 심리학 분야에 속한다고 간주될 논문들을 출판했다. 오늘날 우리가 경제학으로 알고 있는 것도 철학과 비슷한 관계를 가지고 있다. 애덤 스미스는 이 두 가지 분과 학문의 중요한 이론가인데 경제학은 캠브리지 대학에서 1903년까지 최초 개설되었던 형태의 도덕 과학 학과의 일부였고, 분과 학문으로서 도덕 과학에서 분립한 후에는(Alvey, 1999) 그 자체의 분과 학문을 갖게 되었다. 이제 대학 학과들은 더 큰 학제적 관심에 대한 열망을 반영하기 위해 '전통적' (20세기의) 학문 경계를 옮겨 연구 단위 기준으로 조직화되고 있다(예를 들어 '보건 및 복지학과' 처럼).

사회적 관심, 연구비 지원, 교육 요건, 그리고 연구자의 위치 (즉 의과대학에 있는 철학자) 등이 모두 합쳐져 분과 학문의 모습을 변화시키고 있다. 분과 학문들은 특정한 담론 내에서 진술의 참 또는 거짓으로 인정받을 수 있는지를 결정하는 규칙을 가지는 구체적 실천이다(Lyotard, 1984). 학문 분과는 사회적으로는 공유된 관심 영역을 다루려는 특정한 담론적 전략을 가진 우연한 사회적 결사체이다. 이것들은 기본적으로는 '그들이 실천하는 것에 대한 관심이나 열정을 공유하고 정기적으로 상호 작용하면서 더 잘하는 방법을 배우는 사람들의 집단'으로 규정할 수 있는 '실천의 공동체'다(Wenger, 2006). 분과 학문은 고정되거나 분리된 실체가 아니라 지속적으로 변화하고 진화한다. 생명윤리학이 그 자체로 학문 분과인가 묻는 질문은 이런 역사적인 배경을 바탕으로 해서 답할 수 있을 것이며, 생명윤리학, 그리고 경험주의 윤리학이 학술 과목과 분과로 변화하는 진화의 일부임을 인정할 수 있다.

생명윤리학: 분과 학문인가 아닌가

생명윤리학은 철학에서 유래했다. '생명윤리학'은 '생명 과학에서 발생하는 윤리 문제들에 대해... 이 문제에 관한 도덕 철학의 원칙들을 적용함으로써... 탐구하는' 것으로 규정된다(Bennett and Cribb, 2003:10). '생명윤리학의 탄생' 과정에서 철학과 신학의 영향을 받았기에 이 분야는 추상적 보편적 근본주의 이론화 방법과 구조를 처음에 가졌다(Jonsen, 1998). 생명윤리학은 다른 분과 학문의 지식을 이어받았지만 그 핵심 방법론은 철학의 방법론이다. 그린(Green)은 다음과 같이 관찰했다.

> 윤리학과 도덕 철학은 생명윤리학의 실제 작업에서는 상대적으로 작은 부분을 차지하고 있을지 모르지만 ... 윤리학과 철학의 방법은 탐구 영역 내에서 여전히 필수불가결하다.
>
> (1990: 182)

생명윤리학은 20세기 중반 출범한 이후 변화되고 진화해 온 것이 분명하다. 현재 다양한 윤리적 관점을 포괄하여 광범위한 이론적 규범(돌봄 윤리, 페미니스트 관점, 포스트모더니즘 등)을 기반으로 도덕 문제를 해결하기 위해 다양한 방법론(경험적 방법론 같은)을 활용한다(Herrera, 2008). 우리 정의에 따르면 생명윤리학은 그 자체로 학문이라고 주장할 수 있을 것이다. 연구자 공동체, 자체적인 학술지, 학회, 네트워크와 생명 과학 영역의 도덕적 어려움과 문제에 접근하고 논쟁하는 방식 등이 있다. 이 공동체는 의료법, 의학과 사회학 같은 다른 분과 출신이 포함되는데, 이들은 특정한 실천의 공동체에 기여한다.[3] 그러나 윤리학으로서 규범적 주장과 해당 분석 전략의 해명을 중심 요소로 유지해야 한다.

경험주의 윤리학의 발전을 학문 분과의 개념화라는 렌즈를 통해 검토한다면 우리는 그것이 '순수' 철학적 방법에 대한 사전에 결정된 이론적 헌신을 저버린 것이 아니며, 생명윤리학의 다음 진화 단계라고 주장할 수 있다. 이 장에는 철학적 형태의 생명 윤리가 경험적 데이터를 사용할 수 있는지,

이것이 도덕 이론과 사실/당위 논쟁에 관련되는지, 또 우리가 '경험주의 윤리학'이라고 부르는 별도의 분과 학문이나 생명 윤리 하위 분과를 필요로 하지 않는지를 다룰 공간이 부족하다. 이 질문들은 다른 곳에서 상세히 논의되었고(Molewijk and Frith, 2009),[4] 논의 목표 상 우리는 경험주의 윤리학을 생명윤리학자들이 도덕 문제에 접근하고 탐색하는 데 사용될 수 있는 탐구의 방법 중 하나로 간주할 것이다.

경험주의 윤리학은 전통적 철학적 방법을 따르는 확립된 안전한 해안을 떠난 것이다. 우리가 언급한 대로 생명윤리학자들은 제대로 된 철학자가 아니라고 비난받아 왔지만 이제 경험주의 윤리학이 도래한 이후 제대로 된 사회학자가 아니라는 비난도 마찬가지로 받고 있다. 궁극적으로 자신의 연구를 생명윤리학 학계 안팎에서 인정받고 가치를 존중받는 특권을 부여받는가에 관한 문제로 귀결될 내용을 다루기 위해, 먼저 우리는 철학적 생명윤리학에 있어 '전문성'의 구성에 대한 논쟁을 살펴볼 것이다. 이어서 어떻게 경험주의 윤리학의 전문가로 인정받을 수 있는지 다룬다.

전문성

도덕 전문성(moral expertise)을 구성하는 요소와 이것이 공공 기관에서 정책을 형성하는 과정이나 윤리 자문을 제공하는 (예를 들면 임상 환경 내에서) 과정에서 생명윤리학자들이 담당하는 역할 사이에 어떤 관계가 있는지를 두고 광범위한 논쟁이 있었다.[5] 도덕 전문성에 대한 정의와 도덕 판단의 정당화 사이에는 밀접한 연관성이 있지만(Gesang, 2010), 도덕 전문성은 또한 '정확한' 도덕 판단을 내리는 능력보다는 의사 결정 과정에 집중한다. 생명윤리학자들이 **자격에 의한**(qua) 역할을 수행하는 전문가라 할 수 있는지 여부를 결정하려 한다면 생명윤리학자들이 역할이 정확히 무엇인지가 중요하다. 아카드(Archard)는 공공 기관 내에서 '윤리 전문가'의 존재와 관련해서 '도덕 철학자가 문제의 대상인 바로 그 기관에 근무한다고 해서 도덕 전문성이 **행사되는** 것은 아니라'고 지적한다(2011:119-120).

그는 위원회의 성격 상 한 사람이 결정을 내릴 수 없으며 이 조직들은 구체적인 행위를 명하는 것이 아니라 일반적인 정책권고안을 제공할 뿐이라고 주장한다. 따라서 위원회에 소속된 생명윤리학자들이 도덕적 결정을 내리는 방식은 개인이 자기 삶에서 결정하는 방식은 같다고 할 수 없다. 또 영국에서는 긴급한 결정에 관련하여 의료윤리자문가들에게 많은 조언을 구하지만 그렇다고 그들이 결정을 내린다고 말할 수도 없다. 그들의 역할은 조언이고 실제 결정을 내리는 사람은 해당 보건 의료전문가이다. 드라이버(Driver) 의 '도덕 전문가의 구별되는 세 가지 형태'의 논의는 여기서 유용하다.

> 판단전문가(expert judger)는 참된 도덕 판단에 이르는 작업을 더 잘하는 사람, 전문 실천가(expert practitioner)는 다른 사람보다 더 도덕적으로 행위하는 사람, 그리고 도덕분석 전문가(the expert in moral analysis)는 도덕성의 성격에 대해 일반보다 큰 통찰력을 가진 사람이다.
>
> (2013:280)

이 세 가지 형식 중 마지막이 생명윤리학자의 도덕분야 전문성을 잘 포착한다. 그들은 도덕분석 전문가로 도덕 문제, 도덕적 구분점, 도덕 추론에서 불합리한 추론을 확인하고 문제를 윤리 이론의 맥락 안에 위치시킨다.

캐플런(Caplan)에게 윤리학 훈련을 받은 이들은 도덕 문제를 숙고하고 판단할 수 있도록 역량을 제공하는 일련의 전통과 이론을 갖춘 사람들이다.

> 완전히 발전된 응용 윤리학은 도덕 철학자가 도덕적 결정에 도달하는데 있어 사실, 사회적 역할과 규범적 원칙 사이에 발생하는 미묘한 상호 관계를 검토할 기회를 제공한다.
>
> (1982:16)

윤리학자는 규범이론과 개념 모두에 전문지식이 있고 자신이 숙고하고 있는 영역을 잘 이해하고 있다. 이 역할은 예컨대 [임상] 의사가 제기하는 도덕적 문제를 수동적으로 받아들이는 것을 넘어선다는 점에서 중요하다.

왜냐하면

> 윤리 이론, 전통 및 개념에 대한 지식을 통해 도덕 철학자는 일상적인 사건의 규범적 측면을 직접 관련된 사람들은 보지 못하거나 때로는 그렇게 하지 않으려는 방식으로 볼 수 있다.
>
> (Caplan, 1982:14)

따라서 윤리학자는 단순히 해결책을 제시한다기 보다 도덕적 문제를 찾아내고 규정하는 역할을 맡는다. 윤리 이론을 활용해 불일치가 존재하는 영역을 드러내고 그 내용을 명료화할 수 있으며 기저에 자리한 윤리적 문제와 긴장을 구분해 낼 수 있다. 사회학자들이 사회적 상호 작용 이론으로 자기 데이터에 접근하듯(Maxwell, 1996) [윤리학자의] 이론과 원칙들은 데이터를 설명하고 분석하는 도구가 될 수 있다(Frith, 2012).

이 관점은, 싱어(Singer)가 언급한것처럼 전문성을 기술로 받아들인다.

> 도덕 철학자에게는 보통 사람에 비해 몇 가지 중요한 이점이 있다. 먼저 그는 훈련과정 전반을 통해 ... 그가 논증과 잘못된 추론을 탐지하는데 보통 사람을 뛰어 넘는 능력을 갖추게 된다. ... 도덕 철학의 특수한 경험은 그가 도덕적 개념과 논변의 논리를 이해하도록 한다. 사용하는 개념을 명확하게 이해하지 않고 도덕적 논쟁을 할 경우 심각한 혼란이 발생할 가능성은 이미 충분히 강조된 바 있다... 명료성은 그 자체가 목적이 아니라 건전한 논증을 돕는 것이다. 마지막으로 도덕 철학자는, 원한다면 도덕 문제를 종일 생각할 수 있는 반면, 그렇지 않은 대부분의 사람들은 성찰을 방해하는 어떤 작업을 수행해야 한다는 간단한 사실도 있다.
>
> (1972:117)

릴리하메르(Lillehammer)는 이런 유형의 숙고에 충분한 시간을 할애하는 것의 이점을 이야기한다.

> 생명윤리학자의 역할은 윤리적 개념과 입장, 그 입장이 취하는 전제, 그리고 그들 사이의 관계와 구분 [능력]의 비판적, 체계적인 숙달 정도로 입증된다.

> 철학적 전문성은 생명윤리학에서는 보다 정확한 정보에 입각한 수준높은 토론을 장려하는 것을 통해 이 지식을 적용하는 것이다. 생명윤리학자는, 원칙적으로 과학자, 의사 또는 정치인이 스스로 획득할 수 없는 어떤 것을 제공하는 것이 아니다. 오히려 지적노동의 분업은 실제 생명윤리학 논의에 적용되는 윤리적 개념에 구현된 이론적 복잡성을 체계적으로 연구하는데 전념하는 사람들로부터 투입되는 것이 유리하도록 한다.
>
> (2004:133)

이런 설명의 요점은 좋은 생명윤리학자라도 다른 사람보다 더 나은 도덕적 판단을 내릴 가능성이 높은 것이 아니라 의사 결정과정을 지원함으로써 다른 사람들이 더 나은 도덕적 판단을 내리도록 도울 수 있다는 것이다.

이것은 다니엘즈(Daniels, 2008)의 합리성에 대한 책무성(accountability-for-reasonableness) 접근과 유사한 방식으로 절차적 정의의 사용의 중요성에 따라 구성할 수 있는 절차주의적 설명을 제시한다. 이 설명은 실질적인 결정에 대한 합의가 존재할 가능성이 낮기 때문에 절차에 특별한 권위를 부여한다. 리처드 애쉬크로프트(2008)는 절차적 [정당화] 이론이 생명윤리학자들의 책무성을 폐기하고 결국 그들을 불필요하게 만들 수 있다며 우려를 표했다. 대신 그는 생명윤리학들은 실질적인 도덕 논증을 생산하고 옹호해야 하며 이것이 정책의 수립 현장에서 생명윤리학자가 할 수 있는 독특한 기여라고 주장한다. 이 견해에 대해 두가지 응답이 있다. 첫째로 위원회에서는 생명윤리학자를 포함한 어떤 개인도 도덕적 결정을 내려달라는 요청을 받지 않는다. 집단적 결정을 내리는 것은 위원회가 할 일이다. 둘째, 프리스가 다른 곳(2009)에서 주장했듯이, 좋은 결정이 실질적으로 좋은 도덕적 결정으로 이어질 수 있다. 과정과 결과는 구분된 실체가 아니다.

결론적으로 생명윤리학자의 기술과 유용함을 결정하는 것은 필수적으로 논변을 만들고, 중요한 도덕문제를 선택하고 비-생명윤리학자들에게는 당장 떠오르지 않는 사유 방식을 결정하는 능력이다. 이것은 '경험주의 윤리학은 어떻게 우리가 개념화한 생명윤리학의 전문성과 어울리는가?'하는 질문으로 이어진다.

경험주의 윤리학과 전문성

이 질문에 대한 답변은 경험주의 윤리학에 대해 사람들이 가진 관념(conception)에 달려 있다. 앞서 논의한 바와 같이 경험주의 윤리학에 대한 우리의 개념에는 철학적 방법과 이에 관련된 기술에 대한 일반적 개념이 핵심으로 자리잡고 있다. (이 책에서 설명된 것과 같이) 다양한 형태의 경험주의 윤리학을 통해, 또 경험적 데이터와 윤리 이론 사이의 관계를 다양한 방식으로 개념화한다. 실증적 데이터는 윤리 이론을 변형시키지 않고 남겨두는가? 데이터는 윤리 이론 그 자체의 실제 내용과 구조에 영향을 미치는가? 경험주의 윤리학과 생명윤리학자들의 기여 방식에 대한 다양한 개념을 숙고하기 위해 우리는 생명윤리학에서 수행되는 경험적 작업을 간략히 살펴봄으로써 경험주의 윤리학의 다양한 형태를 조명하려 한다. 드레이퍼와 아이브스(2007)은 윤리적 추론에 적용되는 다양한 방식의 사회학적 연구를 범주화했고,[6] 이에 따라 서로다른 두 분과 학문이 '경험주의 윤리학으로 포괄'될 수 있는지 예를 들었다. 세 가지 넓은 범주는 (i) 생명윤리학을 **분석하는** 사회학(sociology *of* bioethics) (ii) 생명윤리학이 **사용할 데이터를 만드는** 사회학(sociology *for* bioethics) (iii) 생명윤리학과 **통합된** 사회학(sociology *in* bioethics)으로 설정할 수 있다.[7] 이 범주는 상호 배타적이지 않기 때문에 어떤 연구가 한 가지 이상의 범주에 해당되는 경우도 있을 수 있다.

생명윤리학을 **분석하는** 사회학(sociology *of* bioethics)

생명윤리학을 **분석하는** 사회학은 (1)생명윤리학과 생명윤리학자를 연구 대상으로 보며, (2)생명 윤리 문제 또는 문제의 사회적 맥락을 조사하고 이 두 가지 측면을 통합한다. 윤리적 문제는 사회 과학의 방법론을 활용해 연구할 수도 있다. 예를 들어 드 브리스 등(De Vries *et al.*)의 『건강과 질병의 사회학(Sociology of Health and Illness)』(2006)에 게재된 논문들은 주로 생명 윤리 문제 (연구윤리 및 사회정책등)를 사회적 맥락 안에 두려는 시도이다.[8] 생명윤리학의 사회학은 다양한 정도로 윤리 이론과 관련될 수 있다. 예를 들어 보스크(Bosk, 1992)는 소아병원의 유전자 상담에 대한 연구에서, 비록 윤리적 우려가 많은 주제를 다루었음에도 분석 과정에 윤리 이론을 명시적으로 사용하지 않았고 사용을 고려하지도 않았다. 또 다른 연구와 저자들은 전통적 생명윤리학이 실패했음 입증하기 위해 윤리 이론과 그 사용을 비판적으로 사용한다. 예를 들어 앤스팍(Anspach, 1993)은 중환자실에서의 의사 결정에 대한 연구에서 중환자실 내의 삶과 죽음 결정에 대한 생명윤리학 논쟁을 명시적으로 포함시킨다. 앨더슨(Alderson, 1990)은 그녀의 경험적 발견을 사용해서 생명윤리학에 대한 '사회 과학적 비판'을 진전시켰다.

생명윤리학이 **사용할 데이터를 만드는** 사회학(sociology *for* bioethics)

생명윤리학이 **사용할 데이터를 만드는** 사회학은 경험적 연구를 사용해서 생명윤리학 추론에 활용할 데이터를 생산한다. 와이즈(Weisz)는 사회 과학자가 '윤리학자에게 현재 윤리논쟁의 역사적 기원에서부터 다양한 문화와 사회적 지위에 있는 사람들이 윤리적으로 문제가 있는 상황에서 실제로 어떻게 행동하는가에 관련된 정보까지 다양한 정보를 제공할 수 있다고 말한다(1990:5). 경험적 연구는 연구할 도덕문제를 확인하는데 사용될 수 있다. 바룩 브로디(Baruch Brody)는 생명윤리학에서 이런 종류의 실증적 연구의 역할을 옹호한다.

> 실제 발생하는 문제와 이를 처리하기 위해 실제 활용되는 과정을 찾아내고, 규범적 분석이 가장 필요한 곳을 제시할 수 있다.
>
> (1993:218)

생명윤리학을 분석하는 사회학과 생명윤리학이 사용할 데이터를 만드는 사회학 모델은 대체로 윤리학과 사회학 사이의 학문적 경계를 분리하며 존재한다. 한쪽에 윤리 이론이 다른쪽에 사회학적 방법론으로 수집된 증거가 있다.

생명윤리학과 **통합된** 사회학(sociology *in* bioethics)

생명윤리학과 **통합된** 사회학은 경험적 증거와 윤리 이론 사이의 경계를 허무는 시도를 한다. 즉 경험적 데이터를 사용하여 윤리 이론을 직접 변형하고 형성한다.

> 예를 들어 실증적 데이터를 바탕으로 노인 남성의 외과 [문제]적 의사 결정을 둘러싼 사회적 관행에 관련하여 환자 자율성이론을 수정할 수 있다.
>
> (Stigglebout *et al.*, 2004: 269)

따라서 '생명윤리학적 이론화는 ... 생활경험을 제거하지 않는다 - 반대로 그것을 기반으로 한다'(Draper and Ives, 2007:325).

경험주의 윤리학에는 여러 형태가 있고, 각각의 학문적 배경과 연구진의 관심에 따라 강조점이 다르다. 경험주의 윤리학을 수행하는 유일하게 올바른 방법이란 없다. 그것은 연구 목적이 무엇인가에 달려 있다(Ives and Draper, 2009). 이제 일반적인 연구자 공동체에서는 질적 방법과 양적 방법 어느 것도 다른 것보다 내재적으로 '우월하지' 않다는 것은 받아들여지고 있다.[9] 그보다 당신이 따르는 패러다임은 연구 질문과 당신이 탐구하려는 세계의 핵심 측면에 의존한다. 우리는 경험주의 윤리학에도 동일하게 적용된다고 간주한다.

경험주의 윤리학에서 생명윤리학자의 역할

철학적 지향성을 가진 생명윤리학이 경험주의 윤리학 작업에 어떻게 기여할 수 있는가 하는 질문으로 돌아가려면 다음과 같은 전제가 필요하다. 경험주의 윤리학의 정의가 일련의 규범적인, 따라서 철학적 방법과 경험적 데이터를 통합하는 어떤 형태를 포괄한다는 것이다. 이것은 생명윤리학과 통합된 사회학이다. 철학적 훈련을 받은 윤리학자들은 이 데이터들이 도출되는 연구를 수행하기에 최적의 연구자는 아니라고 말할 수 있다. 예를 들어 레빗(Levitt, 2004)은 생명윤리학과 사회학은 더 깊이 통합되기 보다는 상호보완적이어야 한다고 주장한다. 도덕적 숙고에 대한 논의 과정에서 경험적 발견을 사용하는 것에 매우 공감하면서도 아피아(Appiah)는 '철학은 실험에서 배울 수 있는 것에 개방되어있어야 한다. [그렇지만] 직접 실험실을 설립할 필요는 없다'(2008:3)고 주장한다.

생명윤리학자들이 경험적 연구를 사회학자들에게 넘기기 보다 직접 수행함으로써 생명윤리학 전문성에 근거한 독자적인 경험주의 윤리 연구 형태를 형성해야 한다고 주장하는 두가지 이유가 있다. 첫째, 윤리학자가 설계하고, '윤리적'관심사를 주된 대상으로 삼는 연구는 사회학자가 수행하는 연구와는 다른 강조점과 초점을 가진다. 이것은 윤리적 문제나 영역에 접근하는 유일한 방법이 아니지만, 통상적인 사회학적 연구와 함께 할 여지가 있다. 둘째, (이것이 더 논쟁적인 주장인데) 윤리학자는 윤리적 분석을 수행하기에 유용한 종류의 데이터를 생성하는 연구를 더 잘 설계할 수 있다. 예를 들어 윤리학자가 면접 데이터를 수집하는 경우 대화에 초점을 맞추고, 사용된 프롬프트에 집중하는 방식, 그리고 연구 대상 분야의 규범적 측면에 더 초점을 맞추는 아이디어 등에 차이가 있을 수 있다.[10] 윤리학자들이 자기 목적에 맞는 자기 데이터를 더 잘 수집한다는 주장은 논박할 수 있겠지만, 우리의 주장하려는 것은 독자적인 형태의 경험주의 윤리학 연구 형태가 등장할 여지가 있다는 것이다. 그것은 데이터 수집과 분석에 윤리 이론과 원칙을 활용하고 연구중인 현상뿐 아니라 이론과 원칙 자체에 관해 무엇인가 주목할 점을 찾는 것이다(Frith, 2012). 따라서 윤리학자들은 자신의 경험적 연구를 수행하고 이를 통해 학문적 발전에 기여하고 경험적 근거와 도덕 이론을 통합하는 '실천 공동체'를 창출하는 일이 중요하다.

수준과 보고

도덕적 이론 수립과 경험적 연구를 통합하고, 이를 통해 '새로운'형태의 학술적 탐구를 창조할만한 종류의 경험주의 윤리학의 형태를 설명했다. 그러나, 이런 종류의 경험주의 윤리학의 수준에 관해서 우려하는 이들이 있는데, 이들은 나쁜 철학, 나쁜 사회학, 또는 이 둘의 조합이라고 주장한다. 이 절에서 우리는 우리의 경험주의 윤리학 개념인 '생명윤리학와 통합된 사회학'에 관련하여 이 문제를 다룰 것이다. 규범적이고 경험적인 것을 통합하지 않는 다른 종류의 경험주의 윤리학은 통상적인 분과 학문 구분선을 따라 보고할 수 있기 때문에 이런 보고의 문제를 직면하지 않을 수도 있다.

경험주의 윤리학의 질에 대한 논쟁은 질적 연구에서 수준에 관해 벌어졌던 논쟁을 반영한다. 경험주의 윤리는 질적 연구에서 제공되는 통찰력에 크게 의존하기 때문에, 이 논쟁은 특별히 의미가 있다. 경험주의 윤리학과 마찬가지로 질적연구자들은 자신의 방법론이 왜 적절한 대안적 접근인지를 정당화하는데 많은 시간을 할애하게 된다(Murphy *et al*., 1998). 허스트(Hurst, 2010)는 경험주의 윤리학이 사실/가치 구분의 연결이나 수용같은 메타윤리 문제에 너무 오래 집중했다고 주장한다. 이것[오랜 집중]은 그 논쟁을 실제 데이터 제공과 분석에 관한 질적 관심에서 유리된 추상적 수준에 둠으로써 더 실질적인 방법론적 고려사항을 '흐렸다'는 것이다. 메타윤리 문제에 대한 관심은, 우리가 어떤 것을 왜 하고 있는지에 대한 이유와 근거를 말하고 변호해야하는 새로운 학문/탐구 영역. 실천의 공동체에게는 이해할 수 있고 적절한 것이다. 그러나 이제 이 분야의 연구가 어떻게 설계, 수행, 보고되어야 하는지, 이 분야의 '좋은' 연구와 '나쁜'거나 '덜 좋은' 연구를 구별하는 방법을 생각할 때가 되었다.[11]

허스트는 다음과 같이 주장한다.

> 이상적으로, 생명윤리학에서 경험주의 연구는 그 방법이 기원한 학문 분야에서 활용되는 것과 유사한 경험적이며 규범적 타당성 기준을 충족시켜야

> 하며, 이들 분야의 동료들이 필요할 때 이들을 협력하며, 경험적이고 규범적인 측면을 명시적이고 적절하게 논증해야 한다
>
> (2010: 444)

이것은 하나의 접근 방식이며 경험주의 윤리학이 원천 학문(예를 들어, 이 둘에 한정되지는 않지만, 사회학과 철학[12])의 요소를 통합할 때, 이 둘이 견고하게 통합될 수 있는지에 관해서는 약간의 설명이 필요하다. 독일의 'Empirical Ethics Working Group'(Mertz *et al*., 2014; Salloch *et al*., 2012)은 이 통합 방식이 중요하다고 보았고 잘록 등(Salloch *et al*., 2012)은 수준높은 경험주의 윤리학 연구는 규범적인 것과 경험적인 것 사이의 개념적 관련성을 설명에서 출발해야 한다고 주장한다. 따라서 경험주의 윤리학에서 양질의 연구는 경험주의 윤리학의 두 구성요소 (즉 생명윤리학과 사회학)을 엄격하게 통합하고 이 두 측면에 통합되거나 서로에게 정보를 제공하는 방식을 설명해야 한다고 주장할 수 있다.[13] 이것은 합리적 요구사항이라고 할 수 있다.

경험주의 윤리학의 보고(출판)

수준의 문제는 결과를 어떻게 보고하고 출판할 것인가 하는 문제와 밀접하게 연결된다. 종종, 연구 과정의 오류처럼 보이는 것이 실상은 허술한 보고의 결과이고, 마찬가지로 잘 다듬어진 연구보고서로 수많은 죄를 덮을 수도 있다. 보고는 학제 간 연구에서는 특별한 도전인데, 분과 학문마다 관행이 다르기 때문이다. 이 영역에서 명시적으로 경험적인 연구에 전념하거나 투고를 환영하는[14] 학술지는 몇 안된다. 예를 들어 『The American Journal of Bioethics: Empirical Ethics』는 다양한 보고 관행을 인정하고, 저자 지침에 이렇게 기록한다.

> 많은 분과 학문을 환영한다. 방법론적 접근에 있어 유연하고, 원고의 구조는 방법론에 맞출 수 있다. 단어/페이지 제한이 덜 엄격하다. 초점은 방법의 충실성이다.
>
> (Miller, 2013)

경험주의 윤리학의 보고 과정에서 이런 종류의 연구에는 그 자체로 확립된 보고 규범이 없어서 생명윤리학이나 철학적 논문 아니면 경험적 문헌의 요건(예를 들어 논문이 배경, 방법, 결과와 토론의 형태를 갖추도록 요구하는)에 맞출수 밖에 없다는 중요한 문제는 여전하다. 어느 한 접근에 맞추게 되면 데이터 보고과정에서 타협을 야기한다.

위에서 주장한 것과 같이, 경험주의 윤리 논문이 경험적 데이터와 윤리적 추론을 설명하고, 이 둘이 어떻게 통합되었는지 제공할 것이라 기대한다면, 일부 학술지가 요구하는 형식이나 길이 제한 모두 문제가 될 수 있다. 이것은 연구자들이 해결책을 찾아야 하는 어려움과 함께 논문에 핵심 주장을 모두 포함하기 어렵게 만든다. 예를 들면, 일부 학술지가 부과하는 엄격한 단어 제한 때문에 저자는 방법에 대한 상세한 설명과 보고된 데이터의 명확한 윤리적 의미 논의 중 하나를 선택해야 할 수 있다. 후자에 집중하면 연구 설계의 수준을 고려하는 심사자의 시도를 충족하시키지 못할 수 있고, 후자를 무시하면 다른 심사자는 규범적 결론이 적절하게 정당화되었는지 확신하지 못할 수 있다. 학술지, 특히 의학학술지의 단어 제한은 비정량적 방법을 사용하는 모든 보건 의료 연구자들에게는 문제이다. 학술지에서 온라인 보충자료 사용이 증가함에 따라 공간 문제는 잠재적으로 극복될 수 있다. 그러나 심지어 여기에서도 무엇이 '보충적'인가 결정하는 것은 문제가 된다.

그렇다면 한 논문으로 모든 문제를 보고해야 할 때, 어려움을 어떻게 극복할 수 있을까? 우리는 두 가지 가능한 대책을 예상할 수 있는데, [이 두 대응은] 이상적이지 않을 뿐 아니라 상이한 학문 분야에서 고안된 보고 구조 내에서 일해야 하는 어려움을 예시한다.

첫 번째는 결과를 분할해서, 경험적인 결과를 질적 연구 방법에 친화적인 학술지에 질적 규범에 따라 보고하고, 규범적인 측면과 성찰을, 다른 곳에서 출판된 결과를 인용하여, 생명윤리학 분야 학술지에 보고하는 것이다.

이렇게 할 때 최초 연구 설계의 방법론적 선택을 정당화한 요소를 놓치게 된다. 그리고 이렇게 접근함으로써 경험주의 윤리학 연구자를 '뭐든 하지만 하나도 제대로 할 줄 모르는 사람(jack of all trades, master of none)'이라는 묘사에 어울리게 만드는 더 심각한 문제가 있다(Dunn *et al*., 2008).

두 번째는 규범을 보고하고 동시에 통합의 가치를 입증하는 것 모두를 공정하게 하기 위해 보고된 결과의 범위를 축소하거나, 심지어 한가지 결과만을 보고하고 토론하는 것이다. 여기에도 몇 가지 위험이 있다. 하나는 전체 데이터 조합의 풍성함이 숨겨져 있어서 존재하지 않는 것을 끌어다 결론을 만들어 내는 것처럼 보인다는 것이다. 다른 하나는 보고되지 않은 데이터가 수집되어 연구자를 비윤리적 행위를 한것으로 비난받게 만들거나, 데이터의 풍성함이 드러나게 하려고 여러 논문을 반복하여 출판하는 과정이 필요하므로 '살라미 출판'처럼 보이게 하는 것이다. 이런 실용적인 대책 중 무엇이 최선인지 절대 명확하지 않고, 어느 것도 경험주의 윤리학 과제를 보고하는 이상적인 방법을 대표하지도 않는다.

이런 학문별 보고 규범은 학술지가 운영하는 심사자 풀에도 반영된다. 생명윤리학 학술지의 심사자들은 자신이 경험주의 연구 논문의 방법론 부분을 평가할 능력이 있다고 생각하지 않거나, 평가하고 싶어하지 않는다. 이들은 규범적 측면에 충분히 관심을 돌리지 않았다고 주장하며 규범적 분석에 비판적일 수도 있다. 사회학 학술지 심사자들은 방법론을 더 바라고 논문의 이론적 근거에 비판적일 수 있는데, 그들이 윤리 이론과 논변의 형태에 익숙하지 않기 때문이다.

학제 간 연구가 더 확립되고, 이와 함께 경험주의 윤리학도 그렇게 된다면, 우리는 학술지들이 다양한 연구 형태를 포괄하는 보고 규범에 익숙해짐으로써 이런 종류의 연구에 더 나은 포럼을 제공할 수 있기를 기대한다.[15]

수준 평가

실제로 경험적 연구의 수준을 어떻게 평가할 수 있을까? 우리가 보기에 수준의 문제는 이 영역이 성장하고 모범 사례들이 축적되면 많이 해결될 것이다. 질적 연구에 관한 논쟁을 다시 참고하면, 질적 연구의 수준을 어떻게 평가할 것인가데 대한 관심이 커지고 있다(다음을 보라. Murphy *et al*., 1998; Spencer *et al*., 2003). 이것은 수준 평가를 위한 몇가지 광범위한 체크리스트(checklists for quality assessment, CASP)에서 절정에 이르렀다. 경험주의 윤리학에 대한 유사한 체크리스트를 만들 수 있고 메르츠 등(Mertz *et al*., 2014)이 이것을 개발하기 시작했다. 그들은 네가지 기준으로 '로드맵'이라 부르는 것을 형식화한다.

(1) 실증적 연구와 규범적 연구 질문의 관련성 성찰
    이것은 두 요소가 통합되는 방식과 어떤 이론적 틀이 연구의 기반이 되어야 하는가 하는 문제를 해결한다.
(2) 타당성
    이것은 연구의 타당성과 관련된는데, 과학적 윤리적 이해의 진보와 사회적 타당성이다(영국의 관용어구로는 '영향(impact)').
(3) 학제 간 연구 활동
    이것은 첫 번째 기준과 약간 중첩되지만 서로 다른 학문과 상호 작용하고(즉 과제에 대한 결정을 사회학자와 철학자가 내리는가), 데이터를 수입하고 분석하여 결론에 도달하는가에 집중한다.
(4) 연구윤리와 과학적 에토스
    여기에는 충분한 정보에 근거한 동의, 이해상충, 보고와 예상되는 결과 등이 포함된다.

모든 연구에 적용되는 일반적인 기준이 존재한다(연구 질문에 응답하는 데이터의 적절성, 데이터 분석의 견고함, 연구 과정의 기술방식). 비록 이것이 수준 문제 논쟁을 해소하지 못하지만 논의를 올바른 방향으로 인도할 수 있다. 이 기준은 경험주의 윤리학 공동체 내부에서 논의의 유용한 출발점이 될 수 있고 학술지 논문에 포함될 내용과 결과 보고 방법을 생각할 때 도움이 된다. 이것은 일련의 질문이나 생각할 영역을 제공하지만 답을 제공하지는 않는다 - 이것은 수준평가 지침의 역할이 아니다. 따라서 여기까지가 체크리스트가 이끌 수 있는 지점이고 경험주의 윤리학에서 양질의 연구를 구성하는 것이 무엇인지에 대한 판단할 여지- 불일치가 남아 있다. 모든 영역과 분과 학문들은 학술적으로 논쟁하고 논문을 비판하고 지금까지 해온 것을 개선함으로써 지식의 진보를 목적으로 하므로, 이것[불일치]는 그 자체로 나쁜 것이 아니다. 사실, 이것은 건강한 학술적 논쟁의 징후다.

결론

이 장에서 우리는 학문 분야는 고정된 것이 아니라 끊임없이 변화하고 진화하는 실천공동체의 형태라고 주장했다. 생명윤리학은 다른 관련 학문 분야에 비하면 신인이지만, 철학에서 나와 다른 목적, 목표, 출판 및 포럼과 규범이 있는 다른 공동체로 독립했고, 분명히 그 자체로 학술분야로 볼 수 있다. 우리의 규정한 대로라면 경험주의 윤리학은 추가적인 발전이며, 윤리 문제와 상황에 대한 독자적인 분석을 생산하기 위해 규범적 분석을 기초로 해서 실증적 연구를 통합한다. 생명 윤리 전문가가 되는 것은 윤리 문제를 분석하고 갈등이 있는 핵심영역을 규정하고 결정하는데 도움이 되는 일련의 기술을 갖는 것이다. 경험주의 윤리학은 이런 종류의 전문성에 근거하고 이것을, 우리 분석에 의하면, 경험적 연구에 활용하고, 의료 사회학과 같은 다른 노고(실천의 공동체로서)와 구별되게 만드는 독자적인 고려사항과 우선순위를 갖는다.[16]

경험주의 윤리학을 그자체로 분과 학문이라고 하거나 생명 윤리와 응용 윤리의 방법론이라고 결론지어 말하기는 아직 이르다. 우리가 '분과 학문'이라는 개념의 틀을 잡은 것처럼, 충분히 잘 발전된 실천의 공동체가 성장하고 제도적으로 자리잡는다면 분과 학문이 되는 것을 막을 이유는 없다. 이 새로운 종류의 시도의 수준에 대한 우려가 있다는 것은 놀랍지 않고 그런 우려는 원래 모든 새로운 형태의 탐구에 대해 제기된다. 경험주의 윤리학이 발전함에 따라 수준과 보고 문제가 점점 논란거리가 되어감에 따라 기준과 절차가 개발될 것이지만 그것이 신속하게 이루어 질 것이라는 기대는 현실적이지 않다. 그러나 중요한 장애물은 여전히 남아 있는데, 바로 영국의 RAE(각 지역의 해당기관)이 대학과 주요 기관의 순위 평가에 사용된다는 것이다. 이런 형태의 평가는 어느 등급에 속하는지 걱정하는 학술기관에 의해 보수적으로 수행되는 경향이 있다. RAE에서 학제 간연구와 같은 새로운 연구 노력을 통합할 방법을 더 많이 고려해야 한다. 이런 평가는 중요하고 대학이 우선순위에 집중하는 방식을 형성한다. 경험주의 윤리학의 활용성과 질이 평가되는 방법은 이 새로이 등장한 학술 탐구에 결정적 문제이다.

미주

1. 경험주의 윤리학은 특정한 방법론적 접근이며 경영윤리와 같은 다른 응용 윤리 영역에도 적용가능하다.
2. 영국에서는 RAE가 대학 순위를 매기는 데 사용되며, 순위는 여러 기관 및 기관 내 연구 복합체가 생산한 연구의 품질을 추정하는 데 사용된다. 적격성 및 품질 지표에 대한 지침에서 다수의 주제별 패널이 설정한 내용과 기관의 지침을 해석 사이에 불일치가 있는 경우가 있다. 기관들은 보수적이며 특정 분야의 주류 연구 사례를 고수하는 경향이 있다. 결과적으로 생명 윤리는 어떤 주제 패널에도 자연스럽게 들어맞지 않는 것으로 보인다(Kong *et al*., 2011).
3. 미국에서는 더 제도화되어 생명윤리학과가 존재한다. 영국의 경우에는 연구소가 있다.
4. 이 책을 포함한다.
5. 이 책 Edwards and Deans (2016)의 장을 참조하라.
6. 이러한 식으로 유형론을 구성하는 데에는 분명한 한계가 있다. 이는 명확화를 위해 특정 특성을 공유하는 접근 방식을 [지나치게] 광범위하게 그룹화하는 것이다.
7. 이들 범주는 의료 사회학에서 활용하는 것과 유사하다(White, 2002).
8. 또한 Haimes의 유전자 데이터 베이스에 관한 글을 보라. Haimes and Williams (2007)에서 논의가 제시된다.
9. 질적 연구를 출판하지 않기로 한 BMJ의 최근 결정은 그러한 연구의 가치가 여전히 의문시되고 있음을 시사한다(Greenhalgh *et al*., 2016).
10. Farsides 와 Williams의 연구는 좋은 사례이다. 그들은 이 책 그들이 쓴 장에서 상세히 설명했다(Farsides and Williams, 2016). 이 책.
11. 이 책 Singh (2016)의 장을 보라.
12. 경험주의 윤리학은 다른 분야를 활용한다. 그러나 그러나 이 장에서는 철학(특히 윤리학)과 사회학을 추상적 이론과 경험적 이론 사이의 학문적 긴장의 예로 사용한다.
13. 경험주의적 방법과 규범적 방법론을 종합한 사례의 설명은 Frith (2012), Ives (2014)와 Molewijk *et al*. (2004)을 보라. 또한 이 책 II부가 이를 다루었다.
14. 예를 들어 영국에 근거를 둔 『the Journal of Clinical Ethics』는 경험주의 윤리학에 할애된 섹션이 있다.

15. 틀림없이 이 분야에서 보다 확고하게 자리잡은 연구자들은 전통적인 학술지의 보고 문화와 규범을 바꾸려는 시도에 노력을 기울일 수 있을 것이다. 학제 간 연구 결과의 영향력 이점을 활용하면 도움을 받을 수 있고, 직접 학술지를 새로 창간할 수도 있다. 이는 편집위원회와 위원회의 위원장을 맡는 것뿐만 아니라 학술지를 통해 자신의 논문을 발표함으로써 이들 저널의 인용률을 높이는 선순환에 기여하는 것이다.
16. 이 책자 McMillan (2016)의 장을 보라.

참고 문헌

Alderson, P. 1990. *Choosing for Children: Parents' Consent to Surgery*. Oxford University Press.

Alvey, J. 1999. A Short History of Economics as a Moral Science. *Journal of Markets and Morality*. 2(1):53-73.

Anspach, R. 1993. *Deciding Who Lives: Fateful Choices in the Intensive-Care Nursery*. Berkeley: University of California Press.

Appiah, K. 2008. *Experiments in Ethics*. Cambridge, MA: Harvard University Press.

Archard, D. 2011. Why Moral Philosophers Are Not and Should Not Be Moral Experts. *Bioethics*. 29(3):119-127.

Ashcroft, R. 2008. Fair Process and the Redundancy of Bioethics: A Polemic. *Public Health Ethics*. 1(1):3-9.

Bennett, R., Cribb, A. 2003. The Relevance of Empirical Research to Bioethics: Reviewing the Debate. In *Scratching the Surface of Bioethics*, M. Hayry, T. Takala (eds.). Amsterdam: Rodopi. 9-18.

Bosk, C. 1992. *All God's Mistakes: Genetic Counselling in a Pediatric Hospital*. Chicago: University of Chicago Press.

Brody, B. 1993. Assessing Empirical Research in Bioethics. *Theoretical Medicine*. 14:211-219.

Caplan A. 1982. Mechanics on Duty: The Limitations of a Technical Definition of Moral Expertise for Work in Applied Ethics. *Canadian Journal of Philosophy*. 8:1-18.

CASP (Critical Appraisal Skills Programme) www.caspinternational.org/?o=1001.

Daniels, N. 2008. *Just Health Care*. Cambridge University Press, New York.

De Vries, R., Turner, L., Orfali, K., & Bosk, C. 2006. *Sociology of Health* and *Illness*, vol. 28, no. 6.

Draper, H., Ives, J. 2007. An Empirical Approach to Bioethics: Social Science 'of', 'for' and 'in' Bioethics Research. Cognition, *Brain & Behavior*. XI(2):319–330.

Driver, J. 2013. Moral Expertise, Judgment, Practice and Analysis. *Social Philosophy and Policy*. 30(1–2):280–296.

Dunn, M., Gurtin-Broadbent, Z., Wheeler, J., Ives, J. 2008. Jack of All Trades, Master of None? Challenges Facing Junior Academic Researchers in Bioethics. *Clinical Ethics*. 3(4):160–163.

Edwards, K., Deans, Z. 2016. Empirical Bioethics and the Role of the Ethicist in Policy Making: Politics, Authority and Expertise. This volume.

Farsides, B., Williams, C. 2016. Lessons from Experience: Establishing and Running Interdisciplinary Mixed-Method Bioethics Research. This volume.

Frith, L. 2012. Symbiotic empirical Ethics: A Practical Methodology. *Bioethics*. 26(4):198–206.

Frith, L. 2009. Process and Consensus – Ethical Decision-Making in the Infertility Clinic: A Qualitative Study. *Journal of Medical Ethics*. 35(11):662–667.

Gesang, B. 2010. Are Moral Philosophers Moral Experts? *Bioethics*. 24(4):153–159.

Green, R.M. 1990. Methods in Bioethics. *Journal of Medicine and Philosophy*. 15(2):179–197.

Greenhalgh, T., *et al*. 2016. An Open Letter to the BMJ Editors on Qualitative Research. *BMJ*. 2016(352):i563.

Haimes, E., Williams, R. 2007. Sociology, Ethics, and the Priority of the Particular: Learning from a Case Study of Genetic Deliberations. *The British Journal of Sociology*. 58(3)457–476.

Herrera, C. 2008. Is It Time for Bioethics to Go Empirical? *Bioethics*. 22(3):137–146.

Hurst, S. 2010. What Empirical Turn in Bioethics? *Bioethics*. 29(8):439–444.

Ives, J. 2014. A Method of Reflexive Balancing in a Pragmatic, Interdisciplinary and Reflexive Bioethics. *Bioethics*. 28(6):302–312.

Ives, J., Draper, H. 2009. Appropriate Methodologies for Empirical Bioethics: It's All Relative. *Bioethics*. 23:249–258.

Jonsen, A. 1998. *The Birth of Bioethics*. Oxford: Oxford University Press.

Kong, W.-M., *et al*. 2011. Include Medical Ethics in the Research Excellence Framework. *BMJ*. 343:d3968.

Krishnan, A. 2009. What Are Academic Disciplines? ESRC NCRM Working Paper series 03/09.

Levitt, M. 2004. Complementarity Rather than Integration (a Response to Integrated Empirical Ethics). *Medicine, Health Care and Philosophy*. 7:81–83.

Lewens, T. 2004. Is Something Wrong with Bioethics? *Studies in History and Philosophy of Biological and Biomedical Sciences*. 35:121–123.

Lillehammer, H. 2004. Who Needs Bioethicists? *Studies in History and Philosophy of Biological and Biomedical Sciences*. 35:131–144.

Lyotard, J.-F. 1984. *The Postmodern Condition*. Manchester University Press.

Maxwell, J. 1996. *Qualitative Research Design: An interactive approach*. Thousand Oaks: Sage.

McMillan, J. 2016. Empirical Bioethics and the Fact/Value Distinction. This volume.

Mertz, M., Inthorn, J., Renz, G., Rothenberger, L., Salloch, S., Schildman, J., Wohlke, S., Schicktanz, S. 2014. Research across the Disciplines: A Road Map for Quality Criteria in Empirical Ethics Research. *BMC Medical Ethics*. 15:17.

Miller, V. 2013. *Publishing in Empirical Bioethics: Challenges and Opportunities*. Online presentation http://cctst.uc.edu/sites/default/files/files/Miller% 202_22%20PM%20Publishing%20in%20Bioethics%20 2_19_13%20UPDATED (1).pdf.

Moher *et al*. 2009. Preferred Reporting Items for Systematic Reviews and Meta-Analyses: The PRISMA Statement. *BMJ*. 339:b2535 DOI 10.1136/bmj.b2535.

Molewijk, B., Frith, L. 2009. Empirical Ethics: Who Is the Don Quixote? *Bioethics*. 23(4):ii–iv.

Molewijk, B., Stiggelbout, A.M., Otten, W., Dupuis, H.M., Kievit, J. 2004. Empirical Data and Moral Theory: A Plea for Integrated Empirical Ethics. *Medicine, Health Care and Philosophy*. 7:55–69.

Moran, J. 2002. *Inter-disciplinararity*. Routledge, London.

Murphy, E., Dingwall, R., Greatbatch, D., Parker, S., Watson, P. 1998. Qualitative Research Methods in Health Technology Assessment: A Review of the Literature. *Health Technology Assessment*. 2:(16).

Pierce, S.J. 1991. Subject Areas, Disciplines, and the Concept of Authority.

Library and Information Science Research. 13(1):21-35.

Research Councils UK. 2014. Applications across Research Council Remits, www.rcuk.ac.uk/funding/fundingagreement/ [Accessed April 2014].

Salloch *et al*. 2012. Empirical Research in Medical Ethics: How Conceptual Accounts on Normative-Empirical Collaboration May Improve Research Practice. *BMC Medical Ethics*. 13:5.

Singh, I. 2016. Evidence, Epistemology and Empirical Bioethics. This volume.

Singer, P. 1972. Moral Experts. *Analysis*. 32(4):115-117.

Spencer, L., Ritchie, J., Lewis, J., Dillon, L. 2003. *Quality in Qualitative Evaluation: A Framework for Assessing Research Evidence*. The Cabinet Office, ISBN: 07715 04465 8.

Stiggelbout, A.M., Molewijk, A., Otten, W., Timmermans, D., van Bockel, J., Kievit, J. 2004. Ideas of Patient Autonomy in Clinical Decision Making: A Study on the Development of a Scale to Assess Patients' and Physicians' Views. *Journal of Medical Ethics*. 30:268-274.

Strathern, M. 2005. Anthropology and Interdisciplinarity. *Arts and Humanities in Higher Education*. 4(2):130.

Tong, A., Sainsbury, P., Craig, J. 2007. Consolidated Criteria for Reporting Qualitative Research (COREQ): A 32-Item Checklist for Interviews and Focus Groups. International *Journal for Quality in Health Care*. 19(6):349-357.

Weisz, G. 1990. *Social Science Perspectives on Medical Ethics*. Dordrecht: Kluwer.

Wenger, E.C. 2006. *Communities of Practice: A Brief Introduction*. http://wenger -trayner.com/theory/.

White, K. 2002. *An Introduction to the Sociology of Health and Illness*. London: Sage.

한글 해제

한국에서 경험주의 생명윤리학의 현황과 전망

『경험주의 생명 윤리』(Empirical Bioethics: Theoretical and Practical Perspectives)를 한국어로 소개하게 된 것은 한국 생명 윤리 분야에 의미 있는 기여를 할 것이라 믿는다. 이 책은 경험주의 생명 윤리라는 개념을 중심으로, 윤리학적 분석에 경험적 연구를 통합하는 방법론과 실제 사례들을 다루고 있다. 그러나 아직 국내에서는 이러한 경험적 접근의 생명 윤리에 대한 인식과 체계적인 실천이 충분하지 않은 실정이다. 실제로 이미 많은 국내 연구자들이 다양한 생명 윤리 현안에 대해 설문조사나 인터뷰 등의 경험적 연구를 수행해 왔지만, 그 연구 결과를 규범적 논의와 연계하는 일관된 방법론은 확립되지 못한 상태이다. 이는 결국 경험적 연구가 윤리적 판단에 제대로 녹아들지 못하고 산발적으로 활용되는 한계를 초래해왔다.

이러한 상황에서 본서의 번역 출판은 한국 생명 윤리학계에 몇 가지 중요한 의미를 가진다. 첫째, 학제 간 연구의 필요성 증대와 ELSI 연구의 제도화라는 맥락에서 경험주의 생명 윤리가 갖는 가치를 조명한다. 오늘날 과학기술과 의료가 고도로 발전함에 따라, 국가가 수행하는 대규모 연구에는 ELSI(윤리적·법률적·사회적 함의) 연구가 필수적인 관행으로 자리잡았다. 한국에서도 인간유전체사업 등을 계기로 2000년대 초부터 ELSI 연구가 도입되었으나, 생명 윤리·법학·과학기술학 등 여러 분야의 협업이 전제되기에 독자적 학문 분야로 정착하는 데 어려움을 겪어왔다. 정부 차원에서 ELSI 연구를 지원하려는 시도는 간헐적으로 있었고, 2010년대에 들어 국제적 유전체 데이터 공유의 중요성이 대두되면서 다시금 활성화되고 있다. 그럼에도 현재 한국의 ELSI 연구자 커뮤니티는 규모가 매우 작고 관련 피험자나 환자와의 직접적인 소통이 제한적이라는 지적이 있다. 이는 장기적인 연구 지원과 인프라 구축 없이는 해결하기 어려운 과제이다. 따라서 경험주의 생명 윤리라는 개념과 방법론의 도입은 이러한 학제 간 연구 노력에 이론적 기반을 제공하고, 다양한 분야 전문가들이 공통의 방법론적 틀 위에서 협업할 수 있도록 돕는 토대를 마련해줄 것이다.

둘째, 임종기 돌봄과 삶의 마무리에 관한 윤리 문제들이 대두되면서 경험적 접근의 필요성이 한층 높아졌다. 한국은 가족구조와 의료환경의 변화 속에서 연명의료 중단과 호스피스 케어 등에 관한 사회적 논의를 거쳐 2018년 「연명의료결정법」을 시행하는 등 제도적 진전을 이루었다. 그러나 이러한 법적·제도적 장치의 실효성을 높이기 위해서는 환자와 가족, 의료인의 경험과 가치관에 대한 체계적인 경험 자료가 뒷받침되어야 한다. 예를 들어 최근 국내 한 연구는 빅데이터 분석을 통해 조력 존엄사(의사조력자살)에 대한 대중의 의견을 조사하였는데, 그 결과 대중의 인식 속에서 중요한 윤리 쟁점을 찾아내어 윤리 담론과 연계시키는 작업의 중요성을 강조하고 있다. 이처럼 임종 과정의 윤리에 대해서도 국민들의 인식과 가치에 대한 경험적 연구가 선행될 때, 비로소 현실에 부합하는 윤리적 지침과 사회적 합의를 모색할 수 있다. 본서는 이러한 분야에서 어떻게 경험 연구를 설계하고 윤리분석과 접목할지에 대한 풍부한 통찰을 제공함으로써, 한국 사회의 현실적인 윤리 문제 해결에 기여할 수 있을 것이다.

셋째, 급변하는 사회 구조와 다문화 사회의 도래도 경험주의 생명 윤리의 필요성을 높이는 요인이다. 한국은 세계에서 유례없이 빠른 속도로 고령화가 진행되어 2025년에 65세 이상 인구 비율이 20%를 넘어서는 초고령사회에 진입할 것으로 전망된다. 또한 저출산으로 인한 인구 감소, 1인 가구와 핵가족의 증가 등 사회 구조의 변화는 전통적인 돌봄 윤리관과 의료 의사 결정 방식을 변화시키고 있다. 누가 돌봄의 책임을 질 것인지, 노인의 의사 결정 능력과 존엄을 어떻게 보호할 것인지 등 새로운 윤리적 쟁점들이 등장하고 있으며, 이를 해결하려면 한국 사회의 현실에 맞는 경험적 근거가 필요하다. 아울러 이민자와 다문화 가정의 증가로 한국은 빠르게 다문화 사회로 진입하고 있다. 2022년 기준 국내 거주 외국인은 225만 명으로 전체 인구의 약 4.5%에 달하며, 이 비율은 이후 지속적으로 상승하여 5%를 넘어설 것으로 예상된다. 다양한 문화적·종교적 배경을 가진 사람들이 한국 의료 현장에서 환자나 보호자로 참여하게 되면서, 죽음관, 가족에 대한 가치관, 의료 의사소통 방식 등의 차이가 윤리적 갈등으로 나타날 수 있다. 이는 생명 윤리 담론이 더 이상 획일적 가치관에만 기반해서는 안 되며, 문화적 다양성 속에서 실제 사람들이 어떻게 생각하고 느끼는지에 대한 경험적 이해를 바탕으로 재구성되어야 함을 의미한다. 결국 고령화와 다문화화로 대표되는 사회 변화 속에서, 경험주의 생명 윤리는 한국 사회의 맥락적 특수성을 고려한 윤리적 접근을 가능하게 해주는 필수 도구라고 하겠다.

이상 이유들로, 『경험주의 생명 윤리』의 한국어 번역은 국내 학계와 실무자들에게 경험적 연구와 윤리 이론의 접목에 대한 종합적인 길잡이를 제공할 것이다. 이는 단순히 한 권의 전문서적을 소개하는 차원을 넘어, 한국 생명 윤리 담론의 지평을 넓히고 새로운 연구 방향을 제시하는 계기가 될 것으로 기대한다.

한국 경험주의 생명 윤리의 현재와 미래

그렇다면 현재 한국에서 경험주의 생명 윤리는 어느 정도 실천되고 있으며, 앞으로 어떤 방향으로 발전해갈 수 있을까? 앞서 언급했듯이, 아직까지 국내에서는 경험주의 생명 윤리가 독립된 연구 분야로서 확고히 자리 잡았다고 보기는 어렵다. 전통적으로 한국의 생명윤리학은 철학·신학 등 규범 이론 중심의 연구와 의학·법학자들의 제도 정책 논의가 주류를 이루었다. 이에 비해 경험적 방법(설문, 면담, 사례 연구 등)을 활용한 윤리 연구는 일부 선구적 학자들에 의해 산발적으로 이루어져 왔으나, 체계적인 방법론 논의나 연구자 네트워크는 미흡한 실정이었다. 특히 규범적 주장과 경험적 발견 간의 통합에 대한 이론적 성찰이 부족하여, 경험 연구 결과가 정책 제언이나 윤리 가이드라인으로 연결될 때 근거 활용에 일관성이 떨어지는 문제가 있었다.

다행스럽게도, 최근 몇 년 사이에 이러한 상황에 변화의 조짐이 나타나고 있다. 첫째, 학계의 관심 증대이다. 국내 주요 생명 윤리 학술지에도 서서히 경험적 연구 논문들이 게재되기 시작했다. 가령, 한국생명윤리학회 학술지 「생명 윤리」는 환자·시민의 인식 조사나 빅데이터 분석을 통한 윤리 연구 등을 싣고 있으며 , 한국의료윤리학회에서도 ELSI 연구의 개념과 국내 사례를 조망하는 특집 논문을 발간하였다. 이일학 등 의 연구는 한국의 ELSI 연구가 나아갈 방향으로서 구체적 현안 중심의 집중 투자, 진행 중인 과학연구와 직접 연계된 연구 수행, 사회 과학·인문학을 아우르는 다학제적 관점 수용 등을 제안하고, 이를 위해 상향식(bottom-up)과 하향식(top-down) 연구의 조화를 통한 폭넓은 관점 반영과 플랫폼 구축을 강조하였다. 이러한 제언들은 결국 경험주의 생명 윤리의 방법론을 한국 상황에 맞게 구현하려는 노력으로 이해할 수 있다. 다시 말해, 개별 연구자의 산발적 시도를 넘어 국가적 의제에 맞춘 조직적 연구와 학제 간 협력 체계를 모색하는 움직임이 시작된 것이다.

둘째, 제도적 기반과 연구 지원의 확대이다. 현재 국가 생명 윤리정책원(NIBP)과 보건복지부 산하 위원회들을 중심으로 생명 윤리 현안에 대한 정책연구가 활발히 이루어지고 있다. 특히 정밀의료와 바이오 빅데이터 구축사업 등 국가 단위의 연구에는 윤리법사회적 측면을 다루는 분과나 자문위원회가 포함되는 추세다. 필자도 최근 추진되고 있는 국책과제인 국가 바이오 빅데이터 사업에서 ELSI 분과를 이끌며, 대규모 유전체 데이터 수집에 대한 국민 인식 조사와 윤리적 쟁점 발굴 연구를 수행한 바 있다. 이를 통해 한국인의 관점에서 본 빅데이터 연구의 윤리적 문제를 도출하고 정책에 반영하려는 노력이 진행 중이다. 이처럼 정부와 학계의 협력을 통해 경험적 근거에 기반한 정책 수립이 점차 중요시되면서, 경험주의 생명 윤리 연구에 대한 수요도 증가하고 있다. 다만 아직까지는 이러한 연구들이 개별 과제 단위로 산발적으로 이루어지는 경향이 있으며, 장기적인 재원 확보와 연구

인력 양성 측면에서 지속가능성을 확보해야 하는 과제가 남아 있다.

셋째, 국제적 교류와 협력의 증진이다. 경험주의 생명 윤리는 그 태생부터 특정 국가나 문화권에 국한되지 않는 보편적 학문적 과제를 지닌다. 실제로 유럽을 중심으로 경험주의 생명 윤리에 대한 문헌이 풍부하게 축적되어 왔으며, 어떻게 사실과 가치의 통합을 이룰 것인가에 초점이 맞춰져 왔다. 반면 한국과 아시아 권역에서는 이제 관련 연구 커뮤니티가 형성되는 단계이므로, 해외 연구자들과의 소통을 통해 아이디어와 경험을 공유하는 것이 중요하다. 다행히도 최근 몇 년간 아시아 생명윤리학자들이 연대하여 공동 학술행사를 개최하거나 국제 네트워크를 구축하려는 시도가 늘고 있다. 예컨대 2021년에는 아시아 여러 나라 연구자들이 모여 유전정보 차별을 주제로 공동연구를 수행하고 아시아적 관점을 제시하는 논문을 발표하기도 했다. 또한 필자가 몸담고 있는 연세대학교 의료법윤리학과 및 의료법윤리학연구원(Asian Institute for Bioethics and Health Law, AIBHL) 국외 연구자들과 교류를 활성화하여 상호 방문 연구, 공동 워크숍 등을 진행 중이다. 이러한 국제 협력은 한국의 경험주의 생명 윤리 연구자들에게 최신 동향과 다양한 방법론을 배우는 기회를 제공할 뿐만 아니라, 한국 사례를 국제무대에 소개하여 이론의 풍부화에 기여할 수 있다는 점에서도 의미가 크다. 앞으로도 국내 연구자들이 해외 석학들과 적극적으로 교류하면서, 한국적 경험생명 윤리의 모형을 모색해 나가길 기대한다.

종합하면, 한국에서 경험주의 생명 윤리는 아직 발전 초기 단계이지만, 학계의 관심 증가, 제도적 지원 확충, 국제 교류 등을 통해 미래 전망은 밝다고 하겠다. 이 책의 번역 출간이 마중물이 되어 더 많은 연구자와 실무자가 경험주의 생명 윤리에 동참하게 된다면, 한국 생명윤리학은 한 단계 도약하여 이론과 현실이 소통하는 학문으로 거듭날 수 있을 것이다.

분절된 담론을 잇는 경험적 생명 윤리의 중요성

한국의 생명 윤리 연구는 임종기 돌봄, 유전체 ELSI, AI 윤리 등 여러 영역에서 상당한 진전을 이뤘음에도 경험적 연구와 규범적 분석의 분절이라는 공통된 한계를 보인다. 말기 환자 치료에 관한 풍부한 자료와 윤리 담론이 서로 교류하지 못하고, 첨단 생명 과학 정책에서 윤리·사회 연구가 기술 개발과 병행되었지만 완전히 융합되지 못했으며, AI 윤리에서도 원칙과 현실의 간극이 뚜렷하다. 이러한 현황은 결국 경험적 생명 윤리 접근의 중요성을 방증한다. 경험적 생명 윤리는 사실과 가치의 통합을 지향함으로써, 학제 간 소통을 촉진하고 보다 실효성 있는 윤리적 해법을 모색하게 해준다. 각 분야의 경험적 연구 성과를 규범 이론과 접목할 때, 우리는 비로소 구체적 사례에 뿌리내린 윤리 원칙을 도출하고 실행 가능한 정책을 설계할 수 있다.

이번에 번역 출간되는 경험적 생명 윤리 관련 서적은 이러한 통합적 접근의 필요성에 대한 국제적 논의와 방법론을 담고 있어, 국내 연구계와 실무자들에게 시의적절한 방향성을 제시할 것이다. 분절되고 단편적으로 이루어지던 한국 생명 윤리 담론에 새로운 활력을 불어넣는 계기가 되리라 기대한다. 궁극적으로 학문과 현실을 잇는 경험적 생명 윤리 연구가 활성화된다면, 한국 사회의 생명 윤리 의사 결정 수준을 한 단계 높이고, 생명 과학과 의료기술 발전 속에서 인간의 존엄과 권리를 지키는 데 크게 기여할 것으로 믿는다.

경험주의 생명 윤리가 한국 생명 윤리 학계와 실천에 주는 시사점

경험주의 생명 윤리가 구체적으로 한국의 생명 윤리 연구자들과 실천현장에 어떤 기여를 할 수 있을까? 몇 가지 측면에서 그 의의와 효용을 정리해볼 수 있다.

첫째, 이론과 현실 간의 간극을 메우는 가교로서의 역할이다. 전통적인 윤리학 연구는 논리적 일관성과 보편적 원칙 정립에 주안점을 두는 반면,

현실 현장은 복잡다단한 맥락과 경험으로 이루어져 있다. 이 둘 사이에 간극이 클 경우, 아무리 정교한 규범이론도 현장에서 실행되지 못하거나 부작용을 낳을 수 있다. 경험주의 생명 윤리는 이러한 간극을 메우고자 하는 시도이다. 즉, 현장의 목소리와 경험으로부터 윤리적 함의를 도출하고, 그것을 다시 이론적 논의와 결합함으로써, 윤리 이론이 보다 현실 적합성을 띠도록 한다. 예컨대 환자, 가족, 시민들의 인식 속에 담긴 중요한 가치와 우려 사항을 발견하여 윤리 담론과 연결짓는 것이 경험주의 생명 윤리의 핵심 과제 중 하나로 제시된다. 특히 국내와 같이 일반 대중의 의식이 급변하고 있거나, 전문가와 대중 간 인식 차이가 큰 영역(예: 생명연장치료에 대한 태도, 유전자 기술에 대한 인식 등)에서는, 경험적 연구를 통해 이러한 간극을 파악하고 윤리적 쟁점을 재정의하는 작업이 필수적이다. 이는 궁극적으로 보다 설득력 있고 실행 가능한 윤리적 권고를 만드는 데 기여한다. 왜냐하면 윤리 원칙이나 규범도 그것을 받아들일 주체들의 공감과 동의가 있을 때 현실에서 힘을 발휘할 수 있기 때문이다. 경험주의 생명 윤리는 데이터를 통해 윤리 담론을 풍부화함으로써, 윤리적 권고에 정당성과 현실성을 동시에 부여하는 장점이 있다.

둘째, 학제 간 협력과 문제해결 지향의 연구 문화 정착이다. 경험주의 생명 윤리는 애초에 여러 분야의 지식과 방법을 종합해야 하므로, 연구 과정 자체가 자연스럽게 학제 간 협업을 요구한다. 의학, 간호, 사회학, 인류학, 법학, 철학 등 다양한 배경의 연구자와 실무자가 한데 모여 공동의 연구를 수행할 때, 각 분야의 전문성이 결집되어 복잡한 윤리 현안을 다각도로 조망할 수 있다. 이는 곧 집단지성을 통한 문제해결로 이어진다. 한 예로, 한국의 생명 윤리 역사에서 중요한 사건들을 돌이켜보면, 첨단 과학기술로 인한 윤리 문제(예: 줄기세포 연구 논란 등)를 해결하는 과정에서 여러 분야 전문가들이 공동으로 참여하여 윤리 정책을 수립한 바 있다. 이러한 협력 경험은 생명 윤리 담론이 특정 집단의 가치 대립으로만 비치는 것이 아니라, 사회 문제 해결을 위한 공동의 활동으로 인식될 때 가능해진다. 경험주의 생명 윤리는 바로 그러한 실용적 윤리 담론의 성격을 강화시킨다. 연구자들이 서로의 방법론을 배우고 데이터와 개념을 공유하면서, 한쪽의 일방적 주장보다 근거에 입각한 합의 도출을 중시하는 문화가 자리잡게 된다. 이는 학문 발전에도 긍정적이지만, 더 나아가 임상윤리위원회 활동이나 정책자문 등의 현장 실천에서도 다학제 팀 접근법을 확산시키는 효과가 있을 것이다.

셋째, 한국적 맥락과 보편적 윤리의 접합에 기여한다. 서구에서 발전한 생명 윤리 이론이나 원칙들이 한국 사회에 적용될 때 종종 문화적 차이나 맥락의 차이가 문제로 제기된다. 경험주의 생명 윤리는 이러한 추상적 보편윤리를 맹목적으로 수용하기보다, 한국 사회의 특수성 속에서 윤리 원칙을 재해석하고 기여할 수 있는 방법론을 제공한다. 예를 들어 가족주의 문화, 유교적 전통, 공동체주의 등의 영향으로 한국 의료 현장에서 나타나는 윤리적 의사 결정 패턴을 그 자체로 경험적으로 연구하면, 서구의 개인주의적 윤리관에 대한 보완점을 발견할 수 있을 것이다. 실제로 "한국 사회의 특수한 특성이 어떻게 보편적 생명 과학 연구에 영향을 미치는지"를 탐색하는 것은 현재 국내 ELSI 연구에서 중요한 주제로 부각되고 있다. 이러한 연구를 통해 한국적 경험에 뿌리를 둔 윤리적 통찰을 얻는다면, 그것을 다시 국제 윤리 담론에 기여함으로써 전지구적 논의의 균형을 맞추는 데도 역할을 할 수 있다. 나아가 국내 실천 현장에서도, 외국에서 수입된 제도나 지침을 그대로 따르는 데서 나아가 우리 사회의 요구와 실제를 반영한 현장 중심의 윤리지침을 개발할 수 있을 것이다. 이는 의료인과 국민 모두에게 더 큰 수용성과 신뢰를 얻을 수 있는 길이다.

마지막으로, 윤리학자의 역할 확대와 역량 강화를 들 수 있다. 경험주의 생명 윤리는 전통적 철학 담론에 익숙한 윤리학자들에게 새로운 도전과 기회를 제공한다. 사회 과학적 연구 방법을 학습하고 활용함으로써, 윤리학자는 책상 앞 사색가에 머무르지 않고 현장 연구자로 거듭날 수 있다. 이는 젊은 생명 윤리 연구자나 대학원생들에게 특히 매력적인 부분인데, 실제 사람들과 상호 작용하고 자료를 모으며, 그 속에서 윤리적 문제를 포착해내는 연구 과정은 매우 역동적이기 때문이다. 더불어 이러한 경험을 통해 윤리학자는 자신의 규범적 분석이 현실과 동떨어지지 않도록 끊임없이 성찰하게 된다. 결과적으로 더 깊이 있고 실용적인 윤리학을 발전시키는 자기계발로 이어지는 선순환이 기대된다. 의료 현장이나 바이오 연구 현장에서 활동하는 실무자들도 경험주의 생명 윤리를 통해 자신들의 경험을 학문적으로 정리하고 발신함으로써, 실천윤리의 발전에 기여할 수 있다. 요컨대 경험주의 생명 윤리는 연구자와 실무자 모두에게 배움과 성장의 기회를 주며, 궁극적으로 생명 윤리 공동체 전체의 역량을 높이는 효과를 발휘한다.

경험주의 생명 윤리가 한국 생명 윤리학계와 실천현장에 실질적인 변화를 가져올 수 있을 것이다. 이 책이 제시하는 다양한 이론적 통찰과 실제 연구 사례들은 이러한 변화를 이끌어낼 지식적 자원과 영감을 풍부하게 담고 있다. 독자들이 이를 적극적으로 활용하여 한국적 경험주의 생명 윤리의 지평을 넓혀나가길 기대한다.

감사의 말

이 책의 편집자인 조너선 아이브스(Jonathan Ives), 마이클 던(Michael Dunn), 앨런 크립(Alan Cribb)는 현재 영국을 비롯한 국제 생명윤리학계에서 경험주의 생명윤리학 연구를 개척하고 있는 연구자들이다.

이 책의 번역은 편집자들과의 오랜 교류에 영향을 받았다. 한국과 일본 등의 학술 행사에서 친분을 쌓아가던 중 2016년 브리스톨 대학교에 의료윤리연구소 방문하여 연구년을 보내며 이들의 문제의식과 탐구방식에 호기심을 갖게 되었다. 지속적인 교류를 통해 서로에게 유익을 주는 관계는 2017년부터 3년간 한국연구재단의 지원으로 수행된 "생명 윤리와 법 방법론 연구 국제네트워크(BRIDGES Project)"를 통해 더욱 깊어졌다.

동시에 이 책은 생명윤리학을 진지하게 탐색하려는 다양한 학문적 배경의 젊은 연구자들을 위한 것이다. 반드시 철학, 신학이 아니어도 자신의 학문적 배경이 생명윤리학 탐구와 발전에 기여할 수 있는 방안을 고심하는 젊은이들에게 동시대의 학자들이 고심하고 있는 문제를 소개하려는 의도를 가지고 있었다.

끝으로 이 책의 출간을 위해 애써주신 여러 분들께 감사드린다. 우선 출판 과정 전반을 책임져주신 연세대학교 출판문화원 편집진께 감사의 말씀을 드린다. 또한 바쁜 일정 가운데 원고를 검토해 주신 최지연 박사와 전희정, 김리나, 차현재 등 대학원생들에게 감사한다. 무엇보다 번역에 몰두하는 동안 곁에서 응원하고 인내해준 가족들의 지원이 없었다면 쉽지 않았을 것이다.

『경험주의 생명 윤리』 한국어판을 통해 경험에 뿌리내린 윤리 담론이 한국 생명윤리학계에 뿌리내리게 되기를 희망한다.

이일학 (연세대학교 의과대학 의료법윤리학과 교수)

색인

ㄱ

가다머의 해석학 철학
설명 164
지평 178

가정
사회적 세계 5
지식 5

가치. 사실/가치 구분을 참고하라
동기부여의 성격 34
메타 윤리적 상대주의 52
문화적 52
사실과 8, 10
사회학적의인식론적 38
선호 50
성폭력 31
인식 불가능론 25
정당성 30
중립 11
풀포드 28

가치 기반 의학(VBM) 22
근거 기반 의학(evidence based medicine, EBM)과 28
비합의(dissensus) 29
사실/가치 구분과 30
원칙 28-31

감각 인상 24

객관주의. 온건한 객관주의도 참조하라
개관 43
결론 58-61
메타 윤리적 상대주의 43, 50
이론의 권위 53

건강 이론 210

게이타 (Gaita) 57

경험적 데이터 15

경험적인 연구
가치 중립성 11
규범적 연구와 조율 11
규범적 연구의 시녀 7
수준 11
질적 연구: 방법론과 결괴 202

경험적인 질문
구성 15
메타 윤리적 상대주의 52

경험주의
관찰 6
영국 경험주의 30

경험주의 생명윤리학. 경험주의 윤리학도 참고하라
개관 85
경험성의 의미 86-89
기준 147-152
전환 243

경험주의 윤리학. 경험주의 생명윤리학도 참고하라
결론 *58-61*
규범성을 품은 개념 *45*
다원성의 관리 *143-147*
데이터 수집 *89-91*
데이터 *87*
보고 *306-308*
사실/가치 구분과 *42-44*
역할, 정책 결정에서 *78-80*
적용 *312*
전망 *101*
전문성 *299*
정당성 *43*
정의 *66-67*
질문하기 *89-91*
헤지코 *35-39*
혁신적 방법과 학제 간연구 *97-99*

경험주의적 엄격성 *147-151*

계몽모델 *139*

고귀한 실패 *62*

공학모델 *139*

관계성 *253-256*

관찰, 제한점 *6-7*

국회 의결 *74*

권력
구조 *251-253*
능력, 서로 다른 정당화 능력을 가진 일관성의 *202-203*
분과 학문 *11*

권위
이론의 *54-56*
있는 것과 되는 것 *79*
정치적 *71-78*
페미니스트 접근법 *248-250*

규범성
개관 *13*
대화적 경험적 윤리학 연구 내에서 *180*

규범성을 품은 개념, 정당성과 *45*

규범적 결론 *160-162*

규범적 기반, 대화적 경험적 윤리연구 *176*

규범적 연구
규범적 연구의 시녀 *7*
규범적 연구와 조율 *11*

규범적 질문 *46, 48-51*

규범적-경험적 반성적 평형(NE-RE)
개관 *163-164*
다른 접근법과의 비교 *166-168*
도덕적 지혜 *200-202*
선정 과정의 질문들 *168*
일관성 측정 *202*
직관 *200-202*
특징 *200*

규범적인 엄격성, 사회학적 생명윤리학과 *147-151*

그린(Green) *296*

근거중심의학(EBM) *28*

글레이저(Glaser) *37*

기술 방법, 다양성과 *140-142*

기술 윤리학의 상대주의
윤리 체계들의 다양성 *52-53*
정의 *43*

기술적 생명 윤리 *147, 153*

ㄴ

노예, 예시 *57*

ㄷ

다니엘즈 (Daniels) *300*

다양성
개관 *17-18, 132*
결론 *152*
경험주의 생명윤리학의 조건 *147-152*
계몽모델 *139*
공학모델 *139*
관리, 경험주의 윤리학 내에서 *143-147*
기술적 방법론과 *142*
다양한 접근법의 목적 *138*
목적과 방법, 윤리학 내에서 *132*
목적과 방법, 윤리학 내에서 *138-143*
역할분담, 관련된 *134-135*
지시적 방법 *138*
포용 *17*
학제 간 갈등 *132-137*

대리 판단 *206*

대리인-기반의 연구에 대한 태도 *229-230*

대화적 경험주의 윤리학
개관 *163, 175*
결론 *194*
관점 *177*
규범성 *180*
논의 *189*
다른 접근법과의 비교 *166-168*
대화의 역할 *177-178*
선정 과정의 질문들 *168*
실천적 합리성 *178*
어려움 *189-194*
연구자의 역할 *181-182*
이론적 틀 *176-182*
이론적, 규범적 근거 *176-180*
지평 *178*

대화적 방법론 *160*
규범적 결론 *162-163*
분석절차 *160*
정당화 *162-163*

더 생각해 볼 것이 없지 *56*

데이터
경험적 *15*
경험주의 윤리학에서 *87*

데이터 수집
경험주의 윤리학에서 *89*
이론과 *15*

도덕적 자아 *245, 269*

도덕적 장인정신 *170*

도슨 (Dawson) *85*

돌봄 윤리 *253-256*

두 동거인 이야기 *106*

두꺼운 윤리적 개념
선생님, 예시 *33*
정신과의사, 예시 *31*

두키너 (Duchsneau) *262*

드 브리스(De Vries) *86*
건강과 질병의 사회학 *301*

드라이버 (Driver) *298*

ㄹ

라스무센(Rasmussen) *68*

라신(Racine) *31*

로크(Locke) *295*

롤즈(Rawls) *76, 116*
반성적 평성 *199*

릴리하메르(Lillehammer) *299*

ㅁ

매큘러프(McCullough) *262*

맥도웰(McDowell) *33*

맥밀란(McMillan)
'The possibility of empirical psychiatric ethics' *24*

메르츠(Mertz) *169, 309*

메타윤리, 정의 *42*

메타 윤리적 상대주의. 윤리 상대주의를 참고하라. *52*
가치 *50*
개관 *42*
객관주의와 비교 *45, 51-54*
결론 *58-61*
경험적인 질문 *47-48*
규범성을 품은 개념으로서 *46*
규범적 질문 *48, 51-52*
당위 질문 *48*
문화와 *52*
선호 *50*
실용주의로서 *53*
아이브스 등 *62*
웡 *53*
이론의 권위 *54-56*
일차적 질문과 부차적 질문 *49*
적합성 *45*
전문성 주장. 예시 *47*
정당성. 예시 *46*
정의 *44*
진리주장 *51-52*
판단 맥락 *53*

목적론적 표현주의 *9*

무어(Moore)
자연주의 오류 *26-28*
흄 *26*

문화, 출판의 *313*

문화적 가치, 교환 가능한 *50*

문화적 상대주의 *50-51*

미올라(Miloa) *110, 123*

밀(Mill) *295*

ㅂ

반 데르 베르흐(van der Burg) *113*

반 데르 스헤르(van der Scheer) *146*

반성-이전 해석 *201*

반성-이후 해석 *201*

반성적 평향. 규범적-경험적 반성적 평형도 참조하라 *201*

반응적 평가 *179*

방법론
- 개관 *162*
- 결론 *152*
- 네 가지 접근법 *163*
- 서열, 접근법의 *16*
- 인식론 *5*

배아 기증 *275*

법학
- 개관 *16, 106*
- 결론 *3*
- 결정 *118*
- 기여와 수렴 *113-119*
- 두 동거인의 이야기 *106*
- 목적 *113*
- 보통법 *115-116*
- 분산과 혼동 *119-123*
- 산물 *117*
- 생명윤리학, 분과 학문들의 분과 학문 *108*
- 실천 *117*
- 의료법 *127*
- 적대적인 *120, 127*
- 절차 *114*
- 표현 *119*
- 행위지향적인 *18*

베버주의 전통 *10*

보고. 연구 출판을 보라.

보통법 *111*

부어스(Boorse)**의 생명통계학적 건강이론** *210-211*

학문 분과
- 경계 *292-294*
- 관행 *293-294*
- 생명윤리학 *296*
- 역사적 발전 *294-295*
- 연구 평가 활동 *292-293, 309*
- 요소 *293-294*
- 우연한 사회적 결사체 *295*
- 정의 *293-294*

분과 학문. 다음도 참고하라. 학문 분과, 학제 간 연구
- 경험주의 윤리학의 다학제성 *97-99*
- 권력 *11*
- 분과 학문인가 아닌가 *296*
- 생명윤리학, 분과 학문들의 분과 학문 *108*
- 윤리학의 하위분과 *108, 125*
- 조율 *11*
- 철학, 역사 *294-295*
- 초학제성 *4*
- 학제 간 갈등 *132*
- 학제 간 고속도로 *169*
- 혁신적 방법 *97-99*

비합의(dissensus) *29*

브라운스워드(Brownsword) *109*

브로디(Brody) *302*

비결정성 *56*

비기술주의(nondiscirpitivism) *30*

비더르스호번(Widdershoven) *146*
대화 *177*

비판 생명윤리학 *243, 251*

ㅅ

인간 배아 줄기세포(hESC) dusrn **연구** *275*

사실 주장, 당위 주장 *7, 10*

사실, 그리고 가치 *8, 10*

사실/가치 구분 *26*
가치 기반 의학 (VBM)과 *34*
감각 인상 *24*
개관 *13, 22*
결론 *39*
경험주의 윤리학 *45*
의무론적 논변과 *24*
정념 *25*
퍼트넘 *31*
흄 *23*

사회적 정체성 *247*

사회학
데이터를 만드는, 생명윤리학이 사용할 *302*
분석하는, 생명윤리학을 *301*
통합된, 생명윤리학과 *303*
통합된, 윤리학과 *287*

사회학적 생명윤리학
규범적인 엄격성과 *147-149*
방법들 *138-143*
방어 형식 *153*
비판 *133*
사회학자, 요점을 놓침 *135*
엇갈린 목적 *134*
원칙주의 *151*
청중, 소외된 *135*

상대주의. 기술적 윤리적 상대주의, 윤리적 상대주의, 메타 윤리적 상대주의를 참조하라
노예, 예시 *57*
당위 질문 *48*
더 생각해 볼 것이 없지 *56*
문화적 *50-51*
비결정성 *56*
웡 *52*
인내 *58*
통약불가능성 *59*
페미니스트 접근 *267*

새로운 생식 및 유전기술 (new reproductive and genetic technologies , NRGTs) *259*

생명 윤리 문제 연구를 위한 대통령 자문 위원회 (Presidential Commission for the Study of Bioethical Issues) *225*

생명윤리학자, 역할 *303*

생명윤리학: 다음도 참고하라.
경험주의적 전환 *243-244*
데이터를 만드는, 사회학 *302*
분과 학문들의 분과 학문 *108*

분과 학문인가 아닌가 *296*
분석하는, 사회학 *301*
비판 생명윤리학, 기술적 생명윤리학, 경험주의 생명윤리학, 철학적 생명윤리학, 사회학적 생명윤리학
비판적 *243, 251*
숙의 민주주의 (DD) *220-222*
자연스러운 협력자로서 DD *222*
자연주의적(naturalized) *250*
전문성 *297-300*
정의 *296*
통합된, 사회학 *303*
페미니스트적 접근 *242*
학제 간 갈등 *132*

선생님, 예시 *3*

성찰성
연구에서 *170*
책임성과 *261*

성폭력 성향 *31*

센(Sen) *140*
정의의 개념 *140*

숙의 민주주의 (DD)
개관 *168, 219*
결론 *234*
다른 접근법과의 비교 *166-168*
배후의 근거 *220*
보건정책 연구들 *224-225*
생명윤리학과 *220-222*
선정 과정의 질문들 *168*
실행 *225*
양극화 *234*
예시연구 *219, 225-234*
이론들의 공통점 *221*
자연스러운 협력자로서 생명윤리학 *222*
취약점 *234*

쉴드릭(Shildrick) *244*

슈나이더(Schneider) *120*

스미스(Smith, A.) *295*

스토리텔링 *285*

스트라던(Strathern) *294*

스트로스(Strauss) *37*

스티글바우트(Stigglebout) *303*

신체화
사회적 위치의 영향 *257*
타인에 관계함 *257*
페미니스트 접근법과 *256-257*

실천적 합리성 *177*

싱어(Singer) *68, 70*
전문성, 기술로서 *99*

ㅇ

아동 (장애) *261-266*

아리스토텔레스적 실천지 *9*

아이브스(Ives) *8, 62*

아이어 (Ayer) *26*

아카드 (Archard) *70, 297*

안나스 (Annas) *115*

알츠하이머병 (AD) *225-226*
The Forgetting: A Portrait of Alzheimer's *229*

양극화 *234*

연구 출판
개관 *171*
결과의 범위, 요약 *307*
결과의 분할 *307*
결론 *310*
경험주의 윤리학 *306*
문화의 변화 *313*
수준과 보고 *305, 309*
수준평가 *309*
심사자 *308*
연구 평가 활동, 보고와 *292, 310*
학문 분과 *306*

연구. 대화적 경험적 윤리, 경험적 연구, 학제 간 연구, 규범적 연구, 연구 출판을 참조하라
결론 *172*
대리인 기반연구, 관련태도 *229*
복잡성 *4*
새로운 활동 *168*
성찰성 *169-170*
연구 선택 *167-168*
인식론의 조율 문제 *10*
줄기세포. 예시 *252-253*
학제 간 고속도로 *169*

연구수월성 체계 *125*

연구 평가 활동(RAE's) *292, 311*

영국 인 간수정 및 발생학법(HFEA, 2008) *264*

영국경험주의 *9*
근본적인 인식론 *26*

영국 연구 위원회(RCUK) *292*

영역 분쟁 *11*

온건한 객관주의
개관 *13*
객관주의와 *54*
결론 *58-61*
비결정성 *56*
인내 *58*
통약불가능성 *55*

요더(Yoder) *69*

우연한 사회적 결사체, 분과 학문 *295*

워커 (Walker) *242, 248*

원칙주의 *151*

웡(Wong) *52*

웰컴 재단 *275*

위긴스(Wiggins) *33*
더 생각해 볼 것이 없지 *56*
비결정성 *56*
인내 *58*
입장 *58*
통약불가능성 *59*

윤리 상대주의, 기술적 윤리 상대주의도 참고하라.
개관 *13*
매력 *42*
판단의 맥락 *52*

윤리적 특수주의 *9*

윤리토론그룹 (EDG)
개념과 목표 *276*
결과물 *279*
결론 *287*
교훈 *280*
구성 *284*
스토리텔링 *285*
연구 질문 명료화 *286*
연구소 접촉과 관계 지원 *282*
연구소, 수용 *280*
외부의 이해 당사자 *283*
유보적인 참여자 *284*
의료진 관점 *286*
주제 선정 *284*
진행 *278*
진행자 역할 *279*
참여자 경험 *286*
철학 세미나 접근법 *278*

윤리학
규범적 작업 *7*
다양성, 목적과 방법론의 *138-143*
돌봄 *254*
사회학, 통합된 *303*
상대주의와 비상대주의 입장 *51*
순결성, 방법론적 *144*
추상적 보편주의 *134*
페미니스트 접근 *244*
하위 분과 학문 *108, 125*

의료 사회학
경험주의 윤리학과 *35*
스트로스와 글레이저 *37*

의무론적 논변 *24*

이론
권위 *54-56*
데이터 수집과 *15*
조율 문제, 다른 이론의 *11*

이스틀룬트 (Estlund) *71*

이큰와일러(Eckenwiler) *255*

인내
노예, 예시 *57*
설명 *58*

인식론
가정 *5*
방법론, 도출되는 *5*
영국 경험주의 *29*
조율 *5*
조율문제, 다른 방법론 *11*
페미니스트 *244*

인식론적 가치, 사회학에서 *38*

일관성 주장
(서로 다른 정도의 정당화 능력으로) *202*

일관성 *202, 211*

ㅈ

자문적 방법론 *160*
규범적 결론 *162*
분석 절차와 *160*
정당화 *162*

자연주의 오류 *26*

자연주의적 생명 윤리학
(naturalised bioethics) *250*

전문 윤리학자
개관 *14, 64*
결론 *80*
국회의결 *74*
숙의 기구 *72*
역할의 도출 *71*
전문성 *68-71*
정의 *67*
정치적 권위 *71*

전문성
경험주의 윤리학 *303*
기술로서 *299*
생명윤리학과 *97*
주장의 예시 *7*
직업 윤리학자의 *60*

전인적 건강이론 *210*

정념
무어 *26*
사실/가치 구분 *23*

정당성
가치의 *30*
규범성을 품은 개념으로서 *44*

정신과의사 예시 *31*

제임스(James) *295*

젠더 (성)
성 역할 *254*
평등과 정의 *247*

존재론, 페미니스트 *245*

종교 *259*

주관주의 *52*

주변화된 목소리
종교적 집단 *25*
페미니스트 접근과 *58*

준-도덕 근본주의 *9*

줄기세포 연구, 예시 *252*

지도 방법 *143*

지식
가정과 *6*
습득 방식 *5*

지평 *178*

직관
도덕 원칙과 대조 *205*
선행 *207*
악행금지 *207*
인간존엄성 존중 *208*
자율성 *206*
치료 *204-205*

질적 연구 *203-204*

—
ㅊ

착상전 유전검사 *275*

책임성 *261*

철학
세미나에 활용 *278*
학문의 역사 *294-295*

철학적 생명윤리학
경험적인 방법 *134*
경험적인 엄격성과 *147-149*

방법들 *138-143*
방어 형식 *153*
비판 *133*
사회학자, 요점을 놓침 *135*
엇갈린 목적 *134*
원칙주의 *151*
청중, 소외된 *135*
추상적 보편주의 *134*
추상적 *7*

청각 장애, 혹은 장애 아동 *261-266*

초학제성 *5*

추론관계 *203*

추상적 일반화 *134*

출산전 선별 검사 *275*

치매 연구 *225-226*

ㅋ

캐플런(Caplan) *298*

캘러핸(Callahan) *109*

케임브리지(Cambridge) *294*

크리쉬난(Krishnan) *293*

키테이(Kittay) *265*

ㅌ

통약불가능성 *5*

ㅍ

파커(Parker) *170*

판단의 맥락 *52*

퍼트넘(Putnum)
The Collapse of the Fact / Value Dichotomy *31*
사실과 가치의 얽힘 *31*
선생님, 예시 *33*

페미니스트 접근
개관 *170, 241*
경험주의 전환 *243*
관계성 *253*
권력 구조 *251*
권위 *249*
규정적인 특징 *261-266*
도덕적 자아 *246, 269*
돌봄과 *253*
맥락 *47*
미래 *266-268*
비판 생명윤리학과 *251*
비판, 자기비판과 *261*
사회적 자아 *247*
상대주의 *267*
생활 경험 *258*
선정과정의 질문들 *167*
성 역할 *255*
성평등과 정의 *247*
신체화 *256*
영국 인 간수정 및 발생학법(HFEA, 2008) *264*
윤리학과 생명윤리학 *244*
이큰와일러와 *255*
자연주의적 생명윤리학 *250*
존재론과 인식론 *245*
주류 방법론 *266*

주변화된 목소리 *258*
줄기세포 연구, 예시 *252*
책임성과 성찰성 *262*
청각 장애와 장애가 있는 아동 선택과 *261-266*
키테이(Kittay) *265*

푸코(Foucault) *109*

푸트(Foot) *33*

풀포드(Fullford) *28*
가치 *30*
비합의 *29*

피커스킬(Pickerskill) *287*

ㅎ

하버마스(Habermas) *77*

학제 간 갈등 *132*

학제 간 고속도로 *169*

학제 간 연구
개관 *170, 275*
결론 *287*
교훈 *280*
목표 *293*
스토리텔링 *285*
연구 질문 명료화 *281*
연구소 접촉과 관계 지원 *82*
연구소, 수용 *280*
외부의 이해 당사자 *280*
유보적인 참여자 *284*
의료진 관점 *286*
참여 결심 *281*

학제 간성, 경험주의 윤리학에서 *99-100*

합리주의 *5*

해머슬리(Hamersley) *10*

해석학적 철학 *9, 176, 338*

허스트(Hurst) *305*

헤지코(Hedgecoe) *36*

호프(Hope) *24*

홉스(Hobbes) *295*

환자와 대중 참여 운동(PPI) *64*

흄(Hume) *294*
감각 인상 *26*
무어 *26*
사실/가치 구분 *23*
정념 *25*

A

Arledge, The Forgetting: A Portrait of Alzheimer's *227*